1964

História do Regime Militar Brasileiro

Proibida a reprodução total ou parcial em qualquer mídia
sem a autorização escrita da editora.
Os infratores estão sujeitos às penas da lei.

A Editora não é responsável pelo conteúdo deste livro.
O Autor conhece os fatos narrados, pelos quais é responsável,
assim como se responsabiliza pelos juízos emitidos.

Consulte nosso catálogo completo e últimos lançamentos em **www.editoracontexto.com.br**.

Marcos Napolitano

1964
História do Regime Militar Brasileiro

Copyright © 2014 do Autor

Todos os direitos desta edição reservados à
Editora Contexto (Editora Pinsky Ltda.)

Montagem de capa e diagramação
Gustavo S. Vilas Boas

Preparação de textos
Daniela Marini Iwamoto

Revisão
Fernanda Guerriero Antunes

Dados Internacionais de Catalogação na Publicação (CIP)
(Câmara Brasileira do Livro, SP, Brasil)

Napolitano, Marcos
 1964 : História do Regime Militar Brasileiro /
Marcos Napolitano. – 1. ed., 11ª reimpressão. –
São Paulo : Contexto, 2025.

Bibliografia.
ISBN 978-85-7244-826-0

1. Brasil – História – 1964-1985 I. Título.

13-12843 CDD-981.08

Índices para catálogo sistemático:
1. Brasil : Regime militar : 1964-1985 : História 981.08

2025

Editora Contexto
Diretor editorial: *Jaime Pinsky*

Rua Dr. José Elias, 520 – Alto da Lapa
05083-030 – São Paulo – SP
PABX: (11) 3832 5838
contato@editoracontexto.com.br
www.editoracontexto.com.br

Sumário

Apresentação 7

Utopia e agonia do governo Jango 13

O carnaval das direitas: o golpe civil-militar 43

O mito da "ditabranda" 69

No entanto é preciso cantar: a cultura entre 1964 e 1968 97

"O martelo de matar moscas": os anos de chumbo 119

Nunca fomos tão felizes: o milagre econômico e seus limites 147

"A primavera nos dentes": a vida cultural sob o AI-5 173

Letras em rebeldia:
intelectuais, jornalistas e escritores de oposição 205

"A democracia relativa": os anos Geisel 229

A sociedade contra o Estado 255

Tempos de caos e esperança 281

A ditadura entre a memória e a história 313

Notas 335

O autor 367

Apresentação

No final de março de 1964, civis e militares se uniram para derrubar o presidente João Goulart, dando um golpe de Estado tramado dentro e fora do país. Na verdade, esta aliança golpista vinha de muito antes, sendo uma das responsáveis pela crise política que culminou no suicídio de Getúlio Vargas em 1954.

No poder desde 1961, Jango enfrentou crises políticas a partir de sua conturbada posse, e prometia reformas sociais, econômicas e políticas que deveriam tornar o Brasil um país menos desigual e mais democrático. Mas a direita não via a coisa desta maneira. Jango era visto como amigo dos comunistas, incompetente em questões administrativas, irresponsável como homem político que incrementava a subversão, enfim, um populista que prometia mais do que poderia dar às classes populares. A esquerda, que até esperava o golpe contra as reformas, não conseguiu se articular e reagir, experimentando uma de suas maiores derrotas políticas na história do Brasil.

A subida dos militares ao poder mudaria para sempre a história brasileira, além de ter fornecido um novo modelo de golpe e de regime político para vários países latino-americanos. O caminho da modernização, doravante, não passaria mais pelas reformas sociais para distribuir renda ou pela ampliação da democracia participativa e eleitoral, mas por "segurança e desenvolvimento" a todo custo. Vinte anos depois, em 1985, os militares saíram do poder, de forma negociada, mas, de qualquer modo, enfrentando uma grande oposição em vários setores sociais, incluindo-se aí os segmentos liberais que saudaram o golpe de 1964.

Entre uma e outra data, 1964 e 1985, o Brasil passou por um turbilhão de acontecimentos que, em grande parte, nos definem até hoje e ainda provocam muito debate. A economia cresceu, alçando o país ao oitavo PIB mundial. Mas, igualmente, cresceram a desigualdade e a violência social, alimentadas em boa parte pela violência do Estado. A vida cultural passou por um processo de mercantilização, o que não impediu o florescimento de uma rica cultura de esquerda, crítica ao regime. Os movimentos sociais, vigiados e reprimidos conforme a lógica da "segurança nacional", não desapareceram. Muito pelo contrário, tornaram-se mais diversos e complexos, expressão de uma sociedade que não ficou completamente passiva diante do autoritarismo.

Protagonistas de muitas origens políticas, estudiosos de inumeras áreas acadêmicas, artistas e intelectuais de diversos campos de atuação, refletiram sobre os acontecimentos em curso e ajudaram a construir visões críticas sobre vários temas correlatos à história do regime militar: o golpe, a agitação cultural, as passeatas estudantis de 1968, o milagre econômico, a guerrilha de esquerda, a repressão e a tortura, a abertura política. Quando o regime acabou, havia já uma memória construída por estes protagonistas e analistas. Hoje, passados cinquenta anos do golpe de 1964 e quase trinta anos do fim da ditadura, muitas dessas perspectivas são revisitadas pela historiografia e pela própria memória social. As perguntas que circulam há algum tempo, tanto na imprensa quanto no meio acadêmico, sintetizam este debate: Jango foi o responsável pela crise de 1964? O golpe foi puramente militar ou civil-militar? A ditadura para valer só começou com o AI-5, em 1968? A esquerda armada foi a principal responsável pelo acirramento da violência de Estado? As artes e a cultura de esquerda estavam inseridas na indústria cultural ou foram meras concessões episódicas por parte desta?

A sociedade, predominantemente, resistiu ou apoiou a ditadura? A abertura do regime foi um movimento consciente dos militares, que preparavam a sua saída do poder sem hesitações?

Este livro tenta responder a essas e outras questões, caminhando entre os complexos caminhos e ramais que ligam história – fundamentada em documentos dos arquivos – e memória – baseada na experiência dos protagonistas. Obviamente, uma e outra se comunicam. Os próprios documentos são fixações da experiência, da visão de mundo das pessoas, movimentos e instituições que os produziram. A própria memória é atravessada por experiências coletivas e pela consagração de alguns documentos em detrimento de outros. O historiador que enfrenta a "história recente", sobretudo, não pode desconsiderar essas questões. No caso do autor desta obra, história e memória se conectam na mesma pessoa, posto que eu vivi minha infância e boa parte da juventude sob o regime militar. Aqui, o exercício do distanciamento de historiador negocia com a memória, sempre subjetiva, de quem viveu parte dos eventos narrados em uma parte formativa da sua vida.

Ao longo do livro, o leitor poderá percorrer a extensa trajetória do regime, em uma narrativa que tentou, ao máximo, privilegiar os eventos, processos e personagens, evitando digressões teóricas e historiográficas que interessam mais aos historiadores de ofício e que acabaram restritas às notas colocadas ao final destas páginas. É um livro que encara a difícil tarefa de escrever para estudantes e pesquisadores de história, sem menosprezar os eventuais interesses do leitor não acadêmico em apreender o passado a partir das clássicas perguntas: quem, quando, como e onde. Nesta narrativa, digamos assim, voltada para o "factual", entretanto, tento me posicionar em relação aos principais temas do debate atual, defendendo pontos de vista baseados na pesquisa documental e na releitura crítica da historiografia consolidada sobre o golpe e o regime.

Defendo a interpretação de que em 1964 houve um golpe de Estado, e que este foi resultado de uma ampla coalizão civil-militar, conservadora e antirreformista, cujas origens estão muito além das reações aos eventuais erros e acertos de Jango. O golpe foi o resultado de uma profunda divisão na sociedade brasileira, marcada pelo embate de projetos distintos de país, os quais faziam leituras diferenciadas do que deveria ser o processo de modernização e de reformas sociais. O quadro geral da Guerra Fria, obviamente, deu sentido e incrementou os conflitos internos da sociedade brasileira, alimentando velhas posições conservadoras com novas bandeiras do anticomunismo. Desde 1947, boa parte das elites militares e civis no Brasil estava alinhada ao mundo "cristão e Ocidental" liderado pelos Estados Unidos contra a suposta "expansão soviética". A partir da Revolução Cubana, em 1959, a América Latina era um dos territórios privilegiados da Guerra Fria. Este pensamento, alinhado à "contenção" do comunismo, foi fundamental para delinear as linhas gerais da Doutrina de Segurança Nacional (DSN), propagada pela Escola Superior de Guerra. A DSN surgiu no segundo pós-guerra, sintetizada pelo Conselho de Segurança Nacional dos Estados Unidos, e tem suas origens na Doutrina de Contenção do Comunismo internacional, também conhecida como Doutrina Truman (em alusão ao presidente dos EUA Harry Truman, que a formulou em 1947). Nesta perspectiva, os exércitos nacionais dos países subdesenvolvidos alinhados ao bloco capitalista liderado pelos EUA deveriam, primordialmente, cuidar da defesa interna contra a "subversão comunista infiltrada". A fronteira a ser defendida passaria a ser ideológica (e não mais geográfica) e o inimigo seria, primordialmente, um "inimigo interno", que poderia ser qualquer cidadão simpatizante ou militante do comunismo. A Escola Superior de Guerra, criada no Brasil em 1949, foi um dos focos de disseminação e aperfeiçoamento dessa doutrina, que também era ensinada em escolas de formação de quadros militares nos EUA, como o National War College. Como seu corolário, surgiu outra doutrina nos anos 1950, elaborada por militares franceses que enfrentaram as guerrilhas nacionalistas locais na Indochina e na Argélia: a Doutrina de Contrainsurgência. Nela, dizia-se que o inimigo guerrilheiro deveria ser combatido por métodos policiais (que incluíam interrogatórios à base de torturas), além dos princípios militares tradicionais, e por vigilância e cerco estratégico das suas bases sociais e geográficas.

Nesta visão de mundo marcada pelo anticomunismo visceral, qualquer projeto político que mobilizasse as massas trabalhadoras, ainda que a partir de reivindicações justas, poderia ser uma porta de entrada para a "subversão" comunista. Ao mesmo tempo, a Doutrina de Segurança Nacional deu novo *élan* ao velho conservadorismo local, permitindo e justificando, em nome da DSN, a manutenção de velhos privilégios econômicos e hierarquias sociais. Mirando os comunistas, os golpistas de 1964 varreram o reformismo da agenda política brasileira. A coalizão antirreformista saiu vencedora, enquanto a coalizão reformista de esquerda foi derrotada. Entretanto, não endosso a visão de que o regime político subsequente tenha sido uma "ditadura civil-militar" ainda que tenha tido entre os seus sócios e beneficiários amplos setores sociais que vinham de fora da caserna, pois os militares sempre se mantiveram no centro decisório do poder.

Proponho um novo olhar para compreender a cultura e as artes de esquerda, partes estruturais e estruturantes da moderna indústria cultural brasileira, sem que isso signifique mera cooptação ou cinismo por parte dos artistas engajados. Questiono as interpretações sobre os acontecimentos que levaram ao acirramento do autoritarismo e da repressão, do mesmo modo que sua desmontagem como epicentro do regime e produto de um confronto dicotômico entre militares "moderados" e a "linha-dura". Questiono a história e, principalmente, a memória estabelecida sobre a "abertura", demonstrando que esta não foi inequívoca e linear, e esteve sujeita às pressões da sociedade, sobretudo dos movimentos sociais que repolitizaram as ruas, forçando os limites iniciais da transição conduzida pelo alto.

Por fim, procuro analisar o período sem partir de uma vilanização fácil dos atores políticos, sem julgá-los de maneira simplista conforme minhas simpatias ideológicas, apesar de elas obviamente aparecerem ao longo do texto. Neste livro, em nenhum momento o regime militar é visto como isolado da sociedade brasileira, mantendo-se no poder apenas pela força e pela coerção. Trata-se de um regime complexo, muitas vezes aparentemente contraditório em suas políticas, que mobilizou vários tipos e graus de tutela autoritária sobre o corpo político e social, articulando um grande aparato legal-burocrático para institucionalizar-se, aliado à violência policial-militar mais direta.

Enfim, esta narrativa não pretende ser neutra, mas objetiva o distanciamento, que, a meu ver, é a obrigação do historiador de ofício. Esta não é uma tarefa simples, ainda mais porque ao olhar criticamente para 1964 e seus desdobramentos, o historiador precisa se equilibrar entre a história e a memória. Ou, em muitos momentos, tombar sobre uma das duas.

Utopia e agonia do governo Jango

Em meados dos anos 1970, o jornalista Flávio Tavares reencontrou o envelhecido e solitário ex-presidente João Goulart. Em um dos encontros entre os dois exilados, fez questão de dizer o quanto seu governo foi "dinâmico", um marco na história do Brasil e nas lutas pela democratização, pela cultura e pela justiça social. Pouco convencido, Goulart devolveu o elogio com uma pergunta: "Tu achas, mesmo, que o meu governo foi isso?".[1]

Em certa medida, variações dessa pergunta são feitas até hoje pelos historiadores.[2] O governo Jango teve, efetivamente, algum diferencial político e ideológico marcante para a história do Brasil? Se teve, qual seu grau e importância? Houve, em algum momento do seu governo, a real possibilidade de mudar a face de um país politicamente excludente e socialmente desigual? Ou, pelo contrário, seu governo não passou de um jogo de cena no qual a demagogia e o proselitismo das esquerdas apenas alimentaram o velho elitismo autoritário das direitas?

Obviamente, as perguntas feitas à história não devem se resumir à lógica binária do "isto ou aquilo". Na história, não há preto ou branco, mas incontáveis matizes de cinza. Entretanto, o governo Jango e o golpe militar que selou sua sorte impedem que estes meios-tons fiquem muito visíveis. A própria confusão entre memória e história que marca o olhar da opinião pública e mesmo dos historiadores sobre aquele momento histórico favorece os contrastes. É preciso dizer que uma parte da esquerda, de tradição nacionalista, tentou salvar o seu legado. Sobretudo entre o final dos anos 1970 e começo dos anos 1980, houve uma recuperação positiva da memória de Jango. Naquele momento de crise do regime militar, quando toda a sociedade civil parecia ser oposicionista e democrática, livros e documentários destacaram a justeza do projeto reformista de Jango e denunciaram a grande *conspirata* nacional e internacional contra o seu governo.[3] Esboçou-se o perfil de um estadista ousado, vitimado pelo conservadorismo das elites, pela ganância do imperialismo e pelo autoritarismo dos militares. No entanto, mesmo naquele contexto de desintegração do regime militar, uma grande parte da esquerda, intelectual e militante, não endossava o projeto reformista de Jango, preferindo criticar, de maneira mais ou menos acurada, a marca populista e demagógica da sua personalidade e do seu governo, apontando os limites históricos daquele projeto.[4] Para esta corrente da "nova esquerda" do final dos anos 1970, que se reuniria sob a guarda do Partido dos Trabalhadores, na melhor das hipóteses, Jango e seu governo eram vistos como um momento de ilusão histórica, na qual as esquerdas acreditaram que tinham poder suficiente para mudar a face do país, tornando-o mais justo e democrático, sem construir bases sociais efetivas para este ousado objetivo.

Em sua monumental biografia de João Goulart, o historiador Jorge Ferreira fez uma interessante síntese das críticas negativas ao seu biografado, diga-se, abordado de maneira séria e profunda em seu livro. As críticas mais sutis e elegantes falam de um "latifundiário com saudável preocupação social"[5] ou de um ilustre "desconhecido da grande massa dos trabalhadores", prestigiado apenas por pelegos.[6] Outras críticas pegam mais pesado. Elio Gaspari destaca a "biografia raquítica" de Jango, que fez dele "um dos mais despreparados e primitivos governantes da história nacional. Seus prazeres estavam na trama política e em pernas, de cavalos ou de coristas".[7]

Neste jogo de opiniões, o saldo parece ser negativo para o presidente deposto, até porque no próprio campo da esquerda, como vimos, após o golpe militar, nunca houve um consenso mínimo sobre as qualidades do seu governo, sedimentando-se a ideia de uma grande ilusão reformista, alimentada por imposturas políticas diversas. Se seguirmos esta tradição de análise, a amarga pergunta do ex-presidente ao jornalista que o elogiara parece ter uma única resposta possível: apesar das boas intenções, o governo Jango, efetivamente, não teve importância; serviu apenas para a direita autoritária justificar seu golpismo e reiterar a necessidade do controle social dos trabalhadores. Seja porque, do ponto de vista estrutural, o modelo dito "populista" de política estivesse condenado pela necessidade de avanço do capitalismo predatório das periferias, seja porque o próprio projeto reformista carecia de consistência ideológica e política.

Marco Antonio Villa é taxativo sobre Jango e seu governo: "Na impossibilidade de *un gran finale*, acabou encenando uma ópera bufa, deixando para trás um país dividido, e destruindo vinte anos de conquista no campo da democracia".[8] Assim, sem o final trágico e grandioso do segundo governo Vargas, seu padrinho político, Jango saiu da história (e da memória) "pela fronteira com o Uruguai".[9] Mesmo análises mais circunstanciadas propostas pelo campo da ciência política de verve historiográfica confirmam esta falta de consistência política que, ao fim e ao cabo, parecem ter sido mais determinantes para a queda de Jango do que a conspiração e a truculência das direitas. Desde a teoria da "paralisia decisória", fruto de coalizões partidárias frágeis e propensas a crises políticas fatais, até a teoria da "radicalização dos atores" no debate sobre as reformas, alimentada pela inapetência do presidente Jango e do seu governo como um todo, os veredictos dos cientistas políticos desviam o foco de luz do golpe em si, iluminando as inconsistências políticas anteriores que o alimentaram.[10] Em suma, o "estado da arte" desta discussão parece apontar para a (ir)responsabilidade das esquerdas na crise que culminou no golpe das direitas. Nesta perspectiva, se houve alguma importância histórica no governo Jango ancorada em um projeto minimamente coerente e consistente, ela se diluiu na fragilidade política da governabilidade, palavra sempre cara à ciência política.

Obviamente, as esquerdas – nacionalistas, reformistas, revolucionárias – não foram meras vítimas da história e da insidiosa conspiração militar e civil antirreformista. Entretanto, o grande risco da diluição das responsabilidades diante de um fato grave para a democracia – um golpe de Estado contra um governo eleito – é chegarmos à conclusão de que, ao não saber governar, o reformismo janguista preparou seu próprio funeral. Mas será que o caminho da crise política ao golpe de Estado foi uma estrada reta, sem desvios?

Para pensar a crise política que se acirrou durante o governo Jango e culminou em um golpe de Estado de profundo impacto na história brasileira e latino-americana, não basta apontar as falhas do governo deposto, a começar pela eventual impostura do presidente da República, de muitos vícios privados e poucas virtudes públicas, como quer um determinado perfil biográfico que lhe impuseram. Como nem sempre as virtudes privadas se transformam em virtudes públicas, os defeitos privados também são limitados para explicar a ação política, mesmo aquela que se dá no âmbito da decisão individual. Por outro lado, as explicações impessoais, estruturais e que apontam as forças invisíveis do processo histórico também são insuficientes para compreender os eventos e suas conexões presentes e passadas. Para olhar e analisar um período tão rico da história brasileira, também não basta demonizar a esquerda ou a direita, ainda que o historiador tome partido entre as duas alternativas.

Voltando à pergunta – "qual a importância do governo João Goulart para a história do Brasil?" –, melhor seria tentar respondê-la a partir da famosa frase de Darcy Ribeiro, ao dizer que Jango caiu "não por defeitos do governo que exerce, mas, ao contrário, em razão das qualidades dele".[11] Este ponto de partida não significa, necessariamente, resgatar Jango e seu governo do fundo das trevas históricas, absolvendo-os no tribunal do tempo. O historiador não é bombeiro nem juiz. Não resgata e não condena. Tenta compreender, criticar, apontar contradições, estabelecer conexões plausíveis a partir de uma argumentação baseada em indícios deixados pelas fontes. Nessa linha de análise, para situar o governo Jango e o golpe que o derrubou, seria importante refletir sobre fatores conjunturais e históricos, no eixo de um tempo histórico estendido para além dos trinta meses do seu governo. Ao que parece, a virtude principal do governo Jango, ao menos se quisermos manter uma perspectiva progressista, foi revisar a agenda da política brasileira na direção de uma democratização da cidadania e da propriedade. Reiteramos, tratava-se mais de uma *agenda* do que, propriamente, de um *projeto* político de inclusão social, nacionalismo econômico e democratização política. Entretanto, em um ambiente político profundamente conservador e excludente, marcado pela tradição liberal-oligárquica e pelo autoritarismo pragmático, ambos elitistas e avessos à participação das massas na política, esta mudança de agenda serviu para fazer convergir contra o governo Jango tanto o golpismo histórico, que vinha do começo dos anos 1950, alimentado pelo medo do comunismo nos marcos da Guerra Fria, como o eventual, engrossado no calor da crise política conjuntural do seu governo. No momento em que as esquerdas ameaçaram transformar sua agenda reformista em um projeto político de governo, o que aconteceu a partir do final de 1963, as direitas agiram. O ambiente político e o tipo de questões que estava em jogo – voto do analfabeto, reforma agrária, nacionalismo econômico, legalização do Partido Comunista Brasileiro – não permitiam grandes conchavos à brasileira para superar a crise. Não porque os atores radicalizaram suas posições, mas por serem inconciliáveis os valores e planos estratégicos que informavam as agendas políticas, à esquerda e à direita.

    O que se seguiu ao golpe civil-militar das direitas contra a agenda reformista foi a afirmação de outro modelo político e ideológico de sociedade e de Estado, esboçado bem antes do golpe: a modernização socioeconômica do país e a construção no longo prazo de uma democracia plebiscitária, tutelada pelos militares, em nome do "partido da ordem".[12] Diga-se, para muitos golpistas civis de primeira hora, bastava retirar o presidente do poder e "sanear" os quadros políticos e partidários, para voltar à "normalidade institucional", conforme a perspectiva liberal-oligárquica, ou seja: democracia para poucos, liberdade dentro da lei, hierarquias sociais estáveis. O problema é que os militares que se afirmaram no poder não confiavam nos políticos, mesmo à direita, para realizar tal tarefa histórica. Por isso, já nos primeiros anos do regime, a ilusão do "golpe cirúrgico" se dissipou. Os militares tinham vindo para ficar, e isso foi um dos motivos do fim da ampla coalizão golpista de 1964.

A interrupção violenta de um debate político em curso e de uma agenda reformista, ao seu modo, democratizante, não deve estimular um mero exercício de história contrafactual do tipo "o que teria sido" se Jango não tivesse caído, se o golpe fosse derrotado. O que está em jogo é a compreensão da natureza mesma da ação política na história, para além do Palácio e do Parlamento. Ao historiador, a derrota de um projeto político pode ser reveladora das suas fragilidades, mas também das suas virtudes. A grandeza daquele momento histórico, situado entre finais dos anos 1950 e meados dos anos 1960, se traduz como um ponto de tensão, um momento de acúmulo tal de energias que destruiu tudo o que veio antes e criou tudo o que veio depois. Ponto nodal do tempo, o governo Jango ainda terá que ser muito estudado, para além das reflexões que se seguirão.

A importância histórica do governo Jango não pode ser resumida à esfera da política *stricto sensu*. A vida cultural brasileira também se agitou em meio à agenda reformista sugerida pelo presidente, adensando uma série de iniciativas culturais, artísticas e intelectuais que vinham dos anos 1950 e apontavam para a necessidade de reinventar o país, construí-lo sob o signo do nacionalismo inspirado na cultura popular e do modernismo, a um só tempo. O governo Jango aglutinou uma nova agenda cultural para o Brasil, e o fim do seu governo também foi o fim desta elite intelectual que apostou no reformismo e na revolução. Ou melhor, no reformismo como caminho para uma revolução, uma terceira via que nunca chegou a ser claramente mapeada entre a social-democracia e o comunismo de tradição soviética.

Não por acaso, o furor punitivo dos golpistas vitoriosos se voltou, em um primeiro momento, contra dois grupos sociais: as elites políticas (incluindo-se nela os intelectuais identificados com o projeto reformista) e as classes trabalhadoras organizadas. Para as primeiras, o governo militar inventou o Ato Institucional. Para as segundas já havia a CLT, a Consolidação das Leis de Trabalho, de 1943, que tanto tem um viés protecionista quanto tutelar sobre a classe operária. Para as lideranças camponesas dos rincões do Brasil, havia a tradicional pistolagem, despreocupada com leis e outras mediações trabalhistas, a serviço dos fazendeiros.

O impacto intelectual e cultural desta *débâcle* ainda é objeto de discussão e análise. A historiografia brasileira dedicou mais estudos à vida cultural pós-1964, aprendendo a ver o artista e o intelectual que atuaram na primeira metade dos anos 1960 como um ser iludido, adepto de um nacionalismo vago e refém de um populismo tão demagógico quanto mistificador, como afirmou a crítica posterior da "nova esquerda" dos anos 1980. Os projetos políticos e culturais derrotados sempre perdem sua cor, como uma fotografia velha e melancólica de um futuro pretérito que não aconteceu. Mas quando olhamos para aquele período, sem utilizar da grande vantagem dos historiadores em relação aos protagonistas, ou seja, o fato de já sabermos o que ocorreu depois, a fotografia do passado pode ser restaurada.

O tema das reformas de base deu novo alento ao projeto moderno brasileiro. Desde os anos 1920, uma nova elite cultural se formou em torno de dois objetivos: inventar um idioma cultural comum para uma nação cindida por graves fossos socioeconômicos e, assim, modernizar o Brasil sem perda de suas identidades culturais. Com base na busca de uma essência da nação-povo brasileira e de uma estética modernista, inventou-se uma nova "brasilidade", incorporada pela direita e pela esquerda. Pela direita, pela mão do primeiro governo Vargas, sobretudo no período do Estado Novo e sua política cultural, este projeto se transformou em um discurso oficial e autoritário. Mas a esquerda, a começar pela esquerda comunista, não negou o nacional popular e o moderno como caminhos para uma cultura crítica e revolucionária.[13]

O nacional-popular era central na agenda estética e ideológica da esquerda desde os anos 1950, ainda predominando certa desconfiança em relação às estéticas oriundas da vanguardas modernas. No começo dos anos 1960, tanto a Bossa Nova politizada, feita por artistas como Carlos Lyra, Sérgio Ricardo ou Nara Leão, quanto o Cinema Novo de Glauber Rocha, Nelson Pereira dos Santos e Ruy Guerra promoveram o reencontro entre engajamento, pesquisa estética, cultura popular e nacionalismo. Este projeto não estaria isento de contradições e impasses. Entre eles, o de não estabelecer uma efetiva comunicação com as classes populares, que pareciam ser mais fonte de inspiração do que efetivo público consumidor das obras.

O ano de 1962, particularmente, foi rico para a vida cultural brasileira, com a confirmação da Bossa Nova como modelo da nossa moderna canção engajada, e a formalização do Cinema Novo como grupo e com a formação do Centro Popular de Cultura (CPC) da União Nacional dos Estudantes (UNE). No Nordeste, o Movimento de Cultura Popular do Recife era o modelo de ação cultural das elites reformistas junto às classes populares, inspirando, sobretudo, os jovens de outras regiões na sua "ida do povo".[14] As campanhas de alfabetização de adultos calcadas no método Paulo Freire, que propunha uma alfabetização conscientizada, e não meramente tecnicista, mobilizavam vários setores da esquerda, desde 1961, com a criação do Movimento de Educação de Base que tinha apoio da Igreja Católica. Todos esses movimentos são tributários do clima de utopia e debate propiciado pela agenda reformista do governo Jango não como meros reflexos da política na cultura, mas como tentativa de tradução estética e cultural das equações políticas. Mesmo o grupo mais afeito à pesquisa formal na tradição estrita das vanguardas históricas – por exemplo, o grupo ligado à Poesia Concreta –, experimentou naquele ano sua "virada participante".

O projeto político-cultural do Centro Popular de Cultura da União Nacional dos Estudantes, tal como foi apresentado no Manifesto da entidade, foi herdeiro da forma pela qual o problema do espaço político e social do "nacional-popular" foi lido pelo Partido Comunista. "Nacional-popular" era a expressão que designava, ao mesmo tempo, uma cultura política e uma política cultural das esquerdas, cujo sentido poderia ser traduzido na busca da expressão da cultura nacional, que não deveria ser confundida nem com o regional folclorizado (que representava uma parte da nação) nem com os padrões universais da cultura humanista (vivenciada pela burguesia ilustrada, por exemplo).

O texto-base do Manifesto do CPC, redigido pelo economista Carlos Estevam Martins e apresentado em outubro de 1962, delineava o caminho para o jovem artista engajado poder "optar por ser povo", mesmo tendo nascido no seio das famílias mais abastadas.[15] Aliando sua formação e talento com os estilos e conteúdos da cultura popular, o artista engajado poderia ajudar a construir a autêntica cultura nacional, cuja tarefa principal era estimular a conscientização em prol da emancipação da nação diante dos seus usurpadores (nacionais e estrangeiros). Além disso, o Manifesto tentava disciplinar a criação engajada dos jovens artistas, apontando preceitos estéticos e posturas ideológicas. Como tarefas básicas, à medida que o governo João Goulart assumia as Reformas de Base como sua principal bandeira, o CPC se dispunha a desenvolver a consciência popular, base da libertação nacional. Mas antes de atingir o povo, o artista deveria se converter aos novos valores e procedimento, nem que para isso sacrificasse o seu deleite estético e a sua vontade de expressão pessoal.

Na verdade, a senha para uma nova arte engajada já tinha sido lançada pelo Teatro de Arena, em 1959, com a peça *Eles Não Usam Black-Tie*.[16] Grande sucesso de público e de crítica, a peça encenava o drama de uma família operária em meio a uma greve, fazendo com que o público se identificasse com os personagens, o que não era pouca coisa para um país de tradição elitista e estamental. Utilizando-se da emoção, o objetivo era desentorpecer a consciência crítica do espectador, como escreveu o jovem autor Gianfrancesco Guarnieri na tese apresentada ao seminário de dramaturgia, um pouco antes da estreia da peça.

Outra iniciativa cultural do CPC foi a série de cadernos poéticos chamados *Violão de Rua*, nos quais eram reproduzidos poemas engajados e, às vezes, didáticos, tentando ensinar o povo a fazer "política" e desenvolver uma consciência nacional libertadora.

O CPC ainda produziu um filme chamado *Cinco Vezes Favela*, que revelou jovens diretores, como Joaquim Pedro de Andrade, Leon Hirszman e Cacá Diegues. Na verdade, esse filme era a junção de cinco curtas-metragens que apresentavam o tema da favela sob diversas perspectivas. Dois dos filmes que mais chamaram a atenção foram *Couro de Gato* (Joaquim Pedro de Andrade) e *Pedreira de São Diogo* (Leon Hirszman). No primeiro, vários garotos saem pelas ruas do Rio de Janeiro e tentam conseguir alguns gatos para vendê-los na favela. Na época de Carnaval, o couro dos gatos era bastante valorizado, pois era a matéria-prima dos instrumentos de percussão. Ao final da história, um dos meninos se afeiçoa ao bichano, entrando em conflito com a sua necessidade de sobrevivência. Mas esta, ao final, se impõe, para azar do gato.

Para os jovens intelectuais do movimento estudantil que tentavam incorporar a Bossa Nova como uma base legítima da música engajada, as posições veiculadas pelo Manifesto do Centro Popular de Cultura da UNE, elaborado por volta de 1962, deixavam os jovens músicos numa posição delicada. Ao contrário do que afirmara Carlos Lyra, numa das reuniões inaugurais do CPC, assumindo-se como "burguês", dada sua origem e formação cultural, o Manifesto insistia que "ser povo" era uma questão de opção, obrigatória ao artista comprometido com a libertação nacional. Abandonar o "seu mundo" era o primeiro dever do artista "burguês" que quisesse se engajar. Muitos destes criadores se recusaram a exercer este tipo de populismo cultural. Podemos perceber esta tensão no episódio envolvendo o compositor Carlos Lyra. Segundo seu depoimento, a ideia inicial do primeiro núcleo do futuro CPC, reunido em 1961, foi a criação de um "Centro de Cultura Popular", o que foi vetado por Carlos Lyra. A inversão da sigla não foi mero capricho do compositor, conforme suas próprias palavras: "Eu, Carlos Lyra, sou de classe média e não pretendo fazer arte do povo, pretendo fazer aquilo que eu faço [...] faço Bossa Nova, faço teatro [...] a minha música, por mais que eu pretenda que ela seja politizada, nunca será uma música do povo".[17]

Assim, o caminho oposto foi esboçado por músicos que buscavam uma Bossa Nova nacionalista ou uma canção engajada, no sentido amplo da palavra. Carlos Lyra, Sérgio Ricardo, Nelson Lins e Barros, Vinícius de Moraes e outros afirmavam a música popular como meio para problematizar a consciência dos brasileiros sobre sua própria nação e "elevar" o nível musical popular. Na perspectiva deles, a ideologia nacionalista era um projeto de um setor da elite que, a médio prazo, poderia beneficiar a sociedade como um todo, e a "subida ao morro" visava muito mais ampliar as possibilidades de expressão e comunicação da música popular renovada do que imitar a música das classes populares. Essa perspectiva foi determinante até 1964, quando a conjuntura mudou e levou alguns artistas de esquerda a se aproximar das matrizes mais populares da cultura brasileira (como as praticadas nas comunidades do "morro" e do "sertão"), à guisa de reação ideológica ao fracasso da "frente única", idealizada pelo PCB.

Enquanto na música popular discutia-se a possibilidade de uma Bossa Nova mais engajada e nacionalista, a música erudita retomava o experimentalismo de vanguarda como procedimento básico, buscando novas combinações harmônicas, timbrísticas e novos efeitos sonoros. O surgimento do grupo Música Nova, por volta de 1961, traduzia essa busca numa reação ao nacionalismo de esquerda. Apesar disso, alguns nomes ligados ao movimento eram militantes e simpatizantes do PCB, como Rogério Duprat (militante até 1965), Gilberto Mendes (militante até 1958 e simpatizante após esta data) e Willy Corrêa de Oliveira. Eles tentavam desenvolver uma leitura diferente do que significava "nacionalismo" na música, articulando-o com a pesquisa formal mais destacada. Na contundente definição de Rogério Duprat, o nacionalismo deveria ser visto em

> função do conflito fundamental entre o país e o imperialismo [o que] determina uma retroação pragmática (luta anticolonialista) e no plano ideológico uma busca de afirmação de nossa cultura, que nada tem a ver com o folclorismo, os ingênuos regionalismos e os trôpegos balbucios trogloditas da arte "nacionalista".[18]

O Manifesto do Grupo, de 1963, apontava para os seguintes princípios de criação musical: 1) desenvolvimento interno da linguagem musical, retomando as experiências musicais contemporâneas (século XX); 2) vinculação da música aos meios da comunicação de massa; 3) compreensão da música como fenômeno humano global; 4) refutação do personalismo romântico e do "folclorismo populista"; 5) necessidade de redefinir a educação musical, baseando-se na interação com outras linguagens e na pesquisa livre; 6) conceber a música como atividade interdisciplinar (devendo se articular à poesia, à arquitetura, às artes plásticas etc.).

No cinema, o espírito da vanguarda também deu o tom, só que numa direção diferente, mais voltada para a busca da fotogenia popular e da equação fílmica dos grandes impasses da revolução brasileira: quem é o povo? Como retratar seu sofrimento sem cair no melodrama? Como se constroem as estruturas de dominação? Espécie de cinema da hora limite de uma revolução sonhada, o primeiro Cinema Novo mergulhou no Nordeste, geografia mítica da brasilidade e da revolução. Se a canção engajada da era Jango conciliou o material musical popular e as estruturas modernas da canção legadas pela Bossa Nova, o Cinema Novo agenciou o moderno para redimensionar o popular, a partir de um cinema autoral. Em ambos, o despojamento dava o tom. Na canção assumiu-se a síntese sofisticada. No cinema, a precariedade expressiva. Em ambos, o culto ao novo.

A rigor, o movimento do Cinema Novo começou por volta de 1960, com os primeiros filmes de Glauber Rocha, Ruy Guerra e outros jovens cineastas engajados e durou até 1967. Inspirados no neorrealismo italiano e na *nouvelle vague* francesa, que defendia um cinema de autor, despojado, fora dos grandes estúdios e com imagens e personagens mais naturais possíveis, o movimento rapidamente ganhou fama internacional. Os "veteranos" Nelson Pereira dos Santos e Roberto Santos logo foram incorporados ao movimento, ao mesmo tempo que novos nomes iam surgindo: Arnaldo Jabor, Cacá Diegues, Leon Hirszman, entre outros.

Entre 1960 e 1964, grandes filmes foram realizados em nome do movimento: *Barravento* (Glauber Rocha, 1960), acerca dos pescadores do Nordeste; *Vidas Secas* (Nelson Pereira dos Santos, 1963), que retrata o drama dos retirantes, baseado no livro de Graciliano Ramos; *Os Fuzis* (Ruy Guerra, 1964), a respeito de um grupo de soldados que deve proteger um armazém ameaçado por flagelados da seca nordestina; e o famoso *Deus e o Diabo na Terra do Sol* (Glauber Rocha, 1964), parábola sobre o processo de conscientização de um camponês que passa pelo messianismo, pelo cangaço e termina sozinho, desamparado mas livre, correndo em direção ao seu destino. Como se pode ver pelos temas, o Nordeste, ao lado das favelas cariocas, era o tema preferido desse tipo de cinema, o que nem sempre agradava o público de classe média, acostumado ao glamour hollywoodiano. Mas a intenção era precisamente chocar não só o público médio brasileiro, mas também a visão dos estrangeiros sobre o nosso país.

O princípio norteador do movimento era a "estética da fome", título de um famoso manifesto escrito por Glauber Rocha, em 1965. O manifesto, diagnosticando a situação do cinema brasileiro e latino-americano, diz: "Nem o latino comunica sua verdadeira miséria ao homem civilizado, nem o homem civilizado compreende verdadeiramente a miséria do latino [Por isso somos] contra os exotismos formais que vulgarizam os problemas sociais". Na sequência, Glauber defendia a ideia de que a "fome" era o nervo da sociedade subdesenvolvida, denunciando um tipo de cinema que ora escondia, ora estilizava a miséria e a fome. Para ele, só o Cinema Novo soube captar essa "fome", na forma de imagens sujas, agressivas, toscas, cheias de violência simbólica: "O que fez o Cinema Novo um fenômeno de importância internacional foi justamente o seu alto nível de compromisso com a verdade; foi seu próprio miserabilismo, que, antes escrito pela literatura de 1930 e agora fotografado pelo cinema de 1960". Mais adiante o manifesto diz que a "fome", ao se transformar em problema político, nega tanto a visão do estrangeiro, que a vê como "surrealismo tropical", quanto a visão do brasileiro, que a entende como uma "vergonha nacional". A solução estética e política se encontrava, num trecho bem ao estilo do terceiro-mundismo dos anos 1960:[19] "A mais nobre manifestação cultural da fome é a violência [...] o Cinema Novo, no campo internacional, nada pediu, impôs-se pela violência de suas imagens [...] pois através da violência o colonizador pode compreender, pelo horror, a força da cultura que ele explora".

Curiosamente, o maior triunfo do cinema brasileiro não era aceito como parte do conjunto de obras do Cinema Novo e sua "Estética da Fome", pelos principais diretores do movimento. Alguns anos antes, *O Pagador de Promessas*, filme de Anselmo Duarte, ganhara o prêmio máximo do Festival de Cannes de 1962. A comovente história de Zé do Burro, homem que queria entrar com uma cruz na igreja, para pagar uma promessa em gratidão ao salvamento do seu animal de estimação e trabalho, mas que fora barrado na porta pelo padre, que não admitia aquela "blasfêmia", não pode ser enquadrada nos princípios da "violência simbólica". Mais próximo de uma estética neorrealista e dentro dos padrões clássicos de narrativa cinematográfica linear, *O Pagador de Promessas* não buscava o "choque", mas fazia com que o público, independentemente da classe social ou da formação cultural, sofresse junto com aquele homem simples, cuja única desgraça foi querer agradecer a Deus por ter salvado seu jumento, peça fundamental no seu trabalho diário de camponês.

"Choque" ou "identificação", Corisco ou Zé do Burro, *Deus e o Diabo na Terra do Sol* ou *O Pagador de Promessas*. Este era o dilema que o cinema brasileiro enfrentava e que pode ser considerado a síntese dos impasses que marcavam a arte engajada brasileira, na busca de caminhos para se comunicar com as classes populares e educar as elites para um novo tempo de mudanças que parecia promissor.

Depois do golpe, as tênues ligações entre a militância artístico-cultural e as classes populares foram cortadas. Também não tardaria para que as perseguições começassem a chegar às universidades, a começar pela Universidade de Brasília, projeto-piloto de um novo tipo de ensino universitário no país.

Para avaliar a importância e o infortúnio históricos do governo Jango e seu eventual legado, não se pode perder de vista estas questões políticas e culturais amplas, para além das indecisões, fisiologismos e negociatas da pequena política e das idiossincrasias de uma liderança frágil em um momento histórico crucial. Seu governo foi o auge de uma primavera democrática brasileira, que nunca chegou ao verão, mas que marcou a chamada "República de 46".

Aliás, só podemos falar em "primavera democrática" a partir do segundo governo Vargas, assim mesmo com muitas aspas. Boa parte da população estava alijada do voto, a cidadania era, mais do que hoje, privilégio de classe, e a organização dos trabalhadores ainda era muito controlada. Nada que se compare ao clima repressivo do governo do general Eurico Gaspar Dutra, o primeiro após o Estado Novo, marcado pelo anticomunismo ferrenho e pela intervenção nas organizações sindicais.[20]

Ainda sob o segundo governo Vargas, eleito democraticamente e alvo constante da oposição golpista udenista,[21] João Goulart modificou o modelo de atuação do Estado perante os sindicatos, tentando construir um espaço efetivo de mediação de conflitos entre o trabalho e o capital a partir do Ministério. Nomeado como ministro depois de se destacar na estruturação do Partido Trabalhista Brasileiro (PTB), do qual era membro do Diretório Nacional desde maio de 1952, Goulart fez com que a exigência de "atestado ideológico" para ser dirigente sindical caísse em desuso. Mediante este documento, o sindicalista passava por um crivo, atestando que não era comunista nem subversivo.[22] Os representantes dos sindicatos passaram a ter acesso aos salões do Ministério para discutir problemas efetivos, e não apenas para aplaudir o ministro de plantão. Além disso, Jango prometia um aumento substantivo no salário mínimo, em um momento de amplas mobilizações operárias, como a famosa "Greve dos 300 mil" em 1953. As mudanças que ele patrocinou nos pouco mais de seis meses de Ministério foram suficientes para garantir-lhe lugar de honra na galeria dos inimigos da direita. Só perdia para o próprio Vargas e para os comunistas. Na ótica conservadora, o "populismo irresponsável" do primeiro preparava o caminho para os segundos. Além disso, eram acusados de preparar uma "República sindicalista" semelhante ao peronismo argentino, prometendo benesses que exigiriam mudanças nas estruturas econômicas e de poder.[23]

Pressionado pelos setores militares, que lançaram o "Memorial dos Coronéis", com 82 signatários, Vargas demitiu o jovem ministro em fevereiro de 1954. Conforme o manifesto, a política salarial de aumento para os operários se descolava de tal maneira das bases de remuneração dos militares, sobretudo dos soldados e das baixas patentes, que poderia gerar um clima de insatisfação nos quartéis. Mas, na verdade, os militares estavam preocupados com a reaproximação do getulismo com os sindicatos operários, que poderia criar as bases de uma "República sindicalista", depois de um começo de governo mais moderado. Os militares, ecoando a fala da oposição conservadora, consideravam "uma aberrante subversão de todos os valores profissionais" um trabalhador ganhar um salário mínimo que, caso fosse aumentado em 100%, se aproximaria do soldo de um oficial graduado, dificultando "qualquer possibilidade de recrutamento, para o Exército, de seus quadros inferiores", e enfraquecendo, por tabela, a única instituição que poderia defender o país da ameaça comunista. Assim, sob uma linguagem corporativa e de defesa dos interesses profissionais das Forças Armadas, insinuava-se o profundo conservadorismo dos setores civis e militares que viam na política de massas e na retórica nacionalista de Vargas uma grande ameaça aos seus interesses privados e à sua concepção de ordem pública, como se o presidente preparasse um novo golpe de 1937, só que à esquerda.[24] O pronunciamento dos coronéis de 1954 era o prenúncio dos generais golpistas de 1964.

Mesmo defenestrado do governo Vargas, Goulart não deixou de ser o preferido do velho chefe. A prova disso é o recebimento, em mãos, de um dos originais da famosa "Carta-Testamento",[25] na ocasião do suicídio do presidente que abalou o Brasil em agosto de 1954. Desse legado, nasceu um novo projeto para o país, algo próximo de um trabalhismo social-democrata de corte nacionalista, calcado em uma pauta genérica, mas ainda assim inovadora:[26] defesa dos interesses da economia nacional; melhoria da condição de vida material dos trabalhadores via aumentos salariais e legislação protecionista; reforma agrária, reconhecimento do direito à cidadania dos trabalhadores e de sua legitimidade como atores sociais e políticos. O crescimento da presença do PTB na Câmara dos Deputados (ver gráfico a seguir) não pode ser dissociado desta pauta político-ideológica que, manipulações, fisiologismos e demagogias à parte, sintetizava os principais desafios para a construção de uma país mais justo e livre. Apesar de todas as restrições ao voto das classes populares, a começar pela proibição do voto do analfabeto em um país que grassava 40% de analfabetismo, a participação operária nas eleições já havia sido suficiente para surpreender o brigadeiro Eduardo Gomes (UDN), no pleito presidencial de 1945, o udenista havia desprezado o "voto dos marmiteiros", como foram apelidados pejorativamente os operários, e a ascendência de Vargas sobre estes. O fato é que a história da "República de 1946", seu início, trajetória e desfecho, não pode ser separada desta grande novidade histórica no contexto brasileiro: o voto operário capaz de decidir eleições. Este novo ator parece nunca ter sido completamente assimilado pelos setores conservadores, mesmo os que apregoavam suas virtudes liberais, mas não dispensavam um golpe de Estado para corrigir os rumos da política.

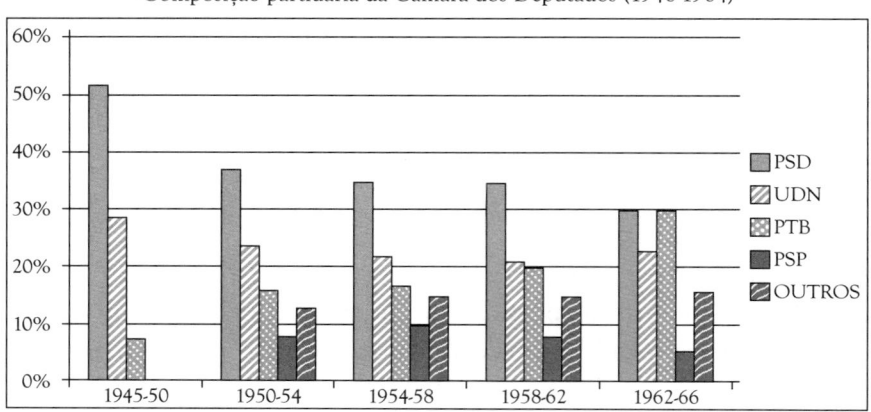

Fonte: Rodrigo Motta, *Introdução à história dos partidos políticos brasileiros*, Belo Horizonte, Editora UFMG, 1999, pp. 103-105.

O outro grande partido nascido sob a influência do "getulismo", o Partido Social Democrático (PSD), também assumiu-se como fiador da precária ordem da República nascida em 1946. Ainda sob o impacto da morte de Vargas, Osvaldo Aranha e Tancredo Neves esboçaram a famosa "dobradinha" PTB-PSD, em nome da estabilidade política da República.[27] Este pacto elegeria Juscelino Kubitschek em outubro de 1955, mas não livraria o país da ameaça de golpes e contragolpes, tendo como exemplo a conturbada posse do novo presidente, em janeiro de 1956. O pacto PSD-PTB durou até meados de 1964, dando sinais de esgotamento desde o ano anterior. Quando ele se rompeu, o fio tênue que segurava a democracia política brasileira exercitada na República de 46 também se partiu. A esquerdização do PTB e a radicalização da direita civil e militar não permitiam mais a existência de um partido fundamentalmente conciliador, ainda que fiador de uma ordem conservadora com pequenas concessões ao reformismo.

Antes disso, houve um susto para esta bem-sucedida dobradinha partidária e ele tinha um nome e sobrenome: Jânio Quadros.

Entre 1947 e 1960, Jânio saiu da suplência de vereador da cidade de São Paulo para a Presidência da República, passando pela prefeitura (1953 a 1955) e pelo governo do Estado (1955-1959). Nestas disputas eleitorais enfrentou grandes máquinas partidárias, candidatando-se por partidos pequenos, como o Partido Democrata Cristão (PDC) e o Partido Trabalhista Nacional (PTN), menor ainda que o primeiro. Nos cargos que ocupou criou um estilo próprio de gestão, baseado no discurso moralizador, em ações personalistas e em seu carisma um tanto peculiar que misturava algo de gênio atormentado com o ar de professor severo. Também é inegável que, sobretudo na prefeitura de São Paulo, soube se aproximar do movimento popular e sindical. A União Democrática Nacional (UDN), que carecia de carisma e de votos suficientes para derrotar o getulismo e seus herdeiros, viu em Jânio o nome perfeito para realizar tal façanha. Nesta campanha eleitoral atípica, outra aberração, para os padrões atuais: como a legislação permitia a eleição separada do presidente e do vice-presidente, desfigurando as chapas eleitorais, fechadas, algumas lideranças populares e sindicais lançaram os "Comitês Jan-Jan". Ou seja, defendiam o voto em Jânio e Jango, ao mesmo tempo, mesmo estes fazendo parte de chapas e coligações opostas.[28] Ambos, Jânio e Jango, não rechaçaram o voto combinado. Mas o sucesso eleitoral da chapa Jan-Jan foi a porta de entrada para a crise política que se seguiria à renúncia. Logo, os dois romperam, até pela política de perseguição de Jânio contra os "corruptos", entre os quais ele situava JK e Jango. Além disso, Jânio calculava que com um vice odiado pela direita civil e militar teria mais margem de manobra para fortalecer seu poder pessoal. Afinal, os conservadores temeriam um ato de renúncia e a consequente posse do seu vice.

A exuberante fase de crescimento da era JK mostra o seu lado B, com a inflação, a corrupção e a dívida externa dando o tom do debate político do final dos anos 1950, acabando por abrir espaço na agenda para sua crítica. Jânio, em meio a este debate, galvanizou os sentimentos e os votos que sinalizavam que algo não ia bem nos "anos dourados" da democracia brasileira. Contra a inflação, prometia sanear as finanças públicas e congelar salários. Contra a corrupção, prometia tomar o controle da máquina governamental com medidas moralizadoras e inquéritos punitivos. Contra a dependência externa, materializada na questão da dívida, prometia assumir uma nova política externa chamada "independente".²⁹ Entrementes, proibiu as brigas de galo, o uso do biquíni nos concursos de *misses* e o lança-perfume no Carnaval.

Jânio acreditou que seu carisma e seus 6 milhões de votos seriam suficientes para impor as medidas que, na sua concepção, seriam fundamentais para governar o país sem a burocracia e sem o aval do Congresso. Entretanto, viu-se cada vez mais pressionado pelas forças políticas, mesmo pela UDN, que o havia apoiado. Sua política externa causava constrangimentos, para não dizer uma franca oposição dos setores conservadores da imprensa, da Igreja Católica e das Forças Armadas, marcados pelo anticomunismo visceral e fanático. A polêmica condecoração de Ernesto Che Guevara, em 19 de agosto de 1961, com a Grã Cruz da Ordem Nacional do Cruzeiro do Sul foi a cerejinha do bolo atirado na cara dos mais reacionários. Mesmo que essa condecoração fosse o resultado da liberação, por parte do líder da Revolução Cubana, de sacerdotes católicos condenados ao fuzilamento em Cuba, a medalha causou grande mal-estar e confusão, consolidando a imagem de um político contraditório, oportunista e ideologicamente ambíguo. A UDN rompeu com Jânio e seu principal alto-falante, Carlos Lacerda, vociferou contra Jânio em 24 de agosto em cadeia nacional, acusando-o de preparar um golpe de Estado. Provavelmente, o problema central para Lacerda não era o golpe em si, mas um golpe sem a UDN, liderado por um condecorador de comunistas.

No dia seguinte, Dia do Soldado, depois de sete meses de governo, tentou um lance ousado para sair do seu isolamento político: renunciou. Há consenso entre historiadores e analistas políticos em classificar a renúncia de Jânio como uma tentativa de "autogolpe". Seu cálculo político se apoiava em algumas evidências: o povo que o elegera de maneira retumbante o aclamaria nas ruas para que voltasse à Presidência; o vice-presidente eleito, João Goulart, seria vetado pelos militares. O primeiro cálculo não se confirmou. O segundo, pelo contrário, se confirmou. Mas o desfecho não foi favorável ao presidente autodemissionário. Ainda assim, entre 25 de agosto e 7 de setembro de 1961, o Brasil foi governado, de fato, por uma junta militar formada pelos ministros de Jânio: Odilio Denys, Silvio Heck e Grum Moss. Apoiados pelos setores mais reacionários da UDN, fizeram de tudo para impedir a posse do vice-presidente.

Para sua sorte e azar, no dia da renúncia de Jânio Quadros, João Goulart estava em missão diplomática-comercial na China comunista. Sorte, pois se estivesse no Brasil teria sido preso pela junta militar. Azar, pois, para a opinião pública conservadora, a visita aos comunistas consolidava a pecha de subversivo e filo-comunista pela qual a direita rotulava o vice-presidente. Na verdade, Jango estava voltando da China, encontrava-se mais precisamente em Cingapura quando recebeu a notícia. Já no dia 28 de agosto, em Paris, com notícias mais consistentes do Brasil, resolveu voltar para o país pelo caminho mais longo. De Paris foi para Nova York, Panamá, Lima, Buenos Aires e Montevidéu. Chegou em Porto Alegre no dia 1º de setembro.

Nesse ínterim, enquanto Jango voava pelo planeta para dar tempo aos políticos e lideranças que tentavam solucionar a crise política, o Brasil vivia um dos momentos mais intensos de sua história. Assistia-se a dois tipos de mobilização: a militar e a política. Ainda no dia 25, Leonel Brizola, jovem governador do Rio Grande do Sul e correligionário de Jango no PTB, afirmava sua disposição para a resistência, entrincheirando-se no Palácio Piratini. Na noite do dia 25, o marechal nacionalista e legalista Henrique Teixeira Lott lançava um manifesto à nação e expunha a divisão das Forças Armadas. Ele já havia garantido a posse de JK com seus tanques nas ruas do Rio de Janeiro e estava disposto a fazer o mesmo por Goulart, conclamando as "forças vivas do país" a defenderem a Constituição. Ato contínuo, Lott foi preso por ordens do Ministro da Guerra, Odilio Denys. No dia 27, Brizola conseguiu se apoderar das instalações da Rádio Guaíba de Porto Alegre, que seria a base para a campanha radiofônica em defesa da Constituição e da posse, conhecida como Rede da Legalidade. Cerca de 150 emissoras passaram a retransmitir, em ondas curtas, os discursos em defesa da democracia, rompendo a censura e o Estado de Sítio informal imposto pela junta militar. A população gaúcha se mobilizou em armas para defender o governo, com o apoio do III Exército depois de uma hesitação inicial do seu comandante, general Machado Lopes.[30] Até o dia 31 de agosto, pelo menos, a possibilidade de uma guerra civil era real, com movimentações de tropa entre São Paulo e Rio Grande do Sul e ordens de bombardeio do Palácio Piratini, que, como se sabe, não foram cumpridas graças, em parte, à sabotagem dos sargentos fiéis à Constituição e às ordens de Brizola.[31] Em Goiás, o governador Mauro Borges também aderiu à resistência conclamada pelo seu colega gaúcho.

Mas a sociedade civil também se mobilizou por outros meios. Mesmo a imprensa que não tinha nenhuma simpatia por Goulart, com exceção dos jornais O Globo e Tribuna da Imprensa (de propriedade de Carlos Lacerda), foi a favor de sua posse negociada.[32] A Ordem dos Advogados do Brasil (OAB), a Conferência Nacional dos Bispos do Brasil (CNBB) e a UNE também se posicionaram pela defesa da legalidade. Os sindicatos também se mobilizaram, realizando manifestações e greves em todo o Brasil.

Os parlamentares também não ficaram parados. Mobilizaram-se para encontrar uma fórmula de superação da crise dentro da velha tradição brasileira da conciliação e da acomodação de interesses, com o isolamento político dos radicais. Exatamente o que não aconteceria dois anos e meio depois, quando qualquer atitude de conciliação seria impossível. Em 29 de agosto, o Congresso Nacional rechaçou o pedido de impedimento do vice-presidente por 299 votos contra 14. Esta decisão, aliada à pressão civil e militar contra a junta golpista, acabou por esvaziar o veto à posse de Goulart. Na madrugada do dia 1º de setembro, o Congresso aprovou o regime parlamentarista por 233 votos contra 55. Ainda que contrariados, os ministros da junta militar acataram a decisão. Na verdade, antes de ir a plenário, a "solução parlamentarista" tinha sido articulada por Afonso Arinos e Tancredo

Neves, com aval das lideranças militares Cordeiro de Farias e Ernesto Geisel, ambos ligados ao governo Jânio Quadros.

Mas a esquerda petebista também ficou contrariada, a começar pela ala brizolista. A aceitação de Goulart da emenda parlamentarista lhe valeu uma fria recepção em Porto Alegre, frustrando a expectativa por uma chegada triunfal, ainda mais porque ele não se dispôs a discursar para a massa reunida em frente ao Palácio. O vice-presidente se fechou em uma espécie de silêncio obsequioso, em nome da pacificação nacional. A crise de 1961 deixou clara as personalidades políticas opostas de Brizola e de Jango, o que, em grande medida, seria fatal para o projeto trabalhista e para a defesa eficaz do regime democrático de 1946. Mesmo abatido, João Goulart tomava posse em Brasília em uma data simbólica: 7 de setembro.

João Goulart foi empossado por um golpe de Estado civil, para evitar outro, militar. Podem-se celebrar as virtudes conciliadoras do arranjo político que instituiu o parlamentarismo em setembro de 1961, depois da confusão causada pela renúncia de Jânio Quadros. O fato de não ter acontecido uma guerra civil de proporções consideráveis não deixa de ser um mérito da engenharia política brasileira. Mas não se pode negar o caráter golpista do parlamentarismo, apelidado de "golpe branco" pelos setores mais à esquerda. Ainda mais porque, desviando-se do próprio princípio parlamentar, o chefe de Estado não podia dissolver o Congresso e convocar novas eleições. Ou seja, o importante era tirar os poderes de Goulart e não criar um sistema político robusto e administrativamente eficaz.

Durante todo o ano de 1962, superada a crise do veto à sua posse, o conjunto das forças políticas, da esquerda à direita, trataria de sabotar o novo sistema de governo, a começar pelo próprio presidente. Solução meramente ocasional, o parlamentarismo não convencia ninguém da sua possibilidade de sucesso. As principais lideranças políticas civis e militares não apostavam no sistema. Os governadores de estados também não. Os grandes partidos UDN e PSD, já no começo de 1962, retiravam apoio ao sistema.[33] Tampouco o parlamentarismo acalmava os espíritos golpistas. Os generais golpistas da junta, mesmo desprestigiados pela opinião pública e fora do governo, continuaram tramando para depor o presidente.[34]

Quando João Goulart reiterou seu projeto das "reformas de base" no dia 1º de maio de 1962, o parlamentarismo claramente foi colocado em xeque. Em discurso para os operários da Usina de Volta Redonda, *alma mater* do projeto industrializante e nacionalista brasileiro, Goulart lançou a dúvida:[35]

> No calor da crise, o Congresso agiu com a presteza que o momento reclamava e criou um novo sistema de governo, que tem contribuído, pelo descortino político do presidente do Conselho de Ministros, Dr. Tancredo Neves, e dos ministros que o integram para propiciar melhor entendimento e mais estreitas relações entre as diversas correntes políticas com reflexos positivos no desarmamento geral dos espíritos. Agora, é chegado o momento de perguntar-se ao povo brasileiro, às classes médias e populares, aos trabalhadores em geral, especialmente aos que vivem no campo, se estão também desfrutando da mesma tranquilidade e segurança. A minha impressão sincera é de que não [...]

Além de sugerir que o parlamentarismo não era a solução para os problemas do país, Goulart encampava a demanda por uma Assembleia Nacional Constituinte, a ser eleita em outubro daquele ano, visando à reforma constitucional e à desobstrução para as "reformas de base" nomeadas no discurso: reforma agrária, bancária, eleitoral, tributária, sem falar na regulamentação da remessa de lucros das multinacionais para suas matrizes.

O primeiro Ministério do governo, sob o lema da "unidade nacional", tendo Tancredo Neves como primeiro ministro, propôs uma agenda reformista, "gradual e moderada", sem apontar para compromissos e prazos delimitados.[36]

Em relação à reforma agrária, por exemplo, o primeiro governo parlamentar propunha uma "política fiscal punitiva para terras improdutivas". Mas o I Congresso Nacional de Lavradores e Trabalhadores do Campo, reunido em Belo Horizonte, em novembro de 1961, queria mais.[37] Mesmo prestigiado pela presença um tanto constrangida do primeiro ministro Tancredo Neves, a sessão de encerramento do encontro aprovou uma "Declaração" bastante ousada. Nesta, o movimento denunciava o gradualismo e as medidas paliativas, exigindo a radical transformação da estrutura agrária a partir da desapropriação do latifúndio improdutivo, da implantação do imposto progressivo, da distribuição gratuita de terras devolutas, legalização da situação de posseiros e elaboração de uma política agrícola de estímulo à pequena propriedade e legislação social para o trabalhador rural. No discurso de encerramento do líder das Ligas Camponesas, deputado Francisco Julião (PSB), surgia a famosa palavra de ordem que seria utilizada pelas direitas como exemplo de radicalização golpista das esquerdas: "A reforma agrária será feita na lei ou na marra, com flores ou com sangue".

Desprestigiado pelo presidente, pelas principais lideranças políticas e aproveitando a necessidade de sair do governo para concorrer às eleições marcadas para outubro, o gabinete Tancredo renunciou em julho de 1962.[38] Os dois outros gabinetes que se seguiram, chefiados por Francisco de Paula Brochado da Rocha e por Hermes de Lima, prepararam o retorno do presidencialismo. A nomeação de Brochado da Rocha se deu como alternativa aos nomes mais cotados, San Tiago Dantas (PTB) e Auro de Moura Andrade (PSD), já que estes foram vetados à direita e à esquerda, respectivamente. Para vetar a indicação do conservador Auro de Moura Andrade, foi deflagrada uma greve geral, embrião do Comando Geral dos Trabalhadores, o CGT. Na Baixada Fluminense, a greve geral degenerou no "Motim da Fome", marcado pelos saques ao comércio, com saldo de 11 mortos e centenas de feridos.

No segundo semestre de 1962, a batalha pelo Brasil em meio à Guerra Fria se acirrou. As esquerdas reafirmaram seu projeto político a partir do tema das reformas, que para alguns era o começo da "Revolução Brasileira". As direitas, ainda assustadas com o fracasso do golpe contra a posse de Jango, procuravam novas táticas e novos sócios para sua conspiração. As eleições para os governos estaduais e para o legislativo daquele ano serviriam de laboratório para novos ataques ao presidente reformista. Mas o crescimento do PTB acabou por demonstrar que nas urnas, apesar de todos os recursos gastos e até do apoio da CIA aos candidatos conservadores, os trabalhistas e reformistas ainda eram fortes.

Com a boa atuação nas eleições legislativas e o presidencialismo amplamente vitorioso no plebiscito antecipado para 6 de janeiro de 1963, iniciou-se uma nova etapa do governo Jango. A sensação de vitória das esquerdas (trabalhista, socialista e comunista), que nunca aceitaram o parlamentarismo, era patente. Com os poderes presidenciais de volta, o caminho para as reformas ficava mais livre, pois na leitura das esquerdas o voto contra o parlamentarismo era sinônimo de apoio às reformas.

Com a volta do presidencialismo, crescia a pressão da esquerda não parlamentar, organizada na Frente de Mobilização Popular, pela aprovação das reformas de base, a começar por uma reforma agrária efetiva, sempre protelada pelo Congresso. A Frente de Mobilização Popular (FMP), lançada por Brizola no começo de 1963, estava mais voltada para a pressão popular sobre o Congresso, algo que para a tradição conservadora brasileira soa como uma revolução sangrenta em curso. Dela faziam parte o Comando Geral dos Trabalhadores (CGT), a Ação Popular (grupo revolucionário de origem católica), o Partido Operário Revolucionário (POR-T, trotskista), setores das Ligas Camponesas, a esquerda do PCB, integrantes do PSB, grupos de sargentos e marinheiros. A FMP acusava o governo Jango de "conciliatório" ao tentar realizar reformas dentro do Congresso Nacional dominado pelos conservadores e cada vez mais hostil ao reformismo.[39]

A tese do Congresso "reacionário", baluarte do antirreformismo, surgiu neste contexto. Diga-se, a nobre casa vestiu bem a carapuça. A FMP, liderada pelos brizolistas, tornou-se o principal foco do reformismo dito "radical", tornando-se um grupo de pressão sobre o Parlamento e sobre o próprio presidente da República.[40]

As relações entre Jango e seu cunhado Brizola eram tensas. Ora seu aliado à esquerda, fiador de sua posse em 1961, ora rompido com o presidente, Brizola era, ao lado de Francisco Julião, líder das Ligas

Camponesas, a liderança mais à esquerda naquele contexto. Mais ainda que o Partido Comunista Brasileiro (PCB), que no início dos anos 1960 estava mais afeito ao gradualismo reformista do que ao voluntarismo revolucionário.[41]

Entre os três grandes núcleos da esquerda, brizolistas, comunistas e "ligueiros", estes eram os únicos que apostavam efetivamente na guerrilha, buscando apoio cubano para tal.[42] O PCdoB também não a descartava, mas naquele momento ainda era um partido em estruturação, fruto de um racha com o PCB em 1962.

Ao longo de 1963, o governo Jango travou duas batalhas decisivas no campo institucional. Uma, no *front* parlamentar, pela aprovação da reforma agrária, piloto das reformas mais amplas que viriam na sequência. Outra, no *front* econômico, tentando controlar a inflação e retomar o crescimento. Ambas foram perdidas.

Este fracasso seria resultado da incompetência do Poder Executivo, particularmente do presidente, na negociação com o Congresso e com os grupos sociais organizados? Radicalização dos atores, sobretudo os de esquerda, que não aceitavam nem a reforma agrária possível nem os sacrifícios do Plano Trienal?[43]

O Plano Trienal, elaborado pelo brilhante economista Celso Furtado, fora pensado em dois tempos: o primeiro tempo seria dedicado ao controle da inflação e retomada do controle das finanças públicas. Neste ponto, o plano era ortodoxo e seguia a receita clássica do Fundo Monetário Internacional (FMI), ainda que seu principal elaborador fosse filiado ao keynesianismo desenvolvimentista – restrição salarial, restrição ao crédito e corte de despesas do governo. Passado este primeiro momento de ajuste estrutural, o Plano Trienal previa a retomada do desenvolvimento, a partir das reformas estruturais: administrativa, fiscal, bancária e agrária. Se essas reformas se realizassem, seus idealizadores esperavam quatro resultados básicos: o governo gastaria menos (e melhor), os impostos seriam integrados e progressivos, as condições de crédito seriam reorganizadas e a agricultura, mais produtiva. Aliás, este ponto era fundamental para combater a inflação, visto que uma das suas causas era a pressão sobre os custos de reprodução do trabalhador, sobretudo alimentação e moradia.

O fato é que o pacto social necessário para fazer o plano deslanchar não funcionou. Muitos sindicatos, a começar pelo CGT, foram contra o plano desde o início. As principais confederações sindicais, Confederação Nacional dos Trabalhadores em Estabelecimentos de Crédito (Contec), Confederação Nacional dos Trabalhadores Industriais (CNTI), Confederação Nacional dos Trabalhadores do Transportes Marítimos, Fluviais e Aéreos (CNTTMFA), que reuniam respectivamente os bancários, os operários e os trabalhadores do setor de transporte, base de sustentação do presidente Jango, também se posicionaram contra o corte de salários em um contexto inflacionário. Juntas, aglutinavam cerca de 70% dos sindicatos. Entre o empresariado, as associações e confederações comerciais não aceitaram o controle de preços, denunciando a "ofensiva socializante" do Estado sobre o livre mercado. O empresariado industrial, que inicialmente fora a favor do plano, retirou seu apoio por volta de abril de 1963. Em maio, o próprio governo cedeu às pressões: liberou o crédito e aumentou os salários dos funcionários públicos. Era o fim do Plano Trienal. A economia estava sem controle, fazendo convergir o pior dos cenários econômicos: recessão e inflação exponencial.

Entre março e outubro de 1963, travou-se outra grande batalha institucional do governo Jango: a luta pela reforma agrária "na lei", e não "na marra". Entre a reforma agrária possível na negociação institucional e a desejada pelos movimentos sociais (ou mesmo pelo governo), havia um abismo. Formalmente, ao menos até o começo de 1963, nenhuma força política era contra a reforma agrária, pois o latifúndio era o monstro que todos os deputados denunciavam (mas alguns criavam no quintal). A reforma agrária que seria aceita pelo Congresso, na prática, favoreceria a especulação. Os dois pontos do impasse deixavam claro isto: a maioria do Congresso não aceitava o pagamento em títulos da dívida, por isso defendia ferozmente o artigo 141º da Constituição de 1946, que exigia pagamento em dinheiro pelas terras desapropriadas. Entre os que aceitavam a proposta da Presidência, como certas alas do PSD, o impasse era em torno do percentual de reajuste para os títulos que pagariam as desapropriações. O PTB defendia o limite de 10% para os reajustes e o PSD achava pouco. Para complicar a negociação no Congresso, a Convenção Nacional da UDN, em abril de 1963, vetou qualquer tipo de "reforma agrária" via mudança constitucional, lançando a palavra de ordem para o futuro golpe de Estado: "a Constituição é intocável".

Oliveira Brito, do PSD, lançou um novo projeto de reforma agrária, propondo correção entre 30% e 50% dos títulos da dívida utilizados na compra de terras pelo governo, além de diminuição do percentual de aproveitamento da terra para fins de desapropriação, permitindo ainda que o proprietário ficasse com metade da área desapropriada. Mas, em agosto, a Convenção Nacional do PSD minou a proposta do seu próprio deputado. Em outubro, um último projeto de reforma agrária, desta vez do PTB, foi rejeitado pela Câmara.

Obviamente, a crise militar e política que tomou conta do país entre setembro e outubro de 1963 não favorecia qualquer negociação mais tranquila dentro do Parlamento. A recusa do STF em dar posse aos militares que se elegeram como deputados e vereadores em 1962 provocou uma rebelião de sargentos e cabos (sobretudo da Marinha e da Força Aérea), que tomaram conta das ruas e de prédios públicos de Brasília. Os rebelados foram presos, mas a atitude sóbria do presidente diante da insubordinação das Forças Armadas alimentou ainda mais a desconfiança das direitas de que Jango e, sobretudo, Leonel Brizola alimentavam o plano de um golpe de Estado apoiados nos setores subalternos das Forças Armadas. Em outubro, uma entrevista de Carlos Lacerda a um jornal norte-americano (*Los Angeles Times*) acusava Jango de ser um caudilho golpista, cujo governo estava infiltrado por "comunistas", e que estava prestes a ser deposto por um golpe militar. Além disso, Lacerda sugeria que os EUA interviessem na política brasileira, para preservar a "democracia" no continente.

Vários setores do governo, sobretudo os ministros militares, reagiram imediatamente à divulgação da entrevista pedindo a prisão de Lacerda, medida que passava pela decretação do Estado de Sítio. O presidente, um tanto hesitante, enviou um projeto para o Congresso, solicitando a medida emergencial. Mas conseguiu ser criticado por todos os setores, da direita à esquerda. As posições de direita do governo viam no Estado de Sítio o "autogolpe" janguista em marcha, semelhante ao golpe de 1937, liderado por Getúlio Vargas, que implantou o Estado Novo. A esquerda, sobretudo o PCB e os sindicatos operários, reagiu à proposta de Estado de Sítio, temendo que o governo quisesse se livrar da incômoda aliança com os setores mais radicais da esquerda. Isolado, Jango retirou do Congresso a mensagem presidencial que pedia a decretação do Estado de Sítio. Para muitos, seu governo começou a naufragar a partir desta crise. Por outro lado, as posições à esquerda e à direita ficavam mais delineadas, exigindo que o presidente, acostumado a acordos e acomodações políticas, tomasse posição.

A imagem conservadora do Congresso Nacional foi cristalizada pelas esquerdas, fazendo crescer a proposta de uma Assembleia Nacional Constituinte. Essa era a senha do impasse político que se estabeleceu. Diga-se, a maioria do Congresso, da UDN a amplos setores do PSD, fez de tudo para confirmar a pecha de ser um baluarte do antirreformismo, fazendo ouvidos moucos à pressão popular, vista como golpismo e porta de entrada para uma "República sindicalista".[44] O presidente Jango, ao perder suas batalhas institucionais, passou a se aproximar taticamente da pressão popular, como tentativa de acumular moeda de troca para futuras negociações com o Poder Legislativo. Mas o curso dos acontecimentos não permitia mais tal manobra. Aliás, ela até acelerou o curso dos acontecimentos. Ou seja, a marcha para o golpe de Estado.

O CARNAVAL DAS DIREITAS: O GOLPE CIVIL-MILITAR

Quando se fala em golpe militar, a imagem da rebelião dos quartéis tende a se impor na imaginação do leitor: movimentação de tropas, cerco da sede do poder constitucional, pronunciamentos raivosos das lideranças militares carrancudas, deposição forçada do presidente eleito, coerção das forças civis que resistem aos golpistas. Obviamente, nosso golpe teve tudo isso e mais um pouco. Mas é este "pouco" a mais que faz toda a diferença, transformando o golpe de 1964 em uma complexa trama de engenharia política.

A partir de outubro de 1963, a crise política engrossou a conspiração que já vinha de longa data e esta, por sua vez, transformou essa crise em impasse institucional. Do impasse à rebelião militar foi um passo. Mas o levante dos quartéis ainda não era, propriamente, o golpe de Estado. Quando muito foi sua senha. Fato esquecido pela memória histórica, o golpe foi muito mais do que uma mera rebelião militar. Envolveu um conjunto heterogêneo de novos e velhos conspiradores contra Jango e contra o trabalhismo: civis e militares, liberais e autoritários, empresários e políticos, classe média e burguesia. Todos unidos pelo anticomunismo, a doença infantil do antirreformismo dos conservadores.

As derrotas nas batalhas parlamentares de 1963 pelas reformas pactuadas no Congresso e pela retomada das rédeas da economia nacional parecem ter deixado o governo Jango um tanto desnorteado. Pressionado à esquerda e à direita, o presidente viu suas margens de manobra diminuírem. Em setembro, antes mesmo de o último projeto de reforma agrária ser derrotado no Congresso, começava a crise político-militar que desgastaria o governo e o próprio regime ao longo dos meses seguintes.[45]

O mês iniciou quente, com uma greve generalizada em Santos, coordenada pelo CGT, em solidariedade à greve de enfermeiras e funcionários de hospitais. Tudo começou quando a polícia paulista, sob comando do conspirador Adhemar de Barros, realizou centenas de prisões em uma reunião sindical. Como reação, o CGT ameaçou com uma greve geral. No dia 5 de setembro, o ministro da Guerra, Jair Dantas Ribeiro, pressionado pelo comando do II Exército (general Peri Bevilacqua), ordenou a intervenção na cidade para conter os grevistas, sob os aplausos da imprensa conservadora, fazendo-os recuar. No Dia da Pátria, Jango fez um discurso conciliatório elogiando a participação das classes populares na política, mas sem aludir ao CGT.[46]

No episódio da greve de Santos ficava claro, para quem quisesse ver, que o Exército, como instituição, até apoiaria uma reforma pelo alto, mas não toleraria a ação da classe operária. Sobretudo se coordenada por uma organização sindical sob influência comunista. Neste ponto, coincidiam generais reformistas, como Jair Dantas ou Amaury Kruel, aliados de Jango, e generais conspiradores, como Odilio Denys ou Castelo Branco. Portanto, não deveria causar surpresa o fato de Kruel e Dantas, na hora fatal de 31 de março de 1964, condicionarem seu apoio a Goulart à extinção do CGT.[47]

Quando a crise sindical de Santos estava sendo superada, veio a decisão do STF considerando inelegíveis os sargentos eleitos a vários cargos legislativos no ano anterior, reiterando a proibição constitucional para que os graduados e praças ocupassem cargos eletivos. A decisão foi o estopim de uma revolta nos setores subalternos das Forças Armadas. No dia 12 de setembro de 1963, os sargentos rebelados tomaram de assalto a Base Aérea, o Grupamento de Fuzileiros Navais, o Ministério da Marinha, o Serviço de Radiofonia do Departamento Federal de Segurança Pública e a Central Telefônica. Além disso, obstruíram as principais estradas que levavam a Brasília e o aeroporto civil. Chegaram a invadir o Congresso Nacional e tomaram o STF, prendendo o ministro Vitor Nunes Leal. Instaurou-se o "Comando Revolucionário de Brasília", que pretendia sublevar os sargentos e cabos de todo o país. No final da tarde do dia 12 de setembro, com o reforço das tropas legalistas, o movimento foi derrotado com um saldo de 536 presos e dois mortos. O conjunto das esquerdas – PCB, Liga, FMP, CGT, UNE, FPN, entre outras organizações –, mesmo surpreendido pela sublevação, apoiou os revoltosos e pediu anistia aos presos. Goulart, que estava fora de Brasília, chegou à capital à noite, procurou tranquilizar o país, dizendo que o governo iria manter a ordem e preservar as instituições.[48] Mesmo assim, apesar da fala institucionalista e moderada do presidente, o episódio pode ser visto como um ponto de inflexão na formação da grande coalizão antigovernista, adensando a conspiração que desembocaria no golpe civil-militar.

O *Jornal do Brasil* deu a senha para a formação de um bloco da imprensa contra o governo. Aliás, salvo um ou outro jornal, a imprensa apoiara a sua posse e colocara-se em uma espécie de *stand by* para avaliar até onde iria o reformismo de Jango.[49] Na sua edição de 13 de setembro de 1963, o então influente *Jornal do Brasil* publicou um editorial cujo título era "Basta", anunciando a palavra de ordem que seria a senha para a derrubada de Jango alguns meses depois:

> Antes que cheguemos à Revolução, digamos um BASTA! Digamos enquanto existem organizadas, coesas e disciplinadas Forças Armadas brasileiras e democráticas, para sustentar pela presença de suas armas o próprio BASTA! Chegou o momento – e agora mais do que antes com a revolta dos sargentos... – de pôr termo no seio do próprio governo à existência de duas políticas: uma legal, sem eficiência e resultado administrativo democrático, e outra ilegal, visivelmente subversiva, montada nesse apêndice ilegal do governo, chamado Comando Geral dos Trabalhadores – CGT [...]. Registramos o óbito da falsa política de conciliação de classes por sortilégios e bruxarias do presidente da República [...] a paciência nacional tem limites. Ela saberá preservar sempre, nos momentos oportunos e pelos meios constitucionais a Ordem. A bandeira da legalidade hoje, se confunde com a bandeira da Ordem. Com nenhuma outra, fique isso bem claro. Os que estão se solidarizando hoje com os sublevados em Brasília estão do outro lado da barricada.[50]

Os grandes jornais, até então divididos em relação à figura do presidente João Goulart, começaram a se articular na chamada "Rede da Democracia", nome pomposo para a articulação golpista que tinha na imprensa mais do que um mero porta-voz.[51] Com efeito, os jornais passaram a ser peças-chave na conspiração a partir do final de 1963. Tradicionalmente ligada à linha liberal-conservadora, a grande imprensa brasileira consolidou a leitura de que o país caminhava para o comunismo e a subversão começava no coração do poder, ou seja, a própria Presidência da República. A luta pelas "reformas", na visão da imprensa liberal afinada com o discurso anticomunista da Guerra Fria, tinha se tornado a desculpa para subverter a ordem social, ameaçar a propriedade e a economia de mercado. Nessa perspectiva, o presidente Jango era refém dos movimentos sociais radicais liderados pelo seu cunhado, Leonel Brizola, ou pior, era manipulado pelo Partido Comunista Brasileiro. A própria fragilidade de sua liderança, conforme esta visão, seria uma ameaça à estabilidade política e social. O único jornal que continuava fiel ao trabalhismo e ao reformismo era o *Última Hora*.

A imprensa preparou o clima para que os golpistas de todos os tipos, tamanhos e matizes se sentissem mais amparados pela opinião pública ou, ao menos, pela "opinião publicada". Como em outras épocas da história do Brasil, a opinião publicada não era necessariamente a opinião pública majoritária. Os dados do Ibope mostram que, às vésperas de ser deposto, em março de 1964, João Goulart tinha boa aprovação na opinião pública das grandes cidades brasileiras, com 45% de "ótimo" e "bom" na avaliação de governo, e 49% das intenções de voto para 1965. Apenas para 16% dos entrevistados o governo era "ruim ou péssimo", e 59% eram a favor das reformas anunciadas no Comício de 13 de março.[52]

Portanto, Jango ainda era um candidato forte se houvesse reeleição. Aliás, a imprensa passou a alardear a possibilidade de um autogolpe, como feito por Getúlio em 1937. Só que, ao contrário do protofascismo do Estado Novo, Goulart estaria preparando um golpe de matiz revolucionário e esquerdista, viabilizando sua reeleição. A radicalização do seu discurso e a aproximação com as esquerdas, consolidada no final de 1963, seriam a prova deste plano.

Obviamente, o discurso antirreformista na imprensa encontrava eco em muitos segmentos da sociedade brasileira, ainda que estes não fossem tão majoritários quanto se alardeava. Os grandes empresários associados ao capital multinacional já não acreditavam mais na capacidade do governo em retomar o crescimento em um "ambiente seguro" para os negócios. Os executivos a serviço do capital estrangeiro viam o fantasma da regulamentação da remessa de lucros cada vez maior. Na verdade, a lei tinha sido aprovada pelo Congresso em 1962, mas ainda não sancionada pelo presidente, que não queria um conflito com os Estados Unidos logo no começo de mandato. Pela lei, as empresas estrangeiras poderiam remeter ao exterior até 10% do capital registrado. A crise econômica e a pressão da esquerda nacionalista, em meados de 1963, o obrigavam a uma definição.[53]

A classe média, ainda tributária do elitismo dos profissionais liberais que serviam às velhas oligarquias, acrescida de um novo grupo de profissionais assalariados ligados ao grande capital multinacional, se viu acossada pela crise econômica, tornando seu eterno pesadelo do descenso social, a "proletarização", uma realidade plausível no curto prazo. Ainda mais em um contexto em que os proletários e camponeses se organizavam em movimentos que, no fundo, buscavam melhores condições de vida. Na lógica particular da classe média brasileira, a ascensão dos "de baixo" é sempre vista como ameaça aos que estão nos andares de cima do edifício social. Como os que estão na cobertura têm mais recursos para se proteger, quem está mais perto da base da pirâmide social se sente mais ameaçado. Não por acaso, o fantasma do comunismo encontrou mais eco nesses segmentos médios. As classes médias bombardeadas pelos discursos anticomunistas da imprensa e de várias entidades civis e religiosas reacionárias acreditaram piamente que Moscou tramava para conquistar o Brasil, ameaçando a civilização cristã, as hierarquias "naturais" da sociedade e a liberdade individual.

Para as elites civis e militares que elaboravam o discurso para a classe média reproduzir, o Brasil tinha um destino histórico, era uma espécie de último "baluarte do Ocidente", como queria o general Golbery do Couto e Silva,[54] seja lá o que isso significasse realmente. O reformismo dos "demagogos", como eram nomeados trabalhistas e socialistas, era a porta de entrada para o totalitarismo comunista, cabendo ao Estado defender os valores "cristãos e ocidentais". É claro, também dar uma ajudinha para o capital multinacional, elo material do Brasil com o "Ocidente".

Organizações como o Instituto de Pesquisa e Estudos Sociais (Ipes) e o Instituto Brasileiro de Ação Democrática (Ibad) davam o tom das críticas ao governo, produzindo materiais de propaganda negativa e articulando os vários setores da sociedade que eram contra o trabalhismo e visceralmente anticomunistas. O Ipes foi fundado no início de 1962 pelo general Golbery do Couto e Silva, um dos coronéis do "Memorial" antijanguista de 1954, e concentrou-se, inicialmente, em produzir um discurso antigovernamental e antirreformista com a intenção de formar uma nova elite política ideologicamente orientada para uma modernização conservadora do capitalismo brasileiro. Também foi importante na articulação entre setores civis e militares, sobretudo quando a crise política se tornou aguda, a partir do final de 1963. O Ibad, fundado antes do início do governo Goulart, mas igualmente orientado pelo anticomunismo e antirreformismo, foi particularmente atuante na campanha eleitoral de 1962, quando os conservadores jogaram todas as suas fichas em deter o avanço da esquerda pela via eleitoral. Como o resultado não lhes foi favorável, dado o crescimento do PTB, o Ibad reforçou o outro lado da sua estratégia antigovernista: o golpismo. Ambas as organizações eram financiadas pela CIA e foram fundamentais para articular os diversos atores do golpe:[55] grandes empresários, representantes do capital multinacional, setores da classe média, sindicalistas anticomunistas[56] e lideranças militares conservadoras. Esta articulação ensejou a construção de um discurso antigovernista coeso, ainda que ideologicamente difuso e plural, apontando o reformismo de esquerda como a antessala do comunismo, sempre insidioso e esperando para se instalar no coração do Estado. A corrupção – quase sempre atribuída ao "populismo de esquerda" –, a incompetência administrativa e a fraqueza pessoal da liderança de Jango, refém dos "radicais", completavam o quadro discursivo que procurava desqualificar e desestabilizar o governo. Perante ao "caos", a saída era reforçar o Partido da Ordem, reunindo conservadores de diversos matizes e liberais assustados com o ambiente político polarizado.

O discurso antigovernista e antirreformista conservador disseminado sistematicamente pela imprensa a partir do final de 1963, épico e jactante, serviu para encobrir velhos interesses de sempre, sobretudo dos grandes proprietários de terra que se sentiam ameaçados pelos projetos de reforma agrária, ou pelos interesses multinacionais os quais se sentiam ameaçados pelo nacionalismo econômico das esquerdas trabalhistas e comunistas. No entanto, eles não cresceram no vazio. Aliás, sua força como elemento de propaganda que se encaminhava na direção de um golpe era justamente sua ancoragem em uma realidade social e econômica crítica, cujas perspectivas não eram nada animadoras e careciam, efetivamente, de uma direção política mais clara por parte dos reformistas. O fato é que, por vários motivos que incluem o bloqueio sistemático das iniciativas presidenciais por parte do Congresso, os mecanismos da política tradicional brasileira – a negociação pelo alto – pareciam não mais funcionar para gerenciar a crise.

No final de 1963, o "Partido da Ordem" preparava-se para tomar o coração do Estado, embora o roteiro deste drama ainda estivesse em construção. Os conservadores legalistas cada vez menos acreditavam que seria possível isolar, politicamente, o presidente das forças de esquerda.[57] A direita conspirativa de sempre, isolada em 1961, passou a ganhar influência e terreno, disseminando a tese do "golpe preventivo".

Para justificar um possível golpe da direita, cada vez mais disseminou-se a ideia de um golpe da esquerda em gestação. E esse golpe tinha um alvo: silenciar o Congresso Nacional e impor as reformas por decreto presidencial, ou pior, pela via de uma nova Constituinte que reformaria a Carta de 1946. A bem da verdade, parte das esquerdas, sobretudo os brizolistas e ligueiros, apostavam em ambas as soluções; portanto, o discurso da direita não era desprovido de bases verossímeis, embora Goulart nunca tenha pretendido tomar a iniciativa de um golpe de Estado para impor as reformas por decreto.[58] Mas a artimanha da direita foi a de construir a equivalência entre a agenda reformista que pedia mais justiça social e mais democracia, embora não soubesse direito como efetivá-las, e um golpe contra a liberdade e a própria democracia. Esta assertiva levava a uma conclusão lógica: o eventual golpe da direita, na verdade, seria meramente reativo, portanto, legítima defesa da democracia e dos valores "ocidentais e cristãos" contra os "radicais" da esquerda.

A imprensa elaborou o discurso e a palavra de ordem. As organizações golpistas, como o Ipes, preparavam o projeto político para salvar a pátria em perigo, mas no xadrez da política ainda faltavam muitas peças e movimentos para o xeque-mate. No começo de 1964, seriam feitas as jogadas decisivas.

Isolado, mas ainda dispondo de popularidade, o presidente João Goulart encaminhava-se para a política das ruas, dos comícios, das assembleias populares. Isso parecia comprovar a tese do autogolpe em gestação. Mas não podemos desprezar uma outra interpretação possível deste arriscado movimento: para um presidente sem trunfos para negociar com um Congresso arisco às reformas que exigissem reforma da Constituição de 1946 (mesmo as mais moderadas), perdendo apoio entre as elites empresariais e bombardeado pela imprensa, as ruas pareciam ser um sopro de vida. Aproximar-se da política das ruas significava aproximar-se dos movimentos e organizações de esquerda.

A esquerda brasileira, à época, apesar de compartilhar alguns valores básicos, dividia-se entre o reformismo e a revolução. Os reformistas, por sua vez, dividiam-se em diversas correntes e interpretavam o reformismo de maneira diferenciada. Para a Frente de Mobilização Popular, as reformas consolidariam a democracia social e o nacionalismo econômico. Para o Partido Comunista Brasileiro, que a partir de 1958 aderira à política de alianças em nome da "revolução brasileira nacionalista, democrática, antifeudal e anti-imperialista",[59] as reformas eram uma etapa da construção do socialismo. Mas na política real daquele contexto, o PCB poderia ser classificado como moderado, mais próximo das posições de Goulart, do que a FMP, que defendia a dissolução do Congresso Nacional e a convocação de uma Assembleia Constituinte eleita pelo voto popular, para reformar a constituição e viabilizar as reformas de base. Isso não quer dizer que muitas organizações inspiradas pelo PCB não estivessem presentes na FMP, como o Comando Geral dos Trabalhadores, o Pacto de Unidade e Ação.[60] Além delas, a UNE, várias confederações sindicais, setores das Ligas Camponesas,[61] organizações de suboficiais, soldados e marinheiros participavam da Frente, que também contava com a esquerda dos partidos legais, como o PTB e o PSB. Mesmo não participando oficialmente da FMP, o PCB partilhava das críticas que ela fazia ao governo Jango, tido como excessivamente conciliador com os setores conservadores, e ao Congresso, considerado um empecilho às reformas de base. O fracasso das negociações parlamentares para a implementação da moderada reforma agrária proposta pelo governo ao longo de 1963 reforçou a tese de uma "reforma via Poder Executivo".

Até 1964, as Forças Armadas estavam divididas. Os oficiais golpistas de 1961 cometeram o erro de apostar em um golpe sem construir uma hegemonia mais sólida junto à alta oficialidade. Esta era majoritariamente conservadora, mas a desconfiança em relação aos reformistas radicais, bem como a cultura anticomunista da maioria dos oficiais, não significava, necessariamente, adesão automática a um golpe de Estado que derrubasse o presidente João Goulart. Além disso, havia um pequeno número de generais que eram ideologicamente ligados ao nacionalismo de esquerda, o que lhes aproximava do trabalhismo. E, por fim, havia alguns poucos oficiais comunistas que ocupavam postos políticos de comando no governo Goulart. Por outro lado, entre sargentos, cabos e soldados da Marinha e do Exército, cresciam as organizações de base e a mobilização em prol das reformas de base. Nestes segmentos, o nacionalismo revolucionário brizolista era a principal influência.[62]

Se não tinham o controle das Forças Armadas, os reformistas apostavam no seu legalismo e no "dispositivo militar" do governo. A expressão sintetizava a crença que, em caso de golpe dos setores da direita civil e de uma rebelião militar localizada, as Forças Armadas seguiriam as ordens do seu comandante em chefe, o presidente, e dos ministros militares a ele subordinados e identificados como legalistas e reformistas. Mas a tese do "dispositivo militar" não contava com a capacidade de articulação dos golpistas e o fator de união da oficialidade contra a quebra da hierarquia e a insubordinação, representadas pela crescente politização dos suboficiais, cabos e sargentos. Ao fim e ao cabo, como veremos adiante, a cultura militar falou mais alto do que a divisão ideológica da oficialidade. Em março de 1964, os poucos legalistas não conseguiram deter a onda golpista alimentada pelo medo da anomia nos quartéis.

Além disso, o "dispositivo militar" não foi bem construído pelo governo. Muitos comandantes simpáticos à esquerda e ao nacionalismo reformista não tinham liderança de tropa efetiva, pois ocupavam cargos de natureza mais política ou simbólica. Isso é frequentemente explicado pelos erros na política de promoções e alocações de comandos por parte de João Goulart. Por exemplo, nos idos de março, o chefe do estado-maior do Exército, general Castelo Branco, conspirava abertamente contra o seu comandante em chefe.

A historiografia tem afirmado, com certa razão, que os reformistas e as esquerdas em geral não foram meras vítimas da história e de golpistas maquiavélicos.[63] Estes se alimentaram dos erros e indecisões daqueles. Mas os erros políticos e o discurso radical das esquerdas, muitas vezes sem base social real para realizar-se, não devem encobrir um fato essencial: o golpe de Estado foi um projeto de tomada do poder – complexo, errático e multifacetado, é verdade, mas ainda assim um projeto. Nos primeiros meses de 1964, o ato final começou a se desenhar para ambas as partes. Reformistas e antirreformistas foram à luta. A batalha da política saía das instituições tradicionais e dos pequenos círculos do poder para ocupar as ruas. À esquerda e à direita. A primeira, mais experiente neste tipo de batalha, parecia levar a melhor. Mas a segunda não ficaria em casa, como mera expectadora. As palavras de ordem já estavam dadas.

No começo de 1964, a política rompeu com os limites institucionais, sempre muito restritivos na tradição brasileira, e foi para as ruas. À politização das ruas, somou-se a ação de grupos de pressão (empresários e lideranças de diversos tipos) e de movimentos sociais e a politização dos quartéis – das salas de comando às casernas.

A opção do presidente em se aproximar dos movimentos sociais e das organizações mais radicais da esquerda foi vista com grande entusiasmo pelo campo reformista. Para estas, o presidente havia se decidido, finalmente, a ser o líder da revolução brasileira, o executor das reformas de base, "na lei ou na marra", abandonando a política conciliatória. Entretanto, os documentos apontam para outro caminho. Jango em nenhum momento assumiu o rompimento com as instituições ou com o princípio de negociação, mesmo com o Congresso Nacional em pé de guerra contra a Presidência da República.[64] Desde dezembro de 1963, temendo um golpe do Executivo no recesso parlamentar, Auro de Moura Andrade, presidente do Congresso, decretou que a casa estava em "vigília cívica".

O começo do ano parlamentar, em março, seria decisivo. Dali até maio, todas as correntes acreditavam que as cartadas finais do jogo político seriam lançadas. Ou o governo se fortaleceria com o apoio dos movimentos sociais e da esquerda extraparlamentar, ou os conservadores deteriam este processo, pela via institucional ou golpista. Jango, em manobra arriscada, queria utilizar a política das ruas para abrir caminhos à política institucional.[65] Mas não necessariamente aderia à tese do fechamento do Congresso e da convocação da Assembleia Constituinte, defendida pela FMP ou pela implantação das reformas por decreto, via Poder Executivo, tese defendida pelo PCB. Jango parecia não querer queimar as pontes com os setores conservadores moderados. Na verdade, estes é que as destruíam paulatinamente, encaminhando-se nitidamente para a solução golpista.[66] Ela passava por dois caminhos possíveis: forçar o presidente João Goulart a romper com a esquerda, ficando refém do conservadorismo, ou derrubá-lo por um ato de força apoiado pelas Forças Armadas. Este caminho era mais arriscado, mas não estava descartado.

A batalha das ruas foi se acirrando e teve dois eventos paradigmáticos. A esquerda apostou todas as suas fichas em uma campanha de comícios, que já vinham acontecendo desde 1963, mas que agora ganhava apoio da máquina governamental. O momento inaugural seria o comício da Central do Brasil, marcado para o dia 13 de março. Ele deveria ser o modelo para vários comícios reformistas por todo o Brasil, culminando em uma grande manifestação no Primeiro de Maio. Para a direita golpista, eram os sintomas do golpe da esquerda em marcha. Os panfletos convocatórios enfatizavam a necessidade de garantir as reformas de base, sobretudo a reforma agrária, e defender as liberdades democráticas, adotando uma estratégia de ocupar as ruas.[67]

A Frente de Mobilização Popular, liderada por Leonel Brizola, que ao longo de 1963 pressionou o presidente para que ele abandonasse o "tom conciliatório" da sua política, aderiu ao Comício, o que foi visto como um sintoma de definitiva guinada à esquerda do governo Jango. Sob clima de pressão e boicote do governador da Guanabara, Carlos Lacerda, que tentou esvaziar o comício decretando feriado na Guanabara e retirando ônibus das ruas, mais de 200 mil pessoas se reuniram entre a estação de trem e o QG do Exército a partir das três horas da tarde, para ouvir vários discursos e gritar palavras de ordem pelas reformas. Nada menos que 15 líderes discursaram antes de João Goulart, incluindo Miguel Arraes e Leonel Brizola, este o mais aplaudido pela massa. No começo da noite, um João Goulart entre excitado e tenso subiu ao palanque, ladeado pela jovem e bela primeira-dama, Maria Thereza Goulart. Por uma hora o presidente atacou os falsos democratas "antipovo", o uso da religião cristã pela indústria do anticomunismo, defendeu os interesses nacionais e prometeu encaminhar as reformas. Conclamou o Congresso Nacional a ouvir o clamor das ruas pelas reformas e pela revisão da Constituição que impedia mudanças políticas e institucionais, como a ampliação do direito de voto e a reforma agrária. Afastou qualquer possibilidade de "virada de jogo" por parte do governo, como um golpe de Estado, ao mesmo tempo que conclamou as massas para defender o seu governo e o projeto reformista, prevendo uma "luta que tanto maior será contra nós quanto mais perto estivermos do cumprimento de nosso dever".[68]

Para provar que suas promessas não eram apenas palavras de palanque, utilizou suas prerrogativas constitucionais para assinar vários decretos, encampando refinarias particulares, congelando preços de aluguéis e desapropriando terras ociosas às margens das rodovias federais para fins de reforma agrária. Dois dias depois do comício, o governo Jango enviou uma longa mensagem ao Congresso Nacional, que iniciava seu ano legislativo, no qual mais uma vez expunha a necessidade de reformas estruturais, revisão constitucional e apelava para a necessidade de o Congresso incorporar estas demandas, negociando com o governo. Mas, àquela altura, qualquer negociação seria impossível, pois o centro liberal conciliador se aproximava cada vez mais da direita golpista de sempre. O PSD, fiel da balança no jogo parlamentar, virtualmente rompia com o governo, preocupado com suas bases eleitorais conservadoras.

A direita tampouco ficaria em casa, amedrontada. Era preciso responder à mobilização reformista com uma mobilização de rua maior ainda, que fizesse com que donas de casa, empresários, lideranças conservadoras civis e religiosas, jovens da burguesia e da pequena burguesia saíssem às ruas para protestar contra o governo. Para tal, foi escolhido o palco e a data. São Paulo, 19 de março. Dia de São José, padroeiro da família. O santo operário foi mobilizado, simbolicamente, para trair a causa dos trabalhadores e marcar o dia dos reacionários em festa.

As ruas do centro de São Paulo ficaram tomadas por uma grande multidão, calculada em 500 mil pessoas, que empunhava cartazes anticomunistas e contra o governo e sua agenda reformista. Patroas de cabelo com laquê e empregadas domésticas não muito confortáveis estavam lado a lado, contra o fantasma do comunismo. Religiosas, políticos, lideranças de classe também estavam presentes à passeata. Organizada pela União Cívica Feminina, uma das tantas entidades femininas conservadoras e anticomunistas que existiam no Brasil da época e que passaram a ser ativistas exaltadas contra a esquerda, a marcha teve o apoio de mais de 100 entidades civis.[69]

A cidade de São Paulo, apesar de ser o centro da indústria e abrigar a maior classe operária no Brasil, mostrava sua cara conservadora e oligárquica, cujo maior símbolo era a aritmética ideológica que se lia em um dos cartazes da marcha: 32 + 32 = 64. Em nome de um civismo conservador e de um catolicismo retrógrado, a marcha mirava o comunismo, mas queria acertar o reformismo. E nisso foi bem-sucedida.

Animados com a presença da massa contra o governo Goulart e seus aliados, os golpistas se assanharam. Não era mais preciso sussurrar nos palácios, pois agora as ruas também gritavam contra as reformas. Portanto, a ação contra o governo estaria legitimada, nos mesmos termos da esquerda que se arvorava em falar em nome do "povo", materializado na praça pública. No dia seguinte à marcha, uma nota reservada do general Castelo Branco deixava claro o ultimato ao governo e a senha para o golpe, embora seu autor ainda hesitasse em assumi-lo de maneira proativa:[70]

> São evidentes duas ameaças: o advento de uma Constituinte como caminho para a consecução das reformas de base e o desencadeamento em maior escala de agitações generalizadas do ilegal poder do CGT. [...] A ambicionada Constituinte é um objetivo revolucionário pela violência com o fechamento do atual Congresso e a instituição de uma ditadura. [...] É preciso aí perseverar, sempre "dentro dos limites da lei". Estar pronto para a defesa da legalidade, a saber, pelo funcionamento integral dos três poderes constitucionais e pela aplicação das leis, inclusive as que asseguram o processo eleitoral, e contra a calamidade pública a ser promovida pelo CGT e contra o desvirtuamento do papel histórico das Forças Armadas.

O "ilegal poder" do CGT e a "ambicionada" Constituinte eram passos para uma ditadura "síndico-comunista" ou para um autogolpe de Goulart. A experiência do Estado Novo, em 1937, era a chave para compreender 1964, na estranha lógica dos conspiradores. Já os liberais que aderiam ao golpismo tinham como referência outra data, 1945, quando o Exército derrubou Getúlio e convocou eleições.

O andar de baixo dos quartéis também se animou, só que em outra direção. Soldados e marinheiros transformaram os dias finais de março em um prelúdio revolucionário, apavorando de vez os membros do alto escalão, ainda indecisos se deveriam derrubar Goulart. No prédio do Sindicato dos Metalúrgicos do Rio de Janeiro, cerca de 2 mil marinheiros se rebelaram pelas "reformas de base", por melhores condições de trabalho e pela reforma do draconiano código disciplinar da Marinha. Foi exibido *O Encouraçado Potemkin*, o que animou ainda mais a marujada. A realidade imitava o filme. Os Fuzileiros Navais que foram encarregados de reprimir o movimento aderiram à causa, com apoio do seu comandante Candido Aragão, e a população civil forneceu alimentos aos marinheiros. Jango teve uma atitude ambígua em relação aos amotinados. Proibiu a invasão do prédio, o que causou a renúncia do Ministro da Marinha, Silva Mota. Em seguida, após um acordo, ordenou a prisão dos amotinados, enquanto preparava sua anistia, realizada em ato contínuo. É consenso na historiografia que o episódio convenceu os últimos oficiais hesitantes das Forças Armadas que o próprio governo patrocinava a sublevação dos quartéis e a quebra da hierarquia militar. Os legalistas mais convictos ficaram isolados.

No dia 30 de março, a presença do presidente Goulart em uma reunião de sargentos e suboficiais da Polícia Militar no Automóvel Clube do Brasil, que também reivindicavam direitos como quaisquer trabalhadores, foi vista como o ultraje final ao princípio de comando hierárquico. O discurso do presidente, na verdade, foi conciliador, apelando para o sentimento de ordem e os princípios cristãos dos subalternos na defesa das reformas e na luta por direitos dentro da ordem institucional. Até aí, nada de tão revolucionário. Mas o problema era a presença do presidente em si mesma, falando diretamente com os subalternos, passando por cima de toda a cadeia de comando.

O ambiente político interno se deteriorara de vez, contando agora com um elemento novo: a rebelião militar pró e contra as reformas e o governo. Paralelamente, as forças da geopolítica internacional também fechavam o cerco contra o governo brasileiro.

O roteiro da conspiração interna contra o governo Goulart é claro e bem delineado, com todos os atores desempenhando seu papel. Mas qual seria o papel efetivo dos Estados Unidos em todo este drama histórico? Afinal de contas, o golpe de 1964 foi tramado em Washington ou apenas contou com o apoio estadunidense, sendo, basicamente, *made in Brazil*?

Desde 1959, os norte-americanos estavam de olho no processo político e social brasileiro, assustados com as Ligas Camponesas. O Nordeste brasileiro era visto como a nova Sierra Maestra, foco de misérias que, no imaginário das esquerdas e das direitas, alimentavam a Revolução.[71] Uma reportagem um tanto alarmista no *New York*

Times, em 31 de outubro de 1960, acendeu o sinal amarelo para Washington.[72] A reportagem falava em uma nova "situação revolucionária" na América Latina, alimentada pela miséria: no Nordeste brasileiro. Sob a administração Kennedy, a "Aliança para o Progresso", programa destinado a ajudar os governos latino-americanos e evitar que o comunismo se aproveitasse do subdesenvolvimento do continente, se concentrou naquela região. Entre 1961 e 1964, uma média anual de 5 a 7 mil norte-americanos entre voluntários bem-intencionados dos Corpos da Paz e mal-intencionados espiões da CIA vieram para o Brasil.[73]

O ano de 1962 parece ser o marco zero das efetivas preocupações norte-americanas com o comunismo no Brasil. Nesse ano, a grande estrela do anticomunismo católico chegou ao Brasil, com pompa e circunstância. Sob o lema "A família que reza unida permanece unida", o padre Patrick Peyton veio ensinar como a família brasileira deveria esconjurar o demônio de Moscou apenas com o rosário nas mãos. Foi bem recebido pelas autoridades, teve facilidades de transporte pelo território brasileiro e reuniu multidões. A técnica do rosário contra o comunismo foi incorporada pelas classes médias em terras tropicais.

O clima entre o governo norte-americano e o governo Jango azedou em meados de 1962. Mas antes mesmo da eleição e posse de Jango, os EUA entraram em conflito com Leonel Brizola. Quando este era governador do RS, expropriou a Bond and Share, companhia de energia filial da Amforp (American & Foreign Power), por Brizola em 1959, por 1 cruzeiro, depois da concessão vencida e sem acordo para renovação. Depois foi a vez da ITT (International Telephone and Telegraph), que teve a filial estadual gaúcha pressionada pelo governo do estado a investir mais na ampliação da rede telefônica.[74] Durante o mandato de Goulart, em uma tentativa de acalmar a pressão do governo estadunidense, o Governo Federal realizou empréstimos a juros baixos, via Banco do Brasil, para as duas empresas norte-americanas, como forma de compensar as perdas. Mas, dada a repercussão do acordo entre os brizolistas, Jango suspendeu o acordo.

Outra preocupação de Washington era a suposta influência do PCB e da esquerda em geral no governo brasileiro, expressada, segundo os EUA, pela posição brasileira em relação à crise dos mísseis em Cuba. A relativa independência da política externa brasileira desafiava a tese do alinhamento automático com os "interesses ocidentais" no combate ao comunismo internacional. Assim, além de defender a autonomia de Cuba na conferência de Punta del Este de 1962, o Brasil foi contra a invasão da ilha no contexto da crise dos mísseis, em outubro, embora tenha apoiado o bloqueio naval à ilha governada por Fidel Castro. Mas isso não foi suficiente para agradar o governo Kennedy, cuja diplomacia chegou a culpar o Brasil pelo fracasso da política de força contra Cuba.[75] A partir de 1963, o governo norte-americano preferia conversar e dar dinheiro diretamente aos governadores de oposição, Carlos Lacerda (da Guanabara) e Adhemar de Barros (SP), a dar apoio ao Governo Federal.

As evidências indicam que até o final de 1963 Washington trabalhava sistematicamente contra o presidente Jango, mas não tinha se decidido pelo apoio incondicional a um golpe de Estado protagonizado ostensivamente pelos militares. Com o assassinato de Kennedy, em 1964, o quadro seria outro, seja pela radicalização do quadro político brasileiro, seja pelo estilo mais direto e duro de Lyndon Johnson. O fato é que o mapa do caminho anti-Goulart estava traçado, indo de ações mais sutis e encobertas para ajudar os opositores ao presidente brasileiro, no Congresso, na mídia e nas entidades civis, ao apoio político a um golpe de Estado, puro e simples. Talvez o estilo de Johnson fosse mais direto e sem hesitações, mas, mesmo assim, os EUA queriam um golpe de Estado com um "ar de legalidade", nas palavras do secretário de Estado Dean Rusk.[76] Os falcões da CIA e do Pentágono, dispostos a acabar com qualquer tom de vermelho na política internacional, passaram a agir de maneira mais direta, apoiados pela Embaixada norte-americana no Brasil.

O esforço do embaixador Lincoln Gordon era mapear quem era quem na barafunda de conspiradores de plantão que buscavam seu apoio, e os norte-americanos puderam traçar um quadro mais claro dos acontecimentos e de quem deveriam apoiar. O problema para os EUA não era falta de conspiradores, mas seu excesso. Era preciso separar aventureiros, oportunistas e hesitantes das lideranças mais confiáveis e efetivas.

Foi neste contexto que a atuação do coronel Vernon Walters junto aos seus amigos dos tempos da Força Expedicionária Brasileira foi fundamental, aproximando-se do general Humberto de Alencar Castelo Branco. A chegada do coronel Vernon Walters alçou as relações entre o Departamento de Estado, a Embaixada norte-americana e os conspiradores brasileiros a um novo patamar de articulação. O embaixador Lincoln Gordon deixou bem clara a missão de Walters: "não quero ser surpreendido".[77]

Em 1964, Washington não apenas acompanhava as conspirações e apoiava os conspiradores, mas passou a ser um ator decisivo nos acontecimentos. Os informes da Embaixada dos EUA durante a crise da revolta dos marinheiros e do cerco final a Goulart deixavam Washington a par dos acontecimentos, ao mesmo tempo em que traçavam um roteiro de ação. O embaixador Lincoln Gordon produzia uma interpretação dos acontecimentos que tinham um sentido muito claro: Goulart preparava um golpe, na forma do fechamento do Congresso, apoiado pelas esquerdas. Sendo uma liderança inapetente, Goulart logo poderia ser suplantado por forças políticas mais agressivas, como os brizolistas ou os comunistas. Reconhecendo a complexidade da situação, os EUA deveriam criticar publicamente o governo brasileiro, ao mesmo tempo que deveriam apoiar, secretamente, na forma de "ações de cobertura", envio de armas e apoio logístico, a "resistência democrática", ou seja, os golpistas. Entre as lideranças democratas, sugeria-se o nome do general Castelo Branco "altamente competente, discreto e honesto".[78] O embaixador informava que não poderia ser descartada uma intervenção direta dos

EUA, "em um segundo momento", caso a situação o exigisse, para não correr o risco de o Brasil vir a ser "a China dos anos 1960".

O plano estava traçado e o grupo conspirador a ser apoiado, definido. A ação seria brasileira; o apoio logístico e diplomático ficaria a cargo dos EUA. Organizou-se a "Operação Brother Sam", composta de uma força naval de caráter logístico e de apoio militar tático, para evitar a caracterização de uma intervenção direta.[79] No roteiro do embaixador Gordon, a ação contra Goulart deveria ser reativa ao fechamento do Congresso, a uma greve geral, à intervenção nos estados governados pela oposição. Na previsão da Embaixada, essa ação de Goulart não tardaria e não poderia pegar "os democratas" desprevenidos.

Como em um filme de Hollywood, o final foi feliz (para os conspiradores). Os *bad guys* comunistas e simpatizantes foram depostos. Os mocinhos democratas estavam no poder. O melhor: sem os EUA terem que aparecer diretamente como agente da conspiração. A grande batalha do Ocidente foi ganha pelo lado do bem. O Brasil, nas palavras de Lincoln Gordon, foi o "país que salvou a si mesmo", livrando os EUA de uma imprevisível intervenção mais direta. De quebra, salvou os interesses estadunidenses e a geopolítica desenhada para as Américas. Por tudo isso, o novo governo brasileiro foi prontamente reconhecido por Washington.

Mas nem sempre a história pode ser planejada, nem pelos melhores *managers*, tampouco ser tão previsível como um roteiro barato de Hollywood. O golpe planejado contra Goulart quase teve outro desfecho, pois a única coisa não ponderada pelo embaixador e pelo governo dos EUA foi a histórica desorganização brasileira, atuante até nas conspirações mais secretas. O grupo de conspiradores que menos entusiasmava Washington, reunido em torno do governador Magalhães Pinto, resolveu começar a rebelião militar e quase pôs tudo a perder, pois não combinou com o grupo apoiado pelos EUA. A sorte dos golpistas é que o outro lado foi ainda mais desarticulado e desorganizado.

A ansiedade em derrubar o presidente da República era tamanha que não pôde ser contida pelos conspiradores mais afoitos. Em 31 de março, os acontecimentos se precipitaram pela mão do general Olimpio Mourão, quando a Esquadra Norte-Americana da "Operação Brother Sam" ainda estava apertando os parafusos, lubrificando as armas e abastecendo os navios.

Ao ouvir o discurso de Jango no Automóvel Clube, o general tomou a decisão.[80] Colocou sua farda de combate e organizou sua coluna de recrutas sem experiência que deveria sair das Minas Gerais, naquela mesma madrugada, para salvar o Brasil do comunismo e da subversão. Fato consumado, o governador-banqueiro Magalhães Pinto acabou dando aval para a ação, com planos de declarar Minas um estado beligerante. Velha raposa da política, Magalhães Pinto sabia que a ação de Olimpio Mourão, do ponto de vista estritamente militar, seria um fracasso, mas criava um fato político importante que poderia ser capitalizado pelo líder civil que ele supunha ser.

O que impressiona, mesmo aos historiadores, é como uma ação golpista efetiva, que se anunciava havia, pelo menos, dois anos, conseguiu surpreender a todos. A ação do tresloucado general Mourão criou uma grande confusão entre conspiradores e governistas.

A reação de Castelo Branco, àquela altura grande líder da facção mais organizada dos conspiradores, sob o beneplácito dos EUA, foi sintomática: "isso é uma precipitação, vocês estão sendo precipitados, vão estragar tudo".[81] Costa e Silva, que não fazia parte do grupo castelista, também se assanhou e tentou tomar a iniciativa, criando o Comando Supremo da Revolução, mais pomposo no nome do que efetivo nas ações.

Carlos Lacerda, que também se supunha ser o grande líder civil da conspiração, liberou sua polícia e seus correligionários paramilitares para aterrorizar a esquerda na Guanabara.

Os governistas e as esquerdas como um todo também foram tragados pelo *looping* da história. Como havia muito se perguntara Lenin, as esquerdas brasileiras também se perguntavam "o que fazer?". Mas, ao contrário do líder soviético, não tinham tantas certezas. Bombardear os recrutas e prender o general Mourão? Prender Lacerda? Substituir o ministro do Exército? Armar camponeses e operários, sob a liderança dos comunistas? Convocar uma greve geral? Muitas reações à rebelião militar foram analisadas pelo governo no fatídico 31 de março, algumas foram esboçadas, mas nenhuma se concretizou.

O presidente Jango também deve ter se perguntado "o que fazer". Para um homem do seu perfil, ações radicais não estavam no programa, apesar dos seus discursos nos palanques desde o comício da Central. Jango sabia que qualquer decisão de conter o golpe pela força poderia iniciar uma guerra civil sobre a qual teria muito pouco controle. Ao longo de 31 de março, suas ações se limitaram ao que ele mais sabia fazer: conversar para chegar a uma solução negociada. Mas seus interlocutores possíveis estavam cada vez mais escassos.

Na noite de 31 de março, o presidente Jango perdeu um aliado importante, o general Amaury Kruel. Com ele, o Exército estava praticamente perdido, restando apenas o comando do III Exército sediado no Rio Grande do Sul. Kruel deixou claro para o presidente: ele apoiaria o governo se Jango afastasse dele os "comunistas", o que equivalia a reprimir os movimentos sociais e se afastar dos sindicatos, sobretudo o CGT. Suicídio político puro, o qual, obviamente, ele não poderia aceitar.

No dia 1º de abril, a rebelião militar se ampliou, enquanto a esquerda esperava uma ordem para reagir, que nunca viria. No dia anterior, San Tiago Dantas, bem informado nas questões diplomáticas, avisou o presidente que os norte-americanos estavam prontos para reconhecer o "governo provisório" e intervir militarmente em favor dos golpistas.[82] A partir desse momento, Jango começou a voar pelos céus do Brasil buscando um porto seguro para tentar articular uma saída política. Chegou ao Rio Grande do Sul, bastião da resistência civil de 1961.

Nesse ínterim, a rebelião militar foi se adensando até se transformar em golpe de Estado. E o golpe veio não dos tanques e soldados rebelados, mas da instituição que deveria preservar a legalidade institucional. Na noite de 2 de abril, em franco desrespeito à Constituição que afirmavam defender, as forças conservadoras do Congresso Nacional declararam a "vacância" da presidência da República, sem discussão no plenário. Com o presidente ainda em território nacional.

Se o país não tinha mais um presidente, o caminho dos golpistas estava aberto não só pela força das armas, mas pelas artimanhas da própria política institucional. Ranieri Mazzili, presidente da Câmara dos Deputados, tomou posse, mas àquela altura dos acontecimentos estava claro que se tratava de um mandato de curtíssima duração, tutelado pelos militares.

Enquanto isso, a população do Rio de Janeiro transformava a sua versão da "Marcha com Deus" na Marcha da Vitória. O comunismo havia sido derrotado e a subversão, controlada. Milhares de pessoas, sob uma chuva de papel picado, ocuparam a Zona Sul, para comemorar o fim do governo Goulart, que, na verdade, era o fim do próprio regime constitucional que pensavam defender. Também no dia 2 de abril, definida a situação do presidente que rumava para o exílio, começaram as articulações palacianas para construir e legitimar – ao menos do ponto de vista dos conservadores – o novo governo. Ao mesmo tempo, o Comando Supremo da Revolução tentava se afirmar como efetivo poder. Mas das articulações palacianas com os partidos políticos que apoiaram, ainda que veladamente, o golpe de Estado surgiu o nome de Castelo Branco para ser o novo presidente do Brasil. Cumpria legalizar, mais do que legitimar, o seu mandato para que o golpe de Estado ganhasse honras de salvação nacional e respeito às instituições. Assim, em 11 de abril, o Congresso Nacional do Brasil, expurgado de 40 parlamentares cassados, elegeu o líder da conspiração que derrubou um presidente eleito pelo voto popular direto. Castelo Branco foi eleito com 361 votos a favor e 72 abstenções. Entre os votos a favor, o de Juscelino Kubitschek, que seria cassado três meses depois do golpe.[83] O influente JK manteve-se hesitante até as vésperas do golpe, mas acabou cedendo aos argumentos e à pressão dos conspiradores em nome da "conciliação nacional".

As primeiras cassações[84] indicavam o foco a ser "saneado" – as lideranças civis e militares alinhadas com as reformas e com o governo deposto – e apontaram para um significado histórico claro do golpismo de 1964. Destruir uma parcela da elite que aderiu ao reformismo, desarticular as forças de esquerda e reprimir os movimentos sociais.

Em um ambiente de polarização ideológica radicalizada e de disputa por afirmação de projetos autoexcludentes para a sociedade e para a nação, a política de negociação é virtualmente impossível. No começo de 1964, dois projetos históricos se digladiaram e exigiram o reposicionamento claro dos atores políticos e sociais. Os analistas que defendem uma visão meramente institucionalista de política tendem a desconsiderar este princípio. Obviamente, é desejável que as instituições possam se modificar, absorver os conflitos e neutralizar as posições antagônicas na direção do aprimoramento da democracia e das liberdades públicas. Mas isso não significa uma regra de ouro da análise política ao longo da história. Nem sempre a política é uma equação perfeita, cujo resultado é o empate entre os atores. Não se deve apenas responsabilizar os "radicais", à esquerda e à direita, pela impossibilidade de negociação e conciliação. O fato é que, em certos momentos, as convicções ideológicas e os projetos de sociedade são inconciliáveis. Em 1964, o Brasil enfrentou este dilema. Frequentemente, se diz que o governo Jango foi inapto para lidar com os conflitos e que os radicais de esquerda prepararam o cenário para o golpe.[85] Mesmo que haja certa dose de verdade nisso, o golpe foi muito mais do que mero produto de uma conjuntura de crise política.

O golpismo de direita, liberal ou autoritária, nunca aceitou o voto popular, o nacionalismo econômico, a agenda distributivista, a presença dos movimentos sociais de trabalhadores. A tudo isso, chamava de populismo e subversão. Enfim, o golpismo da direita nunca aceitou a presença das massas seja como eleitoras ou como ativistas de movimentos sociais, na Quarta República brasileira, a "República de 46". O golpe de 1964 não foi apenas contra um governo, mas foi contra um regime, contra uma elite em formação, contra um projeto de sociedade, ainda que este fosse politicamente vago. Muitos que defenderam a queda de Goulart talvez não tivessem a plena consciência desse significado histórico. Mas em relação ao núcleo que comandou o golpe, nas Forças Armadas, na Escola Superior de Guerra e no Ipes, já não podemos dizer o mesmo. Havia algum tempo, o novo país estava esboçado por eles. O que não quer dizer que o quadro final tenha seguido completamente as diretrizes do esboço.

Ao que parece, todos, conspiradores e governistas, acreditaram que se tratava de mais uma intervenção militar à brasileira: cirúrgica, de curta duração, que logo devolveria o poder aos civis, em um ambiente político "saneado", como as direitas gostavam de dizer. Em 1945, tinha sido assim. Em 1954, em certa maneira, também. Em ambos, a queda de Vargas, provocada pela combinação de crise política promovida por golpistas, não tinha aberto o caminho para uma ditadura militar de direita.

Em 1964, os sinais eram outros. O governo Castelo Branco, ao mesmo tempo que prometia um mandato-tampão, nunca escondeu seus objetivos estratégicos – uma política voltada para a acumulação do capital que exigia ações autocráticas de longo prazo.[86] Isso se chocava com as expectativas de boa parte dos golpistas da coalização de 1964, os quais esperavam uma "intervenção saneadora" com a volta das eleições a curto prazo. A tentativa de conciliar esta dupla expectativa marcou boa parte dos golpistas, que talvez até acreditassem na pantomima democrática que "elegeu" Castelo Branco. Mas o que se viu foi o abandono paulatino das ilusões "moderadoras" que estavam no espírito do golpe civil militar, na direção de uma ditadura. O golpe civil-militar rapidamente se transformaria em um regime militar. O carnaval da direita civil logo teria a sua quarta-feira de cinzas.

O MITO DA "DITABRANDA"

Em 2009, a *Folha de S.Paulo* referiu-se aos quatro primeiros anos do regime militar como uma "ditabranda", ou seja, uma ditadura não muito convicta da sua dureza.[87] A opinião desse grande jornal paulistano, cioso da sua memória de resistência ao regime militar, provocou extrema polêmica sobre a natureza do regime autoritário instaurado pelo golpe de 1964.

Afinal, é possível caracterizar o regime militar antes do AI-5 e da montagem do terror de Estado como uma ditadura? Há certa tendência, sobretudo da memória liberal do regime, defendida por parte da historiografia, em afirmar que não.[88] No máximo, uma ditadura "envergonhada", exercida a contragosto por um presidente-general que, segundo seus biógrafos,[89] queria apenas "sanear" o ambiente político brasileiro e entregar o poder a um civil, eleito o quanto antes. Os defensores dessa tese afirmam que nos primeiros quatro anos do regime ainda existia o recurso ao *habeas corpus*, mobilizado pela defesa de muitos presos durante o golpe, bem como certa liberdade de imprensa, de expressão e de manifestação. Um dos exemplos de paradoxo do regime militar pré-AI-5 é o fato de que as artes de esquerda experimentaram seu auge justamente entre 1964 e 1968. Nessa linha de raciocínio, o regime fechou-se porque sucumbiu às pressões da "extrema-direita" (linha dura) militar e à conjuntura política marcada pelo questionamento crescente do governo militar, mesmo entre seus aliados de primeira hora.

Entrar neste debate pode nos conduzir a várias armadilhas da história e, sobretudo, da memória. É inegável que a fase pré-AI-5 ainda não era marcada pela censura prévia rigorosa e pelo terror de Estado sistemático contra opositores, armados ou não. Mas isso significa diminuir o caráter autoritário do regime de 1964? Para resolver esta equação sem recair na memória construída tanto pelos liberais civis quanto pelos generais alinhados ao chamado "castelismo", que gostam de afirmar o caráter reativo e brando do regime entre 1964 e 1968, é preciso refletir sobre os objetivos fundamentais do golpe de Estado e do regime que se seguiu imediatamente a ele.

O autoritarismo implantado em 1964, apoiado pela coalizão civil-militar que reunia liberais e autoritários, tinha dois objetivos políticos básicos.

O primeiro objetivo era destruir uma elite política e intelectual reformista cada vez mais encastelada no Estado. As cassações e os inquéritos policial-militares (IPM) foram os instrumentos utilizados para tal fim. Um rápido exame nas listas de cassados demonstra o alvo do autoritarismo institucional do regime: lideranças políticas, lideranças sindicais e lideranças militares (da alta e da baixa patente) comprometidas com o reformismo trabalhista. Entre os intelectuais, os ideólogos e quadros técnicos do regime deposto foram cassados, enquanto os artistas e escritores de esquerda foram preservados em um primeiro momento, embora constantemente achacados pelo furor investigativo dos IPM, comandados por coronéis da linha dura.[90]

O segundo objetivo, não menos importante, era cortar os eventuais laços organizativos entre essa elite política e intelectual e os movimentos sociais de base popular, como o movimento operário e camponês. Aliás, para eles, não foi preciso esperar o AI-5 para desencadear uma forte repressão policial e política. Para os operários já havia a CLT, talvez a única herança política de tradição getulista que não foi questionada pelos novos donos do poder. A partir dela, diretorias eleitas eram destituídas e sindicatos eram postos sob intervenção federal do Ministério do Trabalho. Para os camponeses, havia a violência privada dos coronéis dos rincões do Brasil, apoiados pelos seus jagunços particulares e pelas polícias estaduais.[91]

O regime evitava desencadear uma repressão generalizada, à base de violência policial direta e paralegal, como aquela exigida pela extrema-direita militar,[92] sobretudo contra artistas, intelectuais e jornalistas. Os ideólogos e dignatários mais consequentes do governo militar sabiam que não seria possível governar um país complexo e multifacetado sem se apoiar em um sistema político com amplo respaldo civil, e com alguma aceitação na sociedade, principalmente junto à classe média que tinha sido a massa de manobra que legitimara o golpe "em nome da democracia". Mas também não podia permitir dissensos e críticas diretas à "Revolução de 64", sob pena de perder o apoio dos quartéis. Até que uma nova ameaça pudesse servir de justificativa ao endurecimento da repressão, o governo militar tinha que equilibrar o frágil consenso golpista e a unidade militar, além de acalmar os cidadãos que não aderiram ao golpe, permitindo-lhes certa liberdade de expressão. O fato é que esta política de equilíbrio, mantida nos primeiros anos do regime, não ameaçava os objetivos fundamentais da revolução: acabar com a elite reformista de esquerda e centro-esquerda, dissolver os movimentos sociais organizados e reorganizar a política de Estado na direção de uma nova etapa de acumulação de capital.

A relativa liberdade de expressão que existiu entre 1964 e 1968 explica-se menos pelo caráter "envergonhado" da ditadura[93] e mais pela base social do golpe de Estado e pela natureza do próprio regime por ele implantado. Tendo forte apoio nas classes médias e produto de uma conspiração que envolveu setores liberais (ancorados na imprensa e nos partidos conservadores), os quatro primeiros anos dos militares no poder foram marcados pela combinação de repressão seletiva e construção de uma ordem institucional autoritária e centralista. Em outras palavras, a ordem autoritária dos primeiros anos do regime militar brasileiro estava mais interessada na blindagem do Estado diante das pressões da sociedade civil e na despolitização dos setores populares (operários e camponeses) do que em impedir completamente a manifestação da opinião pública ou silenciar as manifestações culturais da esquerda. Obviamente, não faltaram momentos de conflito entre o regime e os setores de oposição antes do AI-5, que muitas vezes redundaram em prisões, inquéritos policial-militares e atos censórios a obras artísticas. Mas nada próximo da violência sistemática e do fechamento da esfera pública que ocorreria a partir da edição do AI-5, em dezembro de 1968, inaugurando os "anos de chumbo" que duraram, na melhor das hipóteses, até o começo de 1976. Neste período, a tortura, os desaparecimentos de presos políticos, a censura prévia e o cerceamento do debate político-cultural atingiram seu ponto máximo nos vinte anos que durou a ditadura brasileira.

Líder da principal corrente da conspiração, sobretudo pelas suas conexões com o mundo civil, pela biografia respeitável como militar e pelas relações com a diplomacia norte-americana, o general Castelo Branco passou à história como uma espécie de ditador bem-intencionado. Construiu-se a imagem de um homem que acreditava nos objetivos saneadores e no caráter temporário da intervenção militar de 1964, mas que sucumbiu à linha dura, a começar pela imposição de um sucesso à sua revelia, o marechal Costa e Silva. Este, apoiado justamente na extrema-direita militar, a "linha dura", tinha conseguido emergir como grande líder militar nas crises de 1965 e 1966 que agitaram os quartéis.[94]

Alguns dados sobre os 85 nomes titulares dos ministérios durante todo o regime militar revelam características interessantes: 23 eram professores universitários, com atuação nas universidades católicas e na Universidade de São Paulo, principalmente. Direito, Engenharia, Medicina e Economia foram as áreas de formação que mais forneceram quadros (30, 26, 7 e 6, respectivamente). Outro dado que mostra certa regularidade na escolha do primeiro escalão: 17 militares ou ex-militares ocuparam ministérios de perfil civil; entre os quadros que tinham ou tiveram alguma passagem pelo setor privado, 8 vinham do setor financeiro, 7 do setor automotivo, 5 da construção civil e 4 do setor de saúde. Entre os que tiveram passagem pela política partidária pré-golpe, 10 nomes vieram do UDN, 9 do PSD e 3 do PDC. A composição do novo governo, portanto, revelava as forças da coalizão golpista e já sinalizava a tendência dos ministérios do regime militar como um todo: a combinação de tecnocratas para gerir a economia, militares nas áreas estratégicas (transportes, energia e comunicação) e magistrados para os ministérios "ideológicos" (justiça e educação).

Embora tenha passado à história como o maior representante da "ditabranda", o governo Castelo Branco foi o verdadeiro construtor institucional do regime autoritário. Nele foram editados 3 Atos Institucionais, a Lei de Imprensa e a nova Constituição, que selava o princípio de segurança nacional e que, doravante, deveria nortear a vida brasileira. A Comissão Geral de Inquérito esteve atuante, tocando mais de setecentos IPMs que alimentavam mais o furor persecutório da direita militar do que propriamente produziam resultados efetivos. Na dinâmica das sanções legais aos adversários do regime com base nos Atos Institucionais,[95] o governo Castelo Branco se destaca: dos 5.517 punidos por este tipo de ato do regime, 65% (ou 3.644) o foram durante o governo Castelo.[96] Além de civis, os militares afinados com o governo deposto foram particularmente punidos durante o governo Castelo, concentrando cerca de 90% das 1.230 sanções feitas a militares ao longo do regime.

Na política externa, o governo Castelo Branco foi o mais alinhado aos interesses norte-americanos durante todo o regime militar não apenas em retribuição ao apoio dado pelo Tio Sam no golpe e pela aposta na liderança castelista, mas também como consequência natural da visão geopolítica que alimentava os golpistas militares e civis. Não faltavam lideranças militares com retórica nacionalista, ainda que ninguém fosse louco para romper com os Estados Unidos, sobretudo naquele contexto de Guerra Fria. Mas o governo Castelo estava muito distante de um nacionalismo econômico ou ideológico, ainda que meramente retórico. Sua política era de alinhamento automático, pois a recuperação do capitalismo brasileiro, na visão dos tecnocratas da economia, passava pelo dinheiro e pelo apoio de Washington. Roberto Campos e Otavio Bulhões, velhos paladinos do liberalismo econômico e da abertura sem freios da economia brasileira ao "capital internacional", eram a cara da política externa e econômica do governo. Além disso, sinalizando uma guinada na política externa independente esboçada durante os últimos governos civis antes do golpe, o Brasil aderiu à política do *big stick* ao apoiar, enviando mais de mil soldados, a operação americana em São Domingos para intervir na guerra entre conservadores e reformistas naquele país, ajudando a implantar uma ditadura pró-Estados Unidos. O regime sinalizava que, doravante, o Brasil seria um dos baluartes da contrarrevolução em terras americanas.

O casamento do governo norte-americano com o regime militar duraria até meados da década de 1970, mas já estava em crise desde o final da década anterior.[97] Se ambos os países eram sócios no combate ao comunismo em terras americanas, como ficaria claro nas implantações das ditaduras do Cone Sul nos anos 1970, certo nacionalismo econômico que impedia a completa abertura de mercado e a sedução dos militares brasileiros pela aquisição de armas nucleares eram pontos de tensão.[98] As críticas às violações dos direitos humanos, incorporadas pela agenda do Departamento de Estado a partir de 1976 sob o governo Jimmy Carter, foram o auge da instabilidade nas relações entre os dois países. Paradoxalmente, os banqueiros e empresários norte-americanos, apesar da política protecionista em alguns setores, não estavam descontentes com o regime. O Brasil dos militares lhes dava muito lucro.

Na política interna, o governo Castelo foi marcado por dois campos de ação: a ação para reorientar a economia brasileira e a institucionalização do regime autoritário. Havia consenso entre as lideranças militares de visão estratégica e seus tecnocratas de plantão que era urgente uma modernização do Estado e da economia, em moldes capitalistas, visando facilitar a vida dos investidores e grandes corporações nacionais e multinacionais. O problema era como fazer isso sem resolver entraves estruturais e mexer com interesses arcaizantes, a começar pela questão da terra. Os principais ideólogos e gestores do regime, como Golbery do Couto e Silva e Roberto Campos, acreditavam que a modernização da economia por si faria com que estas estruturas arcaicas se adaptassem, sem a necessidade de uma ação radical do governo federal. Caberia a este organizar uma nova legislação e um novo aparato burocrático para gerir a economia e fazê-la crescer. Paralelamente a isso, a política econômica do governo Castelo Branco tinha que controlar a inflação e recuperar a capacidade de investimento da União. Para tal, aplicou-se uma fórmula recessiva: controlar os gastos públicos e os salários. O governo reorganizou o sistema fiscal, procurando disciplinar a complexa malha de interesses locais e regionais que sempre tinham impedido a integração dos impostos.

Para atuar no nível macroeconômico, foi lançado o Paeg (Plano de Ação Econômica do Governo), ainda em 1964. O que não foi conseguido pela negociação durante o governo Jango foi imposto pelo novo regime, sem as perspectivas distributivistas futuras. O bolo da economia cresceria, mas não seria dividido, agravando o fosso entre ricos e pobres, apesar do crescimento da classe média.

Uma nova política de reajustes salariais foi imposta, baseada em um complicado cálculo que mesclava a média da inflação passada e a expectativa de inflação futura. O resultado, obviamente, era sempre negativo aos trabalhadores, mas, com a repressão e com seus sindicatos amordaçados pela CLT, pouco podiam fazer para mudar o quadro. Além disso, com o fim da estabilidade no emprego e a criação do FGTS, o mercado de trabalho se tornava mais flexível, permitindo às empresas demitirem seus funcionários a custo baixo, em caso de queda nos lucros ou recessão. Com essas medidas, o governo preparava uma nova fase de exploração do trabalho, sinalizando aos empresários nacionais e estrangeiros que as "pressões distributivistas" que tinham marcado a "República de 46" eram coisa do passado.

Um grande problema para a modernização da economia brasileira era a estrutura agrária, arcaica, especulativa e concentrada nas mãos de poucos. A terra, entendida como fonte de renda imobiliária ou *status* político local pelas oligarquias que tinham saudado o golpe, era um entrave ao desenvolvimento capitalista. Mas como no Brasil "reforma agrária" era uma palavra maldita e vista como a antessala do comunismo, o novo governo tinha que resolver "tecnicamente" esta questão, sem ferir a sensibilidade do grupo mais reacionário que apoiara o levante contra Goulart. Todos sabiam que o problema agrário era urgente, mesmo políticos conservadores de visão mais estratégica. Independentemente de qualquer compaixão pela miséria histórica do camponês brasileiro, resolver o problema do latifúndio improdutivo era fundamental para produzir mais alimentos, gerenciar o ritmo do êxodo rural e inserir a terra no sistema capitalista moderno. Sabia-se que um dos motivos da inflação brasileira, após os anos 1940, era a crônica falta de alimentos para uma população urbana crescente. Acostumados à monocultura exportadora, já em crise, os latifundiários recusavam qualquer forma de divisão da terra, mesmo as mais moderadas. No máximo, aceitavam vender suas terras ao governo, para fins de assentamento, em um negócio que soava lucrativo, com preços inflados e pago com dinheiro vivo.

Para tentar inserir a terra no projeto geral de modernização capitalista, o governo Castelo propôs o polêmico "Estatuto da Terra" no final de 1964, baseado em três eixos: imposto progressivo (conforme o tamanho da propriedade), desapropriação com indenização e ocupação de terras ociosas. Os setores conservadores reagiram capitaneados pela UDN, por entidades ruralistas e pela imprensa mais ligada aos setores agrários tradicionais como o jornal O *Estado de São Paulo*,[99] pois, afinal de contas, na sua visão, os interesses agrários eram "imexíveis", mesmo que fossem, ao fim e ao cabo, para desenvolver o capitalismo. Ao final, mesmo descaracterizado em relação ao texto original e pouco aplicado, na prática, o "Estatuto" era um sintoma de que os autoritários reformadores do capitalismo tinham lá suas diferenças com as oligarquias liberais e agraristas.

Nos anos 1970, a própria dinâmica econômica inseriu o latifúndio no sistema capitalista, sem reforma agrária e sem traumas para os grandes proprietários. Para os médios e pequenos proprietários, o sistema não era tão benevolente, sempre dependendo de preços mínimos garantidos pelo governo e de empréstimos bancários. Para os trabalhadores do campo, a mecanização (em grande parte determinada pela entrada massiva da soja) e a perspectiva de emprego nas indústrias e serviços da cidade fizeram com que milhões de pessoas deixassem o campo e fossem viver nas metrópoles, onde mesmo morando em favelas tinham algum acesso a serviço e bens que lhes eram vedados no campo. Outra opção, estimulada pela ditadura para atenuar as tensões e demandas no campo, era estimular a migração para regiões de fronteira agrícola, como a Amazônia, onde o braço humano, o chamado "capital-trabalho", derrubava as árvores e preparava o caminho para a "integração" e o "progresso". Quando ele vinha, com mineradoras e pecuaristas, quase sempre os primeiros migrantes eram expulsos da terra, tragados pelo sistema de grilagem. A modernização capitalista no Brasil, ao invés de acabar com os velhos problemas sociais no campo, acabou por agravá-los.

No campo jurídico e institucional, o presidente Castelo Branco estruturou o novo regime de caráter autoritário, independentemente das suas intenções "democratizantes". Com a economia em crise, parte da classe média logo se desiludiu com o novo governo. Acuado pela classe média e suas lideranças políticas, muitas delas formadas por políticos conservadores que o apoiaram na ocasião do golpe (como Carlos Lacerda), o governo Castelo sabia que sua sustentação estava nos quartéis e na rápida institucionalização do regime. Isso deveria impedir a emergência de lideranças militares personalistas e carismáticas, o que não era compatível com a imagem "modernizante" e "tecnocrata" do novo grupo no poder. Os dissensos nos quartéis se avolumavam à medida que a "Revolução Redentora" dos males da política brasileira não se afirmava com toda clareza e dureza necessárias. Uma parte dos quartéis exigia um regime punitivo e reformador, sem maiores sutilezas institucionais e jurídicas. Por outro lado, uma pequena parte das lideranças militares golpistas passavam a criticar o continuísmo do governo, como foi o caso do rebelado de primeira hora, general Olimpio Mourão Filho. Mas elas não importavam tanto quanto a direita militar "revolucionária", que se dividia entre as lideranças de Carlos Lacerda, a partir de 1965 rompido com o governo, e Costa e Silva, que reforçava sua liderança para se viabilizar como o próximo presidente da República.

Ainda assim, Castelo Branco não podia simplesmente descartar os resquícios de um sistema político que lhe havia sustentado para chegar ao poder sem parecer um ditador aventureiro. Esta política de equilíbrio foi ficando cada vez mais insustentável em 1966, com o crescimento das oposições, liberais e de esquerda, na sociedade civil e com a crise nos quartéis pressionando o governo.

A política voltada para a acumulação do capital e para a reforma conservadora do Estado, blindando-o contra as "pressões distributivistas", exigia uma ditadura de longo prazo, que se chocava com as expectativas de boa parte dos golpistas da coalizão de 1964, os quais esperavam uma "intervenção saneadora" com a rápida volta das eleições. A tentativa de conciliar esta dinâmica marcou o governo Castelo. Mas o que se viu foi o abandono paulatino das ilusões "moderadoras" que estavam no espírito do golpe civil militar, na direção da ditadura propriamente militar.[100]

O primeiro Ato Institucional não tinha número, pois, se acreditava, seria o único. Mas a conjuntura de 1965 apresentava uma crescente insatisfação dentro dos quartéis como o tom considerado moderado do governo, e, na sociedade, com a dissolução da coalização anti-Goulart, decepcionada com os rumos do regime. Em outubro, como reação aos resultados eleitorais na Guanabara e em Minas Gerais, que apontavam outros rumos para a política nacional, o governo promulgou o Ato Institucional nº 2.

O AI-2 pode ser visto como a passagem do governo que se considerava transitório para um regime autoritário mais estruturado. Em grande parte, representa o fim da lua de mel entre os militares no poder e os políticos conservadores que apoiaram o golpe, mas queriam manter seus interesses partidários e eleitorais intactos, como Carlos Lacerda e Adhemar de Barros. Basicamente, reforçava os poderes do presidente da República, em matérias constitucionais, legislativas, orçamentárias. O ato ainda reforçava a abrangência e a competência da Justiça Militar na punição dos crimes considerados lesivos à segurança nacional. O presidente da República ainda poderia decretar Estado de Sítio por 180 dias, fechar o Congresso Nacional, as Assembleias Legislativas e as Câmaras de Vereadores, intervir em estados, cassar deputados e suspender os direitos dos cidadãos por dez anos. Na prática, tratava-se de uma reforma constitucional imposta pelo Executivo federal. Se o golpe foi o batismo de fogo da ditadura, o AI-2 é a sua certidão de nascimento definitiva.

O AI-3, em fevereiro de 1966, completa a obra: estabelecem-se eleições indiretas para governadores e nomeação para prefeitos das capitais. Em março surgiram a Arena (Aliança Renovadora Nacional) e o MDB (Movimento Democrático Brasileiro), os partidos de situação e oposição (consentida).

Por que uma ditadura precisava de "Atos Institucionais" elaborados a partir de um juridiquês cheio de caminhos tortuosos e intenções legalistas? Seria mera "fachada jurídica" do exercício ilegítimo e violento do poder, como se convencionou dizer? Qual a função dos Atos Institucionais?

O principal objetivo dos Atos era o reforço legal do Poder Executivo, e particularmente da Presidência da República, dentro do sistema político. Mas por que o presidente simplesmente não assumia um poder de fato, amparado pelas Forças Armadas? Em primeiro lugar, este tipo de opção poderia jogar as várias lideranças militares umas contra as outras, com papel decisivo para aqueles comandantes que possuíam acesso direto à tropa. Além disso, os Atos serviriam para consolidar um processo de "normatização autoritária" que ainda permitia alguma previsibilidade no exercício de um poder fundamentalmente autocrático. Além disso, garantiam alguma rotina nas decisões autocráticas e davam amparo jurídico na tutela do sistema político e da sociedade civil, elementos fundamentais no verdadeiro culto à magistratura ancorada em leis como elemento de estabilização da política de Estado no Brasil, tradição que vinha do Império.

Os Atos eram fundamentais para a afirmação do caráter tutelar do Estado, estruturado a partir de um regime autoritário que não queria personalizar o exercício do poder político, sob o risco de perder o seu caráter propriamente militar. Para que o Exército pudesse exercer diretamente o mando político e manter alguma unidade, fundamental no processo que se acreditava em curso, era preciso rotinizar a autocracia e despersonalizar o poder. A autoridade do presidente, figura fundamental neste projeto, deveria emanar da sua condição hierárquica dentro das Forças Armadas (mais particularmente do Exército) e de uma norma institucional que sustentasse a tutela sobre o sistema partidário institucional e o corpo político nacional como um todo.

Ao todo, entre 1964 e 1977, foram 17 atos principais e 104 atos complementares. Ao lado dos famosos "decretos secretos", constituem a tessitura principal do emaranhado de leis que marcaram a consolidação dos princípios autoritários do sistema jurídico-político na vida brasileira.

No começo de 1967, colecionando quatro Atos Institucionais, o governo Castelo Branco dá novos passos para a institucionalização do regime. Foi criado o Conselho de Segurança Nacional, amparado por nova Lei de Segurança Nacional que substitui a Lei de 1953, tornando virtualmente todo o cidadão um vigilante e um suspeito, ao mesmo tempo, dada a gama de possíveis crimes políticos. Em janeiro, o governo impôs uma nova Constituição, sancionada pelo Congresso às pressas, a qual define o formato das eleições, que passam a ser indiretas, e faculta ao próprio presidente da República a possibilidade de propor emendas constitucionais. A revogação da Carta de 1946, em nome da qual fora dado o golpe de Estado, explicitou as intenções estratégicas do governo Castelo Branco para além de qualquer mandato-tampão até uma nova eleição, como queriam alguns golpistas. Em fevereiro, a Lei de Imprensa completa a obra jurídica autoritária do primeiro presidente-general, que, apesar de passar à história como um presidente "liberal", foi o que mais cassou os direitos políticos e os mandatos parlamentares, além de estruturar as bases jurídicas do regime autoritário com vistas a uma ação política institucional e de longo prazo.[101]

O governo Castelo testemunhou, paulatinamente, o fim da coalizão golpista triunfante em 1964. À medida que essa coalizão se esgarçava e os movimentos de contestação aumentavam, o governo aprofundava suas estruturas autoritárias, dando ossatura ao novo regime. E a cada nova medida institucional autoritária a coalizão se esgarçava mais. Este círculo de ferro marcou o regime entre 1964 e 1968, quando as ilusões foram definitivamente dissipadas com o AI-5. Entretanto, mesmo antes de a ditadura se tornar "escancarada", o governo Castelo Branco (e o regime que se construía com ele e por ele) não poderia ser caracterizado como propriamente "liberal", como sugere certa memória do período. As denúncias de torturas em instalações militares pipocavam. O governo reprimia a oposição no atacado, através dos IPM presididos pelos coronéis linhas-duras, e pontualmente, cassando mandatos, mas evitando prisões em massa.

Ao mesmo tempo, preservava algumas liberdades jurídicas e civis, sobretudo no plano da expressão e da opinião, evitando uma completa ruptura com os valores liberais que tinham sido fundamentais para justificar e legitimar o golpe de Estado. Mesmo estas liberdades eram cada vez mais questionadas pela direita militar, cuja visão de ditadura era menos sofisticada e institucional, preferindo a repressão pura e simples.

Os liberais, em seus diversos matizes – de pragmáticos a doutrinários, de fisiológicos a oligarcas, de centro e de direita –, articularam e apoiaram o golpe, salvo honrosas exceções.[102] A grande imprensa, os grandes empresários e suas associações, os políticos udenistas, velhos inimigos do trabalhismo e do getulismo, profissionais liberais, foram peças importantes na conspiração contra Goulart. Na euforia da vitória, até as raposas do PSD esqueceram sua dobradinha histórica com o PTB e abriram caminho para o golpe, e, pior, para a legitimação do regime, elegendo seu primeiro presidente no Congresso.

O Ato Institucional de 9 de abril de 1964 foi o primeiro sinal de alerta que aquele golpe não era igual aos outros. Não por acaso, logo após a edição do Ato, um dos jornais mais raivosos na oposição liberal contra o governo Goulart, o jornal *Correio da Manhã* (CM), romperia com o regime que tinha ajudado a criar.[103] Logo em 1964, o CM abriu espaço para a oposição ao governo e ao regime, a começar pelas famosas crônicas de Carlos Heitor Cony[104] que causaram furor na sociedade e indignação nos quartéis. Para o jornal, nada havia mudado em relação aos princípios que norteavam a crítica a Goulart. Acreditando-se como porta-voz da democracia, o CM reclamava da ditadura de 1964, mas não tinha conseguido assimilar a radicalização da democracia de 1946. Neste sentido, as oscilações do jornal são a melhor expressão da decepção de uma parte dos liberais com o novo regime.

A cassação de Juscelino Kubitschek – que durante a rebelião militar ficara neutro, mas que com os fatos consumados ajudou a "eleger" Castelo no Congresso – chocou ainda mais aqueles que esperavam uma intervenção indolor contra radicais e contra comunistas. Ao mesmo tempo, expressa a capacidade de políticos conservadores em mobilizar a raiva das casernas contra qualquer traço longínquo de "getulismo", como era o caso do simpático e moderado ex-presidente bossa-nova. É sabido que Carlos Lacerda, que ainda tinha ampla influência na direita militar sediada no Rio de Janeiro, manipulara nos bastidores para tirar seu principal adversário em uma futura eleição para presidente, marcada para ocorrer em 1965. Quando esse ano chegou, foi a vez de Lacerda se afastar definitivamente do governo e do regime militar, tornando-se o novo campeão da resistência democrática ao fundar, em 1966, a Frente Ampla junto com JK.

As eleições de 1965 foram um claro sinal de que a coalizão golpista não mais se sustentava. O sistema político e partidário, acuado, conseguiu se rearticular dentro das possibilidades e lançar candidaturas independentes. A eleição dos governadores da Guanabara (Negrão de Lima) e de Minas Gerais (Israel Pinheiro), ligados a JK, causaram comoção nos quartéis. As pressões da direita militar pelo expurgo radical dos políticos "populistas" não se contentavam com a erradicação da ala esquerda. Políticos moderados e conservadores também eram alvos de suspeita dos militares, cujo autoritarismo messiânico e patriótico se combinava com a visão moralista de que os civis no governo eram visceralmente corruptos. Neste processo de corrosão do sistema político construído em 1946, mesmo o lacerdismo perdia espaço na oficialidade. O problema para a direita militar eram os partidos. Todos os partidos. Formados na tradição positivista, o regime ideal para uma boa parte dos militares era a ditadura republicana, em que os mais capazes deveriam tutelar a sociedade e arbitrar conflitos de classe de maneira técnica. Dentro de uma visão de sociedade que deveria ser harmonizada a fórceps, qualquer questionamento ou conflito era visto como uma ameaça externa à coesão social, e não como dado natural da vida política e elemento inerente à estrutura social. O desdobramento quase necessário para a realização deste projeto era a repressão, cujo grau de violência e arbitrariedade variava conforme o tipo de oponente e das circunstâncias. A Doutrina de Segurança Nacional (DSN) se adequou como uma luva a esta tradição militar.[105]

Entretanto, boa parte da classe média conservadora que tinha aplaudido a queda de Goulart começou a questionar o governo Castelo e, por consequência, o próprio regime. A partir de 1966, sob o efeito do AI-2 que assumia o caráter autoritário e ditatorial do regime, vários segmentos ampliaram o coro da oposição. O Congresso, um dos focos do golpismo contra Goulart, resolveu voltar a fiscalizar o governo, instalando várias Comissões Parlamentares de Inquérito, como a da desnacionalização das terras da Amazônia e do acordo entre a Time-Life e a Rede Globo.[106] O tom de "defesa da nação" aumentava ainda mais a imagem do governo Castelo como lesa-pátria ao se alinhar aos norte-americanos.

À direita, Adhemar de Barros e Carlos Lacerda rompiam definitivamente com o governo. Lacerda, em 1968, diria o seguinte: "eu tinha o dever de mobilizar o povo para corrigir esse erro do qual [...] participei".[107] Em São Paulo houve até um arremedo de rebelião ademarista, que não deu em nada, mas selou o destino do polêmico governador, que acabou cassado.[108] Carlos Lacerda, símbolo civil do golpe, teve uma sobrevida maior. Em 1966, vendo fechadas as portas para sua eleição a curto prazo, lançou a Frente Ampla. Lacerda estabeleceu contatos com JK, cassado em junho de 1964 e exilado em Lisboa, e com João Goulart, exilado em Montevidéu. Este, de início, não se empolgou com a aliança e demorou até meados de 1967 para aderir ao grupo.

A Frente foi lançada em outubro de 1966, quando o governo Castelo derrapava na retomada do crescimento e parecia curvado a uma invisível mas sempre citada "linha dura" com a "eleição", ou seja, a homologação pelo Congresso de Artur da Costa e Silva como próximo presidente da República. Além disso, o governo Castelo acirrou a crise com o Poder Legislativo ao cassar, no dia 13, mais seis deputados oposicionistas. O Congresso reagiu, afirmando que a decisão sobre as cassações deveria ser feita em plenário, mediante voto secreto. No dia 21, em meio à crise entre os dois poderes, o governo mandou fechar o Congresso, que assim permaneceu por 32 dias, com cenas de ocupação militar da Casa. Com os seis cassados, o regime computou 67 cassações de parlamentares desde sua implantação.

O longo Manifesto da Frente Ampla fazia uma bela ginástica retórica para explicar como Carlos Lacerda e Juscelino (com vistas também a Jango), antes mortais inimigos, eram aliados contra o regime. Conforme o documento, os três estavam juntos em nome de uma luta maior que ameaçava o país, a ditadura, chamada assim mesmo com todas as letras. O Manifesto era uma dura crítica à ditadura e à defesa do processo democrático interrompido em 1964. Criticava duramente a política recessiva de Castelo e apelava aos trabalhadores, estudantes, mulheres, empresários, delineando um campo de mobilização que mais tarde seria chamado "sociedade civil", termo que ainda não aparece no documento. Apelava até aos sentimentos patrióticos dos militares, que segundo o documento estavam sendo traídos pelo caráter antinacional e antidemocrático do regime. Apesar das críticas, o tom era de apelo ao diálogo, na esperança de uma saída negociada para o impasse e isolamento político no qual o regime parecia mergulhar.

No campo da esquerda, o PCB apostava em uma frente de oposição junto com liberais, inclusive os arrependidos por apoiar o golpe. O partido, desarvorado desde os acontecimentos de abril de 1964, conseguiu reunir seu Comitê Central somente em maio de 1965. Como resultado lançou a Resolução de Maio, assumindo oficialmente os termos da resistência civil (ou seja, não armada) ao regime. O documento caracterizava a ditadura como "reacionária e entreguista", a serviço dos Estados Unidos, que tentava disfarçar seu caráter através de uma pantomima "reformista", mas que entrava em choque com os próprios interesses do capitalismo nacional brasileiro. Assim, destinada ao fracasso pelas suas próprias contradições e incongruências com a marcha da história, os comunistas afirmavam que era preciso se unir a todas as forças antiditatoriais para "isolar e derrotar" o regime. Isso deveria ser feito a partir de uma frente que defendesse as "liberdades democráticas" e fosse ativa inclusive nas limitadas eleições permitidas pelo regime. Portanto, a agenda socialista ainda não estava em pauta, muito menos qualquer radicalização de palavras de ordem que levassem ao isolamento do partido. Tudo mais era "aventureirismo e pressa pequeno-burguesa" fantasiada de revolução.[109] O recado era claro para os que já apontavam o caminho da luta armada, e ficaria mais explícito ainda nos documentos partidários de 1967, quando se condenava a ação voluntarista de grupos "audaciosos" e foquistas.[110]

Leonel Brizola, o ousado líder da resistência de 1961, era de longe o exilado mais temido do regime. Dotado de carisma e ousadia, poderia se transformar em um líder das vozes que exigiam uma luta mais radical contra os militares no poder. Em 1965, Brizola era *el hombre* para os cubanos, depois que estes se decepcionaram com Francisco Julião e ainda não tinham descoberto Marighella.[111] Cuba, naquele momento afastada das diretrizes de Moscou de quem se reaproximaria nos anos 1970, apostava na exportação da revolução socialista para a América

Latina, até como forma de desviar a atenção do seu grande inimigo do norte para outras plagas. Pressionado pelo governo brasileiro, o Uruguai confinou Brizola em um balneário, onde seria vigiado pela polícia até 1971.

Os brizolistas foram os primeiros a se lançar na luta armada, organizando o Movimento Nacional Revolucionário (MNR), composto basicamente por militares expurgados após o golpe. Depois de uma tentativa de invasão do Rio Grande do Sul, comandada pelo coronel Jefferson Cardim, com resultados trágicos, o foco mudou para a Serra do Caparaó. Mas essa tentativa de *sierra maestra* à brasileira teve resultados igualmente pífios, e só serviria para aquecer a máquina repressiva. Dissolvido em 1967, o MNR forneceria muitos dos seus quadros para a Vanguarda Popular Revolucionária (VPR).

Em março de 1967, a revista *Fatos e Fotos*, cabotinamente, estampou a manchete: "Costa e Silva, a posse da esperança". Outros jornais saudaram a mudança no comando da "revolução", apesar de Costa e Silva ter, notoriamente, apoio nos "duros" dos quartéis.[112] No seu discurso de posse prometia preparar o caminho para uma "democracia autenticamente nossa".

Hoje, tendo em vista que já sabemos como o governo de Costa e Silva acabou, soa estranho a aposta no marechal com cara simpática que iria liberalizar o regime. Mas, ainda como candidato, ao sinalizar com mudanças na política econômica e diálogo com a sociedade, Costa e Silva encheu a alma dos mais crédulos e até provocou algum espasmo de otimismo nos mais céticos.[113]

Na economia, efetivamente, a ação do governo foi rápida e dinâmica, apontando para uma perspectiva de crescimento a curto prazo, mas ainda de resultado incerto. O ministro Delfim Netto abaixou as taxas de juros, que inibiam a inflação e o consumo, e o ministro do Trabalho, Jarbas Passarinho, prometeu rever a dura política salarial do governo Castelo. Na política externa, Magalhães Pinto, banqueiro e conspirador de primeira hora contra Goulart, retomava certo nacionalismo, afastando-se do alinhamento automático com Washington.

O chanceler tocou até num ponto sensível para Washington, não fechando as portas ao domínio da tecnologia nuclear, para a paz ou para a guerra, o que culminaria na não ratificação do Tratado de Não Proliferação de Armas Nucleares de 1968. Estas mudanças políticas tinham um objetivo claro: valorizar o nacionalismo, permitir certa dose de crítica, retomar o crescimento econômico, ganhando novamente o coração da classe média perdida no governo Castelo.

No campo político, Costa e Silva enfrentava a oposição do Congresso, já ressabiado com o fechamento dos militares no círculo de poder e com as cassações na Casa. Nos meios militares, os castelistas, ressentidos com a forma pela qual Costa e Silva se impôs ao presidente e alijados do governo, pagavam para ver o que aconteceria com a "Revolução". Havia ainda uma oposição civil mais preocupante para o regime que crescia a olhos vistos, reunindo grupos sociais cada vez mais combativos e ampliando seu raio de ação para a classe média, com parte dos intelectuais, parte do clero e dos estudantes combativos e cada vez mais radicalizados.

As mascaras liberalizantes do novo governo militar começaram a cair, uma a uma.

Em julho de 1967, a face dura do governo se mostrou na prisão-desterro do jornalista Helio Fernandes, que havia adquirido o jornal *Tribuna da Imprensa* de Lacerda, por conta de um artigo no qual se referia a Castelo Branco, falecido em um acidente de avião, como um "homem frio, impiedoso e vingativo". O jornalista combativo, candidato cassado em 1966, redator do Manifesto da Frente Ampla, tido como o responsável pelo que há de contundente neste documento, já havia comemorado o fim do governo Castelo em outro artigo polêmico. Sem maiores sutilezas jurídicas, o novo ministro da Justiça, Gama e Silva, evocou os poderes do AI-2 para prendê-lo e desterrá-lo, mesmo que houvesse uma Constituição que, teoricamente, tinha tornado o tal Ato uma letra morta.

Era um sintoma que o espírito de 1968, o ano que não terminaria, já tinha começado em 1967.

Com a posse de Costa e Silva e a hesitação de Goulart, a Frente Ampla ficou em *stand by*. Apesar desta moratória de ações no começo do novo governo, para avaliar a efetiva disposição ao diálogo, a Frente Ampla era uma sombra ameaçadora com perspectivas de crescimento, sobretudo se João Goulart aderisse efetivamente a ela.

No final de 1967, com as hostilidades cada vez maiores entre Lacerda e o governo, culminando com a proibição do velho demolidor de presidentes em aparecer na TV, a Frente lançou-se em uma campanha pública de comícios que coincidiu com a radicalização do movimento estudantil. A ameaça de encontro das duas frentes de protesto, a político-parlamentar e a massiva, era tudo que o governo não desejava, pois a Frente, que até então não empolgara as massas, poderia se cacifar como uma real alternativa política ao regime. No dia 5 de abril de 1968, quando a questão estudantil saiu do controle e ganhou as ruas, o governo proibiu as atividades da Frente Ampla. O tom liberal-democrático das suas críticas, a bem da verdade, já não seduzia as massas radicalizadas.

O movimento estudantil voltou às ruas e, apesar do radicalismo que alimentava os lideres, conseguiu galvanizar as atenções, e até algumas simpatias, da imprensa liberal, ao menos até meados do ano de 1968.[114] A luta estudantil poderia servir de tropa avançada para uma negociação com o regime, visando à liberalização. Em boa parte, e bem ao seu modo, os estudantes expressavam as insatisfações da classe média.

Desde 1966, os estudantes realizavam protestos públicos contra o regime, protagonizando choques com a polícia e defendendo o "voto nulo". O movimento estudantil ainda dispunha de certa margem de ação política, sobretudo dentro das universidades, tomando para si a tarefa de criticar o regime e de ser a vanguarda da luta por mudanças sociais. O governo militar, por sua vez, entre 1964 e 1968, combinou medidas de repressão às organizações estudantis com medidas de reforma nas estruturas administrativa, profissional e curricular das universidades, visando adequá-las às demandas por desenvolvimento econômico, despolitizar as atividades acadêmicas e desafogar a pressão por mais vagas.¹¹⁵ Para o governo, conforme o Relatório Meira Matos, o movimento estudantil brasileiro era um foco de agitação revolucionária alimentado pela estrutura considerada arcaica do ensino superior. Assim, o Relatório propunha medidas para reformar a administração e a estrutura das universidades brasileiras.¹¹⁶

Em março de 1968, o movimento estudantil brasileiro saiu às ruas, antes mesmo que o famoso "maio parisiense" explodisse e ganhasse as manchetes dos jornais. A morte do estudante Edson Luis, baleado pela polícia durante uma manifestação no Rio de Janeiro, inaugurou a temporada de passeatas e conflitos com a polícia na ex-capital federal.

A morte do jovem estudante foi o estopim que fez explodir as tensões com os estudantes, mobilizados contra o regime havia dois anos, assim como comoveu boa parte da classe média. A história do menino que veio do Pará para estudar no Rio de Janeiro mexeu até com empedernidos conservadores e anticomunistas. Mais de 60 mil pessoas foram ao seu enterro e a missa de sétimo dia se transformou em uma batalha campal entre estudantes e tropa de choque da PM carioca. Os conflitos não pararam por aí, ganhando nova força a partir de junho, no embalo das revoltas estudantis parisienses.

No dia 21 de junho, que passou à história como a "Sexta-Feira Sangrenta", populares e estudantes enfrentaram a polícia e os agentes do Dops, com saldo de 4 mortos e 23 baleados, além de dezenas de feridos. Foi o ápice da semana trágica, pois dois dias antes, na quarta-feira, os confrontos de rua haviam sido violentos, com a tentativa dos estudantes em ocupar o prédio do Ministério da Educação, acirrando-se ainda mais na quinta-feira, com a ocupação da UFRJ, na Praia Vermelha, e a interrupção da reunião do Conselho Universitário. A polícia interveio e muitos estudantes foram presos no Estádio do Botafogo, e mesmo dominados foram submetidos a violências e humilhações. Em todos os protestos, policiais armados até com baionetas enfrentavam a fúria popular e estudantil, em verdadeiras batalhas campais.

O ápice da mobilização foi a Passeata dos Cem Mil, no dia 26 de junho, que conseguiu grande adesão da sociedade, de artistas e intelectuais. Uma semana depois, em 4 de julho, aconteceu a última grande passeata estudantil, sem que se registrassem maiores incidentes com a polícia. Apesar de o Rio de Janeiro concentrar as grandes manifestações estudantis em 1968, em várias cidades brasileiras onde havia universidades os estudantes conseguiram realizar grandes protestos públicos com algum apoio de outros setores da sociedade.

Em julho as passeatas foram expressamente proibidas pelo Governo Federal. O aumento da repressão, cujo exemplo maior foi a violenta ocupação militar da Universidade de Brasília no final de agosto, fez com que os estudantes se concentraram na reorganização das suas entidades, a começar pela União Nacional dos Estudantes. Algumas correntes de esquerda passaram a defender a luta armada, o que também ajudou a refluir os esforços para grandes manifestações de rua.

Durante os protestos, a partir de questões estudantis específicas, o movimento conseguiu disseminar palavras de ordem contra o regime, articulando a luta "reivindicatória" à luta "política", conforme os jargões da época. Mas isso não significou a convergência de posições. O movimento estudantil era formado por diversas correntes ideológicas, nas quais se sobressaíam a Ação Popular (AP, esquerda católica), o Partido Comunista do Brasil (PCdoB, maoista) e o Partido Comunista Brasileiro. Este foi o mais impactado pelas dissidências pós-1964, dando origem às dissidências estudantis que se encaminharam à luta armada, como a Ação Libertadora Nacional, influenciadas sobretudo pelo guevarismo e pela teoria do "foco" revolucionário. Nos meios estudantis, o grande debate era como enfrentar a ditadura e qual o caráter das manifestações de massa. As posições iam do reforço à luta massiva e civilista contra o regime à organização da luta armada, da qual o protesto público deveria ser subsidiário. O embate entre as várias opções políticas marcou o XXX Congresso da UNE, realizado clandestinamente em um sítio de Ibiúna (SP), em outubro de 1968, que terminou com a prisão de

920 pessoas, incluindo dirigentes estudantis como Luis Travassos e José Dirceu. Vladimir Palmeira, líder das passeatas do primeiro semestre, já estava preso desde agosto.

São Paulo também teria seu dia de cão. A batalha da rua Maria Antonia, em outubro de 1968, entre estudantes de direita do Mackenzie e de esquerda da Faculdade de Filosofia da USP, impressionou ainda mais as vozes liberais que, definitivamente, consagram a tese da "militarização do movimento estudantil".[117] Estudantes do Mackenzie ligados ao Comando de Caça aos Comunistas (CCC), tendo apoio da Guarda Civil, enfrentaram os estudantes esquerdistas da Faculdade de Filosofia, culminando na ocupação policial e na destruição do prédio da USP.

Estes episódios deram força às lideranças estudantis que defendiam a luta armada,[118] posto que a organização política de massa e a ação pública da UNE (ainda que não legal) tornavam-se inviáveis,[119] acuadas pela repressão policial e paramilitar. Para algumas correntes estudantis, a única opção que restava era ir às armas contra os militares no poder. Não por acaso, os estudantes forneceriam a principal base da nascente guerrilha de esquerda.[120] Havia chegado a hora da grande batalha armada contra o regime, estopim da revolução brasileira.

Com a radicalização das posições, a maior parte da imprensa, por sua vez, passou a ver no radicalismo da esquerda estudantil a mera contraface do radicalismo da extrema-direita, chegando em alguns casos a justificar o endurecimento do governo.[121] Nascia, entre nós, uma versão da "teoria dos dois demônios" que, na ótica liberal, levaria a sociedade à violência desenfreada.

O ano de 1968 no Brasil já foi chamado "o ano que não acabou", expressão que traduz a sensação de interrupção de uma experiência histórica plena de promessas libertárias e que se encerrou, literalmente, por decreto, com a edição do famigerado Ato Institucional nº 5, em dezembro daquele ano. Na memória histórica brasileira, ele ocupa um lugar paradoxal: por um lado, foi o tempo das grandes utopias libertárias, assim como outros "68" pelo mundo afora;

por outro, tempo de repressão, início dos "anos de chumbo" com a transformação do Estado autoritário, imposto pelo golpe militar de 1964, num violento Estado policial. Mas até o final de 1968, as contestações políticas e culturais foram manejadas com punições e perseguições pontuais e seletivas, pois o projeto estratégico do regime militar brasileiro era conservar a classe média como sócia (e beneficiária menor) da modernização capitalista brasileira, até porque era este grupo social que fornecia os quadros técnicos e superiores fundamentais para este processo.[122] Entretanto, em 1968, tanto para os setores ditos "liberais" quanto para os setores da "linha dura",[123] os acontecimentos políticos e culturais representavam uma grande novidade política: a possibilidade da convergência entre ações da crescente guerrilha de esquerda com os movimentos de massa e a contestação cultural.

A guerrilha teve sua estreia em março, quando a Ação Libertadora Nacional, liderada pelo dissidente do PCB Carlos Marighella, reivindicou o atentado à bomba no Consulado dos EUA em São Paulo, tornando pública a existência de um projeto de luta armada para derrubar o regime.[124]

O episódio mais preocupante ainda para o governo, e para os empresários, foi a volta do movimento operário como ator social e político. Mesmo duramente reprimido e controlado desde o momento do golpe, o movimento operário conseguiu se rearticular. Com as velhas lideranças comunistas e trabalhistas mais moderadas e presas a um modelo de reformismo afastadas ou desprestigiadas, emergiu uma nova liderança operária, mais jovem e radicalizada.[125] Em abril, 15 mil metalúrgicos fizeram greve por melhores salários em Contagem. As perdas de 25% do salário mínimo, com seu inevitável impacto social, começam a ser sentidas pelos trabalhadores. Em julho, seis metalúrgicas de Osasco realizaram uma greve radicalizada, com a ocupação da fábrica Cobrasma. O sindicato sofreu intervenção e o Exército entrou em cena para desocupar a fábrica.

O pior dos cenários para o governo parecia estar armado: a radicalização estudantil e operária, alimentada pelo oposicionismo crescente da classe média e pela pregação esquerdista de artistas e intelectuais. Só faltavam os políticos da oposição entrarem em cena, o que não tardaria a acontecer.

Em setembro, o deputado Márcio Moreira Alves chamou o Exército de "valhacouto de torturadores".[126] Marcito, como era chamado, estava indignado com as violências cometidas durante a invasão da UnB, e falava com propriedade, pois tinha acompanhado a questão das torturas no Nordeste e a atitude complacente da Missão Geisel (1964), episódio que rendeu um dos primeiros livros sobre o tema no Brasil.[127]

O Exército se declarou ofendido, e o governo pediu que o deputado fosse licenciado para ser processado. A Câmara dos Deputados negou a licença do deputado, por 216 votos contra 141. Até parte da Arena votou contra o governo, sinalizando a perda de controle do "sistema político". Até a votação, os debates na Casa foram intensos, e o discurso do deputado Mário Covas entrou para a história da oratória parlamentar:[128]

> Como acreditar que as Forças Armadas brasileiras que foram defender em nome do povo brasileiro, em solo estrangeiro, a liberdade e a democracia no mundo, colocassem como imperativo de sua sobrevivência o sacrifício da liberdade e da democracia no Brasil? [...] Creio na palavra ainda quando viril ou injusta, porque acredito na força das ideias e no diálogo que é seu livre embate. Creio no regime democrático, que não se confunde com a anarquia, mas que em instante algum possa rotular ou mascarar a tirania. Creio no Parlamento, ainda que com suas demasias e fraquezas, que só desaparecerão se o sustentarmos livre, soberano e independente.

E, invocando a Deusa da Justiça, Covas finalizou seu discurso: "Não permitais que um delito impossível possa transformar-se no funeral da Democracia, no aniquilamento de um poder e no cântico lúgubre das liberdades perdidas".

Derrotado no Congresso que se supunha dócil, pressionado nos quartéis e criticado pelas oposições nas ruas, o governo resolveu agir, convocando o Conselho de Segurança Nacional. A reunião foi chamada pelos cronistas como "A Missa Negra", pois dela resultaria a edição do AI-5.[129] Os conselheiros desconsideraram a proposta de Pedro Aleixo, de decretação do Estado de Sítio dentro do modelo constitucional. Ao final, ouviu-se o "cântico lúgubre das liberdades perdidas", na voz "grave e pausada" do ministro da Justiça Gama e Silva, que na noite de 13 de dezembro de 1968 anunciou, em cadeia de rádio e TV, o Ato Institucional nº 5. Através desse instrumento, estima-se que cerca de 500 cidadãos (sobretudo professores, jornalistas e diplomatas) tenham perdido direitos políticos, 5 juízes de instâncias superiores, 95 deputados e 4 senadores, seus mandatos. Se os efeitos diretos foram impactantes sobre o sistema político, os efeitos indiretos seriam bem maiores sobre todo o tecido social.

O governo de Costa e Silva, que se iniciara em 1967 sob a promessa de liberalização política e de colocar fim ao chamado "terrorismo cultural",[130] mudava de rumo e reiterava a sombria promessa já contida no Ato Institucional nº 2, de 1965: "Não se disse que a Revolução foi, mas que é, e continuará". A virada do regime militar no final de 1968 na direção da repressão sistemática e policialesca é explicada menos pela pressão *stricto sensu* da linha dura e mais pela leitura convergente que os vários grupos militares fizeram da "crise política" de 1968.[131] Em outras palavras, ao contrário do que prega uma certa memória (militar e civil) sobre a época, o AI-5 foi mais produto da união do que da desunião militar.[132]

O AI-5 marcou também uma ruptura com a dinâmica de mobilização popular que ocupava as ruas de forma crescente desde 1966, capitaneada pelo movimento estudantil.[133] Mais do que isso, teve um efeito de suspensão do tempo histórico, como uma espécie de apocalipse político-cultural que atingiria em cheio as classes médias, relativamente poupadas da repressão que se abatera no país com o golpe de 1964. A partir de então, estudantes, artistas e intelectuais que ainda ocupavam uma esfera pública para protestar contra o regime passariam a conhecer a perseguição, antes reservada aos líderes populares, sindicais e quadros políticos da esquerda. O fim de um mundo e o começo de outro, num processo histórico de alguns meses que pareciam concentrar todas as utopias e os dilemas do século XX. O Brasil não sairia incólume desta roda-viva da história.

No entanto é preciso cantar: a cultura entre 1964 e 1968

Na segunda metade dos anos 1960, Millôr Fernandes cunhou uma frase que expressa a estranha situação da cultura e das artes no Brasil entre 1964 e 1968: "Se continuarem permitindo peças como *Liberdade, Liberdade*, vamos acabar caindo em uma democracia". O artista se referia à peça teatral de sua autoria, junto com Flávio Rangel, grande sucesso de 1965, que era uma grande colagem de falas sobre a democracia e a liberdade, dos gregos antigos aos contemporâneos. Nada mais oportuno para o contexto em que o Brasil vivia, definido pelo mesmo Millôr como "borocoxô". A bizarra expressão poderia ser traduzida como um estado de espírito entre o desiludido e o melancólico. Afinal, vivia-se uma ditadura suficientemente forte para reprimir os movimentos sociais e políticos, mas taticamente moderada para permitir que a esquerda derrotada na política parecesse triunfar na cultura. Esse triunfo alimentou o mito da "ditabranda", criando um jogo de sombras do passado que até hoje nos ilude.

A paradoxal situação da cultura de oposição no Brasil nos quatro primeiros anos do regime, inicialmente vista como sinal de uma ditadura "branda", que não se assumia como tal, deve ser avaliada em termos mais amplos. Seja como espaço de rearticulação de forças sociais "críticas" e reafirmação de valores da "resistência democrática" (ponto de vista da oposição) ou como parte da "guerra psicológica da subversão" a ser combatida (ponto de vista do regime). O fato é que a "questão cultural" foi o calcanhar de Aquiles da ditadura, expressão das suas grandes contradições e impasses, mesmo que ela não tenha se limitado a uma política cultural meramente repressiva.

Instaurada para defender efetivamente o capitalismo e, supostamente, a democracia liberal, a ditadura não podia se afastar das classes médias, sua principal base social. A cultura e a liberdade de expressão eram os pontos mais sensíveis para amplos setores dessa classe, da qual provinham os artistas e quadros intelectuais mais reconhecidos da época. Não por acaso, o Ato Institucional e a perseguição a intelectuais foi prontamente criticada, mesmo por vozes liberais que não tinham simpatia pelo governo deposto em 1964.[134] Por outro lado, a censura e a repressão nessa área dificultariam a manutenção da pantomima democrática que havia legitimado o golpe e a ampla coalizão anti-Goulart. Além disso, o regime militar não dispunha de intelectuais humanistas afinados com a vida cultural mais dinâmica do momento, protagonizada, sobretudo, por jovens universitários e por intelectuais comunistas e liberais-radicais. Se lhe sobravam tecnocratas brilhantes e magistrados respeitados, faltavam-lhe ideólogos humanistas. Estes eram vetustos nomes mais próximos do nacionalismo estado-novista e do folclorismo dos anos 1950[135] do que da vigorosa cultura de esquerda, nacionalista e reformista, inspirados no extinto Instituto Superior de Estudos Brasileiros (Iseb), a "fábrica de ideologias" do nacionalismo econômico e cultural até 1964.[136] E, por último, mas não menos importante, a modernização capitalista estimulada pelos militares tinha na indústria da cultura um dos seus setores mais dinâmicos. O mercado era, paradoxalmente, estimulado por obras criadas por artistas de oposição e de esquerda, consumidas avidamente pela classe média escolarizada. Mesmo sendo uma parcela minoritária da população, a classe média movimentava o mercado de cultura na segunda metade dos anos 1960. O crescimento dos mercados televisual e fonográfico era o principal eixo dessa modernização e, não por acaso, neles triunfaram artistas notoriamente de esquerda, como os dramaturgos comunistas da Rede Globo e os compositores ligados à canção engajada aclamados dos festivais da canção.[137]

A partir deste conjunto de impasses e contradições, podemos esboçar um quadro geral de como o regime militar se relacionou com a vida cultural brasileira entre os anos 1960 e parte dos anos 1980. Esta relação se deu de forma direta e indireta. Direta, pois o regime desenvolveu várias políticas culturais ao longo de sua vigência. Indireta, pois a cultura se beneficiou também das políticas gerais de desenvolvimento das comunicações e do estímulo ao mercado de bens simbólicos, visando à "integração nacional". Para os militares, a cultura era subsidiária de uma política de integração do território brasileiro, reforçando circuitos simbólicos de pertencimento e culto aos valores nacionais, ou melhor, nacionalistas.[138] Nesse projeto, cabiam até alguns tipos de nacionalismo crítico, como o da esquerda comunista, desde que esvaziado da luta de classes. Ao mesmo tempo que convergiam no quesito nacionalismo, a direita militar e a esquerda comunista tinham uma desconfiança mútua, pois a primeira entendia a cultura de esquerda como parte da "guerra psicológica" da "subversão".

Quanto às formas diretas de ação cultural, o regime combinou uma política cultural repressiva e, sobretudo nos anos 1970, uma política cultural proativa. O tripé repressivo do regime era formado pela combinação de produção de informações, vigilância-repressão policial a cargo das Delegacias de Ordem Política e Social (Dops), das inteligências militares e do sistema Codi/DOI (Centro de Operações de Defesa Interna – Destacamento de

Operações e Informações) e censura, a cargo da Divisão e Serviços de Censura às Diversões Públicas do Departamento de Polícia Federal (DPF/DCDP) e do Gabinete do Ministério da Justiça, especificamente no caso do controle da imprensa. As três pontas atuaram sobre a área cultural, produzindo suspeitas e impondo silêncio sobre certos temas e abordagens. Houve, ao menos, três momentos repressivos sobre a área cultural.

O primeiro momento repressivo ocorreu entre 1964 e 1968. O objetivo principal era *dissolver as conexões entre a "cultura de esquerda" e as classes populares*, estratégia manifestada no fechamento do CPC e do Iseb e dos movimentos de alfabetização de base. O controle e a perseguição à atividade intelectual escrita (imprensa) era feita, principalmente, via IPM (Inquéritos Policiais-Militares) e processos judiciais, implantando o chamado "terror cultural", que transformava todos os intelectuais críticos em potenciais subversivos "inimigos da pátria". Ainda que os resultados práticos dos IPM tenham sido pífios, em termos de punições efetivas, para desgosto da "linha dura", causaram bastante insegurança entre intelectuais de vários matizes, alimentando a imagem do regime como uma "ditadura obscurantista e anticultural". Esta perspectiva, alimentou a aliança de vários setores intelectuais – liberais, socialistas e comunistas –, reforçando uma cultura de oposição. Neste primeiro momento, a área mais visada pela censura era o teatro, menos pelo seu alcance social e mais pela sua capacidade de mobilização dos setores intelectuais de oposição.[139]

O segundo momento repressivo vai de 1969 a 1978, e tinha como objetivo central *reprimir o movimento da cultura como mobilizadora do radicalismo da classe média (principalmente dos estudantes)*. Nessa fase o regime se armou com novas leis, como a nova Lei de Censura, em novembro de 1968, que sistematizava a censura sobre obras teatrais e cinematográficas e criava o Conselho Superior de Censura, implantado efetivamente somente em 1979. O Decreto-Lei nº 1.077, de janeiro de 1970, instaurou a censura prévia sobre materiais impressos. A Polícia Federal, a partir de 1972, se reorganizou para aplicar a censura com mais eficiência, com a criação da Divisão de Censura de Diversões Públicas e a ampliação do seu corpo de censores. Para controlar a imprensa, havia os "bilhetinhos" que saíam do Serviço de Informação ao Gabinete do Ministro da Justiça (Sigab/MJ, criado em 1971) e a autocensura nas redações de periódicos da grande imprensa.[140] Este segundo momento repressivo conviveu com o auge da política cultural proativa, expressada pela Política Nacional de Cultura, ambicioso plano que combinava mecenato oficial e normatização do campo cultural e suas instituições públicas, lançado em 1975 pelo MEC, dentro da estratégia da institucionalização do regime, conhecida genericamente como "abertura".[141]

O terceiro momento repressivo, de 1979 a 1985, teve como objetivo central *controlar o processo de desagregação da ordem política e moral vigentes, estabelecendo limites de conteúdo e linguagem*. A ênfase do controle censório recaiu "na moral e nos bons costumes".[142] Estava prevista também a implementação do Conselho Superior de Censura, espécie de instância revisora da censura com representantes da sociedade civil, visando dar uma roupagem "legítima" e "intelectualizada" para uma atividade muito malvista pelas parcelas escolarizadas da sociedade. No entanto, em linha gerais, o controle policial sobre a oposição cultural ao regime arrefeceu.

Nos quatro primeiros anos do regime militar, a rica vida cultural que se afirmou ao longo do governo Jango, estimulada pelo debate em torno das reformas de base, foi preservada. A cultura crítica e de esquerda era tolerada pelo governo militar à medida que o artista engajado ficasse dentro do circulo de giz do mercado e dos circuitos culturais da classe média. Isso foi possível até fins de 1968.

Se o artista e o intelectual de esquerda tinham certa liberdade como indivíduos, suas organizações estavam proscritas. Os três núcleos principais da cultura de esquerda pré-golpe foram colocados na ilegalidade, ato contínuo à tomada de poder: o CPC da UNE,[143] o Movimento de Cultura Popular de Recife e o Iseb. Sem a rede formal propiciada pelas suas organizações, os artistas e produtores culturais de esquerda foram isolados dos contatos com as classes populares. Assim, a essência do projeto esboçado desde 1961 – o encontro do artista engajado com as massas trabalhadoras – foi destruído. Entretanto, o abrigo que o mercado deu à cultura e às artes de esquerda garantiu-lhe uma improvável sobrevida até finais dos anos 1970, ao menos, com um pico de atuação entre 1964 e 1968.[144] Nesses quatro anos iniciais, a "floração tardia" da cultura semeada desde finais dos anos 1950 fez crescer uma rosa do povo, jovem e rebelde. Mas em 1968, quando a rebeldia cultural tangenciou novamente a luta política de massas, nova poda foi feita, estabelecendo a censura e o controle mais intenso do meio cultural, artístico e intelectual.

Mas não nos iludamos com a suposta liberdade de expressão da ditadura em sua fase "branda". As intervenções no meio cultural, que incluíam as universidades e o meio artístico, foram inúmeras. Só na crise da Universidade de Brasília em outubro de 1964, 15 professores foram demitidos e 211 pediram demissão em solidariedade.

Inicialmente, o regime reprimiu menos os artistas, como indivíduos, e mais as instituições e os movimentos culturais. Além disso, dentro da lógica "saneadora" do Estado, demitiu quadros de funcionários públicos ligados à área cultural que fossem identificados com o governo deposto ou com o Partido Comunista Brasileiro. A fúria inquisitorial dos IPM recaiu sobre o Iseb, o movimento estudantil, o Centro Popular de Cultura da UNE, o MCP do Recife, a "imprensa comunista", a *História nova* de Nelson Werneck Sodré.[145] As devassas e demissões recaíram também sobre a Rádio Nacional, o Movimento de Alfabetização, os projetos de universidades alternativas, como a UnB. Era preciso dissolver os elos institucionais e organizativos dos intelectuais e artistas da esquerda, estabelecendo também um regime de "liberdade vigiada" sobre os indivíduos deste campo. Este recurso era fundamental para dissolver os frágeis, porém ameaçadores, circuitos e alianças que ligavam intelectuais e artistas de esquerda aos movimentos sociais e populares. Estes, sim, foram objeto de dura repressão.

Em suma, o golpe militar de 1964 e a inquisição que se seguiu no imediato pós-golpe deveriam não apenas reprimir a massa, mas destruir uma certa elite, menos pela eliminação física dos seus membros e mais pela morte civil, pela dissolução de suas redes formais e pelo isolamento político. Os intelectuais e artistas, como quadros rebeldes da classe média letrada, deveriam ser reconduzidos à sua vocação: ajudar na modernização econômica de matiz conservador prometida pela nova ordem política. Por isso, talvez intuitivamente, talvez propositalmente, os militares não se preocuparam tanto quando os artistas de esquerda foram para o mercado (editorial, fonográfico, televisual). Conforme a historiografia[146] já apontou, esta "ida ao público" (consumidor de cultura) era preferível à "ida ao povo" (os circuitos culturais ligados ao movimentos sociais, instituições e partidos de esquerda). A sensação de uma "hegemonia cultural" da esquerda entre 1964 e 1968 era plausível, pois, junto aos circuitos massivos e mercantis da cultura, os artistas de esquerda passaram a ser altamente valorizados comercialmente e legitimados socialmente, o que não é pouco. O "circuito fechado de comunicação"[147] entre intelectuais e artistas de classe média e sua própria classe não parecia, ao menos até 1967, uma grande ameaça ao regime, embora causasse constrangimentos e transtornos.[148]

Se para a esquerda derrotada em 1964 esta vitória no plano da cultura pode ter sido uma vitória de Pirro, posto que a hegemonia cultural não foi suficiente para derrubar a ditadura e impor um regime democrático progressista, para certos setores liberais ela foi decisiva. Aqui reside o ponto central a ser elucidado sobre o papel da cultura nos primeiros anos do regime.

A construção de um campo artístico-cultural de oposição coincidiu com o afastamento entre lideranças de matiz liberal (inclusive liberal-conservadora) e o regime militar, iniciada já nos primeiros dias após o golpe. Não devemos menosprezar a expectativa de muitos liberais de que o golpe "apenas" destituísse o governo Jango, tirasse de circulação alguns ministros e logo devolvesse o poder à elite civil. Afinal, tinha sido assim em 1945, 1954 e 1961 (à direita) e, por que não, em 1955 (à esquerda, na novembrada do Marechal Lott). Mas o golpe de 1964 não era feito da mesma matéria, e logo o anunciado "governo-tampão" de dois anos se estenderia. O AI-2 acabou de uma vez com estas ilusões.

As críticas liberais ao regime acabaram por criar um ponto de tensão cujo epicentro era a falta de liberdade de criação e expressão. Este embate será adensado de maneira contundente pela esquerda comunista-pecebista, sobretudo, iniciando um longo processo de lutas culturais contra o regime. A perseguição a intelectuais e artistas e o obscurantismo tacanho da extrema-direita foram sintetizados na expressão "terrorismo cultural" cunhada por um liberal (ex-autoritário, mas, naquele contexto, progressista), Alceu de Amoroso Lima, e imortalizados no clássico *Febeapá, o Festival de Besteira que Assola o País*, de Stanislaw Ponte Preta.[149] As famosas crônicas de Carlos Heitor Cony, antijanguista convicto antes do golpe, publicadas em 1964, também respiram o ar do liberalismo, embora soltem um bafo de radicalismo.

Os comunistas do PCB, em nome da aliança dos "setores democráticos" contra a ditadura, estratégia reiterada em maio de 1965 pelo Comitê Central, logo endossaram a denúncia do "terrorismo cultural" e propugnaram que era chegada a "hora dos intelectuais" progressistas (leia-se, liberais, socialistas e comunistas) na luta contra o regime.[150] Firmava-se assim, no campo da cultura, uma aliança entre setores da esquerda (pecebista) e do liberalismo na busca de uma frente de oposição ao regime. Era preciso ampliar alianças, ocupar todos os espaços possíveis de expressão (isso incluía o mercado e os meios de comunicação dominados por empresários liberais), denunciar a ditadura através do engajamento intelectual e artístico. Destituídos do coração do Estado e privados das suas organizações, mas ainda não completamente inseridos no mercado (ou, melhor dizendo, na "indústria cultural"), os artistas e intelectuais progressistas e de esquerda foram os protagonistas de um breve e fulgurante "espaço público".

No período anterior ao golpe militar, a cultura de esquerda era dominada pela "grande família comunista", orbitando em torno do

Partido Comunista Brasileiro. Desde meados da década de 1950, o PCB construíra uma política de alianças de classe, de viés nacionalista e democrático, que seria mantida, em linhas gerais, mesmo depois do golpe. A expressão cultural dessa política foi a valorização do nacional-popular, do frentismo cultural e da valorização de uma arte que combinasse as expressões locais e folclóricas com estéticas cosmopolitas, numa espécie de homologia da aliança de classes que uniria o campesinato, o operariado, a classe média progressista e a burguesia nacional. Para os comunistas e simpatizantes, a cultura deveria ser um idioma universal que fosse o farol da consciência nacional na marcha da história. O golpe abalou esta hegemonia, mas não o suficiente para retirar-lhe de cena. Ao contrário, a primeira resposta "cultural" ao golpe veio justamente dessa corrente: o show *Opinião*, em dezembro de 1964, reiterava os valores nacionalistas e a aliança de classes como estratégia para questionar o regime, colocando no palco um cantor oriundo do Nordeste camponês (João do Vale), um sambista dos morros (Zé Keti) e uma jovem cantora de classe média (Nara Leão). O surgimento da MPB (Música Popular Brasileira), por volta de 1965, que ocupava lugar destacado no mercado fonográfico em ascensão, é outra expressão desta estética perseguida pela cultura nacional-popular de esquerda. Mas a afirmação da "corrente da hegemonia" após o golpe, como ficou conhecida a linha cultural defendida pelos comunistas, passou a ser cada vez mais questionada, inaugurando um período de lutas culturais internas ao campo de contestação ao regime, que, muitas vezes, tendem a se diluir no conceito generalizado de "resistência cultural".[151]

Entre 1964 e 1968, o frentismo cultural foi a senha da luta contra a ditadura, que em meados de 1968 seria abalada pela emergência da luta armada, cuja tática se afastava tanto (e principalmente) da oposição liberal quanto das táticas pecebistas (hegemônicas no campo artístico-cultural) de combate ao regime.[152]

No momento em que essa cultura engajada de esquerda encontrou um campo minado pela proposta de luta armada, que seduzia a classe média estudantil, sintomaticamente, a ditadura deixou de ser "branda", recaindo duramente sobre a mesma classe média que ela prometia proteger e incrementar. Na leitura dos militares, a livre expansão da arte de esquerda naquele contexto incentivaria a passagem da "guerra psicológica" para a "guerra revolucionária", limite da tolerância conforme os manuais da Doutrina de Segurança Nacional. Não por acaso, vieram o AI-5 e o novo ciclo repressivo baseado na censura, na repressão e na vigilância.

A hegemonia cultural de esquerda não cessou, mas foi capitalizada paulatinamente pelos liberais, dentro da lógica aliancista que voltou a se afirmar após a derrota da luta armada (por volta de 1973-1974). Serviu de libelo na luta pelo "estado de direito" e de fonte de lucro para os empresários. Serviu de álibi para desculpar sua cumplicidade com o liberticídio de 1964, eclipsado pelo de 1968, mais explícito e virulento.

Se é plausível afirmar que não houve no Brasil, ao longo de todo o regime, uma arte ou uma cultura efetivamente revolucionária, uma "arte de barricadas" que fosse exortativa à ação, não se pode menosprezar seu papel histórico, seja na educação sentimental de certa geração militante pela democracia, seja na fetichização da resistência como ato simbólico de consciência, como catarse diante do "circulo do medo" imposto pelo autoritarismo. Longe de serem meros reflexos pálidos ou instrumentos da política de oposição, a cultura e as artes da resistência foram sintoma dos seus dilemas. E talvez as obras da resistência subsistam como experiência estética porque justamente elas nunca foram instrumentais ou especulares.

O ano de 1968 foi marcado pela retomada e radicalização das vanguardas, em vários campos: cinema, artes plásticas e música popular, principalmente. A novidade de 1968 é que o princípio maior das vanguardas artísticas – a quebra da linguagem formais e a aproximação entre "arte" e "vida" – dialogou com a cultura de massa. Mas não podemos achar que 1968, especificamente, foi o começo desse processo, pois ele é anterior. O ano foi a síntese radical de várias experiências estéticas e políticas em curso desde o começo da década de 1960. Dito de maneira mais grosseira, poderíamos dizer que 1968 aproximou a sofisticação da vanguarda da cultura de massas. A Tropicália foi a síntese deste movimento.

Em 1968, o artista plástico Hélio Oiticica previa uma nova fase para arte brasileira:

> A arte já não é mais instrumento de domínio intelectual, já não poderá mais ser usada como algo supremo, inatingível, prazer do burguês tomador de whisky e do intelectual especulativo. Só restará da arte passada o que puder ser apreendido como emoção direta, o que conseguir mover o indivíduo do seu condicionamento opressivo, dando-lhe uma nova dimensão que encontre uma resposta no seu comportamento.[153]

Este trecho ajuda a compreender o efeito do choque buscado pela Tropicália (ou Tropicalismo), a grande sensação cultural de 1968.

A Tropicália, mesmo que não seja vista como um movimento uno e coeso, tinha algumas características comuns. Em primeiro lugar, a crítica à crença no progresso histórico redentor, valor compartilhado pela direita e pela esquerda. Ao invés disso, os filmes, as canções e as peças de teatro tropicalistas expressavam o choque paralisante entre o arcaico e o moderno, como característica central da "farsa histórica" que era o Brasil, desvelada pelo golpe militar ao destruir todas as ilusões políticas anteriores. Outro elemento era a retomada dos procedimentos das vanguarda modernas, revisando o diálogo da cultura brasileira com o mundo Ocidental, ao incorporar a cultura *pop*. Além disso, o Tropicalismo se inscreve numa vertente específica da tradição modernista brasileira que começa com a antropofagia oswaldiana, e passa pelo Concretismo, apontando para uma tradição cultural que era diferente da arte engajada da esquerda comunista. Esta remetia a um outro ramo do modernismo, de corte mais nacionalista, ligado a Mário de Andrade, a Villa-Lobos e à literatura realista dos anos 1930.

Além disso, a Tropicália foi o ponto culminante de uma série de contradições e impasses políticos e culturais que atravessaram os anos 1960 e se agravaram após o golpe militar de 1964. As questões classicamente colocadas pela arte engajada, e que recebiam respostas positivas nos debates da esquerda mais ortodoxa, adquiriam uma nova perspectiva sob o Tropicalismo: Qual a função social da arte num país subdesenvolvido? Como conciliar forma e conteúdo na obra politicamente comprometida? Como a cultura engajada deve ocupar a mídia? Qual o estatuto sociológico e cultural que deve definir o "povo", interlocutor idealizado do artista e do intelectual de esquerda? Quais os limites entre "povo" como categoria política e "público" como categoria mercadológica?

O termo "Tropicália", do qual derivou o nome do movimento, remete a uma obra do artista plástico Hélio Oiticica, que a definiu como uma "obra-ambiência", montada numa exposição no Museu de Arte Moderna no Rio de Janeiro em meados de 1967 e que pouco tempo depois inspiraria a composição homônima de Caetano Veloso. Vale a pena a longa citação:

> Tropicália é um tipo de labirinto fechado, sem caminhos alternativos para a saída. Quando você entra nele não há teto, nos espaços que o espectador circula há elementos táteis. Na medida em que você vai avançando, os sons que você ouve vindos de fora (vozes e todos tipos de som) se revelam como tendo sua origem num receptor de televisão que está colocado ali perto. É extraordinário [sic] a percepção das imagens que se tem [...] Eu criei um tipo de cena tropical, com plantas, areias, cascalhos. O problema da imagem é colocado aqui objetivamente – mas desde que é um problema universal, eu também propus este problema num contexto que é tipicamente nacional, tropical e brasileiro. Eu quis acentuar a nova linguagem com elementos brasileiros, numa tentativa extremamente ambiciosa em criar uma linguagem que poderia ser nossa, característica nossa, na qual poderíamos nos colocar contra uma imagética internacional.[154]

Em fins de 1967 as imagens da poesia de Caetano Veloso recuperam o espírito da obra-ambiência de Oiticica, elaborando uma espécie de "inventário" das imagens de "brasilidade", vigentes até então:

> O monumento não tem porta / a entrada é uma rua antiga estreita e torta / e no joelho uma criança sorridente, feia e morta / estende a mão [...] no pátio interno há uma piscina / com água azul de amaralina / coqueiro, brisa e fala nordestina e faróis [...] emite acordes dissonantes / pelos cinco mil alto-falantes / senhoras e senhores, ele põe os olhos grandes sobre mim [...] / O monumento é bem moderno / não disse nada do modelo do meu terno / que tudo mais vá pro inferno, meu bem.

Enquanto Oiticica esboça um roteiro para a sua obra-ambiência, Caetano transforma esse roteiro no conjunto de imagens que representavam o Brasil como nação, como se este fosse um imenso "monumento", fantasmagórico e fragmentado, em que o "espectador" tem diante de si um desfile das "relíquias" nacionais, arcaicas e modernas ao mesmo tempo. Não por acaso, a canção de Caetano começava citando a carta de Pero Vaz de Caminha, em tom de blague, tendo ao fundo o som de uma floresta tropical e de percussão indígena. Ao contrário das propostas da esquerda nacionalista, que atuava no sentido da superação histórica dos nossos "males de origem" (subdesenvolvimento, conservadorismo etc.) e dos elementos arcaicos da nação (como o subdesenvolvimento socioeconômico), o Tropicalismo nascia expondo e assumindo esses elementos, essas "relíquias". Essa nova postura dos artistas por um lado se afastava da crença da superação histórica dos nossos arcaísmos (não só estéticos, mas sobretudo socioeconômicos), base da cultura de esquerda. Provocavam estranheza no ouvinte/espectador, ao brincar com todas as propostas para redimir o Brasil e colocá-lo na rota do desenvolvimento e da modernidade. O Brasil era visto como um alegre absurdo, sem saída, condenado a repetir os seus erros e males de origem. Por outro, ao justapor elementos diversos e fragmentados da cultura brasileira (nacionais e estrangeiros, modernos e arcaicos, eruditos e populares), o Tropicalismo retomava o princípio da "antropofagia" de Oswald de Andrade, criada no final dos anos 1920 como forma de sintetizar e criar a partir destes contrastes. O artista, neste princípio, seria um antropófago e, ao "deglutir" elementos estéticos, a princípio diferentes entre si, aumentaria sua força criativa.

As raízes do movimento tropicalista foram lançadas em 1967, no *Festival de* MPB da TV Record de São Paulo, quando Caetano Veloso e Gilberto Gil defenderam, respectivamente, as canções *Alegria, Alegria* e *Domingo no Parque*. Essas músicas traziam elementos poéticos e musicais que se diferenciavam da tradição recente da MPB engajada. *Alegria, Alegria* falava da vida de um jovem urbano e descompromissado, num procedimento de colagem *pop*. Embora pudesse se enquadrar num gênero musical tradicional do Brasil ("marcha"), o arranjo rompia com a tradição timbrística das canções de festival, pois era totalmente eletrificado (guitarra, teclados, baixo e bateria). Em *Domingo no Parque*, Gilberto Gil foi acompanhado pelo hoje lendário conjunto de rock brasileiro Os Mutantes. Além da letra, que mergulhava no cotidiano autofágico e alienado das classes populares, sem o tom épico das canções de esquerda, o arranjo feito por Rogério Duprat, maestro ligado à vanguarda erudita, apresentava um novo conceito: ao invés de "acompanhar" a voz, as passagens orquestrais "comentavam" as imagens poéticas, como se fosse uma trilha sonora de cinema.

Estes procedimentos poéticos, musicais e performáticos, foram radicalizados ao longo do ano de 1968, quando os tropicalistas, já reconhecidos como um grupo específico dentro das lutas culturais brasileiras, ocuparam os circuitos culturais e a mídia de forma avassaladora. Mas o Tropicalismo não deve ser visto como um movimento coeso, no qual todos os artistas identificados como "tropicalistas" partilharam dos mesmos valores estéticos e políticos. Se a crítica às ilusões e projetos de uma cultura engajada, nacionalista, ligada à "esquerda ortodoxa", como passou a ser visto o PCB, era o ponto em comum entre Caetano, Zé Celso, Hélio Oiticica e Glauber Rocha, muitos outros elementos os separavam. O que se conhece atualmente por Tropicalismo oculta, na verdade, um conjunto de opções estéticas e ideológicas bastante heterogêneo.

O Tropicalismo entrou definitivamente no debate político-cultural no começo de 1968, a partir de um "manifesto" despretensioso de Nelson Mota no jornal *Última Hora* do Rio de Janeiro, intitulado "Cruzada tropicalista". O movimento tropicalista, intimamente ligado à onda contracultural que tomou conta do Ocidente nos anos 1960, dialogava também com questões específicas da cultura de esquerda brasileira e atingiu diversas áreas artísticas, podendo ser considerado uma síntese do radicalismo cultural que tomou conta da sociedade brasileira, sobretudo sua juventude.

Outro campo importante do Tropicalismo foi o teatro, a partir do trabalho do Grupo Oficina, dirigido por José Celso Martinez Correa. Em duas montagens – *O Rei da Vela*, de 1967 (escrita pelo modernista Oswald de Andrade em 1933) e *Roda Viva* (de Chico Buarque de Hollanda), de 1968 –, o grupo abalou as bases estéticas e políticas do teatro brasileiro, fosse o teatro tradicional ou o engajado. Na primeira, *O Rei da Vela*, a burguesia brasileira e seus valores pseudomodernos eram alvo de paródia e deboche. Na segunda, *Roda Viva*, o Oficina encenava de maneira anárquica e igualmente paródica a trajetória de um cantor popular, Ben Silver, em busca do sucesso e guiado pela "roda-viva" da indústria cultural, transitando por todos os movimentos da moda (Jovem Guarda, canção de protesto). Na cena final, numa referência às "bacantes", o ídolo era literalmente devorado pelas fãs (na verdade, as atrizes despedaçavam um fígado de boi, arremessando seus pedaços ainda sanguinolentos para a plateia).

A partir de março de 1968 o debate em torno do movimento, já com o nome de "Tropicalismo", ganhou as páginas da mídia cultural. O motivo foi exatamente a peça *Roda Viva*.

A montagem do Grupo Oficina, a partir do texto de Chico Buarque de Hollanda, ao incorporar a agressão, o "mau gosto", a linguagem "alienada" dos meios de comunicação de massa, buscando um efeito paródico, consagrava a ideia de um movimento de vanguarda dessacralizadora que criticava os valores políticos e comportamentais da classe média brasileira, à esquerda e à direita. À "frente única sexual", proposta no 2º ato de *O Rei da Vela*, paródica e carnavalizante, *Roda*

Viva fazia somar o elemento da agressão, estética e comportamental, como procedimento básico da vanguarda.

O recado do Grupo Oficina era claro, em sintonia com as vanguardas mais radicais do momento: a plateia, obviamente formada pela classe média e pela "burguesia", deveria ser alvo de agressão e não de conscientização política ou catarse emocional. Esse era o caminho para o choque de consciência e o começo de uma crítica radical à sociedade e seus valores. José Celso e os signatários do programa-manifesto do Oficina denunciam a sociedade brasileira como teatralizada e a história como farsa, acusando o pensamento da elite intelectual burguesa de "[...] Mistificar um mundo onde a história não passa do prolongamento da história das grandes potências."[155]

O grande acontecimento musical do Tropicalismo, sem dúvida, foi o lançamento do disco-manifesto dos tropicalistas, intitulado *Tropicália, ou Panis et Circensis*. Nele, o grupo conseguiu uma fusão perfeita entre a tradição da música brasileira e a vanguarda (pop-rock e erudita), problematizando e parodiando todas as correntes ideológicas, culturais e estéticas, ao mesmo tempo. As colagens musicais e poéticas apresentadas nas canções que compunham o *long-play* realizavam duas operações ao mesmo tempo: por um lado, abriam a cultura musical brasileira para um diálogo mais direto com a música internacional e as vanguardas *pop*; por outro, realizavam uma leitura desconstrutiva e crítica daquilo que se chamava "cultura brasileira", fazendo implodir símbolos, valores e ícones culturais e artísticos.

No cinema, embora seja comum aparecer como referência inaugural do movimento tropicalista o filme *Terra em Transe* de Glauber Rocha, é o filme *O Bandido da Luz Vermelha*, de Rogério Sganzerla, que melhor traduz a crítica do movimento ao contexto brasileiro daquele momento.[156] O filme de Glauber também propunha uma desconstrução radical dos sonhos e utopias da cultura brasileira moderna, à esquerda e à direita, mediante o uso de imagens alegóricas e narrativa fragmentada, procedimentos que podem ser aproximados ao Tropicalismo e que tiveram grande impacto em Caetano Veloso. Entretanto, as questões de fundo no filme de Glauber não o aproximam da radicalidade da crítica cultural tropicalista. Glauber ainda objetivava ampliar o projeto da esquerda, sem as ilusões políticas do período pré-golpe, tais como a aliança com o populismo e a crença na burguesia politicamente progressista, finalizando o filme com uma clara alegoria da luta armada. Já Sganzerla, em *O Bandido da Luz Vermelha*, encenava uma farsa alegórica sobre a modernização industrial do Terceiro Mundo. Ao inspirar-se na vida de um ladrão que aterrorizou a cidade de São Paulo nos anos 1960, o filme, na verdade, é uma alegoria corrosiva sobre as contradições da modernização urbana e industrial brasileira e terceiro-mundista como um todo.[157] Nele, as classes populares perdem qualquer heroísmo épico-revolucionário, tal como eram vistas pela esquerda, sendo encenadas sob a ótica da alienação, cafajestice e grosseria. O bandido pop substituía o intelectual, o operário ou o camponês revolucionários, e seu único objetivo era "se dar bem na vida", espoliando, material e culturalmente, a burguesia e a classe média. O apocalipse urbano encenado na Boca do Lixo paulistana substituía a utopia revolucionária.

No *Festival* da TV Record de 1968, a palavra "Tropicalismo" já servia como um rótulo, possuindo sua "torcida". Ficava clara uma tentativa da indústria cultural em transformar as experiências poético-musicais do "grupo baiano" em uma fórmula reconhecível, no limite de tornar-se mais que um estilo, um gênero de mercado. No vácuo das polêmicas abertas por Caetano e Gil surgiam duas novas estrelas; Tom Zé (ganhador do *Festival* da TV Record de 1968) e Gal Costa.

Apesar do grande impacto na mídia e nas artes, o Tropicalismo teve muitos críticos, inclusive entre os jovens artistas e intelectuais ligados à esquerda nacionalista. Sidney Miller (compositor), Augusto Boal (diretor de teatro), Francisco de Assis (crítico musical), Roberto Schwarz (crítico literário), entre outros, fizeram importantes análises críticas sobre o movimento, hoje quase esquecidas. Sidney Miller, em vários artigos, denunciou o caráter "comercial" do "som universal", buscado pelo movimento, tentando mostrar que isso não passava de uma estratégia da indústria fonográfica em internacionalizar o gosto com base nos grandes mercados (EUA, Inglaterra). Augusto Boal, na forma de um manifesto escrito, dizia que o Tropicalismo apenas divertia a burguesia ao invés de chocá-la, perdendo-se no individualismo e no deboche vazio. Schwarz, num texto da época, fazia uma análise bastante aprofundada do teatro tropicalista de Zé Celso, dizendo que aquela estética da agressividade e do deboche traduzia muito mais a agonia política e existencial da pequena-burguesia que se achava de esquerda, mas no fundo era individualista e egoísta.

Os desdobramentos do tropicalismo se encaminharam para dois caminhos históricos que se tangenciavam: a radicalização das experiências comportamentais e estéticas da vanguarda, como atestam as montagens teatrais posteriores a 1969 do Grupo Oficina e os artistas plásticos ligados à arte conceitual;[158] a expansão da contracultura e seus valores básicos (liberação sexual, experiência com drogas, busca da liberdade individual e de novas formas de vida comunitária), que acabaram por ganhar espaço na mídia e na imprensa, sobretudo a chamada "imprensa alternativa".[159]

A crítica aos valores estéticos e ideológicos da esquerda nacionalista não ficaram restritos ao movimento tropicalista. Em 1968, setores do meio artístico e intelectual da esquerda estudantil resolveram acirrar a crítica aos pressupostos culturais e políticos do PCB, que era contra a luta armada defendida pelos seus dissidentes. O principal ponto criticado era o efeito das "artes" ditas de esquerda, acusadas de, no fundo, apenas mistificarem a espera pela revolução, transformando suas obras no elogio do imobilismo político. O "dia que virá", símbolo da libertação dos oprimidos, conforme expressão de Walnice Galvão em famoso artigo publicado em 1968, era a imagem mais cultuada pela canção de protesto brasileira. Ela apontava um paradoxo: "enquanto o dia não vinha restava cantar para esperar o dia chegar". Terminava reclamando para a MPB um tipo de canção similar à Marselhesa, que fosse um hino à ação, e não um elogio à vaga esperança.

Esse tipo de crítica cultural pode ser visto como um exemplo do debate político interno que se acirrava no seio da esquerda brasileira. A partir do racha do PCB, em 1967, crescia a opção de vários grupos saídos do "Partidão" (Ação Libertadora Nacional, Partido Comunista Revolucionário, Movimento Revolucionário 8 de Outubro, entre outros) pela luta armada contra o regime militar. Somados aos grupos de esquerda que já existiam (como o PCdoB, criado em 1962 e que já preparava a famosa guerrilha do Araguaia), esses grupos iriam protagonizar os dramáticos episódios da "guerrilha", que serviu de pretexto para o fechamento político do regime militar, a partir de dezembro de 1968, com o Ato Institucional nº 5.

Um pouco antes do AI-5, em outubro de 1968, o cantor e compositor Geraldo Vandré, como se fosse uma resposta às críticas à canção de protesto "tradicional", cantava uma outra palavra de ordem: "vem, vamos embora / que esperar não é saber / quem sabe faz a hora / não espera acontecer". A música *Caminhando* seria a grande sensação do até então sonolento *Festival Internacional da Canção* (FIC), organizado pela Secretaria de Turismo da Guanabara (atual Rio de Janeiro) e pela Rede Globo de Televisão. Acabou classificada em 2º lugar, até por pressão dos militares que não admitiam sua vitória, perdendo para *Sabiá*, de Tom Jobim e Chico Buarque. De qualquer forma, a canção acabou sendo consagrada pelo público, sobretudo pelos estudantes, protagonistas das grandes passeatas contra o regime militar.

É bom lembrar que, no mesmo festival, Caetano Veloso proferiu seu famoso discurso-*happening*, durante a exibição da música *É Proibido Proibir*. Ao ser ruidosamente vaiado pelos jovens universitários de esquerda, que o acusavam de *hippie* alienado, no Teatro da PUC-SP (o lendário Tuca), Caetano explodiu:

> Mas é isso que é a juventude que quer tomar o poder [...]. São a mesma juventude que vão sempre, sempre, matar amanhã o velhote inimigo que morreu ontem! Vocês não estão entendendo nada,

nada, nada, absolutamente nada! [...] Mas que juventude é essa [...] Vocês são iguais sabe a quem? Àqueles que foram ao *Roda Viva* e espancaram os atores! Vocês não diferem em nada deles [alusão à agressão sofrida pelo Oficina, por parte da extrema-direita] [...] se vocês forem em política como são em estética, estamos fritos.[160]

Algo muito próximo do sentido de outra frase famosa dos muros de Paris – "Corra, camarada, o velho mundo quer te pegar!". Mas os "camaradas" daquela plateia estavam mais preocupados com a luta política *stricto sensu* contra o regime, e não com críticas culturais e comportamentais mais amplas.

A plateia, de costas viradas para o palco, continuava a vaiar. Os Mutantes, de costas viradas para a plateia, continuavam a tocar. E Caetano continuava a discursar e a cantar: "vem, me dê um beijo, meu amor / os automóveis ardem em chamas / derrubar as prateleiras / as estantes / as vidraças / louças / livros, sim / eu digo não / eu digo é proibido proibir [...]". Definitivamente, não era este tipo de revolução que a juventude engajada queria. Longe das "barricadas do desejo" parisienses, os estudantes brasileiros de esquerda estavam mais interessados em derrubar a ditadura do que as "prateleiras da sala de jantar".

Na finalíssima do FIC, com o Maracanãzinho lotado com 30 mil pessoas que cantaram *Caminhando* em coro, uma multidão continuou cantando a música enquanto ia embora para casa. Talvez nunca mais tenha havido, na sociedade brasileira, uma síntese mais acabada entre arte, vida e política como naquele momento. Antes de ser "reflexo", a cultura era uma espécie de cimento que reforçava identidades e valores político-sociais que informavam aquela geração.

Ironicamente, após o AI-5, as duas vertentes da "revolução" brasileira, a comportamental e a estritamente política, foram alvos da repressão: Caetano e Gil ficariam presos por três meses, partindo em seguida para o exílio, e Geraldo Vandré fugiria do Brasil, inaugurando um périplo por vários países, enquanto sua mais famosa canção ficaria proibida pela censura até 1979.

O ano de 1968 parece apontar para um limite da "boa consciência" do artista de esquerda, que pretendia ocupar setores do mercado sem ser tragado pela sua lógica, operando numa esfera pública que ainda gozava de certo grau de autonomia. Num certo sentido, a Tropicália foi o movimento que problematizou esta "boa consciência" da esquerda e radicalizou a reflexão e a autocrítica intelectual. Em 1968, o círculo de giz do artista de esquerda ameaçava romper-se à medida que a guerrilha, um novo projeto de contestação política ao regime, se afirmava e encontrava na contestação cultural sua contraface simbólica. Isso não significa afirmar que a cultura de contestação ao regime fosse, como um todo, adepta da luta armada. Ao contrário, a cultura engajada viveu dilemas e impasses, muito semelhantes àqueles vividos no mundo da política. Havia uma clivagem entre a arte engajada ligada à corrente da hegemonia (comunista), portanto distante de uma arte de barricadas e de combate armado à ditadura, e a tentativa de construção de uma arte diretamente ligada às dissidências que patrocinavam a luta armada. Nesse sentido, as trajetórias de Geraldo Vandré, na música, de Carlos Zílio, nas artes plásticas, e do próprio Glauber Rocha, no cinema, são altamente exemplares. Entretanto, para os militares, menos sutis nas suas análises, todas estas correntes faziam parte da "guerra psicológica da subversão", primeiro passo para a luta armada, como diziam os manuais da Escola Superior de Guerra. As tensões e diferenças entre os movimentos que eram heterogêneos em si, e nem sempre falavam a mesma língua estética, ideológica, não diminuíam a sensação de que a segurança nacional estava ameaçada por fortes pressões.

No dia 23 de dezembro de 1968, Caetano Veloso realizou uma performance que pode ser considerada a imagem de uma época. Na última aparição no seu programa de TV, *Divinos e Maravilhosos*, cantou *Boas Festas*, de Assis Valente, com um revólver engatilhado, apontado para sua própria cabeça. Mas aquela agressividade simbólica contra os "valores burgueses", síntese de um tempo de radicalismo, era uma brincadeira de adolescente perto da violência real do Estado que recairia sobre a sociedade, e principalmente contra os opositores. Dez dias antes, na noite de 13 de dezembro de 1968, o governo anunciara, em cadeia de rádio e TV, o AI-5.

O Ato inaugurou uma nova época, na política e na cultura, demarcando um corte abrupto no grande baile revolucionário da cultura brasileira, então em pleno auge. Por isso, 1968 foi batizado de "o ano que não acabou" pelo jornalista Zuenir Ventura.[161] A ditadura deixou de ser "branda", recaindo duramente sobre a parcela mais crítica da classe que ela prometia proteger e incrementar – a classe média –, sal da terra para a direita de 1964.

Entretanto, apesar das tentativas da ala mais radical do regime militar, a cultura de oposição não deixou de pulsar nem parou de criticar o regime. Entre 1969 e 1970, com a guerrilha de esquerda ainda na ofensiva, ecoavam, como avisos do apocalipse, as palavras que abriam o filme O *Bandido da Luz Vermelha*: "o Terceiro Mundo vai explodir, e quem tiver sapato não vai sobrar".

"O MARTELO DE MATAR MOSCAS": OS ANOS DE CHUMBO

Afastado provisoriamente da Presidência em agosto de 1969 e definitivamente em setembro, o general Costa e Silva foi substituído por uma junta militar,[162] que impediu a posse de Pedro Aleixo, vice-presidente. Apesar do AI-5, a máquina repressiva do governo ainda estava se azeitando, mas o sequestro do embaixador norte-americano forneceu a desculpa para a liberação da repressão fora de qualquer "sutileza jurídica" ou mesmo humanitária. Começavam os "anos de chumbo".

As responsabilidades de Costa e Silva e seu grupo no mergulho definitivo do país no porão da história são motivo de debate. Alguns defendem que o presidente, já debilitado, efetuou uma tentativa de "abertura" que na verdade tratava-se de constitucionalizar a nova situação jurídico-política, chegando a solicitar um projeto de emenda a Carlos Medeiros da Silva, Miguel Reale e Temistocles Cavalcanti.[163] Nenhum dos três juristas pode ser considerado propriamente um paladino da democracia. Mas a hipótese não é implausível. Na estranha ótica dos militares e da magistratura conservadora, a constitucionalização das leis de exceção e do autoritarismo significavam "normalidade democrática". Segundo a crônica, Costa e Silva não queria passar à história como "mais um general sul-americano que golpeou as instituições".[164]

Enquanto governavam o país a seis mãos, os militares buscavam a escolha de um general com trânsito e liderança sobre todas as correntes militares, que se dividiam entre castelistas, nacionalistas e palacianos da *entourage* de Costa e Silva. O equilíbrio interno das correntes e a unidade das Forças Armadas eram fundamentais para combater a guerrilha e a oposição como um todo, trazendo o sistema político, a começar pelo Congresso, para a tutela da Presidência.

Em tom de piada, podemos dizer que a única eleição direta do regime, restrita a generais, foi a que escolheu o general Emílio Garrastazu Médici para ser presidente do Brasil, em 1969.[165] Depois da crise política causada pelo derrame de Costa e Silva e seu consequente afastamento da Presidência, a formação de uma junta militar para comandar o regime sob a égide do AI-5 não conseguiu acalmar os diversos grupos militares que divergiam em relação à política econômica ou à forma de conduzir a repressão à guerrilha. Esta, por sua vez, parecia triunfante, realizando as "expropriações" a bancos e ações ainda mais espetaculares, como o sequestro do embaixador estadunidense em setembro ou o roubo ao cofre de Adhemar de Barros, em julho. O nome de Marighella crescia na mídia como símbolo do guerrilheiro, temido e admirado a um só tempo. Urgia, portanto, resolver a crise, e a eleição de Médici foi seu primeiro passo. Sua posse ocorreu em outubro de 1969, junto com a reabertura do Congresso Nacional, fechado desde dezembro de 1968. Naquele momento, esboçava-se a gestação de uma corrente ideológica que seduzia a jovem oficialidade, tendo como porta-voz o general Albuquerque Lima, candidato à Presidência da República, cujas propostas queriam redirecionar o regime implantado em 1964 para um nacionalismo autoritário reformista, calcado na reforma agrária, na centralização do poder e no combate às oligarquias. O governo Médici, em parte, captou este clima de "Brasil grande" que tomava conta dos quartéis em medida suficiente para acalmar as bases militares, sem radicalizar as ações contra as velhas estruturas.[166]

Os militares até mantiveram o ritual vazio de um sistema político desfigurado, reabrindo o Congresso em outubro de 1969, depois de 312 dias, para confirmar o novo presidente-general escolhido. O Congresso, ainda perplexo com o monstro que ajudara a criar em 1964, confirmou a escolha militar, com 293 votos e 79 abstenções.

Em seu discurso de posse, no dia 30 de outubro, o general Médici, homem de expressão cândida e simpática, surpreendeu até seus colegas de farda: "Homem da lei, sinto que a plenitude do regime democrático é uma aspiração nacional [...] creio necessário consolidar e dignificar o sistema representativo baseado na pluralidade dos partidos e na garantia aos direitos fundamentais do homem".[167]

Se, para os contemporâneos, à direita e à esquerda essas palavras pareceram irreais, para os pósteros mais bem informados soam como puro paradoxo, ainda que eventualmente sinceras enquanto intenção. A partir de 1969, a repressão feroz do Estado contra a guerrilha de esquerda representava tudo, menos o caminho para a plenitude da democracia e dos direitos do homem.

O discurso foi reprovado pelas principais lideranças militares, que sentiam que a "tempestade" da guerrilha estava apenas começando e viam nela uma ameaça à "revolução de 1964". Portanto, não era a hora de falar em democracia.

Os fatos falam por si. A censura prévia, com o Decreto nº 1.077, produziria situações até bizarras, como a proibição de publicar a declaração de Filinto Müller de que no Brasil "não há censura", em agosto de 1972.[168] Em novembro de 1971, o governo passou a sistematizar a edição de Decretos Secretos. Além do aparato normativo, a máquina da repressão se azeitava. Conforme a declaração do general Fiuza de Castro:[169] "Certa vez, eu disse a um entrevistador que, quando decidimos colocar o Exército na luta contra a subversão – que praticamente foi estudantil e intelectual [...] –, foi a mesma coisa que matar uma mosca com um martelo-pilão".

Será que a mosca era tão pequena assim? Ainda que fosse, mesmo as moscas, ainda que pequenas, costumam incomodar o ambiente. A guerrilha no Brasil nasceu dos impasses e dissensos causados pelo golpe militar no campo da esquerda. Não que esta opção estivesse completamente fora das estratégias de alguns grupos antes mesmo do golpe, mas efetivamente não constituía uma opção política imediata ou consistente, capaz de arregimentar quadros expressivos e seduzir a grande parte dos militantes. O fato é que a frustração com o processo de luta pelas reformas, a rapidez da queda do governo constitucional e eleito e a perda de perspectivas de ação política de massas junto às classes populares mergulharam as esquerdas em um grande debate. Acostumadas às leituras triunfalistas e jactantes do processo histórico, em sua crença absoluta na inexorabilidade da revolução, as esquerdas logo passaram à autocrítica e ao debate sectário. Se o processo histórico não falhava, então quem falhara? Quem havia conduzido à derrota de 1964? Quais foram as táticas e estratégias equivocadas que não souberam se preparar para resistir ao golpe?

Neste debate, dois grandes culpados foram logo encontrados: o presidente Goulart, hesitante, conciliador e frágil em sua liderança política. E o Partido Comunista Brasileiro, até então a maior e mais tradicional organização de esquerda que havia apostado em uma revolução pacífica e democrática, diluindo o pretenso vigor da ação das massas e da própria militância. Na crítica que se seguiu, o trabalhismo moderado e o pecebismo reformista perderam o espaço que tinham como aglutinadores do processo político. Se moderação, reformismo e pacifismo não tinham conseguido acalmar os reacionários, então a esquerda tomou o caminho lógico. Ir à guerra, na forma do combate armado ao regime. O próprio PCB ficou mais de um ano até conseguir elaborar um documento mais amplo sobre a derrota, e nele reiterou a opção pela luta pacífica contra o regime, acirrando ainda mais as cisões internas.[170]

Uma parte da esquerda que aderiu à luta armada foi inspirada pela epopeia da Revolução Cubana, sistematizada pelos teóricos do foquismo. Esta teoria tinha convencido parte dos militantes que um núcleo pequeno e abnegado de guerrilheiros conseguiria derrotar um exército bem armado e conquistar o poder de Estado. Iniciada a luta, as massas viriam correndo apoiar a revolução, pois a opressão do seu cotidiano era insuportável. Era assim que se pensava. A morte de Che Guevara na Bolívia não tinha sido lida como expressão do limite desta estratégia, mas como exemplo de heroísmo que inspiraria os mil Vietnãs sonhados para acabar com o imperialismo e com o capitalismo. O dever do revolucionário era fazer a revolução, dizia Carlos Marighella, uma das primeiras dissidências do PCB a se animarem com esta tática de luta.

As dissidências comunistas não foram as primeiras a tentar combater o regime militar pelas armas. Em julho de 1966, uma bomba foi colocada no aeroporto de Guararapes, em Recife, visando atingir o então candidato à Presidência, Marechal Costa e Silva. A bomba matou duas pessoas e feriu mais de dez, mas não atingiu o alvo. A autoria que à época foi atribuída ao PCBR foi apontada como sendo obra da Ação Popular, convertida à luta armada em 1965.[171]

Foram os militares nacionalistas, expulsos pelo expurgo pós-golpe, ainda galvanizados pela liderança de Leonel Brizola, que esboçaram as primeiras reações armadas. Constituíam o "Movimento Nacional Revolucionário", cuja liderança política era Leonel Brizola. Fiéis ao imaginário e às táticas da Revolução Cubana, foram em busca da sua *sierra*: o Pico de Caparaó, na fronteira de Minas Gerais e do Espírito Santo. Entre março e abril de 1967, a guerrilha termina sem dar um tiro, com seus oito membros presos por uma patrulha policial mineira.

Mas este não seria o fim do envolvimento dos militares nacionalistas cassados, expulsos do Exército, com a guerrilha. Ainda em 1967, formariam um dos grupos mais atuantes na guerrilha de esquerda, a Vanguarda Popular Revolucionária (VPR). Já sob a inspiração do marxismo dos quadros egressos de outra organização, a Política Operária

(Polop), o novo grupo transbordava os limites do nacionalismo e seria uma dos mais ativos na luta contra o regime. Em janeiro de 1969, a VPR ganharia seu mais notório militante, o capitão Carlos Lamarca. Veterano de missões de paz da ONU, militar profissional e experiente, Lamarca desertou do Quartel de Quitaúna, levando uma Kombi com 63 fuzis automáticos. Alguns meses depois, a VPR, unida a um pequeno grupo mineiro, o Comando de Libertação Nacional (Colina), formaria a Vanguarda Armada Revolucionária – Palmares (VAR-Palmares).

A linhagem VPR-VAR tornou-se conhecida por três eventos de grande repercussão e ousadia. O atentado ao QG do II Exército em São Paulo em junho de 1968; o roubo do cofre de Adhemar de Barros, ex-governador de São Paulo, em julho de 1969; e a lendária fuga de uma coluna guerrilheira comandada por Carlos Lamarca, rompendo um grande cerco das forças de segurança no Vale do Ribeira, entre abril e maio de 1970.

Mas ao menos dois destes eventos geraram efeitos colaterais que serviram à propaganda contra a guerrilha: a morte do recruta Mario Kozel Filho, morto por um caminhão-bomba enquanto fazia a guarda, assim como a execução a coronhadas do jovem tenente da PM paulista Alberto Mendes Junior, prisioneiro da coluna de Lamarca em fuga nas matas do Vale do Ribeira. Com a morte de Mário Kozel, a ditadura tinha o seu jovem soldado-mártir para exibir à sociedade.

Em julho de 1967, surgiria a outra grande organização guerrilheira, muito maior que a pequena mosca do general Fiuza de Castro: a Ação Libertadora Nacional, fruto de uma traumática dissidência no interior do PCB, que culminou na saída de lideranças históricas como Carlos Marighella e Joaquim Câmara Ferreira. O primeiro, por volta de 1967, tornou-se a grande aposta dos cubanos, em busca de um ponto de apoio para as guerrilhas continentais na América Latina. Marighella, inclusive, participou da conferência da Olas (Organização Latino-Americana de Solidariedade) em Havana, uma espécie de nova internacional dos movimentos revolucionários de esquerda do Terceiro Mundo que tentavam escapar da *realpolitik* moderada de influência soviética.

Afastados desde o desfecho da crise dos mísseis de 1962, quando Fidel se sentiu um mero joguete para as duas superpotências, Havana só se reconciliaria com Moscou no início dos anos 1970, abandonando o afã internacionalista de apoio às guerrilhas. Naquele momento, para a esquerda revolucionária mundial, Marighella "era o cara".[172]

No final de 1967, ainda sem despertar suspeitas, a ALN realizou a primeira ação armada, um assalto a um carro pagador em São Paulo. Em março de 1968, a organização lançou uma bomba contra a Embaixada dos EUA.

Até meados de 1969, na contabilidade da luta armada constavam mais de 2 milhões de cruzeiros novos "expropriados" de bancos e cerca de vinte atentados à bomba contra quartéis, organizações de direita e jornais conservadores. Apesar de certa insegurança – incorporada principalmente pelas classes médias – que era capitalizada pelo regime como razão para o fechamento político, a guerrilha pouco significava em termos de ataque ao "coração do Estado" ou como abalo para o ambiente de crescimento econômico.

As ações guerrilheiras, até meados de 1969, visavam dois objetivos: arrecadar dinheiro para montar suas redes de infraestrutura e custeio (aluguel de imóveis, manutenção dos militantes, edição de jornais clandestinos) e fazer propaganda para as massas. O projeto estratégico de quase todos os grupos era passar para a fase de "guerrilha rural", esta sim considerada o momento decisivo na luta contra o regime. A partir de setembro de 1969, o repertório de ações guerrilheiras cresceu, iniciando a temporada de sequestro de diplomatas para serem trocados por companheiros presos. E o primeiro diplomata sequestrado não era qualquer um, mas ninguém menos do que o embaixador estadunidense no Brasil, Charles Elbrick, trocado por 15 prisioneiros políticos.

A ousadia desta ação, apesar do seu desfecho triunfal, acirrou a disposição de combate das forças de segurança, que passaram a se articular de maneira mais organizada. Dois meses depois do sequestro, a repressão teve uma grande vitória, com a morte de Marighella. Carlos Lamarca morreria quase dois anos depois, em 1971, no interior da

Bahia, cercado e isolado. Assim, os dois principais mitos da guerrilha de esquerda foram mortos no espaço de dois anos.

Era o sinal da verdadeira operação de extermínio de guerrilheiros, entremeada com ações reativas e desgastantes, como o sequestro de diplomatas, visando à sua troca por prisioneiros.[173] A ALN perdeu quadros políticos e militares importantes entre 1969 e 1970: além de Marighella, Virgílio Gomes da Silva, que havia participado do sequestro do embaixador dos Estados Unidos, e Eduardo Leite (conhecido como Bacuri), importantes membros do grupo de ação, foram presos e mortos na prisão. Virgílio é considerado o primeiro desaparecido do regime militar.

Enquanto a ALN e a VPR (que se transformaria em VAR-Palmares) patrocinavam ações espetaculares, o PCdoB se organizava discretamente na região do Araguaia, desde 1967. O objetivo era plantar uma sólida base de guerrilha rural em uma região marcada pela miséria e pelo conflito de terras, visando à "guerra popular prolongada". O modelo, desta vez, não era cubano, mas chinês. Depois de alguns anos, o núcleo guerrilheiro foi descoberto, obrigando os militantes a entrarem em escaramuças contra as forças de segurança a partir de abril de 1972. As primeiras vitórias sobre as colunas do Exército compostas por recrutas, logo retirados da região, animaram a guerrilha. O triunfo parecia possível, apesar do número reduzido de guerrilheiros (pouco mais de sessenta). Mas o recuo do Exército era apenas tático. Os militares voltaram à região, com quadros mais profissionais e especializados, e conseguiram cercar e sufocar a guerrilha, que terminou com praticamente todos os seus membros mortos e desaparecidos. Em outubro de 1973, as colunas guerrilheiras do PCdoB estavam destruídas, mas o Exército ainda faria operações de rescaldo na região até o começo de 1974.[174]

As dezenas de organizações de esquerda que adotaram a guerrilha se viam como vanguardas disciplinadas e organizadas, com estrutura interna voltada para a vida clandestina. Na cultura política do marxismo-leninismo a boa organização, a disciplina e a boa teoria revolucionária eram condições para a vitória, para a tomada do Estado e a mudança da sociedade. Aos olhos da pequena política atual, marcada pela ausência de utopias e pelo pragmatismo, soa estranha a obsessão dos grupos em mergulhar em longos, e nem sempre acurados, debates teóricos, enquanto política e militarmente perdiam espaço para o regime. O caráter da revolução, as formas de luta e o tipo de organização mais adequada à luta contra o regime eram os tópicos que dividiam os revolucionários. A revolução era nacionalista, democrática ou socialista? A luta armada deveria conduzir o "trabalho de massas" ou o trabalho de massas deveria ter prioridade sobre a ação armada da vanguarda? A luta deveria ser unicamente no campo ou mesclar ações urbanas e guerrilha rural? As organizações deveriam se organizar na forma de partidos centralizados e verticalizados ou deveriam ser flexíveis e provisórias?[175] Essas eram as questões que marcavam os debates.

Soa mais estranho ainda a tendência à fragmentação, ao sectarismo, velha praga da esquerda, quando o inimigo estava cada vez mais compacto, abrindo mão de suas diferenças internas, para combater a ameaça revolucionária. Mas a própria primazia da teoria sobre a capacidade de articulação política pragmática conduzia ao sectarismo. Com o acúmulo das derrotas, a busca dos erros também era outra porta para a dissidência interna das organizações. Salvo algumas ações em consórcio e breves tentativas de alianças organizacionais, os grupos permaneceram independentes. A fragmentação ajudou a repressão, mas é difícil cobrar que o quadro fosse diferente.

Quando examinamos a lista de mortos e desaparecidos pela ditadura, notamos um dado inovador na história brasileira. Via de regra, as repressões a revoltas armadas no Brasil eram ferozes com os de baixo e moderadas com os de cima. A prisão e o exílio eram reservados às lideranças rebeldes vindas da elite ou das classes médias superiores. A repressão aos grupos de oposição entre 1969 e 1974 não poupou ninguém. Um dado indicativo da composição social da guerrilha e da repressão é a formação escolar. Dos 17.420 processados pela justiça militar que compõem a base do arquivo do Projeto "Brasil Nunca Mais",[176] 58% tinham formação superior, completa ou incompleta, e

16% tinham ensino secundário. No geral, calcula-se que metade dos presos e processados era formada por estudantes universitários. A maior parte dos membros de organizações armadas tinha até 35 anos (82% da ALN, 94% da Ação Popular (AP), 93% da Colina, 96% do Movimento Revolucionário 8 de outubro (MR8), 86% do PCBR, 86% da VAR), com predominância da faixa que ia até 25 anos.[177]

A derrota da luta armada teve efeitos de longa duração na sociedade brasileira. Sobre a juventude de esquerda, mesmo aquela que não era adepta da luta armada, gerou um trauma coletivo. A morte sob tortura, em condições humanas torpes, substituiu o ideal do sacrifício do militante, a morte heroica na barricada em combate foi substituída pela morte patética no porão da tortura. Construiu um círculo do medo cuja máxima dizia que fazer política ou lutar contra as injustiças sociais era sinônimo de prisão e tortura.

O martelo de pilão de repressão não matou apenas moscas, mas tudo o que ousasse voar. O regime militar montou uma grande máquina repressiva que recaiu sobre a sociedade, baseada em um tripé: vigilância – censura – repressão. No final dos anos 1960, este tripé se integrou de maneira mais eficaz, ancorado em uma ampla legislação repressiva que incluía a Lei de Segurança Nacional, as leis de censura, os Atos Institucionais e Complementares, a própria Constituição de 1967. Não foi o regime de 1964 que inventou esse tripé repressivo, em parte herdado do passado, mas sem dúvida deu-lhe nova estrutura, novas agências e funções.

A base teórica que instruía a montagem desta máquina era o conceito de guerra interna ou guerra revolucionária, aprendido dos franceses. Ela pressupunha a utilização coordenada de todos os recursos – militares, políticos e de informação – no combate a um inimigo invisível, oculto – o "subversivo" –, entre a população como se fosse um cidadão comum. Por essa lógica, todos eram suspeitos até que se provasse o contrário. As forças militares tinham que abandonar os conceitos tradicionais de guerras, baseados em mobilização e movimentação de grandes recursos humanos e materiais na defesa ou invasão de um território inimigo, para desenvolver uma ação tipicamente policial, complementada com operações de guerrilha contrainsurgente. Tratava-se, nas palavras de um general, de uma luta abstrata contra um inimigo invisível.[178] O inimigo era invisível, mas a luta não foi tão abstrata como queriam os manuais.

Várias agências operativas realizavam as ações do tripé repressivo e trocavam informações entre si, embora quase nunca sua ação fosse coordenada a partir de uma estrutura burocrática comum e integrada. Em princípio, esta característica pode parecer disfuncional enquanto máquina repressiva, e talvez até fosse. Mas, ao mesmo tempo, evitava que as lideranças políticas do regime, com visão mais estratégica e ampla, ficassem refém de um superpoder repressivo, com *status* político privilegiado no sistema. Mesmo sem chegar a tal grau de importância burocrática, a "comunidade de informações" era ativa e influente. Criou-se a imagem de uma certa autonomia nas ações do sistema repressivo, que tornaria o *palácio* refém do *porão*.

O regime militar também não inventou a censura, mas ampliou-a. A legislação básica da censura era a Lei nº 20.493, de 1946, herdada do regime anterior, complementada pela Lei nº 5.526, de 1968, e pelo Decreto nº 1.077, de 1970. Com essas reformas, o regime politizou ainda mais a censura, mesmo mantendo o discurso clássico de vigilância da moral e dos bons costumes. Além disso, realizou um trabalho de centralização burocrática, que culmina em 1972, com a criação da Divisão de Censura do Departamento de Polícia Federal. Apesar de todas essas reformas, a prática da censura tinha muito de ação arbitrária, desigual conforme a área de expressão, e pouco sistematizada.

A preocupação em qualificar o censor, um técnico policial limitado que se via como intelectual vigilante, tornou-se ainda mais obsessiva por parte do governo, quando descobriu-se que Antonio Romero Lago, o todo-poderoso chefe do Serviço de Censura que velava pela ordem e pelos costumes, era Hermenildo Ramirez de Godoy. Para complicar, além de falsificar o currículo, ele era um falsário e assassino, fugitivo da justiça havia mais de vinte anos, pois mandara matar dois homens no Rio Grande do

Sul. As trapalhadas da censura incluíam a proibição do livro *O cubismo*, supostamente uma propaganda de Cuba, ao mesmo tempo que liberava a música *Apesar de Você* de Chico Buarque, à primeira vista uma inocente canção contra uma namorada megera. A censura era uma das partes mais notórias do *Febeapá: O Festival de Besteira que Assola o País*, a crítica bem humorada escrita por Stanislaw Ponte Preta que sintetizava o clima de ignorância e obscurantismo que parecia tomar conta das autoridades.

Mas, para além deste caráter cômico e farsesco, a censura foi eficaz como parte do tripé repressivo, limitando o alcance da criação artística e a circulação de opinião e de informações de interesse geral. Em grande parte, a censura complementava o trabalho dos setores de informação e repressão, influenciada pela comunidade de informações.[179] A censura durante o regime militar tinha um *modus operandi* plenamente reconhecível. Agia muito à vontade na proibição de programas de TV e de rádio. Era essa sua função mais antiga e plenamente estabelecida pela legislação anterior ao regime. Outra função antiga era o controle censório de textos e montagens teatrais, mas esta ficou um tanto completa após 1964, considerando-se a importância e o reconhecimento intelectual que o teatro ganhou como espaço da resistência e da afirmação de uma liberdade pública. A censura ao cinema ficou mais complexa ainda, pelo mesmo motivo, acrescido do fato que o cinema brasileiro era uma indústria frágil e um campo de expressão com muito reconhecimento no exterior à época. Ou seja, qualquer erro de medida ou trapalhada em relação ao cinema e ao teatro poderia repercutir negativamente nos estratos mais altos da sociedade e desgastar ainda mais um governo cada vez mais pressionado. Esse foi o quadro até 1968. Depois, sob o AI-5 e a institucionalização da censura prévia, essas sutilezas políticas ficaram em segundo plano. Mas a luta por "qualificar" a censura e dar-lhe uniformidade e alguma previsibilidade continuou. Até porque, sabiam os militares, a censura era um fator complicador para a indústria da cultura e da diversão, que movimentava muito dinheiro e era parte da modernização industrial sonhada pelo regime.[180] Ironicamente, a censura musical tornou-se mais voraz depois de 1979, quando se respiravam os ventos da abertura política.[181]

Mais delicada ainda era a censura à imprensa. Não faltaram momentos de censura prévia rígida sobre órgãos da grande imprensa, como a que recaiu sobre o insuspeito jornal O *Estado de S. Paulo* (1972-1975) ou sobre a revista *Veja* (1974-1976). Mas a preferência do governo era a censura indireta, "sugestiva", ou, melhor ainda, a autocensura dos órgãos de imprensa.[182] A dificuldade em normatizar e assumir a censura prévia à grande imprensa comercial, sócia da conspiração que derrubara Goulart em 1964, se devia à autoimagem do regime que se via como a antítese do getulismo, que durante o Estado Novo abusara do controle dos jornais. Os militares, sobretudo de linhagem castelista, ficavam incomodados com este tipo de censura, os quais preferiam processar até jornalistas, mas evitar a censura, sistematicamente, aos jornais. Na lógica do regime, a grande imprensa deveria ser uma interlocutora confiável do governo, elo com a "opinião pública". Os livros e revistas sofreram censura prévia entre 1970 e 1979, com efetividade variada.[183] Em relação aos livros, a censura nunca conseguiu ser eficaz, como atesta a publicação de obras altamente críticas ao regime bem antes da fase de abrandamento da censura política, como *Zero* (Ignácio de Loyola Brandão, 1970), *Bar Don Juan* (Antonio Callado, 1970), *Festa* (Ivan Ângelo, 1976) e *Em câmara lenta* (Renato Tapajós, 1977).

Via de regra, o próprio gabinete do Ministro da Justiça cuidava deste "diálogo" com os grandes jornais. Já para a imprensa alternativa de esquerda, não havia maiores preocupações com vetos totais, parciais ou mesmo a prisão de jornalistas.

Além da censura, a vigilância era um aspecto estratégico para o regime. Sua função central era produzir informações sobre pessoas, movimentos sociais, instituições e grupos políticos legais ou ilegais, evitando surpresas para o governo. Informações que poderiam, no futuro, produzir a culpabilidade dos vigiados. O eixo do sistema de informações era o Serviço Nacional de Informações, criado em junho de 1964. O SNI tinha um "único cliente", conforme palavras do general Fiuza de Castro, o presidente da República. O Serviço tinha ramificações na máquina burocrática: as Divisões de Segurança e Informação (DSI) e também a Assessoria de Segurança e Informação (ASI), instalada em cada órgão importante da administração pública. Era uma estrutura informativa, mas não operativa, no sentido de combater diretamente a subversão.

Os ministérios militares tinham seu próprio sistema de informações composto pelos diversos serviços de inteligência das três forças e pelas "segundas seções" dos diversos comandos e armas. Os serviços de inteligência militar, ao contrário dos civis, eram informativos e operativos, bem como as delegacias e os departamentos da política estaduais, os Dops.

A matriz da vigilância eram os "informes" que compreendiam todas as informações recebidas de agentes e informantes *ad hoc*, cujo teor não tinha sido processado nem confirmado pelos serviços de inteligência.[184] Eles eram classificados conforme o grau de plausibilidade: de A até F (relativos à qualidade das fontes), de 1 até 6 (relativos à plausibilidade e à veracidade da informação). A1 era a classificação dos informes mais idôneos, combinando-se até F6, reservados para aqueles vindos de fontes menos idôneas e com pouca chance de serem verdadeiros. Os analistas repassavam os informes aos chefes, com indicação de operações de verificação ou repressão.[185]

A preocupação do sistema de informação era vigiar funcionários públicos civis, movimentações das lideranças políticas, atividades legais ou clandestinas dos movimentos sociais, trajetórias intelectuais e artísticas. O SNI dava aval para nomeações nos altos escalões do governo, acompanhando casos de corrupção envolvendo civis. Na lógica do regime militar, o governo precisava saber desses casos antes da imprensa, até para melhor abafá-los, se fosse o caso.

A repressão, entendida como conjunto de operações de combate direto às ações civis e armadas da oposição ao regime, completava o tripé repressivo. Até o final dos anos 1960, as polícias estaduais, os Dops, eram as responsáveis pelas operações policiais de repressão política. Não havia, portanto, um sistema nacional, militarizado e integrado de repressão policial. O crescimento da guerrilha, em 1968, gerou outra estrutura para este lado do tripé, consagrando a sigla mais aterrorizante do período: DOI-Codi (Destacamentos de Operações e Informações-Centro de Operações de Defesa Interna). Antes do surgimento do sistema DOI-Codi, cada força militar tinha seu serviço de informação e combate à guerrilha, sob responsabilidade do respectivo ministro militar.

O Cenimar (Centro de Informações da Marinha) era o mais antigo, criado em 1955, e eficaz na caça a opositores. O Cisa (Centro de Informações e Segurança da Aeronáutica) foi criado em 1968, com outro nome. O CIE (Centro de Informações do Exército), criado em 1967, tornou-se um dos mais importantes e letais serviços de segurança do regime. A superposição de agências e comandos no combate à guerrilha, a ausência de uma Polícia Federal estruturada nacionalmente e o limite dos Dops estaduais tornaram o combate às guerrilhas nos primeiros anos do regime uma atividade um tanto quanto errática, com vários procedimentos e metodologias diferentes, sem uma efetiva troca de informações que permitisse uma ação de âmbito nacional integrada. Isso começou a mudar em julho de 1969, com a criação da Oban, a Operação Bandeirante, prenúncio da metodologia repressiva dos DOI-Codi.

Os novos "bandeirantes", também agindo em São Paulo, região na qual a guerrilha de esquerda era particularmente ativa, já não caçavam índios. Suas vítimas eram os chamados "subversivos", conceito amplo que englobava tanto os combatentes da luta armada, a rede de apoio direto e indireto às organizações clandestinas, bem como qualquer militante de partidos de esquerda ou movimentos sociais, inclusive aqueles que não tinham aderido à luta armada. O foco da repressão, entre 1969 e 1973 eram os guerrilheiros e suas organizações. A Oban tinha uma estrutura flexível, composta por um *mix* de militares, policiais civis e policiais militares, cuja vantagem era ter ampla liberdade de ação, para além das "sutilezas jurídicas" ou de constrangimentos burocráticos. Mas tinha a desvantagem de não poder contar com verbas públicas para seus gastos e adicionais por insalubridade. Mas isso podia ser contornado pela "caixinha" que muitos empresários, ciosos do seu dever cívico e de suas propriedades, como o executivo do grupo Ultra Henning Boilesen, organizaram para combater o comunismo. O dinheiro privado alimentou a Oban, dando-lhe mais liberdade de ação.

A inexperiência dos militares na atividade propriamente policial fez com que logo se destacasse um delegado da Polícia Civil de São Paulo, Sergio Paranhos Fleury. O modelo da Oban era o esquadrão da morte que atuava na cidade desde o início dos anos 1960, achacando e extorquindo criminosos comuns. O método: tortura e execuções extrajudiciais com requintes de crueldade. Fleury, policial experiente de São Paulo, daria a fórmula.

Entretanto, a Oban, em que pese sua eficácia comprovada na dizimação de guerrilheiros, não agradava a cúpula militar, ciosa dos seus comandos e da hierarquia. A utilização de policiais sabidamente assassinos e corruptos no combate à guerrilha poderia ter um preço no futuro. Era preciso trazer para o âmbito militar o esforço policial de combate à guerrilha e repressão política em geral. Para isso, em 1970, foi criado o sistema DOI-Codi. Inspirado no modelo flexível da Oban, a nova sigla da repressão estava sob controle direto dos comandos de cada Exército ou região militar. De natureza militar, podia se intercomunicar com os serviços de inteligência de cada força, que continuavam existentes e atuantes.

Diz a crônica que o Cenimar não gostou da criação de uma nova sigla, passando a municiar o delegado Fleury, que também continuou muito atuante, diretamente com informações para capturas de opositores. Fleury ganhou todos os pontos com os mandatários do regime ao emboscar e matar, com sua equipe, Carlos Marighella, em novembro de 1969.

Conforme as palavras do general Fiuza de Castro, criador do CIE, o DOI era o braço armado do Codi. Os Codi estavam "subordinados ao chefe do estado-maior do escalão correspondente" e visavam articular todos os quadros e agências encarregados da repressão em uma determinada área. Os DOI eram destacamentos de combate, captura e interrogatório militar.

A repressão à base de tortura superou qualquer limite jurídico ou humanitário, ferindo mesmo a ética militar, que prega o tratamento digno dos prisioneiros. Para driblar o precário controle dos comandantes ou mesmo agir sem prestar contas, ainda que formalmente, ao sistema oficial de repressão, muitas equipes de tortura tinham centros clandestinos.

Se, num primeiro momento, o regime fazia prisioneiros entre aqueles envolvidos na luta armada ou forjava incidentes e fugas para justificar as mortes sob tortura, a partir de 1971, incrementou-se outra solução: o desaparecimento. Para o sistema repressivo, essa solução tinha a vantagem de desobrigar o governo e as autoridades como um todo de qualquer informação oficial sobre o militante desaparecido. Oficialmente, nem preso nem morto. Logo, o sistema repressivo, parte estrutural do regime, elaborou uma sofisticada técnica de desaparecimento, cujo primeiro momento era o desaparecimento físico do corpo, seja por incineração, esquartejamento, sepultamento como anônimo ou com nomes trocados. Mas, para além desta atrocidade, organizava-se um aparato de contrainformação para despistar familiares, alimentando-os com pistas falsas e fazendo-os perder-se nos labirintos burocráticos do sistema.

Como se não bastasse o aparato ilegal e semiclandestino de repressão, o regime instaurou novas leis, através sobretudo dos Atos Institucionais 13 (Banimento) e 14 (Pena de Morte). Estes Atos, mais do que o AI-5, foram respostas diretas à guerrilha, em reação ao sequestro do embaixador americano. A Emenda Constitucional nº 1, em 1969, incorporou o princípio de defesa do Estado com base na Doutrina de Segurança Nacional. A reformulação da Lei de Segurança Nacional em setembro de 1969 tipificou novos crimes e criou penas mais duras. Em 1970 havia cerca de 500 presos políticos, 56% estudantes.

Paralelamente a esta institucionalização da repressão policial como princípio de Estado, o sistema operativo de repressão tornava-se mais autônomo, realizando prisões e mortes clandestinas. O fato de ter mais autonomia não significava propriamente um descontrole do sistema repressivo. Em nenhum momento do regime a repressão esteve completamente sem controle da cúpula militar. O sistema DOI-Codi, em grande parte, permitiu esse controle militar e burocrático da repressão. Mas sem dúvida, para um regime que nunca abriu mão de controlar sua transição ao governo civil, era preciso retomar as rédeas de um sistema que estava no limite da autonomia.

Em 1972, o governo teve que enfrentar a "crise dos desaparecidos", quando o desaparecimento de militantes passou a ser amplamente divulgado no exterior e passou a mobilizar de maneira mais sistemática as famílias envolvidas. Com a esquerda armada desarticulada, a comunidade de segurança logo buscaria outros inimigos. Iniciava-se, assim, a ofensiva contra o PCB, preparada em junho de 1974 e aprofundada a partir de janeiro 1975, quando o Partidão foi considerado o "culpado" pela surpreendente derrota eleitoral do partido do governo nas eleições legislativas de novembro. Mas os tempos eram outros, e a repressão à base de tortura teria um custo maior. Antes disso, a morte de Alexandre Vanucchi Leme, estudante da USP, e a reação do movimento estudantil, da sociedade civil e da Igreja Católica mostravam que a tampa da panela de pressão estava sendo forçada.

Em determinado momento do filme *Batalha de Argel* (Gillo Pontecorvo, 1965), clássico do cinema político de esquerda, o coronel francês encarregado de combater os nacionalistas argelinos que queriam sua independência é questionado em uma entrevista coletiva sobre o uso de torturas, inadmissíveis para um país que se considerava berço da civilização europeia. O coronel responde aos jornalistas: "Se todos aqui querem que a Argélia continue francesa, aceitem as consequências morais".

Esta resposta nos faz pensar sobre o uso da tortura em operações de contrainsurgência, aliás sistematizada exatamente pelos militares franceses que combateram, sem sucesso, diga-se, a guerrilha argelina.

É fácil explicar a tortura pelo descontrole do aparato policial-militar da repressão ou pela autonomia do porão em regimes autoritários. Costuma-se explicar a tortura até pelo emprego de indivíduos sádicos e psicopatas na repressão, que cometeriam excessos, sobretudo nos casos mais atrozes de violência. Mas nenhuma destas explicações dá conta do fato de que a tortura é um sistema. Como sistema, não é o torturador que faz a tortura, mas exatamente o contrário. Sem o sistema de tortura, organizado, burocratizado e abrigado no aparelho civil e militar do Estado, o indivíduo torturador é apenas um sádico errante à procura de vítimas. Dentro do sistema, ele é um funcionário público padrão. Obviamente, a tortura nunca foi assumida pelo alto escalão[186] militar que comandava o regime como uma política de Estado.

Aqui não se trata apenas de um *parti pris* ideológico. Qualquer Estado quando atacado pela insurgência tende a reagir, inclusive aplicando meios militares. Tampouco trata-se de confundir a tortura com "excessos de energia" policial, como gostam de dizer as autoridades, ou mesmo com matança de combatentes em situação de conflito. Portanto, nem os argumentos da "guerra suja", em si muito frágeis, justificam a tortura.[187]

A tortura é um sistema, integrado ao sistema geral de repressão montado pelo regime militar brasileiro, que combinou suas facetas ilegais e legais. Os procedimentos da repressão brasileira se pautavam pela combinação de repressão militar (interrogatórios à base de tortura ou execuções dentro da lógica de "não fazer prisioneiros") e rituais jurídicos para imputar culpa, dentro dos marcos da Lei de Segurança Nacional.[188]

Quando um militante "caía", preso em operações policiais, ele não era colocado imediatamente sob tutela da autoridade judicial. Via de regra, estas operações eram insidiosas, emboscadas que pareciam mais sequestros à luz do dia. Não havia mandado de busca ou de prisão. Tratava-se de uma operação militar travestida de operação policial. Normalmente, a equipe que capturava o militante não era a mesma que o interrogava. Tratava-se de equipes diferentes, porém coordenadas.

Os chefes dos interrogadores eram oficiais superiores (majores, por exemplo), enquanto os chefes dos captores poderiam ser um capitão ou um tenente. Os interrogatórios eram monitorados e gravados.[189]

As regras de exceção do regime permitiam a prisão temporária por trinta dias, sendo que por dez dias o preso ficava incomunicável. Mas, na prática, a repressão tinha grande autonomia e liberdade de ação. Era nesse período que o sistema DOI-Codi atuava na forma de interrogatórios para extrair informação. Havia até uma senha para que agentes infiltrados não fossem torturados por engano.[190]

Se sobrevivesse, o preso era entregue à autoridade policial para abertura de inquérito, ao que se seguia a abertura de processo pela justiça militar, posto que os crimes de subversão estavam sob sua alçada, e não da justiça civil.

Mas nem sempre este ritual se cumpria. Houve, em algum momento, a inflexão na direção do extermínio e desaparecimento, que na prática implica maior autonomia das equipes de captura e interrogatório, ou mesmo a mescla entre as duas. Em que momento isso teria acontecido? Seria uma chancela, ou mesmo uma ordem superior, vinda dos comandos e da cúpula política do regime?[191] Seria a tentativa de maior controle burocrático da repressão por parte do comando, como se alega ser o caso do I Exército sob o comando de Sylvio Frota, que ensejaram ainda mais a montagem de um matadouro clandestino de opositores, como a Casa da Morte em Petrópolis?[192] Seria uma contra-estratégia para desestimular o sequestro de diplomatas libertados em troca de prisioneiros ou a ida de ex-presos políticos para o exterior, onde faziam verdadeiros estragos para a imagem do governo brasileiro? Seria a autonomia do porão?

Como até agora muito pouco se sabe sobre o funcionamento e a cadeia efetiva de comando deste sistema repressivo cujo epicentro era a tortura e o desaparecimento, não podemos ir além das perguntas.[193]

Os saudosos do regime militar gostam de dizer que a repressão no Brasil foi branda e restrita, perto de outros regimes similares.[194] Em outras palavras, matou e prendeu pouco, o que para alguns nostálgicos pode ser até motivo de arrependimento. Mas além de o argumento quantitativo não diminuir o caráter da violência e das tragédias humanas produzidas sob o signo da tortura, o fato é que o martelo de pilão estava ativo e poderia ter feito quantas vítimas fossem necessárias. Os homens estavam bem-dispostos para continuar seu trabalho, como atesta a onda repressiva pós-guerrilha. Mas o sistema foi enquadrado politicamente, quando foi preciso, sem obviamente nenhum tipo de punição aos "excessos". No máximo, troca compulsória de comandos militares.[195]

A cúpula mais consequente do regime militar sabia que este sistema era insustentável a longo prazo. Qualquer regime, mesmo autoritário, para ter eficácia política não poderia se ancorar em um sistema meramente policial. A doutrina não expressa de um "autoritarismo institucional" que parece ter vigorado durante o regime militar brasileiro pressupunha a tutela do sistema político e da sociedade civil por meios institucionais, utilizando a repressão política diretamente feita pelos serviços de segurança de maneira seletiva, combinando legislação autoritária e repressão policial "clássica" no controle de distúrbios sociais. A opção policial em moldes semiclandestinos e ilegais atingiu seu ápice no combate à guerrilha, mas começou a ser desmontado a partir de 1976, pois seu custo político era grande para o projeto de "normalização política" e institucionalização do "modelo político".

A utilização de quadros policiais civis, a começar pelo delegado Fleury, envolvido com o esquadrão da morte na mira da justiça paulista da época, era outro problema. O regime até poderia protegê-lo por um tempo, como demonstra a alteração do Código de Processo Penal para impedir sua prisão em novembro de 1973. Mas ele era um quadro vulnerável, até pelo seu envolvimento com o esquadrão da morte.

Mesmo os grupos civis liberais que aplaudiam a dureza em relação à luta armada não podiam mais fazer vistas grossas ao funcionamento do martelo de pilão da repressão. Que, aliás, poderia atingir qualquer cidadão. Poderíamos dizer, tal como o coronel francês do filme, "[...] é preciso aceitar as consequências morais".

Ao fim e ao cabo, fica uma pergunta: para que se torturava?[196] A resposta, à primeira vista, parece óbvia e pragmática: porque é a maneira mais rápida e eficaz para extrair informações do inimigo e vencer a guerra. Outros sugerem que o inimigo, no caso a guerrilha, era invisível e só poderia ser desarticulado com procedimentos de investigação policial, o que no Brasil e em boa parte do mundo sabemos o que significa. Para além dessas respostas dadas pelos que torturaram ou pelos que os apoiaram, podemos pensar em outras possibilidades.

A tortura não é apenas uma técnica de extrair informações, mas também uma forma de destruir a subjetividade do inimigo, reduzir sua moral, humilhá-lo. No caso do guerrilheiro de esquerda, a moral era tudo. Combatia-se por uma crença ideológica, combatia-se por um ideal de sociedade. Quando uma pessoa se torna um guerrilheiro, não há nem vitória nem compensações materiais no curto e médio prazo. Ela rompe os laços familiares em nome da luta, rompe com as possibilidades de um trabalho e de um futuro confortável, ainda mais quando se é estudante vindo de uma elite. A prisão, o exílio, a derrota pontual não eram suficientes para abalar a moral, quando muito para provocar uma autocrítica e mudança de estratégia de luta. A morte heroica era uma perspectiva que não assustava a flor da juventude que foi à luta. A tortura invade esta subjetividade tão plena de certezas e de superioridade moral para instaurar a dor física extrema e, a partir dela, a desagregação mental, o colapso do sujeito, o trauma do indizível. É claro, muitos militantes passaram pela tortura e, em princípio, não submergiram como sujeitos nem como militantes. Isso aponta para uma certa ineficácia da tortura. Expliquemos melhor.

Historicamente falando, a tortura em si nunca ganhou guerras ou derrotou guerrilhas. Os exércitos invasores torturaram muito na Argélia e no Vietnã, e perderam a guerra. A polícia cubana de Fulgencio Batista torturou muito, e o ditador foi derrubado. Os exércitos colonialistas torturaram os nacionalistas insurgentes na Ásia e na África, e suas colônias se tornaram independentes. O nazismo torturou os resistentes e foi derrotado em todas as frentes de ocupação. No caso das ditaduras sul-americanas, o relativo triunfo dos regimes militares talvez se deva mais à sua rede de apoio civil do que ao recurso da tortura para calar a oposição pacífica ou armada. No Chile, a tortura não impediu o surgimento de ações armadas durante a ditadura nem a rearticulação do protesto de massa. A Argentina é um caso um pouco diferente, pois a prática de tortura foi combinada com uma política de extermínio em massa dos quadros de esquerda, sob os olhos de uma parte da sociedade cúmplice. No Brasil, não foi a tortura que derrotou a guerrilha, mas sua reduzida base social, limitada aos quadros intelectualizados e radicalizados da juventude de classe média, com algumas adesões de camponeses e operários. Fossem estes a efetiva base social da guerrilha, talvez a tortura apenas alimentasse uma espiral de violência e vinganças sem fim.

Entretanto, havia um ponto em que a tortura se mostrou eficaz. A construção do "círculo do medo", que tende a estancar novas adesões, à base de entusiasmo, à causa revolucionária. Ao longo dos anos 1970, isto parece ter acontecido com parcelas importantes da juventude e da sociedade brasileira como um todo. O recado dos torturadores era para quem estava no campo de influência ou sentia alguma simpatia pela guerrilha. Seu destino será o mesmo: prisão, tortura, morte e desaparecimento. Este fator, combinado ao momento em que a juventude universitária tinha uma ampla gama de oportunidades profissionais, pode ter desestimulado adesões massivas à oposição. Entretanto, mesmo esse argumento é duvidoso, pois o movimento estudantil foi um dos atores políticos da oposição mais ativos, mesmo durante os anos de chumbo.

A invenção do "desaparecido político" alimentava ainda mais o trauma coletivo criado pela tortura. Sem corpo, não há superação do luto e do trauma, familiar ou social. Sem sepultura, o ciclo da memória fica incompleto.[197] A eterna ausência-presença do desaparecido foi uma das invenções mais perversas do sistema de repressão, mas, ao mesmo tempo, politizou as famílias que lutam por informação sobre seus parentes. O argumento da "guerra suja" para justificar o desaparecimento forçado não satisfaz, pois, mesmo ao fim das guerras, os prisioneiros e os que tombaram são devolvidos às suas famílias.

Nos últimos anos, como parte do revisionismo geral sobre o período, tem surgido a tese de que a violência ilegal do regime e do sistema de tortura era a contraface da violência guerrilheira. É a nossa versão local da "teoria dos dois demônios", que explica a violência política como uma espiral na qual os dois lados se equivalem nas suas opções ilegítimas de ação, constrangendo a sociedade "inocente" por todos os lados ideológicos. De matriz liberal-conservadora, essa teoria pode até acertar ao exigir uma reflexão sobre o lugar da violência na política, mas erra ao permitir a justificativa do terror de Estado como política de contenção da oposição, armada ou desarmada. No limite, é semelhante ao argumento de que a tortura é um mal menor diante do mal maior, a revolução socialista, como gosta de brandir a extrema-direita civil e militar.[198] O argumento se baseia no número de agentes e civis mortos durante operações da guerrilha, que era crescente até a adoção dos novos métodos de repressão.[199]

O mecanismo de violência política criado pelo Estado não acabaria com a derrota da guerrilha. Se, com a *abertura*, a política deixou de ser um crime punível com a morte (quando muito, com a prisão), a militarização da polícia e da segurança pública teria graves consequências para a sociedade como um todo.

Até hoje, muitos analistas defendem a tese de que a repressão política atingiu apenas alguns extratos intelectualizados da classe média, simpática às ideias de esquerda ou envolvidas com a luta armada. A diminuta participação operária na guerrilha seria a prova de que a sociedade faltou ao encontro convocado pelas esquerda para fazer derrubar o regime e fazer a revolução.[200] Ou seja, em termos quantitativos, a repressão teria sido insignificante, inclusive se comparada a regimes similares da América do Sul, com pouco impacto na memória social.

Mas o aparato repressivo vai muito além dos números ou dos estreitos círculos engajados. Se a violência policial, que incluía a tortura, informou os métodos de combate do regime, a militarização da segurança pública socializou a lógica e a estrutura da repressão política para todo o tecido social. A tradicional violência policial utilizada como forma de controle social dos mais pobres foi potencializada.

O ciclo de repressão política nos anos 1960 ensejou um movimento circular já percebido por especialistas que solidificou a tradição de violência policial pré-golpe às novas práticas repressivas pós-AI-5.[201] Para combater a guerrilha e suas organizações invisíveis e clandestinas, o sistema repressivo incorporou métodos policiais, dentro das teorias da guerra revolucionária.[202] E não foram métodos civilizados de investigação sherlockiana. Os quadros recrutados, a começar pelo delegado Fleury, fizeram escola nos esquadrões da morte, bandos tão imorais e violentos que a própria cúpula do regime permitiu que a justiça os combatesse, apesar de uma parte da sociedade considerá-los justiceiros. O esquadrão da morte, entretanto, estava mais preocupado em vingar policiais mortos e vender proteção a bandidos que pudessem pagar, sem falar na participação nos lucros do tráfico de drogas. Apesar dessa evidência, a extrema-direita soube capitalizar a ação dos esquadrões da morte para justificar os seus valores. Era o primeiro capítulo da bem-sucedida luta da extrema-direita contra os direitos humanos no Brasil, antes mesmo de essa expressão se disseminar.

Além disso, ocorreu outro processo paralelo: a militarização da segurança pública, organizada para o combate à guerrilha. A subordinação das polícias militares estaduais ao comando do Exército, sob a tutela da Inspetoria Geral das Polícias Militares, faz parte deste processo. A dicotomia entre a Polícia Civil, que até 1964 era a coordenadora do policiamento urbano, e a recém-criada Polícia Militar, aumentaria a disfuncionalidade da segurança pública. Em um momento de amplo crescimento das metrópoles, com grande migração interna e constituição de núcleos de povoamento informais, sem estrutura ou equipamentos públicos, a velha estrutura de segurança pública se revelava cada vez mais ineficaz para coibir a violência entre os cidadãos, sobretudo entre os mais pobres. Em outras palavras, mergulhada em várias atribuições que iam da investigação de homicídios ao controle da vadiagem, a polícia pouco comparecia nas periferias.[203] O quadro mudaria nos anos 1970. A partir de meados da década, já com o criminoso comum, ativo ou potencial, transformado em novo inimigo das forças de segurança, a lógica do patrulhamento militar entrará no cotidiano das periferias na forma de expedições preventivas ou punitivas.[204] Esse método de policiamento, combinado à disseminação da violência entre vizinhos, aumento das práticas criminais (roubo, tráfico) e ausência de justiça institucional como forma de mediação dos conflitos, será o coquetel que fará explodir o círculo vicioso da violência.

Na prática, a repressão às guerrilhas de esquerda criou uma nova cultura policial, baseada na autonomia e na impunidade dos agentes diante de flagrantes violações das leis, como o extermínio. A tortura já era uma prática policial antiga, mas foi aperfeiçoada no contexto da repressão política. Nem a Justiça, por displicência ou lentidão, nem a sociedade, por impotência ou conivência, controlaram o monstro em sua infância.[205] A isso, somou-se o preconceito social e racial explícito ou latente, que tolerava violência no controle social dos pobres e marginais.

O desmantelamento do núcleo inicial do esquadrão da morte paulista, no começo dos anos 1970, não significou o fim da prática de homicídio como controle social do crime potencial ou como vingança policial direta. A tecnologia já havia se disseminado, potencializada agora pela lógica militar de combate ao crime personificada nas PM e suas tropas de elite: o bandido é inimigo, atua em um território que deve ser identificado, ocupado tática ou estrategicamente, para permitir o cerco e o aniquilamento do indivíduo criminoso ou de potenciais criminosos identificados como "suspeitos". A simulação de "tiroteios seguidos de morte", amplamente utilizada como justificativa para o extermínio de guerrilheiros, seria utilizada no caso do crime comum.[206] O que seria um recurso extremo e pontual de combate ao crime se tornou a regra.

Em um contexto em que não havia direitos civis e no qual a explosão demográfica das cidades cria vastos "territórios" de atuação do crime, essa política é trágica. Além de não resolver o problema da criminalidade, como os números de décadas o provam,[207] a "moral do extermínio" tende no longo prazo a desgastar a imagem da polícia, que deixa de ser temida ou respeitada, para ser odiada pelas suas vítimas potenciais, ou seja, as populações pobres e periféricas. Com a renovada capacidade de armamento e organização do crime, em parte aprendida no contato com militantes das organizações armadas nas prisões, o confronto sem mediações entre policiais e bandidos se transformou na "guerra particular" cujo ápice foi o confronto entre a PM e a organização criminosa Primeiro Comando da Capital (PCC) em 2006, que paralisou a maior cidade do país. O momento seminal dessas práticas se localiza entre o final dos anos 1960 e meados dos anos 1970, não por acaso. Foi alimentado pela sensação de onipotência e autonomia do agente policial, apoiado no discurso das autoridades que disseminou a ideia de que "bandido bom é bandido morto".[208] A população, tomada pelo sentimento de medo e revolta diante da violência real ou simbólica dos criminosos e da lentidão da justiça brasileira, sentia-se vingada quando um bandido era morto. De vingança em vingança, a segurança pública se deteriorou, inclusive sob a guarda do regime democrático posterior a 1988, ano da "Constituição Cidadã".

A batalha contra os direitos humanos, encampada por radialistas ligados ao mundo policial entre os anos 1970 e 1980, alimentou-se dos valores da extrema-direita, acuada em todas as outras frentes políticas. Ao criticar os direitos, voluntária ou involuntariamente, legitima-se o extermínio dos marginais, desde que pobres. Por desinformação, preconceito ou desespero do cidadão comum, a cultura antidireitos humanos conseguiu apoio entre as classes médias baixas das periferias e entre pequenos comerciantes, os setores mais expostos às ações do crime. O *gap* entre os valores das elites, informadas pela cultura dos direitos, e a realidade do eleitor padrão, pouco sensível a este tema, pode estar na raiz da timidez das políticas públicas que tentam construir uma política de segurança conciliada com uma política de direitos.

O isolamento da cultura de direitos nos setores de elite e da classe média de formação superior, ao lado de outros arranjos político-institucionais que marcaram a transição negociada com os militares, como a Lei de Anistia de 1979, ajudou a construir uma cultura de impunidade. O resultado é que os torturadores e seus superiores escaparam da justiça de transição, processo fundamental para estabelecer bases vigorosas às novas democracias políticas que se seguem ao fim dos regimes autoritários.[209] O trauma e a herança da repressão, portanto, ainda que restrito quantitativamente, foi mais amplo e determinante do que se pensa para a história recente do Brasil.

Nunca fomos tão felizes: o milagre econômico e seus limites

"Nunca fomos tão felizes", exclamava o *slogan* oficial difundido pela TV nos anos 1970, em pleno "milagre econômico", que pode ter uma leitura ambígua. Como exclamação, traduz uma sensação de felicidade coletiva inédita. Por outro lado, se dita em tom irônico, coloca em dúvida o próprio sentido propagandístico da frase. A ambiguidade traduz involuntariamente as contradições da economia brasileira, esfera em que o regime bradou seus maiores feitos.

Apesar do desenvolvimento inegável e da expansão capitalista, a maior parte da sociedade brasileira não pôde desfrutar os resultados materiais deste processo de maneira sustentável e equânime. O fato é que a economia ainda é um tema sobre o qual tanto os defensores quanto os críticos do regime gostam de medir seus argumentos. Para os nostálgicos da ditadura, o grande serviço dos militares ao Brasil foi o desenvolvimento econômico. Era comum ouvir discursos laudatórios das autoridades, dizendo que em 1964 o Brasil tinha o 64º PIB mundial, e em menos de dez anos já era a décima economia do planeta. Os críticos de primeira hora da política econômica do regime[210] denunciavam que este salto impressionante, na verdade, tinha sido feito à custa de arrocho salarial, reforço dos laços de dependência estrutural do capital internacional e brutal concentração de renda, até para os padrões capitalistas. O problema é que nos dez anos que se seguiram ao fim do regime militar os governos civis não apenas não reverteram este quadro como aprofundaram o caos econômico, gerando uma sensação de nostalgia do "milagre econômico" que até hoje é um argumento utilizado para defender as realizações da ditadura.

Há um consenso neste debate. O regime militar foi um momento de afirmação do grande capital no Brasil, incrementando um processo estrutural desencadeado antes do golpe, mediante políticas econômicas específicas e facilitadas pela ausência de democracia, o que dava uma grande autonomia burocrática para os tecnocratas que ocupavam o poder. Mesmo não sendo muito rigoroso dividir a história econômica de um país pela mesma periodização do seu regime político, é inegável que as políticas econômicas do regime impactaram a economia e, por derivação, a sociedade brasileira para o bem e para o mal.

Quando vistas em uma perspectiva histórica mais longa, as realizações econômicas do regime, em parte, se diluem. Entre 1948 e 1963, o crescimento médio do PIB foi de 6,3%. Entre 1964 e 1985, foi de 6,7%.[211] A exuberância de crescimento do "milagre" dos governos Costa e Silva e Médici (1968-1973) e do crescimento induzido pela política do governo Geisel (1974-1979) foi, em grande parte, anulada pela política recessiva do primeiro governo militar e pela profunda crise econômica pós-1980. Portanto, no jogo dos índices de crescimento entre a democracia e a ditadura, quase dá empate.

Mas entre a democracia de 1946 e a ditadura de 1964 há também muitas conexões no plano econômico. Os governos militares só permitiram que o modelo de desenvolvimento implantado ainda no governo Juscelino Kubitschek, em 1956, com seu famoso Plano de Metas,[212] fluísse sem maiores constrangimentos institucionais ou questionamentos dos grupos sociais pouco beneficiados. Em ambos os momentos históricos, antes e depois de 1964, o principal beneficiário do desenvolvimento foi o grande capital nacional e, sobretudo, internacional. A diferença é que a política econômica implementada após o golpe veio provar que entre os dois ramos do grande capital havia mais complementaridades do que conflitos, ao contrário do que a esquerda nacionalista pensava.

Juscelino Kubitschek, apesar de ser um liberal-democrata, driblava habilmente a lentidão das discussões políticas do Congresso Nacional, gerindo seu plano desenvolvimentista através dos grupos executivos movidos pela lógica da tecnocracia de resultados. Esses grupos eram conselhos que reuniam governo, técnicos e empresários na implementação de medidas técnicas e políticas de estímulo à industrialização. Em países subdesenvolvidos, quase nunca o tempo da política coincidia com o tempo da economia. A primeira, ao menos em sua faceta democrática, sempre saía perdendo. Os imperativos econômicos acabavam fazendo com que as "classes produtoras", como os empresários gostavam de se chamar, acenassem para soluções golpistas e autoritárias a fim de controlar as demandas distributivas e acelerar o desenvolvimento capitalista. O Brasil viveu esse processo entre os anos 1950 e 1960.[213]

Nenhum historiador sério, mesmo mais à direita, questiona que o desenvolvimentismo sem democracia imposto pela ditadura militar teve um alto custo social. O salário mínimo teve uma perda real de 25% entre 1964 e 1966 e 15% entre 1967 e 1973. A mortalidade infantil não caiu no ritmo esperado para uma potência econômica em ascensão (131/100 mil em 1965, 120/100 mil em 1970, e 113/100 mil em 1975). Já foi dito que não se faz omelete sem quebrar os ovos. Neste caso, os ovos eram os trabalhadores mais pobres e desqualificados que garantiam a mão de obra barata no campo e na cidade. Entretanto, até o final dos anos 1970, a ampla oferta de emprego e a inflação alta, mas relativamente controlada, atenuavam os efeitos da concentração de renda.[214]

Se a política econômica do regime militar se inscreve no quadro geral da consolidação do capitalismo no Brasil, qual seria sua especificidade? Quais seriam suas efetivas virtudes e defeitos, posto que o capitalismo, como sabemos, tem seu próprio movimento histórico e estrutural, para além da vontade de governos, sobretudo periféricos no sistema? Por outro lado, se o regime foi tão amigo dos capitalistas brasileiros e estrangeiros, por que a partir da segunda metade dos 1970 as políticas econômicas do regime começaram a ser questionadas por grandes empresários?

O regime militar brasileiro passou, ao menos, por três fases distintas na política econômica. Em um primeiro momento, uma política dura de ajuste fiscal e monetário, tão a gosto da ortodoxia liberal. Menos dinheiro, menos crédito, controle salarial, menos gastos e mais impostos. Tudo isso, junto, e temos a política econômica do governo Castelo Branco (1964-1967).

A este momento recessivo, seguiu-se a exuberância do "milagre econômico" ou "milagre brasileiro", amplamente capitalizado pelo governo Médici, dourando os anos de chumbo do regime. Entre 1969 e 1973, o Brasil cresceu a uma taxa média de 11% ao ano, chegando a quase 14% em 1973. Mas a conjuntura de crise internacional, após o aumento de preços do petróleo quase no final deste ano, fez o governo, mais do que a sociedade, despertar da ilha de fantasia capitalista propiciada pelo milagre. A crise revelava a fragilidade financeira e a dependência brasileira dos insumos básicos da economia, como o petróleo.

A reversão de expectativas, inibindo a onda consumista da classe média e restringindo o crédito farto que se incrementava com o milagre, veio com o governo Geisel. Na forma de uma planificação normativa da economia, reforço das estatais produtivas (ligadas à siderurgia, energia e petroquímica) e investimento em bens de capital, a Era Geisel acabou se desviando de algumas diretrizes do milagre, como o foco na indústria de bens de consumo duráveis. Na verdade, a política econômica proposta por Geisel visava evitar gargalos energéticos e de bens intermediários fundamentais para se manter a produção de bens de consumo. Por outro lado, o governo tentava reforçar o mercado interno, o protecionismo setorial e a autossuficiência energética da economia, à base de ampla captação de recursos no exterior sob a forma de endividamento estatal.

A bolha da dívida externa brasileira explodiria com o segundo choque do petróleo em 1979 e a crise financeira internacional de 1982.[215] Assim, os anos finais do regime foram marcados pela recessão, pelo desemprego e pela inflação altíssima. Os efeitos destes processos econômicos foram atenuados no plano social por mecanismos como a indexação de preços, gatilhos de reajuste salarial, alta rotatividade no mercado financeiro (que permitia aos poupadores e investidores evitarem perdas), que se por um lado evitavam o colapso total da economia e a anomia social que se lhe seguiria, por outro impediam a efetiva superação da crise.

À primeira vista, esses quatro momentos econômicos do regime não têm nada a ver um com o outro. Parecem expressões de políticas econômicas errantes e desencontradas, revelando dissensos no campo econômico entre os próprios militares. Mas um exame mais detalhado do processo econômico patrocinado nos vinte anos da ditadura revela as conexões dos vários momentos econômicos do regime. Em suma, todas as políticas econômicas do regime convergiram para o reforço dos laços do Brasil com o sistema capitalista mundial, a luta pela industrialização a qualquer preço e o reforço do capitalismo monopolista. Isso não implica que a eventual conexão orgânica das várias políticas – o liberalismo recessivo de Castelo, a expansão do consumo privado no Milagre, o nacionalismo estatizante de Geisel – tenha sido percebida como tal pela sociedade civil. Para empresários, consumidores de classe média, trabalhadores em geral, a maior ou menor adesão política ao regime militar esteve sempre ligada à percepção dos efeitos da política econômica sobre o cotidiano dos negócios, do consumo e da sobrevivência. A sociedade navegou ao sabor dos ventos econômicos ou se viu refém do desenvolvimento capitalista que ampliou as estruturas de oportunidades profissionais para os segmentos de formação superior, concentrados na classe média, mesmo para aqueles que não simpatizavam com o regime.

No caso das ditaduras, outra questão poderia ser pensada. Será que as crises econômicas fazem aflorar crises de consciência?

O primeiro governo militar, comandado pelo general Castelo Branco, foi marcado por uma política de controle da inflação e reorganização institucional do ambiente macroeconômico no Brasil. A inflação que ajudara a derrubar o governo João Goulart foi vencida pelo controle salarial e pela inibição da atividade econômica que se refletiu nos preços. Mas aumentou a decepção e a impopularidade do governo junto à classe média e a frações da burguesia. Para ambos, o golpe de Estado afastaria não apenas o fantasma do comunismo, mas também seria uma porta de acesso imediato à felicidade prometida pelo capitalismo. O tempo passava, e o governo Castelo não revertia o quadro recessivo. As prioridades eram estruturais e, para remover os entraves do desenvolvimento capitalista, o primeiro governo do regime militar não poupou medidas. Os responsáveis pela política econômica, Mário Henrique Simonsen e Roberto Campos, justificaram as reformas implementadas no período 1964-1967 que tinham como objetivo remover cinco "falhas institucionais":[216] a) a ficção da moeda estável na legislação econômica; b) a desordem tributária; c) a propensão ao déficit orçamentário; d) as lacunas do sistema financeiro; e) os focos de atrito criados pela legislação trabalhista.

Nessa linha de ação, o novo governo tomou várias medidas. As prioridades eram a renegociação da dívida externa, de US$ 3,8 bilhões, basicamente nas mãos de credores privados, e com vencimentos a curto prazo. Atendendo aos padrões dos credores, o Brasil conseguiu novos recursos do FMI no começo de 1965, aliviando a situação das contas externas. A Lei de Remessa de Lucros de 1962, uma das pedras de toque da esquerda, foi reformada, tornando-se menos onerosa ao capital estrangeiro. A negociação da dívida externa com aval dos Estados Unidos deu novo fôlego às tomadas de dinheiro estrangeiro. Essas medidas tornaram o "ambiente calmo" para os negócios, chanceladas pelo liberalismo do ministro Roberto Campos, conhecido pela esquerda como Bob Fields pelas suas relações atávicas com os interesses norte-americanos. A abertura comercial para o exterior só veio incrementar ainda mais esta "calmaria", com várias medidas que visavam estimular a exportação via mecanismo de renúncia e isenção fiscal. Os mecanismos que normatizavam o crédito direto ao consumidor foram simplificados e o mercado de ações foi estimulado, com a criação de bancos de investimento. Para controlar a inflação, a taxa de juros foi aumentada para 36% ao ano, diminuindo somente em 1967, e foi criada uma nova moeda, o Cruzeiro Novo.[217]

No plano trabalhista, o governo Castelo foi particularmente intervencionista. Desenvolveu-se uma nova fórmula para reajustes salariais, baseados na incorporação parcial da inflação passada, o que na prática significa um arrocho salarial. Ainda no campo trabalhista, a previdência social foi unificada, com os vários institutos setoriais reunidos no INPS (Instituto Nacional de Previdência Social). Uma nova Lei de Greve, promulgada em junho de 1964, reconhecia o direito de greve limitado a questões salariais, desde que fosse objeto de votação em Assembleia Geral organizada pelo sindicato oficialmente reconhecido, obedecesse a um complicado processo decisório, altamente burocratizado, e esgotasse as possibilidades de conciliação. Estavam proibidas greves de servidores da União, greve por motivos de ordem ideológica e ocupações de locais de trabalho pelos grevistas.

O Paeg (Plano de Ação Econômica do Governo), lançado em agosto de 1964, não tinha propriamente um caráter de planejamento estratégico da economia, mas um conjunto de medidas de intervenção, executadas por diversos órgãos colegiados do governo na forma de políticas setoriais.

Um dos pilares do Paeg era a reestruturação do sistema fiscal. A primeira medida foi cortar gastos, incluindo no próprio Ato Institucional (posteriormente na Constituição) artigo que proibia o Poder Legislativo de aumentar as despesas na votação do orçamento da União.

Aliás, diga-se, não havia propriamente um sistema fiscal no Brasil até meados dos anos 1960. Vários impostos como IPI, ICMS, IOF e ISS tiveram seus ancestrais na Emenda Constitucional nº 18, de dezembro de 1965. A Emenda foi a base para um verdadeiro e integrado Código Tributário Nacional, que até então não existia, mas demonstra que o regime tinha um bom apetite fiscal, cujos tributos continuavam a incidir de maneira desigual e regressiva. Aliás, durante a democracia de 1946, derrubada pelo golpe, a carga tributária oscilava de 13% a 17%, apresentando uma média menor do que nos tempos da ditadura, embora o sistema fosse caótico, com impostos pouco funcionais ou que incidiam diretamente sobre as empresas, e não sobre a circulação da riqueza. A carga tributária em relação ao PIB aumentou para 21% do PIB em 1967.[218] Os impostos devidos foram reajustados conforme o índice de inflação passada, o que aumentou o caixa do governo e reduziu o déficit fiscal para cerca de 1% do PIB.

A reforma estrutural do sistema financeiro também foi uma das prioridades do Paeg. Sem financiamento, nenhuma economia cresce, sobretudo economias periféricas do sistema capitalista, sem grande poupança interna privada e com muitas pressões de gasto público. Ainda em 1964, foi criado o Banco Central, que deveria ser a "autoridade monetária" do Brasil, retirando esta função da Sumoc (Superintendência de Moeda e Crédito), organizando a política de emissão de moeda e as regras cambiais. Para captar recursos privados para os cofres públicos, criaram-se as ORTN (Obrigações Reajustáveis do Tesouro Nacional). As ORTN foram um recurso engenhoso e perverso, ao mesmo tempo, na captação de recursos para financiar o déficit público. Por um lado, evitavam a emissão de moeda, o que aumentaria a inflação. O governo vendia as ORTN, títulos resgatáveis e reajustados conforme a inflação. Por outro, criaram um mecanismo de indexação geral dos preços da economia, uma das bases dos "gatilhos" de reajuste que alimentariam a estagflação[219] (inflação alta, constante e de longa duração), e que só seria desmontado com o Plano Real, em 1994. Naquele contexto, em 1964, deram resultado, permitindo o financiamento de mais de 80% do déficit fiscal da União, sem necessidade de fabricar mais dinheiro.

Para resolver o problema crônico da moradia, que assombrava a classe média, e era particularmente trágico para a classe operária, criou-se o Sistema Financeiro da Habitação, integrando o Banco Nacional da Habitação (BNH), a Caixa Econômica Federal e caixas estaduais. Para gerar recursos ao sistema habitacional, o FGTS foi criado em 1966, funcionando como uma poupança compulsória que incidia sobre o salário dos trabalhadores na ativa. Se, por um lado, onerava a folha de pagamentos, por outro, flexibilizava a relação entre empregadores e empregados, facilitando a demissão em caso de ajustes e sazonalidades da economia, demanda fundamental do patronato. Na ausência de um seguro-desemprego, o FGTS desempenhava um papel parecido, embora o mecanismo da "demissão por justa causa" impedisse o acesso do trabalhador aos recursos.

A amplitude e abrangência das reformas econômicas do primeiro governo militar entram em choque com seu pretenso caráter de "governo-tampão". A partir dele o Estado brasileiro se reforçava como uma grande agência reguladora e normativa das relações socioeconômicas, no plano fiscal, monetário e trabalhista, visando otimizar a expansão capitalista. Mas estas reformas estruturais pouco impactavam o cotidiano da população, a não ser no que tinham de negativas e repressivas.

A condução da política econômica é um campo de reflexão privilegiado para pensar a relação entre militares e civis durante a ditadura, posto que nos últimos anos vem crescendo entre historiadores a tese da "ditadura civil-militar".[220]

Os quadros civis tinham predominância no preenchimento de cargos de primeiro escalão na área econômica do governo, nos ministérios, órgãos colegiados[221] e agências executivas.[222] Apesar de comandar estatais importantes ou preencher cargos de comando em muitos órgãos, o papel dos militares era mais de veto e de indução das estratégias políticas gerais, incluindo a econômica, do que de gestão direta e intervencionista na forma de ocupação de cargos de comando e coordenação.

Se tomarmos como sinônimo de "militarização" a presença direta de militares nos postos burocráticos de alto escalão, à primeira vista parece que o regime militar foi pouco militarizado no que tange à política econômica, se compararmos com outras áreas do governo. No setor de comunicações, transportes e energia, o grau de militarização do aparelho de Estado era bem maior. Na área de segurança, era total. Na política industrial ou energética, era decisiva, subordinando-as ao projeto estratégico de "Brasil Grande Potência", o que sugere que o conceito de militarização de Estado não pode ser tomado em seu aspecto meramente burocrático e quantitativo. Isso não se contradiz com o reconhecimento que, ao longo do regime e no interior de um governo específico, não houvesse diversos grupos os quais, em muitos casos, entravam em conflito sobre a melhor maneira de conduzir as políticas de Estado. Nem mesmo o Exército, com sua propalada unidade e coesão, como gostavam de dizer os comandantes, escapava dos conflitos políticos e disputas pessoais de poder. Portanto, militarização não quer dizer nem ocupação total ou majoritária dos postos burocráticos nem ausência de conflitos e debates políticos em nome de uma pretensa unidade da caserna. Militarização, no contexto do regime militar brasileiro, deve ser entendido como tutela militar – dentro de alguns princípios definidos pela DSN – do sistema político, controle repressivo do corpo social (em diversos graus e tipos), ocupação dos cargos de "poder formal" (a começar pela Presidência da República) e capacidade de indução e enquadramento dos mecanismos de "poder real", o que inclui a burocracia civil de Estado.[223]

A ausência de uma ideologia rígida no interior da DSN ou das próprias Forças Armadas brasileiras deu ainda mais capacidade ao regime para incorporar setores civis, dialogar com as elites empresariais e lidar com as contradições que a política enseja cotidianamente.

Este arranjo distributivo entre civis e militares na condução do governo, com ampla predominância dos civis na burocracia de Estado de alto escalão, não deve ser tomado como prova de um regime civil-militar no qual ambos os setores tivessem o mesmo grau de importância no sistema decisório de Estado. O poder de veto dos generais que comandavam o país, o papel do SNI em avaliar a nomeação de funcionários e assessores de Estado conforme critérios ideológicos, a vigilância militarizada em todos os ministérios e o lugar central do conceito de desenvolvimento na Doutrina de Segurança Nacional são indicadores qualitativos de um regime efetivamente militar, ainda que organizado em benefício da plutocracia civil nacional e multinacional. O papel tutelar da cúpula das Forças Armadas, a começar pelos presidentes-generais, não deve ser subestimado, mesmo que não se confunda com a operação administrativa rotineira das políticas públicas do regime.

Entretanto, é inegável que, na área econômica, a presença burocrática e corporativa dos civis nos órgãos e cargos de planejamento e decisão é marcante. Entre estes podemos incluir a tecnoburocracia de carreira, intelectuais recrutados no mundo acadêmico para ocupar cargos comissionados ou de assessoramento ou membros orgânicos do setor empresarial que ocupavam cargos nos diversos conselhos de Estado.

O Conselho Monetário Nacional (CMN) era o órgão que, na prática, gerenciava o conjunto das políticas econômicas do governo até 1974, evitando, entretanto, se confundir com uma burocracia planificadora centralizada. Com isso, o governo militar, tão duro com os movimentos sociais e com o sistema político, não queria ser confundido com uma ditadura pra valer no plano econômico. Afinal, o golpe fora dado em nome da "livre-iniciativa". O CMN era o espaço de debates, trocas de informações, tomadas de decisão, mesclando gestão política e intermediação de interesses.[224] A partir de seus influxos, atuavam os ministérios e as agências executivas, como o Banco Central, a Superintendência Nacional de Abastecimento (Sunab), o Banco do Brasil, entre outros.

Por volta de 1967, o Brasil estaria "preparado para crescer", do ponto de vista capitalista, devidamente integrado ao sistema capitalista mundial liberal, que considerava qualquer defesa do mercado interno como protecionismo e qualquer medida de nacionalismo econômico, uma mera distorção populista (como se nunca tivessem pautado as políticas dos países centrais do sistema). Mas o governo Castelo não capitalizou, politicamente falando, a ampla reforma estrutural.

Terminou seu mandato como um presidente que patrocinara o baixo crescimento e não tivera ousadia para superar a crise.

Percebendo que a política recessiva do governo Castelo Branco minava a relação do regime com suas principais bases sociais de apoio – a classe média e a burguesia nacional –, Costa e Silva mudou os rumos da política econômica. Para agradar os setores nacionalistas, inclusive do Exército, não referendou o acordo com o FMI, o que virtualmente significaria manter a política recessiva e ortodoxa de controle da inflação e das contas públicas. Uma das primeiras medidas foi abaixar a taxa de juros para 22%, uma queda repentina de 14 pontos percentuais, tornando o crédito mais barato.

É certo que parte dos objetivos do Paeg já tinham sido atingidos: o controle da inflação, a recuperação fiscal e o controle dos aumentos salariais, tidos como principais responsáveis pela inflação. Na lógica dos economistas ortodoxos que estavam por trás do plano, quanto menos dinheiro no bolso, menos demanda por produtos. Resultado: os preços individuais cairiam com o rebaixamento da demanda. Quanto menos emissões monetárias por parte do governo, menos dinheiro em circulação na economia. Resultado: a massa monetária reduzida se compatibilizaria com a baixa oferta de produtos da ainda tímida indústria nacional.

Em meados de 1967, reconhecendo que esta política recessiva estava causando mais problemas que soluções, Costa e Silva nomeou um jovem professor de economia da Universidade de São Paulo, Antonio Delfim Netto, para ser o principal gestor da economia brasileira. Mesmo não sendo propriamente um economista keynesiano, Delfim era flexível na incorporação da ortodoxia monetarista. Assim, entrou em choque com o diagnóstico e com os remédios propostos pelo Paeg, como a rígida disciplina fiscal, o controle do crédito e da emissão de moeda.[225]

Delfim, ao contrário dos mais ortodoxos, entendia que a inflação no contexto da segunda metade dos anos 1960 era causada mais pelo custo da reprodução da mão de obra do que pela alta demanda de consumo. Um dos principais componentes do custo de produção, o preço da mão de obra, (notadamente, os salários dos trabalhadores do setor industrial), estava depreciado pelo rígido controle dos reajustes que sempre perdiam para a inflação. A boa safra agrícola de 1967, aliada à vigilância do governo junto aos preços oligopolistas, materializada na criação do Conselho Interministerial de Preços (CIP) em 1968, permitiu controlar a inflação. Entretanto, o custo de reprodução de mão de obra ainda era alto, pela baixa oferta de alimentos, serviços de transporte e moradia, sobretudo. Era notória a ineficácia da agricultura brasileira em produzir gêneros de primeira necessidade para o mercado interno, constituindo-se um dos fatores históricos da pressão inflacionária, particularmente grave para as populações de baixa renda. O lançamento do Programa Estratégico de Desenvolvimento (PED), em meados de 1968, tentou dar coerência de longo prazo às novas posturas na política econômica.

Assim, era possível crescer apostando no consumo de bens duráveis dos segmentos mais endinheirados da classe média que perfaziam um mercado de cerca de vinte milhões de pessoas, pouco mais de 20% da população. O Estado, cujo caixa estava reforçado por novos impostos e pelos empréstimos internacionais, continuaria investindo em grandes obras, estimulando o mercado da construção civil, que passaria a crescer cerca de 15% ao ano até 1973.

A partir de meados de 1968, os efeitos do crescimento econômico começam a aparecer. A forte expansão da moeda e do crédito foi canalizada para o setor privado.[226] O comércio exterior aumentou significativamente, com forte crescimento de exportações de manufaturados (39% média anual), compensando o igual aumento das importações de petróleo e máquinas.

Entretanto, a percepção do "milagre", ou seja, a percepção pelos agentes econômicos e pelo governo de que o crescimento era inexorável, autoalimentado e sustentável por longos anos, só ocorreria por volta de 1970. A prova disso é que em 1969, como se assustado pela retomada da produção e da demanda, o governo pisou no freio da expansão do déficit e da moeda, voltando a se concentrar no combate da inflação, como nos tempos do Paeg.[227] Por outro lado, Delfim procurou estimular a capacidade de geração de recursos próprios na iniciativa privada, seja pela renúncia fiscal, seja pelo estímulo ao mercado de capitais. Estas duas ações reduziriam a demanda por crédito bancário (consequentemente reduzindo a pressão sobre os juros) e por emissão de moeda, fatores que poderiam realimentar a inflação. Os empresários aplaudiram, mas nem todos no governo gostaram. A saída do general Albuquerque Lima do governo, ministro do Interior que defendia uma economia mais autárquica, estatal e nacionalizante, foi a maior expressão deste descontentamento dos setores nacionalistas.

Mas havia uma diferença entre a ortodoxia econômica radical, que havia gerenciado o Paeg, e a postura flexível de Delfim Netto. No caso da primeira, o controle da inflação é meta estratégica. Para o segundo, era tática. O estratégico era o desenvolvimento contínuo no longo prazo, entendido como dinamização da iniciativa privada e expansão industrial à base de expansão do consumo de bens duráveis. Esta opção acabou sendo a base material do ufanismo que tomaria conta do governo e de parte da sociedade, em 1970, e que revelou-se importante no isolamento social da luta armada de esquerda.

As derrotas impostas às guerrilhas e a retomada de altos índices de desenvolvimento econômico permitiram ao regime contornar a crise política que ameaçava sair do controle em 1968/1969. A censura, o sistema repressivo e a propaganda oficial, é claro, também ajudaram a criar um clima de calmaria e paz social, mais próxima de uma paz de cemitério, ao menos no plano político.

É inegável que, para a imensa maioria da população pouco envolvida com a ideologia revolucionária da esquerda e sem uma opinião política muito clara e coerente, o Brasil vivia tempos gloriosos no começo dos anos 1970: pleno emprego, consumo farto com créditos a perder de vista, frenesi na bolsa de valores, tricampeão do mundo de futebol. Grandes obras "faraônicas" eram veiculadas pela mídia e pela propaganda oficial como exemplos de que o gigante havia despertado, como a Ponte Rio-Niterói, a Usina de Itaipu e a Rodovia Transamazônica. Para os mais pobres, a fartura, ainda que concentrada, fazia sobrar algumas migalhas. Era a materialização do projeto Brasil Grande Potência, o auge da utopia autoritária da ditadura, que não deixou de seduzir grande parte da população e da mídia.[228]

Médici manteve um modelo administrativo herdado ainda de Costa e Silva. Nesses dois governos militares, houve um aparelhamento do Estado para gerir o desenvolvimento, com a criação do Conselho Monetário Nacional presidido por Delfim Netto. O CMN, até 1973, foi o "lócus privilegiado da barganha e negociação com diversas frações do capital".[229] Nele, sentavam e tinham voz vários representantes do empresariado.

A outra ponta do modelo administrativo consagrado na virada dos anos 1960 para os anos 1970, que examinaremos em outro capítulo, era a segurança nacional, que incluía os temas políticos, em geral. Este campo da política de governo era gerido pelo SNI e pelo Conselho de Segurança Nacional (CSN), instituições totalmente militarizadas. Cabia à Casa Civil fazer a mediação entre as duas instâncias, e entre elas e o "pessoal político" do governo (Arena e governadores).

O sucesso deste modelo administrativo tinha como base material o impressionante crescimento econômico obtido entre 1968 e 1973, conhecido como "milagre brasileiro". A bem da verdade, esse milagre não era o resultado da ação dos santos de casa. O ambiente internacional excepcionalmente favorável no final dos anos 1960, aliado às políticas internas repressivas que estavam mais para o inferno do que para o céu, é que lhe sustentavam. Em relação aos fatores externos, vale lembrar que o capitalismo mundial vivia o auge do seus "Trinta Anos Gloriosos", como ficou conhecida a época que se seguiu ao fim da Segunda Guerra Mundial e terminou com a crise do petróleo em 1973.[230] Sobrava dinheiro entre os banqueiros e investidores, dólares a custo baixo, ávidos por investir em mercados seguros. O Brasil precisava de grandes (e caras) obras estruturais, tais como hidrelétricas, portos e estradas, para desafogar seus gargalos produtivos, mas não tinha poupança interna suficiente para financiá-las. Cabe reiterar que a expansão econômica a partir de 1967 foi preparada pelas medidas impopulares e amargas contidas no Paeg de Castelo Branco, ancoradas em um pensamento econômico ortodoxo e ultraliberal de combate à inflação, controle do reajuste salarial e disciplina fiscal.[231]

A ditadura brasileira, ao afastar o fantasma do reformismo distributivista e da revolução socialista, tinha deixado o ambiente de negócios "calmo", como os analistas gostam de dizer até hoje. O Brasil era um mercado seguro para o capitalismo financeiro, ainda mais com a inflação sob controle a partir de 1966. Até 1973, a economia brasileira combinou altíssimas taxas de crescimento com inflação declinante, ainda que os índices desta sofressem certa manipulação, sobretudo após o primeiro choque do petróleo. Para dourar ainda mais o paraíso econômico desenhado pela ditadura, o saldo da balança de pagamento era positivo. A bolsa de valores entrava em frenesi, com seus índices exibidos continuamente na televisão todas as manhãs, entre desenhos animados e programas para donas de casa.

Delfim Netto, mantido como czar da economia à frente do todo-poderoso Ministério da Fazenda, sentiu que o momento político permitia maior ousadia nas ações econômicas, rompendo com o espírito contábil, tão caro aos economistas e tecnocratas, mais preocupados em fechar as contas do governo. Para atingir os níveis de crescimento projetados, cerca de 9% ao ano, passou a estimular a agricultura e a exportação, aprofundando medidas já esboçadas no governo Costa e Silva. As dúvidas esboçadas pelo Ministério do Planejamento, mais ortodoxas e talvez mais consequentes, não foram suficientes para atrapalhar esta utopia com o realismo chato dos planejadores de longo prazo. Em teoria, o desenvolvimento combinado da agricultura e da exportação (de manufaturados, sobretudo) estimulariam o mercado interno e a indústria de bens duráveis (como eletrodomésticos) e bens intermediários (como as siderúrgicas), eixo do milagre.

Os índices de crescimento explodiram em 1970 e 1971, ano em que foi lançado o I Plano Nacional de Desenvolvimento. Em que pese o nome pomposo, Delfim Netto era mais afinado a políticas de estímulo pontual e combinado, evitando metas preestabelecidas e ações rígidas de longo prazo.[232] Mesmo as incertezas dos empresários quanto à falta de matérias-primas, insumos, e o aumento dos custos entre 1972 e 1976 não se traduziram em baixo crescimento econômico. Ao contrário. Mas, ao mesmo tempo, a inflação, problema estrutural na economia brasileira, voltava a pressionar a política econômica e causar inquietação no governo. Os operadores políticos e econômicos do regime sabiam que inflação alta seria um caminho para a insatisfação popular, sobretudo em um país de graves desigualdades, para a perda de apoio na classe média. E se isso acontecesse, o regime como um todo seria questionado, não apenas este ou aquele governo. Não por acaso, os índices oficiais de inflação de 1973, ano de definição na sucessão presidencial, foram manipulados para baixo.[233]

A expansão do crédito para assalariados médios permitiu que a classe média, como um todo, consumisse bens duráveis, pagando a perder de vista. O "fusca", modelo popular da Volkswagen, tornou-se o símbolo da expansão do consumo no Brasil. Mesmo para setores da classe média baixa composta por pequenos funcionários, comerciários, escriturários, o primeiro fusca e o sonho da casa própria podiam se tornar realidade, com a expansão dos "conjuntos residenciais" do Banco Nacional da Habitação (BNH) a preços acessíveis pagáveis em prazos longuíssimos. Era comum, na primeira metade dos anos 1970, crianças pequenas ganharem uma caderneta de poupança em seus aniversários.

Nunca fomos tão felizes! O projeto do Brasil Grande Potência parecia ter uma base material inédita. O sucesso econômico do regime também se transformava em sucesso político com a derrota da luta armada de esquerda, que na ótica do regime era apenas uma desagradável serpente a perturbar a harmonia do paraíso capitalista finalmente atingido.

No entanto, como foi dito no começo deste capítulo, a frase é ambígua. O milagre tinha um lado B. O superávit na balança de pagamentos, garantido pela farta entrada de dinheiro estrangeiro, na forma de empréstimos e investimentos diretos, convivia com regulares déficits comerciais. O saldo em conta-corrente era crescentemente deficitário, revelando a fragilidade financeira da economia e sua dependência de dinheiro externo. As exportações aumentaram, efetivamente, mas estavam concentradas em setores com baixo valor agregado, ou seja, produzidos por uma cadeia produtiva restrita, extensiva e de baixa tecnologia. Os setores mais dinâmicos da indústria, nas mãos das multinacionais, estavam voltados para o consumo interno.

A concentração de renda e o arrocho salarial, parte do processo de desenvolvimento capitalista periférico, mas aprofundado pelas políticas do regime, também eram notórios. Em 1970, comparando-se os números com dez anos antes, os 5% mais ricos da população aumentaram sua participação na renda nacional em 9%, e detinham 36,3% da renda nacional. Os 80% mais pobres diminuíram sua participação em 8,7%, ficando com 36,8% da renda nacional.[234] Quando a inflação voltou a subir com força, a partir de 1974 e, sobretudo, a partir de 1979, os efeitos dessa perda de renda relativa e do arrocho salarial ficariam mais patentes, gerando ampla insatisfação nas classes populares que, ao contrário da classe média, não tinham gorduras para cortar. Era a própria subsistência que se via ameaçada.

A concentração de renda foi uma opção fria e racional dos gestores do milagre. Em primeiro lugar, estava ligada ao princípio do controle dos salários como principal componente do custo de mão de obra. O salário mínimo, utilizado como indexador para muitas políticas de remuneração, foi particularmente atingido, como vimos. Por outro lado, os tecnocratas sabiam muito bem que a indústria brasileira da era do milagre não conseguiria atender a um aumento de demanda, sobretudo de produtos duráveis e moradias. Isso só seria possível mediante uma política de redistribuição de renda, o que geraria a perda do controle dos preços. Por fim, o governo apostava na capacidade de poupar dos segmentos mais bem remunerados da classe média, elemento fundamental para superar a crônica falta de poupança interna da economia brasileira, fundamental para o desenvolvimento. Em outras palavras, os mais pobres com mais dinheiro gastariam mais e, no limite, se endividariam, pressionando o crédito e os juros.

Durante o milagre, e mesmo ao longo dos anos 1970, o mercado da construção era estratégico para absorver o grande contingente de mão de obra desqualificada que migrava do campo para a cidade. Expulsos pela tradicional miséria social e falta de oportunidades de trabalho no meio rural brasileiro, sobretudo no Nordeste, dominado por latifundiários que entendiam a terra como fonte de renda, prestígio e especulação, os camponeses chegavam à cidade dispostos a trabalhar em qualquer lugar, sob as condições mais insalubres, recebendo baixos salários.

O primeiro grau de absorção desta mão de obra migrante era a construção civil e os serviços domésticos. Alguns dos migrantes mais capazes e com escolaridade mínima conseguiam emprego como operários desqualificados nas grandes e médias indústrias, onde teriam alguma chance de se tornarem operários especializados. Apesar das dificuldades, da ausência de direitos sociais e trabalhistas e da superexploração no trabalho, os migrantes experimentavam, eventualmente, uma vaga sensação de melhoria de vida. Ao menos, havia a expectativa de ter acesso a água, comida, saúde e escolas para os filhos, luxos impossíveis para o camponês brasileiro dos anos 1970, mesmo com os equipamentos de saúde, educação e transporte sempre deficitários em relação às demandas provocadas pelo inchaço urbano.[235]

Se o regime militar não tinha inventado este processo de êxodo rural, desencadeado desde os anos 1950, ele o incrementou sem as devidas políticas sociais atenuantes. Mas o pleno emprego dos tempos do milagre e o controle da inflação, sobretudo nos itens básicos de subsistência, atenuavam os efeitos da superexploração, dos baixos salários e das dificuldades vividas pelo migrante e sua família no meio urbano. Em pouco tempo a distribuição da população brasileira entre campo e cidade se inverteria, expressando um dos mais dramáticos e súbitos casos de êxodo rural de toda a história. Até hoje, as cidades brasileiras pagam o preço deste déficit social, que se traduz na precariedade de moradias para os mais pobres, na violência entre vizinhos de bairros populares, na explosão da criminalidade, na carência de equipamentos, transporte e saneamento básico. A democracia foi incompetente para reverter o quadro social de desigualdade incrementado pela ditadura, até porque os interesses econômicos por trás desta catastrófica "espoliação urbana"[236] pouco foram atingidos na transição entre ambas.

O próprio presidente Médici reconhecia, em uma de suas frases mais famosas cunhadas no auge do milagre: "o Brasil vai bem, mas o povo vai mal". O incômodo com a miséria urbana e rural não era apenas retórica. A miséria e o subdesenvolvimento, nos quadros da Doutrina de Segurança Nacional, eram vistos como problemas sempre aproveitados pela esquerda, ou pela "subversão", como queriam os militares, para desestabilizar a ordem. Além disso, não é exagerado afirmar que os militares, pelo seu histórico e formação, tinham uma real preocupação com a pobreza das classes populares, elemento que dificultava a ampliação das bases de recrutamento das três armas, sempre no limite em razão das doenças crônicas, da subnutrição e da ignorância incrementadas pela pobreza. Além disso, esse quadro social se refletia na imagem do Brasil no exterior, sempre objeto de preocupação por parte das elites militares. A miséria e a desigualdade foram o tema preferido do nacionalismo militar reformador que ameaçava crescer no Exército brasileiro novamente, depois do expurgo, à esquerda, feito no pós-golpe. Mas a estreiteza ideológica do regime de natureza conservadora, associada às bases econômicas do crescimento brasileiro e de seus grupos de pressão privados, inviabilizaria qualquer ousadia em políticas de distribuição de renda.

Assim, a política social esboçada pelo regime era apenas compensatória, como diziam os especialistas, revelando-se insuficiente para reverter o quadro de miséria e concentração de renda.²³⁷ Mesmo assim, teve algum impacto, sobretudo na população rural. Neste setor da sociedade, o governo Médici apontou para um plano de previdência, assistência e reforma agrária, com objetivos relativamente tímidos (3 mil famílias em três anos). Em maio de 1971, o governo lançou o Programa de Assistência ao Trabalhador Rural (Prorural), que parecia finalmente construir a previdência social no campo. Em julho de 1971, o governo Médici criou o Programa de Redistribuição de Terras e de Estímulo à Agroindústria do Norte e Nordeste – Proterra. Esses programas propunham a desapropriação de grandes propriedades improdutivas, mediante indenização para posterior venda a pequenos e médios agricultores, além de concessão de créditos para aquisição de glebas e fixação de preços mínimos de produtos de exportação.²³⁸

Para os trabalhadores urbanos, a criação do PIS-Pasep em 1970 parecia uma fonte de distribuição de renda para os trabalhadores, mas na verdade serviu mais como poupança forçada para a indústria, pois o recolhimento era feito seis meses depois da incidência, permitindo a formação de um capital de giro sem recorrer a empréstimos bancários. Mas também serviu para injetar recursos para o consumo dos assalariados.

No campo das políticas habitacionais, em 1973, o governo lançou o Plano Nacional de Habitação Popular (Planhap), destinado a eliminar em dez anos o déficit habitacional para as famílias com renda entre um e três salários mínimos, provendo-se a construção do equivalente a dois milhões de moradias. Em 1974, a faixa de atendimento do Planhap seria ampliada para até cinco salários mínimos. Em decorrência da aplicação do plano, previa-se a criação ou manutenção de duzentos mil novos empregos diretos e cerca de seiscentos mil empregos indiretos, mas os resultados obtidos ficaram muito aquém da projeção inicial.

Na educação, além da reforma universitária de 1968, que efetivamente impactou a organização das universidades no início da década de 1970, o ensino básico foi reformado em 1971, integrando o primário e o ginásio e mudando a grade do ensino médio. Para erradicar o analfabetismo das populações adultas, foi criado em 1970 o Movimento Brasileiro de Alfabetização (Mobral), que serviu mais como propaganda do governo do que como efetiva arma para alfabetizar os adultos, dada a metodologia tecnicista que o norteava.

Nota-se que além da ênfase compensatória, gerenciando pequenas transferências de renda e ampliando serviços públicos de assistência social e saúde para populações completamente desassistidas, sobretudo no meio rural, as políticas sociais do regime tiveram um caráter normatizador e regulador dos conflitos sociais, procurando dar um tom técnico e racional à gestão dos programas e agências. Mas isso não impediu que a crônica falta de capilaridade do Estado brasileiro no âmbito municipal tornasse nulos os efeitos dos programas, vítimas da má administração e da corrupção. A busca de expansão dos serviços de educação e saúde, sempre louváveis, não teve a contrapartida suficiente, em termos de investimento e gestão, para evitar a perda de qualidade. Os programas de habitação popular aderiram à lógica do mercado, voltando-se paulatinamente aos extratos das classes médias. O arrocho do salário mínimo comprometeu uma real política de renda previdenciária, suficiente para reverter o quadro de concentração e miséria.

Mesmo com a momentânea sensação de melhoria de renda e de qualidade de vida, logo os efeitos da migração desenfreada e do inchaço urbano se fizeram patentes entre as populações mais pobres. A desorganização familiar, visto que não havia escolas ou creches públicas suficientes para cuidar dos filhos dos trabalhadores enquanto eles estavam fora de casa, explodiu, expressando-se na tragédia social dos menores abandonados que vagavam pelas ruas roubando ou pedindo esmolas. A percepção da desigualdade, menos sentida na primeira geração de migrantes, tornou-se mais dramática para seus filhos e netos, sendo uma das causas ainda pouco estudadas da explosão da criminalidade. A ausência de poder público, a não ser pelo controle social violento das polícias, transformou os bairros populares em territórios de violência banal entre vizinhos, ligados diretamente à disputa por espaço ou por recursos materiais precários. O velho alcoolismo e as drogas recém-chegadas, como a cocaína, a partir dos anos 1980 completariam este quadro.

Mas foi na periferia das grandes cidades brasileiras que também se gestaram novas formas de sociabilidade, baseadas na solidariedade e na construção de laços políticos inovadores. Isso fez surgir novos movimentos sociais e comunidades religiosas que não fugiam à reflexão progressista e à ação transformadora no mundo, e que fizeram germinar uma nova cultura de política democrática no Brasil.

As fragilidades e dependências externas do milagre brasileiro ficaram patentes quando aconteceu a crise do petróleo em outubro de 1973. Tudo começou quando a aliança militar de países árabes, capitaneados pelo Egito e pela Síria, atacou Israel para recuperar os territórios perdidos na Guerra dos Seis Dias, em 1967. Inicialmente, Israel, pego de surpresa quando comemorava o Dia do Perdão, um importante feriado judaico, viu os árabes ganharem terreno. Mas o Ocidente não esqueceu seu fiel aliado. Sob a liderança dos Estados Unidos, vários países passaram a ajudar Israel na forma de suprimentos e armas, dando base para uma decisiva e bem-sucedida contraofensiva israelense.

Os árabes se uniram e fizeram valer sua maioria na Opep, o cartel que controlava a produção e o comércio de petróleo no mundo. Perdendo no terreno militar, utilizaram de maneira sábia a sua grande arma econômica. Em alguns dias, o preço do barril de petróleo triplicou, saindo de US$ 4 para US$ 12. A economia europeia dependente do petróleo quase entrou em colapso, ocasionando inclusive sérios racionamentos de energia. A economia americana, mesmo sentindo um pouco menos os efeitos do choque, também recuou. A era do *oil way of life* tinha acabado.

O Brasil, que importava mais de 90% do petróleo consumido no país, principal matriz energética da economia brasileira, sentiu profundamente os efeitos do "choque do petróleo", que era um componente de preços importante em quase todos os produtos do mercado.[239] O efeito só não foi mais devastador porque o dinheiro do mundo, agora nas mãos dos árabes – os chamados "petrodólares" –, continuava nos bancos ocidentais, os quais, por sua vez, continuavam emprestando para o Brasil.

Dessa maneira, foi possível ao recém-empossado governo Geisel lançar um dos mais ousados planos econômicos do regime. Mesmo com a crise do petróleo no final de 1973, e seu impacto na economia mundial, o regime militar não abriu mão da política desenvolvimentista. Entretanto, ela seria reorientada do ponto de vista econômico e administrativo, materializando-se no II Plano Nacional de Desenvolvimento, concebido para superar gargalos na indústria de base, no fornecimento de energia e de insumos. O lançamento do plano coincidiu com o primeiro ano de governo do presidente Ernesto Geisel, que tomou posse em 1974. O governo não poderia abrir mão do crescimento econômico, posto que ele era uma das condições fundamentais para implementar a política de distensão, delineada por volta de 1973.[240]

Por conta da crise do petróleo do qual a economia brasileira era dependente de importação, a balança comercial brasileira, a partir de 1974, apresentou enormes déficits, ultrapassando os 4 bilhões de dólares ao ano. Por outro lado, os dólares ainda fluíam para os países "em desenvolvimento", permitindo ao governo brasileiro manter ou aumentar o ritmo dos empréstimos para financiar o II Plano.

O Plano enfatizaria a indústria de bens de capital e a infraestrutura energética, tentando, no médio prazo, diminuir a dependência brasileira dos insumos importados. Essa mudança de foco exigiu o deslocamento do sistema decisório para outros órgãos, mais propriamente burocráticos e centralistas. Neste contexto, surgiu o Conselho de Desenvolvimento Econômico (CDE) instituído em 1974, que também transformou o Ministério do Planejamento e Coordenação Geral (Miniplan) em Secretaria de Planejamento da Presidência da República (Seplan). Os dois seriam, a partir de então, órgãos de assessoramento imediato do presidente da República. A função essencial do CDE era coordenar os ministérios e auxiliar "o presidente da República, segundo a orientação macroeconômica definida pelo II Plano Nacional de Desenvolvimento". O Conselho era presidido diretamente por Geisel.

O esforço desenvolvimentista do II Plano pode até ser considerado "bem-sucedido", se descontamos seu custo social. Ao menos até 1976, quando o ímpeto da política econômica desacelerou.[241] A economia cresceu até o final da década de 1970, mas o foco dos investimento, a inflação e o retrocesso no consumo das classes médias fizeram com que o descontentamento social crescesse. Os assalariados começaram a sentir ainda mais os efeitos do arrocho salarial implantado em 1964, agravado pela inflação crescente. Vale lembrar que no final da década de 1970 a inflação chegou a 94,7% ao ano; em 1980, já era de aproximadamente 110%, e em 1983 alcançou o patamar de 200%.

O quadro econômico bem poderia ser ilustrado pela piada que corria durante os tempos do regime, que invertia o sentido do *slogan* oficial. Se em 1964 estávamos diante do abismo, no final do regime tínhamos, realmente, dado "um passo à frente". Os golpistas se aproveitaram da crise econômica para derrubar Goulart, mas em fins dos anos 1970 o apoio ao regime militar perdeu suas bases sociais também por conta da crise. Ao fim e ao cabo, parece que James Carville, o estrategista eleitoral de Bill Clinton, tinha razão quando explicou por que Bill Clinton seria eleito em 1992, apesar de George Bush (pai) ser considerado imbatível depois de ter ganhado a Guerra Fria e a Guerra do Golfo: "É a economia, seu estúpido".

Dados econômicos do Brasil 1960-1984

Ano	Inflação em %	Crescimento do PIB em %
1960	30,5	9,4
1961	47	8,6
1962	51,6	6,6
1963	79,92	0,6
1964	92,1	3,4
1965	34,3	2,4
1966	39,1	6,7
1967	25,02	4,2
1968	25,4	9,8
1969	19,3	9,5
1970	19,3	10,4
1971	19,5	11,3
1972	15,7	11,9
1973	15,6	14
1974	34,5	8,2
1975	29,3	5,2
1976	46,3	10,3
1977	38,8	4,9
1978	40,8	5
1979	77,3	6,8
1980	110,2	9,2
1981	95,2	-3,1
1982	99,7	0,8
1983	211	-2,9
1984	223,9	5,4

Fonte: FGV/IBGE.

"A primavera nos dentes": a vida cultural sob o AI-5

No começo dos anos 1970, o campo artístico-cultural protagonizado pela esquerda viveu um momento paradoxal. Por um lado, estava cercado pela censura rigorosa às artes, sofrendo com a repressão direta a artistas engajados. Por outro, passava por um momento criativo e prestigiado socialmente, estimulado pelo crescimento do mercado e pelo papel político que assumiu como lugar da resistência e da afirmação de valores antiautoritários. Os meios de comunicação e a indústria da cultura como um todo conheciam uma época de expansão sem precedentes. Com o crescimento econômico, os bens culturais passaram a ser consumidos em escala industrial: telenovelas, noticiários, coleções de livros e fascículos sobre temas diversos, revistas, sinalizavam para a nova tendência "industrial" e "massiva" do consumo cultural, que se consolidaria na segunda metade da década de 1970. Pelas bancas de jornais e pela televisão, a cultura escrita chegava aos segmentos mais pobres da população (sobretudo operários qualificados, pequenos funcionários públicos e classe média baixa, como um todo). Mas nem só de "crítica" vivia a cultura brasileira dos anos

1970. Os novos tempos de repressão e censura, aliados a uma certa facilidade de produção e consumo, estimularam o crescimento de um mercado cultural marcado pela difusão de produtos de entretenimento, sobretudo na música popular e na televisão.

Os artistas mais prestigiados pela crítica e pela classe média intelectualizada estavam no exílio, forçado ou voluntário, como Gilberto Gil, Caetano Veloso, Chico Buarque, Augusto Boal, José Celso Martinez (depois de 1973), Geraldo Vandré. A repressão atingira todas as correntes estéticas e ideológicas que haviam se digladiado na cena cultural no final dos anos 1960: tropicalistas da vanguarda, comunistas ligados ao campo nacional-popular,[242] revolucionários ligados à luta armada. A primavera cultural da segunda metade dos anos 1960 parecia subitamente encerrada, literalmente, por decreto. A canção dos Secos & Molhados, grupo de grande sucesso no início dos anos 1970, poderia resumir o projeto cultural de oposição nos "anos de chumbo": "Quem não vacila mesmo derrotado / Quem já perdido nunca desespera / E envolto em tempestade, decepado / Entre os dentes segura a primavera".[243]

Segurar a primavera (cultural) nos dentes significava manter a vida cultural dentro de sua vocação crítica, partilhar de uma comunidade de leitores, espectadores e ouvintes que se viam como uma reserva de consciência libertária em tempos sombrios. Essa era a senha para a vida cultural partilhada, sobretudo, pela juventude secundarista ou universitária, pelos setores da classe média intelectualizada e ativistas dos movimentos sociais.

Enquanto o circuito universitário de cultura garantia aos artistas que ficaram no país uma alternativa de trabalho, as "comunidades" contraculturais protagonizavam uma nova forma, não comercial, de viver a cultura, baseada na prática do artesanato, na diluição das fronteiras entre vida e arte e na busca de novos valores morais e de um novo comportamento sexual, com base no chamado "sexo livre", fora dos padrões monogâmicos.[244] Para este segundo grupo, o uso das drogas, sobretudo a maconha e as drogas alucinógenas como o LSD, faziam parte da utopia de uma libertação individual e interior, ajudando a "expandir a mente", muitas vezes levando os jovens à dependência e, em alguns casos, à morte. Para os jovens politicamente engajados, na clandestinidade ou não, o problema era outro: não se tratava de buscar a libertação individual, mas a libertação "coletiva", a resolução dos problemas políticos e sociais do país. Expandir a mente era informar-se, intelectualizar-se, encarar a dura realidade do país.

Para a grande maioria dos jovens brasileiros de classe média e mesmo alguns das classes populares, o início dos anos 1970 representou a abertura de um grande mercado de trabalho, com novas possibilidades de consumo (por exemplo, a compra do automóvel, um dos ícones da juventude "alienada"). Longe de alternativas radicais de recusa ao sistema, politizada ou "desbundada", o jovem brasileiro "médio" queria apenas comprar o seu "Corcel 73" e tentar aproveitar o "milagre", conforme a ironia de Raul Seixas: "Eu devia estar contente porque eu tenho um emprego / Sou o dito cidadão respeitado / Ganho 4 mil cruzeiros por mês / Eu devia estar contente porque eu consegui comprar um Corcel 73 [...]".[245]

Mesmo os circuitos de consumo cultural de massa foram ocupados por um espírito crítico, ainda que sutil, e convivendo com produtos culturais despolitizados. Engana-se quem pensa que os produtos culturais engajados, criados por artistas de esquerda, estivessem destinados a pequenos círculos de consumo artesanal. Uma das marcas da década de 1970 foi o convívio de projetos culturais voltados para grupos sociais que se consideravam "alternativos", à margem, com a ocupação crescente do grande mercado pela arte de esquerda. Em muitos momentos, as fronteiras entre estes dois projetos ficaram diluídas. No teatro, na música popular e na teledramaturgia, a arte engajada de esquerda reestruturou o próprio mercado, entrando no coração da indústria cultural. Este processo não seria vivido sem dilemas e impasses, mas, sem dúvida, é uma das marcas mais singulares da resistência cultural ao regime militar.

Apesar de a repressão atingir a todas as correntes estéticas e ideológicas de oposição, sugerindo uma solidariedade em meio ao cataclismo, as lutas culturais dentro do campo da oposição não cessaram. O objetivo de todas elas era chegar às massas populares. Mas as linguagens, os caminhos e objetivos variavam.

No começo dos anos 1970, a vertente nacional-popular ligada à tradição de engajamento comunista ampliou sua estratégia de ocupação dos circuitos culturais, restritos ou massivos. Os artistas e intelectuais ligados a essa tradição denunciavam o "vazio cultural",[246] analisando como produto não apenas da censura e da repressão, mas também pelos desvios estéticos e ideológicos produzidos pelas vanguardas que confundiam choque de valores com consciência crítica. O alvo das acusações eram os tropicalistas, os grupos de teatro de vanguarda, como o Oficina, e os realizadores do cinema marginal. Para os comunistas e simpatizantes, não se tratava de "chocar a burguesia" agredindo seus valores, mas de conquistar seus corações e mentes para uma grande aliança contra o regime militar. A cultura e as artes deveriam ser o cimento dessa aliança, e não uma artilharia contra tudo e contra todos.

Em contrapartida, a vanguarda contracultural, já sem o ímpeto do final da década de 1960, sobretudo no teatro e na música popular, insistia que a crítica ao autoritarismo passava pela crítica radical aos valores burgueses, comportamentais e políticos a um só tempo. Para os jovens adeptos da contracultura, os militantes comunistas eram "caretas". Para os comunistas e simpatizantes do PCB, os artistas de vanguarda eram "desbundados". Os primeiros queriam ampliar o público. Os segundos, reinventá-lo.

O nacional-popular almejava a construção de um novo gosto para as massas, "consequente e crítico", a partir de valores preexistentes. Em áreas em que o mercado já era forte, como na música ou na televisão, a "corrente da hegemonia", nome dado aos artistas filiados ao nacional-popular de esquerda, impôs uma linguagem padrão para as suas obras que se confundiam com o gosto médio do público escolarizado. O grande sucesso da MPB no mercado fonográfico e da teledramaturgia feita por autores comunistas empregados pela Rede Globo são os exemplos mais paradoxais de uma linguagem artística tributária do nacional-popular triunfante na indústria cultural, ao mesmo tempo que vigiada pela censura estatal.[247]

Uma boa parte dos dramaturgos ligados ao Partido Comunista Brasileiro (PCB), como Dias Gomes, Oduvaldo Vianna Filho e Paulo Pontes, contribuiu para a revolução das novelas na telinha. Após 1970, estes e outros nomes foram contratados pela Rede Globo, com razoável liberdade de criação, para diversificar o estilo, a temática, a linguagem das telenovelas, aprofundando a tendência "realista" e "sociológica" já anunciada por *Beto Rockfeller*, em 1968. Estrategicamente, a televisão reservava um horário mais avançado, às dez horas da noite, para estes produtos, quando a maioria dos trabalhadores já tinha desligado a TV. Nessa faixa de horário, Dias Gomes, filiado ao PCB, veiculou novelas como *O Bem Amado*, *Bandeira 2* e *Saramandaia* (esta última muito próxima ao chamado "realismo fantástico" da literatura latino-americana). Não podemos nos esquecer duas experiências inovadoras na teledramaturgia dos anos 1970, levadas ao ar em formato diferente das novelas diárias: os *Casos Especiais* e o seriado semanal *A Grande Família* (uma família de classe média cheia de dificuldades em pleno ufanismo do milagre econômico), escritos e dirigidos pelos grandes dramaturgos também comunistas Oduvaldo Vianna Filho e Paulo Pontes. Por outro lado, o sucesso estrondoso de *Escrava Isaura*, em 1976, consolidou o horário das seis da tarde como a faixa das novelas com temas históricos, mais ligadas à tradição do folhetim histórico, com alguma pitada de crítica social.

No final dos anos 1970, sob o impacto dos novos movimentos sociais, o ímpeto participativo de artistas e intelectuais de esquerda renovava-se, passando de uma fase de "resistência" para uma fase mais crítica e agressiva, na medida em que as massas voltavam ao primeiro plano da vida nacional e, com isso, mudando completamente a correlação de forças entre a sociedade civil "democrática" e o Estado, dominado por um regime autoritário e coercitivo. Com a revogação oficial do AI-5, em 1º de janeiro de 1979, e o consequente fim da censura prévia, abriu-se uma nova era para a cultura brasileira. Músicas, peças de teatro e, sobretudo, livros de ficção, reportagem e ensaios históricos puderam ser publicados.

Nas artes, cujo debate muitas vezes era acompanhado pela imprensa mais engajada, o crescimento do interesse pela política gerou um grande debate público entre artistas de várias áreas, que ficou conhecido como o caso das "patrulhas ideológicas".[248] O termo foi cunhado por Cacá Diegues, ao sentir-se policiado pela crítica cinematográfica de esquerda, que reclamava um posicionamento político mais definido nas produções do cineasta, acusado de fazer filmes escapistas (como *Xica da Silva*, uma leitura carnavalizante da escravidão, e *Chuvas de Verão*, uma visão lírica da velhice nos subúrbios cariocas). O debate explodiu em 1978, e logo outros artistas, como Caetano Veloso e Gilberto Gil, se utilizaram da expressão para contra-atacar os críticos e o público de esquerda ortodoxa, que exigiam uma arte mais pedagógica, realista, exortativa e comprometida com a luta contra o regime militar. Esses artistas reconheciam a necessidade de realizar obras críticas, mas, para eles, o principal compromisso da arte deveria ser o de representar as diversas facetas da condição humana e da sociedade, sem se prender a uma linha político-partidária específica, considerada mais justa e correta do que as outras.

A música popular brasileira entrava nos anos 1970 com seus compositores mais prestigiados e emblemáticos fora do país, resultado dos efeitos do AI-5 no campo artístico. Artistas que, até então, eram verdadeiros ídolos, como Geraldo Vandré, Chico Buarque de Hollanda Caetano Veloso, foram duramente perseguidos. Este último, juntamente com Gilberto Gil, chegou a ser preso, assim permanecendo por três meses. Em julho de 1969, os dois baianos foram "convidados" a deixar o país, exilando-se em Londres durante três anos. Chico Buarque, vivendo uma fase de grande popularidade, foi poupado da prisão, mas também foi convidado a deixar o país em 1969, indo para a Itália. Quanto ao destino de Vandré, os primeiros boatos diziam que ele havia sido preso, torturado e sofrera "lavagem cerebral", passando a fazer músicas de apoio à ditadura. Em entrevista no ano de 1995 o próprio Vandré desmentiu essa versão[249] dizendo que, a partir da decretação do AI-5, ele ficou foragido e conseguiu sair do Brasil, dando início a um verdadeiro périplo por vários países do mundo, fixando-se em Paris até meados da década de 1970, quando voltou para o Brasil. Depois de uma breve detenção, Vandré declarou "morto" o seu personagem, tornando-se apenas um discreto advogado.

A grande tendência do mercado, com a crise dos festivais da canção e cerceado pela censura, era a música jovem, o pop e o rock, que garantiam um espaço maior na preferência de uma boa parte da juventude. A partir do Tropicalismo, diga-se, o pop e o rock passaram a fazer parte, inclusive, dos vários idiomas musicais que caracterizavam a música brasileira. A sigla MPB se tornava quase um conceito estético e, sobretudo, político, traduzindo uma música engajada, com letra sofisticada, de "bom nível" e, de preferência, inspirada nos gêneros mais populares, como o samba, constituindo assim um *mainstream* que ligava esses gêneros à Bossa Nova, às canções de festivais e ao Tropicalismo.[250]

O período que vai de 1969 a 1974 não foi dos melhores para a MPB, mais em função dos problemas políticos do que por uma crise de criatividade ou de mercado. O cerco da censura e o clima de repressão policial dificultavam a criação, a gravação das músicas e a performance para grandes plateias, sobretudo as plateias estudantis. Ainda assim, um considerável circuito de shows em *campi* universitários levava inúmeros artistas ao contato com o público mais aficionado da MPB. Alguns artistas já eram consagrados, como Elis Regina; outros nem tanto, como Taiguara, Gonzaguinha, Ivan Lins (membros do chamado Movimento Artístico Universitário – MAU –, que tentava renovar o time de compositores dentro do campo da MPB "sofisticada").

Mas a música brasileira não era só a MPB "universitária", como se dizia. Para suprir um mercado em crescimento, as gravadoras apostaram na música jovem internacional (sobretudo a *black music* americana, então em voga) e nas músicas compostas em inglês por brasileiros. Outro fenômeno de vendas foram as trilhas sonoras de novelas, sobretudo as da Rede Globo, que inventou até uma gravadora, a Som Livre, para comercializar este tipo de coletânea.[251] Foi também a época do chamado "sambão joia", feito por nomes como Os Originais do Samba, Luiz Airão, Benito di Paula, entre outros, uma música considerada pasteurizada e comercial, mas que tinha uma grande aceitação do público, parte da grande família da música dita "cafona", que, apesar do preconceito da classe média, considerando-a alienada e de mau gosto, chegou a ser censurada pelo regime.[252] Entre 1970 e 1974, o território do samba ainda consagraria nomes como Martinho da Vila, Paulinho da Viola e Clara Nunes (intérprete muito popular na época). O artista mais popular do Brasil era, indubitavelmente, o cantor Roberto Carlos, que entre 1969 e 1972 passava pela sua fase mais criativa, reforçando seu estilo romântico.[253] Para a opinião pública mais crítica, de esquerda, Roberto Carlos era sinônimo de alienação política, contraponto do engajamento musical que dominava a MPB mais valorizada.

Com a volta dos ídolos da MPB que estavam no exterior, como Chico Buarque em 1971 e Caetano Veloso em 1972, o cenário musical se animou. Chico gravou um álbum histórico, considerado um marco de qualidade poética na canção popular brasileira, chamado *Construção*. O *long playing* teve grande aceitação de público e crítica e recolocava Chico no primeiro plano da mídia e da cultura brasileiras. Caetano, depois de lançar o belo e melancólico *London, London* (cujas canções retratavam, em inglês, seu estado de espírito no exílio londrino), gravou *Transa* e o álbum experimental *Araçá Azul*, cheios de ruídos, arranjos e entonações inusitadas. Este, aliás, foi o maior encalhe da indústria fonográfica brasileira. Mas o exílio de Caetano o havia resgatado para a juventude universitária engajada, depois dos embates entre estes e o compositor baiano ao longo de 1968. Em 1972, os dois astros, Chico e Caetano, que até então representavam as duas grandes tendências estéticas e políticas da MPB, gravaram um álbum ao vivo, num histórico show em Salvador, lançado em LP com o título *Chico e Caetano, Juntos e Ao Vivo*. O show foi um verdadeiro ato de resistência contra a ditadura e a sua censura, sofrendo inúmeras sabotagens técnicas. Esse encontro, altamente simbólico, de dois grandes astros que dividiam as plateias dos anos 1960 foi complementado em 1974 por outro encontro artístico, entre Elis Regina e Tom Jobim, que também não eram lá muito amigos em meados dos anos 1960.

Em 1972, explodia outro fenômeno musical, já conhecido como compositor há algum tempo: Milton Nascimento (que trouxe junto consigo todo o Clube da Esquina, um conjunto de compositores, instrumentistas e intérpretes das Minas Gerais, que fundiam gêneros e estilos locais com o rock). O álbum *Clube da Esquina 1*, de Milton Nascimento e Lô Borges, era uma verdadeira coleção de clássicos da canção que apresentavam uma visão mais sutil, porém não menos crítica, do momento social e político. O *Trem Azul, San Vicente, Nada Será como Antes, Paisagem na Janela*, entre outras, retratavam a busca por liberdade individual e coletiva através de imagens poéticas sutis e músicas sofisticadas, fora das fórmulas que se conheciam até então.

A grande novidade musical de 1973 foi a renovação do rock brasileiro, que parecia encontrar um idioma próprio. Neste campo, destacaram-se Raul Seixas, com sua crítica ácida ao milagre e aos valores sociais (*Ouro de Tolo, Sociedade Alternativa, Mosca na Sopa, Metrô Linha 743*), e o meteórico conjunto Secos & Molhados, que revelou o cantor Ney Matogrosso, fundindo o melhor da poesia da MPB com a ousadia cênica e o clima instrumental do rock anglo-americano. Rita Lee, ex-Mutantes, iniciava uma trajetória própria e original, com letras criativas e críticas. Uma das experiências mais originais da música jovem brasileira de qualidade, no início dos anos 1970, foi o conjunto Novos Baianos, que ao mesmo tempo era uma comunidade hippie. Baby Consuelo (vocal), Pepeu Gomes (guitarra), Moraes Moreira (que seguiria uma carreira solo de sucesso) e Paulinho Boca de Cantor mesclavam samba, chorinho, frevo e rock, criando um idioma musical próprio e bem-aceito pelo público de rock e MPB.

A partir de 1972, a música brasileira parecia retomar certa ofensiva cultural e política contra o regime e galvanizar as massas populares em grandes eventos, através de espetáculos ao vivo. Mas os tempos continuavam difíceis para quem se propunha a fazer uma arte que fosse algo mais do que lazer. Além de *Chico e Caetano, Juntos e Ao Vivo*, o impactante *Phono 73* foi uma tentativa da gravadora Phonogram/Philips de retomar o clima dos festivais, organizando três noites de música ao vivo, com todo o seu elenco de estrelas da MPB e do rock brasileiro. Num destes shows, ocorreu o famoso episódio do desligamento do sistema de som, por ordens da censura, quando Chico e Gilberto Gil iriam cantar *Cálice*, um claro manifesto contra a censura e a repressão. As palavras "cálice" e "cale-se" se fundiam numa alusão direta à censura, e o "vinho tinto de sangue" remetia aos porões da tortura. Obviamente, a censura não gostou.

> *Pai... Afasta de mim este cálice, pai*
> *Afasta de mim este cálice, pai*
> *De vinho tinto de sangue...*

Em 1972, a Rede Globo resolveu valorizar o seu criticado e esvaziado *Festival Internacional da Canção* (FIC). Contratou Solano Ribeiro, produtor dos grandes festivais da Record, deu certa liberdade à comissão de seleção das músicas e colocou para presidir o júri a prestigiada (e oposicionista do regime) cantora Nara Leão. O cenário para mais um conflito com o regime estava armado e explodiu no manifesto do júri contra a censura. Alegando um problema na condução dos trabalhos, mas na verdade pressionada pelo governo, a Rede Globo destituiu a presidência do júri, e quando dois jurados (Roberto Freire e Rogério Duprat) tentaram subir ao palco para ler um manifesto contra a censura foram presos pelo Dops (a polícia política do regime) e chegaram a ser agredidos. A vencedora foi *Fio Maravilha*, de Jorge Ben(jor), interpretada pela cantora Maria Alcina, cuja letra falava de um ídolo do futebol e o ritmo dançante empolgava a plateia, deixando em segundo plano, para o grande o público, os incidentes e pressões políticas que marcaram o último festival da canção da "era dos festivais".

Nessa edição do FIC e na outra tentativa da Rede Globo de reeditar o gênero (*Festival Abertura*, 1974), consolidou-se uma tendência bastante peculiar da MPB dos anos 1970, a dos chamados "malditos". Famosos por praticarem certas ousadias musicais, *happenings* e declarações nada simpáticas ao gosto do público, nomes como Jorge Mautner, Jards Macalé, Luiz Melodia, Walter Franco, entre outros, desafiavam as fórmulas do mercado fonográfico, buscando linguagens e performances mais ousadas e provocativas. O nome "malditos" se consagrou como uma espécie de estigma que perseguia esses artistas: eram respeitados pela crítica e pelos músicos, mas não se enquadravam nas leis de mercado das gravadoras nem se submetiam às suas demandas comerciais, vendendo muito pouco e sendo quase esquecidos pelas emissoras de rádio mais populares.

Por volta de 1976, a MPB consolidou sua vocação oposicionista de resistência ao regime militar e de eixo do mercado fonográfico a um só tempo. Além disso, seus principais compositores foram muito beneficiados pelo abrandamento da censura, podendo compor canções com letras críticas, que tinham grande aceitação entre os ouvintes. Consolidava-se o fenômeno da "rede de recados", desempenhado pela canção popular na época da ditadura, que fazia circular mensagens de liberdade e justiça social, ainda que se utilizando de uma linguagem sutil e simbólica, numa época marcada pela repressão e pela violência.[254] Não é exagero dizer que a MPB foi uma espécie de "trilha sonora" da abertura, estando no centro de várias manifestações e lutas da sociedade civil na segunda metade dos anos 1970.[255]

A MPB se transformou no carro-chefe da indústria fonográfica brasileira, passando a ser consumida por amplos segmentos da classe média e chegando, em alguns casos, a ter uma boa penetração nos setores populares (sobretudo no final da década de 1970). Do ponto de vista comercial, a MPB era importante para a indústria fonográfica na medida em que seus ouvintes mais fiéis se concentravam nas faixas de consumo mais ricas e informadas da população. Geralmente, os artistas de MPB tinham maior liberdade de criação e podiam contar com maiores recursos das gravadoras para gravar seus LPs, pois, mesmo vendendo menos do que as ditas canções e os gêneros mais "populares", geravam muito lucro às gravadoras, uma vez que eram produtos mais caros e sofisticados, sendo vendidos a um preço maior. Além disso, a MPB movimentava um importante mercado de shows ao vivo. O interesse crescente pelos principais compositores e intérpretes da MPB, que já vinha dos anos 1960, garantia às rádios uma audiência mais sofisticada e com um maior poder aquisitivo, atraindo, consequentemente, anunciantes mais qualificados. Todos esses fatores faziam a máquina comercial funcionar em torno desse gênero, para além das suas virtudes propriamente estéticas ou políticas. Podemos dizer que, entre 1975 e 1980, a MPB viveu seu auge de público e crítica, com uma ampla penetração social e lugar destacado no mercado fonográfico.

O primeiro grande fenômeno de público desse *boom* de Música Popular Brasileira foi o show *Falso Brilhante*, no recém-inaugurado Teatro Bandeirantes, estrelado pela consagrada Elis Regina.[256] A partir de setembro de 1975, ao longo de 14 meses, com uma incrível média de 1.500 pessoas por noite, a cantora encantava a plateia com músicas que fundiam o lírico e o político, num conjunto harmônico de música, teatro e poesia. O LP homônimo foi um dos principais marcos de vendagem da carreira de Elis, que, ao lado de Chico Buarque de Hollanda, conseguiu executar uma difícil missão na área da cultura, conciliando qualidade e popularidade. Até sua morte precoce, em 1982, Elis seguiu uma trajetória de consagração artística e sucesso popular, cujo auge pode ser considerado a música *O Bêbado e a Equilibrista* (João Bosco/ Aldir Blanc), considerado o hino da luta pela anistia aos presos e exilados pelo regime, conseguida em 1979. Do ponto de vista pessoal, a cantora se reconciliava com o público de esquerda depois do polêmico episódio de sua participação na convocatória para o Encontro Cívico Nacional, um evento oficial do regime militar, em 1972.[257]

Outro nome fundamental para a MPB dos anos 1970 foi Chico Buarque de Hollanda, a "unanimidade nacional" segundo a crítica. O compositor passou por uma fase difícil, entre 1973 e 1975, quando o seu projeto teatral e musical *Calabar* foi totalmente proibido e Chico teve que inventar um pseudônimo para conseguir driblar a censura, o impagável "Julinho da Adelaide" (um fictício "sambista de morro"). Mas, a partir de *Meus Caros Amigos*, lançado no final de 1976, Chico reencontra o sucesso popular e os aplausos da crítica musical. São desse disco algumas canções antológicas como *Meu Caro Amigo*, *O Que Será*, *Mulheres de Atenas*, verdadeiros documentos poético-musicais para entender aquele momento histórico.

Caetano Veloso e Gilberto Gil lançam discos antológicos, como *Refazenda* (1975) e *Refavela* (1976), de Gil, e *Joia* (1975), *Qualquer Coisa* (1976), *Bicho* (1977) e *Muito* (1978), de Caetano. Este último, por sinal, um grande sucesso popular, puxado pela faixa *Sampa*, cuja letra propunha uma leitura totalmente nova da vida urbana e das contradições da modernidade brasileira. Caetano e Gil consolidaram sua vocação de "ídolos" da juventude mais intelectualizada e libertária, embora suas declarações políticas e comportamentais, bem como o visual *hippie* e andrógino, provocassem algum desconforto na juventude de esquerda, mais ortodoxa em termos de comportamento. Por exemplo, a música *Odara*, do LP *Bicho*, provocou uma grande polêmica entre Caetano e a esquerda nacionalista (mais uma, aliás...), pois a música era um apelo ao prazer e à dança, utilizando-se inclusive de uma batida *discotéque* (a grande moda pop da época), quando a esquerda achava que a música popular deveria cantar as agruras dos trabalhadores sob a tutela do regime militar.

Milton Nascimento marcou época com os LP *Minas* (1975), *Gerais* (1976) e *Clube da Esquina 2* (1978). A composição *O Cio da Terra*, feita em parceria com Chico Buarque, foi um grande sucesso popular nas vozes do Quarteto em Cy e do MPB4, tornou-se um dos hinos da luta pela reforma agrária, falando da vida camponesa e da busca pela dignidade humana de uma maneira sutil e poética. João Bosco e Aldir Blanc também se consagraram a partir de 1975, sendo responsáveis por verdadeiros clássicos da MPB, como *O Mestre-Sala dos Mares*, *Kid Cavaquinho*,

Plataforma e *O Bêbado e a Equilibrista*. Em suas músicas, Bosco e Blanc falavam do povo brasileiro e da resistência à ditadura de uma maneira ora bem-humorada (*Siri Recheado*), ora muito dramática (*Tiro de Misericórdia*), trabalhando com questões cotidianas, numa abordagem muito próxima à crônica jornalística. Gonzaguinha e Ivan Lins fechavam o primeiro escalão dos compositores engajados consagrados ao longo dos anos 1970. A eles juntavam-se novos nomes como Fagner (que explodiu para o sucesso em 1976) e Belchior (autor de dois grandes sucessos na voz de Elis, *Velha Roupa Colorida* e *Como Nossos Pais*).

A MPB, o samba e o rock acabaram formando uma espécie de frente ampla contra a ditadura, cada qual desenvolvendo um tipo de crítica, atitude e crônica social que forneciam referências diversas para a ideia de resistência cultural. A MPB, com suas letras engajadas e elaboradas; o samba, com sua capacidade de expressar uma vertente da cultura popular urbana ameaçada pela modernização conservadora capitalista; e o rock, com seu apelo a novos comportamentos e liberdades para o jovem das grandes cidades. Não foi por acaso que ocorreram muitas parcerias, de shows e discos, entre os artistas desses três gêneros.

Entre 1969 e 1971, os três mais importantes grupos teatrais brasileiros – o Arena, o Opinião e o Oficina –, desarticularam-se ou foram extintos. O Oficina encenou ainda três peças importantes: *Galileu* (B. Brecht), *Na Selva das Cidades* (B. Brecht) e *Gracias Señor* (criação coletiva). Nessas três montagens, evidenciou-se a desagregação interna do grupo: os conflitos de personalidade, os conflitos de gerações (entre atores "velhos" e "jovens"), as diferentes concepções de função social e estética teatral. Nesta última montagem, o Oficina absorvia de uma vez por todas a estética da contracultura, radicalizando as experiências de improvisação cênica e textual, de diluição de fronteiras entre arte e vida e público e obra. Em 1973, o último remanescente do Oficina original, o diretor José Celso Martinez Corrêa, saiu do Brasil.

No anticlímax que sofreu a classe teatral a partir do AI-5, depois de quatro anos sendo um dos eixos do debate estético e ideológico na sociedade brasileira, duas peças marcaram época: *Cemitério de*

Automóveis (Fernando Arrabal) e *O Balcão* (Jean Genet), ambas dirigidas por Victor Garcia e produzidas por Ruth Escobar. Esta se firmava como produtora independente e personalidade crítica, desafiando o cerceamento cultural imposto pelo regime militar e pela censura. Além disso, as duas peças apontavam para uma nova concepção de uso do espaço cênico do teatro. Mais pela concepção cênica e pela atuação dos atores do que pelo texto em si, foram uma espécie de manifesto contra a ditadura, estilizando a violência e a crueldade das instituições oficiais e conservadoras contra o indivíduo (como o Exército, a Igreja, a Justiça) e fazendo o público experimentar, esteticamente, a mesma violência que derrotara as revoluções populares e o direito de manifestar a crítica social e política. No caso de *O Balcão*, por exemplo, os espectadores tinham que se movimentar, para cima e para baixo, dentro de estruturas cilíndricas de metal que lembravam um cárcere.

O teatro, ao seu modo, refletiu também a contracultura no Brasil, manifestação de recusa global ao sistema e à sociedade estabelecida, característica da geração AI-5.[258] A estética da marginalidade, a opção pela transgressão aos costumes morais e sexuais, a crítica radical às instituições, tidas como base do sistema autoritário, apareciam em diversas peças contraculturais (*Gracias Señor, Hoje É Dia de Rock, Gente Computada Igual a Você*). Uma encenação irracionalista, antipedagógica, antiemocional, caracterizava essas peças, além do uso do humor, às vezes debochado e grotesco.

Duas importantes peças que estrearam entre 1973 e 1974 procuravam fazer uma reflexão sobre o papel do teatro na nova conjuntura repressiva do país, dentro de uma cultura de esquerda mais ortodoxa, sem as ousadias do "desbunde" da contracultura jovem, perfazendo uma espécie de contra-ataque da corrente dramatúrgica ligada ao PCB: *Um Grito Parado no Ar* (G. Guarnieri) e *Pano na Boca* (Fauzi Arap) encenavam a história de grupos teatrais em busca de sua identidade e de sua inserção na sociedade, procurando diagnosticar problemas, impasses e soluções para a vida teatral brasileira, dentro de contradições sociais mais amplas. Ainda dentro dessa tendência, Paulo Pontes se firmou como um autor cada vez mais reconhecido (*Um Edifício Chamado 200* e *Gota d'Água*, entre outros), assim como Oduvaldo Vianna Filho (*Corpo a Corpo*, sucesso de 1971, e *Longa Noite de Cristal*, de 1972). *Corpo a corpo* era um monólogo de um publicitário que, à beira da falência, se vê na iminência de se transformar em "povo", caindo na hierarquia socioeconômica.

O recrudescimento da censura, entre 1973 e 1975, prejudicou algumas peças com amplo potencial de público, como *Calabar*, de Chico Buarque e Ruy Guerra, e *Rasga Coração*, de Oduvaldo Vianna Filho. No caso de *Calabar*, o consagrado compositor Chico Buarque investiu muito dinheiro na produção, e a proibição da peça foi um duro golpe financeiro na sua carreira. O texto propunha uma revisão da figura de Domingos Fernandes Calabar a partir da ótica da sua viúva, Bárbara, colocando uma questão crucial: o que é ser um traidor da "pátria" (como a história oficial apresentava a figura de Calabar) quando, na verdade, se vive numa colônia, dominada por um governo antipopular e repressivo. Obviamente, o foco da crítica de Chico e Ruy Guerra era a conjuntura repressiva e "entreguista" (como eram qualificados aqueles que "entregavam" o país às multinacionais do capitalismo) em que o Brasil vivia após o golpe militar. Como resultado dessa ousadia crítica, a peça foi totalmente proibida, o mesmo acontecendo com o LP (as letras das faixas e a capa, com o nome "Calabar" pichado num muro, foram proibidas). Chico ainda retornaria ao teatro em 1975, com *Gota d'Água*, escrita com Paulo Pontes, uma adaptação da tragédia *Medeia*, de Eurípedes, para o subúrbio carioca. Como a crítica social e política era inserida num contexto de vida privada, a censura liberou a peça, que acabou sendo um grande sucesso de público e crítica.

A partir de 1976, sob o clima da distensão, a vertente nacional-popular do teatro iniciou uma espécie de reconciliação com o público, mas por um caminho diferente. *Gota d'Água* (que estreou em dezembro de 1975, direção de Gianni Ratto) e o *Último Carro*[259] (março de 1976, texto e direção de João das Neves) foram grandes fenômenos teatrais, sinalizando o triunfo da corrente nacional-popular que se propunha a examinar as condições de vida do povo brasileiro sob a modernização conservadora a partir de linguagem e encenação realistas. *Último Carro* era ambientada em um vagão de trem de subúrbio, que parece estar em uma louca corrida sem motorneiro, vários operários e *lumpens* tentam tomar o controle da situação. A partir deste mote, surgem individualidades em choque na formação de uma coletividade capaz de controlar o trem e evitar a tragédia que se anuncia. *Gota d'Água* também se debruçava sobre os efeitos da modernização, com o canto de sereia da ascensão social impactando a relação amorosa de Joana e Jasão, culminado no assassinato dos filhos do casal pela mãe suicida.[260] A ingenuidade da arte nacional-popular de esquerda nos anos 1960, que via o povo como um ente orgânico e sem divisões internas, era substituída em ambas as peças por uma visão mais crítica, explorando o sentido dramático e político das divisões internas das classes populares e dos seus impasses diante da modernização capitalista.

Na segunda metade dos anos 1970, surgiram novos grupos que marcaram época.[261] Os mais importantes foram: Asdrubal Trouxe o Trombone (RJ), Pau-Brasil (embrião do Centro de Pesquisas Teatrais, com o apoio do Sesc de São Paulo), Mambembe (SP) e Teatro do Ornitorrinco (SP). As produções e as trajetórias dos membros desses grupos (autores, diretores e atores) sinalizavam novas tendências na dramaturgia brasileira: a fusão entre linguagens diversas (mímica, música, circo, dança); a incorporação do deboche, da paródia e do humor corrosivo; a renovação dos recursos cênicos; linguagem cênica despojada (poucos objetos de palco, utilização dos espaços vazios, cenário econômico e valorização dos efeitos de iluminação). Os grupos foram os responsáveis por grandes sucessos de público e crítica no final da década de 1980: Asdrubal protagonizou o impagável *Trate-me Leão* (1978), inaugurando o teatro do "besteirol", no qual piadas *nonsense*, situações surrealistas, imitação de tipos sociais e crítica de costumes se fundiam num espetáculo leve e bem-humorado, sem cair na banalidade. O Teatro do Ornitorrinco deslanchou para o sucesso propondo outra leitura do dramaturgo alemão Bertolt Brecht (*Ornitorrinco Canta Brecht-Weil*, 1977, e *Mahagonny*, 1982), a partir de uma ótica bem-humorada, enfatizando o clima de cabaré dos espetáculos brechtianos. *Pau-Brasil*, dirigido por Antunes Filho, marcou época no teatro brasileiro com uma leitura carnavalesca e criativa de *Macunaíma* (1978), a partir da obra de Mário de Andrade. A peça trabalhava com um despojamento radical do palco, dando espaço para uma elaborada técnica gestual dos atores, articulados por um texto provocativo, ágil e bem-humorado.

A "abertura" e o abrandamento da repressão trouxeram de volta diretores e autores consagrados, exilados ou proibidos pela censura. Voltam ao país para agitar ainda mais o cenário teatral: José Celso Martinez Corrêa em 1978, criando seu novo grupo Uzyna-Uzona; Augusto Boal, com o sucesso *Murro em Ponta de Faca* (1978), fez um balanço dramático da experiência do exílio. Com o fim da censura prévia, em 1979, muitos textos proibidos foram encenados. Entre eles, destacam-se *Rasga Coração* (sob a direção de José Renato, 1979), de Oduvaldo Vianna Filho, que trata do conflito de gerações entre pai e filho, ambos militantes de esquerda, e *Barrela* (1980), de Plínio Marcos, sobre a vida no seio da marginalidade.

Na área do cinema, o final da década de 1960 e a primeira metade da década de 1970 também configuravam uma crise estética e política. Cercado pela indústria cinematográfica norte-americana (embora naquele momento Hollywood também não vivesse seus melhores dias) e pela tendência mais intelectualizada dos realizadores ligados ao Cinema Novo, o cinema brasileiro dependia cada vez mais do apoio oficial para realizar filmes que fossem além da demanda por lazer, marca principal do gosto popular pelo cinema. O Cinema Novo tinha conseguido um reconhecimento inédito para o cinema brasileiro, consagrado em festivais considerados "artísticos", como os de Veneza e Cannes, mas carecia de uma penetração maior no público mais amplo de classe média no Brasil, embora agradasse plateias estudantis e intelectualizadas.

Os impasses em torno da função social e estética do cinema, já anunciados em *Terra em Transe* de Glauber Rocha, foram radicalizados pelo chamado "cinema marginal",[262] cujos marcos foram os filmes *O Bandido da Luz Vermelha*, de Rogério Sganzerla, *Matou a Família e Foi ao Cinema*, de Júlio Bressane, e *A Margem*, de Ozualdo Candeias.

Assim como no teatro, o cinema "marginal" pode ser enquadrado com uma variante da contracultura brasileira, propondo a transgressão comportamental e a destruição de qualquer discurso lógico e linear como as bases da sua criação. Nesses filmes, a linguagem do humor e do grotesco era utilizada como base das alegorias sobre o Brasil, considerado um país absurdo, sem perspectivas políticas e culturais. Por outro lado, o cinema marginal também radicalizou uma tendência que se anunciava no movimento tropicalista: o estranhamento diante da outrora figura heroica do povo. As figuras simbólicas das classes populares são mostradas como grotescas e de "mau gosto", vitimizadas pela desumanização da sociedade e sugadas pelo sistema. O herói não era mais o operário consciente, o camponês lutador ou o militante abnegado de classe média, mas o "marginal", o pária social, o artista maldito, o transgressor de todas as regras.

Mas as principais figuras do cinema brasileiro tentavam reciclar suas carreiras, diante da nova conjuntura e da derrota iminente da última tentativa da esquerda em confrontar diretamente o regime (a "luta armada"). Glauber Rocha, considerado o maior diretor brasileiro, percorreu vários países a partir do final dos anos 1960, fixando-se em Cuba por alguns anos. Em 1969, ganhou o prêmio de melhor direção em Cannes com *O Dragão da Maldade Contra o Santo Guerreiro*, retomando a temática de *Deus e o Diabo na Terra do Sol* (1964) a partir de uma narrativa mais acessível. Depois do agônico *Cabezas Cortadas*, Glauber mergulha numa profunda crise criativa. Nelson Pereira dos Santos, outro diretor consagrado, conseguiu realizar um dos mais importantes filmes da década, chamado *Como Era Gostoso o Meu Francês* (1971). O filme é uma releitura da "antropofagia" cultural, tema em voga naquele momento. Se *Macunaíma* (Joaquim Pedro de Andrade), sucesso de 1969, era uma leitura tropicalista do anti-herói de Mário de Andrade, o filme de Nelson Pereira, sutilmente, retoma um viés crítico em relação à tendência de abertura da cultura brasileira em relação às influências externas. Além disso, o filme contém uma série de alusões à situação política, como a censura, a tortura e a guerrilha. Inspirado na saga de Hans Staden, que passou quase um ano entre os tupinambás, no século XVI, o filme inverte o destino do personagem (neste caso, um "francês", e não um alemão). Na vida real, Staden escapou de ser devorado pelos índios, enquanto no filme, o "herói" civilizador estrangeiro é comido, mas, antes de morrer, profere uma espécie de maldição contra os "brasileiros" que o devoraram. Santos ainda faria outros filmes marcantes nos anos 1970, sobre a cultura afro-brasileira, intitulados *O Amuleto de Ogum* (1975) e *Tenda dos Milagres* (1978), fundindo o misticismo afro-brasileiro à crítica à opressão social e política que sempre caracterizou sua obra.

O filme histórico também foi utilizado em chaves diferenciadas, aproveitando-se da boa vontade do regime com esse gênero, considerado "educativo". Os filmes *Independência ou Morte*, de Carlos Coimbra, e *Os Inconfidentes*, de Joaquim Pedro de Andrade, mostravam leituras diferentes dos eventos e personagens históricos "oficiais". Enquanto o primeiro filme assumia a história oficial, narrando os fatos consagrados de maneira linear e simplista, enfatizando os amores do imperador e tentando imitar o luxo das produções estrangeiras, *Os Inconfidentes* foi realizado dentro de uma concepção "cinema de autor", de produção barata, despojada e utilizando-se do tema da Inconfidência Mineira para, na verdade, discutir a crise na esquerda brasileira, o lugar do intelectual no processo histórico e sua fracassada opção pela luta armada contra o regime militar.[263] Os revolucionários/inconfidentes no filme se perdiam em ilusões de conquista do poder, projetos utópicos e discursos vazios, ao mesmo tempo que se isolavam da população e dos trabalhadores (no caso, simbolizados pelos escravos). O curioso é que o filme praticamente não tem diálogos próprios, sendo uma colagem de textos retirados dos *Autos da Devassa*, do *Romanceiro da Inconfidência* (de

Cecília Meireles) e dos poemas de Claudio Manoel da Costa, Tomás Antônio Gonzaga e Alvarenga Peixoto. Enquanto *Independência ou Morte* tornou-se um grande sucesso de público (motivado, sobretudo, pela presença do casal nº 1 das novelas da época, Tarcísio Meira e Glória Meneses), o filme de Joaquim Pedro não agradava as plateias mais desatentas, embora não tenha chegado a ser um fracasso de bilheteria completo. Independentemente da qualidade de um ou outro, ambos são documentos importantes para se compreender a complexa configuração cultural do início da década de 1970, oscilando entre o ufanismo oficial, partilhado por muitos setores da sociedade, e a crítica velada, exercitada por poucos mas influentes atores sociais.

Numa outra perspectiva, *Toda Nudez será Castigada*, de Arnaldo Jabor, baseado na peça de Nelson Rodrigues, foi um grande sucesso de 1973, consagrando o jovem diretor revelado pelo Cinema Novo. De longe, o filme foi a melhor adaptação cinematográfica das polêmicas peças do dramaturgo, que mostra as tensões entre personagens divididos entre uma moral rigorosa e um impulso para a transgressão, gerando culpas, expiações e autopunições. No mesmo ano, *São Bernardo*, de Leon Hirszman, adaptava o livro homônimo de Graciliano Ramos, retomando a investigação sobre a mentalidade autoritária da elite rural brasileira, como metáfora dos tempos de repressão, conservadorismo e modernização excludente.[264]

Trabalhando com o tema da sexualidade de uma forma mais questionável, do ponto de vista estético e dramático, surgiu no início dos anos 1970 o gênero cinematográfico que ficou conhecido como "pornochanchada". Geralmente, eram produções muito baratas, feitas em estúdios improvisados, com atores e atrizes desconhecidos, a maioria deles sem talento dramático, mas com alguma beleza física. As histórias eram variações dentro do mesmo tema: a traição conjugal, as estratégias de conquista amorosa, as moças do interior que se "perdiam" na cidade grande, as relações entre patrões e empregadas ou entre chefes e secretárias. A partir desses motes, os filmes abusavam das cenas de nudez (feminina) e de simulações malfeitas de cenas de sexo. Independentemente da sua baixa qualidade, esse gênero foi o responsável por levar aos cinemas milhões de pessoas que nunca viam filmes brasileiros, geralmente oriundas das classes populares. Parte da juventude cinéfila passou a ver na pornochanchada uma estética válida para criticar o "bom gosto" imposto pela censura do regime e compartilhado até por setores de esquerda, notadamente a comunista.[265]

A partir de 1976, o cinema brasileiro conheceu sua maior consagração de público, conciliando certo reconhecimento da crítica com um amplo reconhecimento popular (inclusive da classe média, que resistia aos padrões estéticos do nosso cinema). A partir de então, o cinema brasileiro, apoiado pela Embrafilme, conseguiu uma razoável penetração no mercado nacional e, até, no internacional. Uma interessante conjugação entre um tipo de cinema "de autor" (linguagem mais pessoal e artesanal) e um cinema mais "industrial" (filmes tecnicamente bem-feitos com grande esquema de encenação) foi exercitada em várias produções, que pareciam reverter a tendência à "falta de público" crônica que o nosso cinema sofria. Neste sentido, os filmes de Cacá Diegues, como *Xica da Silva* (1976), e Bruno Barreto, diretor de *Dona Flor e Seus Dois Maridos* (1976), foram os principais referenciais da época. Este último, aliás, se tornou o filme brasileiro mais visto de todos os tempos. Mesclando humor, erotismo e figurinos luxuosos, tornaram-se grandes sucessos de bilheteria até pelo fato de sugerirem uma abordagem mais leve da história, dos problemas e dos costumes brasileiros. Nesse sentido, sinalizavam outro caminho para o cinema, diferente do Cinema Novo e retomando, num nível de produção mais sofisticada, a tradição do humor e da chanchada carnavalesca dos anos 1950. O naturalismo temperado pelo melodrama social foi a principal linguagem de crítica social no cinema do final dos anos 1970. Nesse sentido, os filmes de Hector Babenco, argentino radicado no Brasil, são exemplares: *Lúcio Flávio, o Passageiro da Agonia* (1978) e *Pixote, a Lei do Mais Fraco* (1980). Mergulhando na vida de marginais, adultos e mirins, Babenco construiu uma denúncia hiper-realista sobre o sistema carcerário e sobre a lógica de exclusão e violência entre os menores abandonados, produzida pela desigualdade socioeconômica aliada à falta de cidadania. Cacá Diegues realizou, no final da década, *Bye-Bye, Brasil* (1979), que procurava conciliar crítica social e política com uma linguagem mais leve e bem-humorada. O filme, sucesso de público e de crítica, contava a história de uma caravana de artistas pobres, a "Caravana Rolidei", que percorria o interior do Brasil. A partir desse tema, Diegues apresentava um balanço crítico da modernização conservadora brasileira dos anos 1970, plena de disparidades regionais e sociais e dos efeitos da indústria cultural no "Brasil profundo".

Em meados da década de 1970, o regime militar percebeu que estava perdendo a batalha da cultura. Os vetustos membros do Conselho Federal de Cultura não tinham o mesmo prestígio dos intelectuais conservadores dos anos 1940 e 1950.[266] A censura só era aplaudida por uma pequena burguesia ignorante e sem capacidade de construir hegemonias e de influenciar os "formadores de opinião", ligados aos segmentos mais escolarizados da classe média. Os intelectuais, liberais e de esquerda, cristalizaram a ideia de um regime anticultural, repressor das liberdades e da criatividade.

Era preciso construir uma política cultural proativa, que não necessariamente significava abrir mão dos instrumentos repressivos. Em outras palavras, o regime militar tentou combinar repressão seletiva, regulamentação da vida cultural e mecenato que não era vedado aos artistas de oposição. Neste processo, valores conservadores, folcloristas, nacionalistas e autoritários se combinavam com defesa do patrimônio, construção de um mercado de bens simbólicos e valorização de temas que tinham muitos pontos em contato com o nacional popular de esquerda. Sem contar com intelectuais orgânicos valorizados pela classe média intelectualizada, o regime evitou se pautar por um estrito controle de conteúdo nos produtos e obras de arte. Estava mais preocupado com o que não deveria ser dito do que com a construção de uma estética e de um temário oficiais. Lançou um canto de sereias a artistas de oposição, sobretudo no teatro e no cinema, que não ficaram indiferentes, mesmo sabendo dos riscos políticos de dialogar com um governo que prendia, censurava, torturava e matava.

Em que pese esses esforços para construir uma política cultural positiva e proativa, o regime militar brasileiro passou para a história como um regime que cerceou e controlou a expressão artística e cultural. Se existiu uma "política cultural" que perpassou os governos militares, ela pode ser resumida numa palavra: censura. Como os artistas, jornalistas e intelectuais foram os únicos atores sociais que mantiveram algum espaço de liberdade de expressão após o golpe, a nova onda autoritária, pós-AI-5, recaiu com especial vigor sobre eles. Na verdade, no caso particular do teatro, a atuação dos censores era constante desde 1964.[267]

A ação da censura e seus efeitos eram diferenciados conforme a área de expressão e a natureza da obra censurada. Entre 1969 e 1979, quando a censura foi mais rigorosa, o teatro foi uma das áreas mais afetadas, e, como já dissemos, não precisou esperar o AI-5 para sofrer os rigores da censura. Foram cerca de 450 peças interditadas, total ou parcialmente.[268] No cinema, foram cerca de 500 filmes (muitos estrangeiros).[269] Na música popular, alguns compositores foram particularmente perseguidos, como Chico Buarque, Gonzaguinha, Taiguara, entre outros, mas, mesmo com a "abertura", a censura de tipo "comportamental" não arrefeceu.[270] Na literatura propriamente dita, a censura foi mais atuante a partir de 1975, contradizendo a própria tendência de "abertura" do regime militar. Até porque o mercado editorial no Brasil conheceu uma grande expansão a partir da segunda metade dos anos 1970. No total, cerca de 200 obras literárias foram proibidas.[271]

Paralelamente a esses procedimentos de vigilância e silenciamento das vozes da oposição cultural e política, o regime militar desenvolveu um conjunto de políticas de incentivo à produção cultural, chegando, em algumas áreas, a apoiar financeiramente a produção e a distribuição das obras, como no caso do cinema. Essa tendência se incrementou a partir da segunda metade dos anos 1970, mas já se esboçava, timidamente, no final da década anterior. Algumas agências oficiais se destacaram nessa política de promoção e distribuição da cultura. A Embrafilme, surgida em 1969, e o Concine (Conselho Superior de Cinema), em 1975. A primeira, a princípio, tinha a função de ajudar na distribuição de filmes brasileiros e com o tempo passou a apoiar também a produção. Lembramos que a distribuição dos filmes (a chegada das cópias nas salas de cinema do Brasil e do mundo) era o grande problema do cinema brasileiro, desde os anos 1950. Com o mercado dominado por Hollywood e suas distribuidoras, muitos filmes com um bom potencial de público simplesmente não conseguiam competir com o cinema norte-americano porque sequer eram exibidos na maioria das salas de cinema ou promovidos de maneira eficaz. Quanto ao Concine, sua principal tarefa era normatizar e fiscalizar o mercado, criando leis de incentivo e obrigatoriedade de exibição de um percentual de filmes brasileiros. O mecenato oficial causou muita tensão no meio cinematográfico, sobretudo depois da adesão do grupo oriundo do Cinema Novo à política cultural do regime, informado pela defesa do "cinema brasileiro" e de um projeto de nação.[272]

Outra agência oficial que se destacou nos anos 1970 e realizou um importante trabalho de divulgação cultural foi o SNT (Serviço Nacional de Teatro). Com inúmeras campanhas de popularização (barateamento do ingresso) e apoio direto à produção, o SNT, paradoxalmente, contribuiu para divulgar uma das áreas mais perseguidas pela censura. E não se pense que apenas "peças oficiais" eram apoiadas. Muitas peças de conteúdo crítico e atores ligados à oposição tinham o apoio do SNT. O caso mais famoso foi *Patética*, alegoria sobre a morte do jornalista Vladimir Herzog nas dependências do II Exército em São Paulo. A peça foi premiada pelo SNT, mas a censura vetou a entrega do prêmio e a montagem. A própria nomeação de Orlando Miranda, empresário teatral que tinha o apoio de setores da classe artística, para a direção do SNT em 1975 representou uma complexa e longa negociação entre profissionais de teatro e o Governo Federal, a partir de 1973.[273]

A princípio, pode parecer estranha e irracional a política cultural do regime militar. Por um lado, censura e perseguição aos artistas e, por outro, apoio direto à produção cultural nacional. Nesse sentido, alguns pontos devem ser esclarecidos.

Em primeiro lugar, o apoio direto à cultura "nacional" cresceu à medida que a censura ficou mais branda (a partir de 1975), sugerindo, com isso, uma espécie de corolário da política de abertura "lenta, gradual e segura" do governo Geisel (1974-1979). Lembramos que esse governo tinha uma política de "distensão" em relação aos artistas e jornalistas, como forma de diminuir o isolamento junto à opinião pública de classe média das grandes cidades brasileiras, leitora de jornais e consumidora de produtos culturais. A derrota surpreendente do partido oficial, a Arena (Aliança Renovadora Nacional), nas eleições de 1974 havia deixado o governo perplexo com o comportamento do eleitorado das grandes cidades, e a aproximação com a imprensa e os artistas era um canal importante de comunicação entre Estado e sociedade.

Em segundo lugar, devemos ter em mente que alguns governos militares, como o do general Geisel, apesar de, em linhas gerais, aprofundar os elos econômicos com o capitalismo internacional, desenvolviam uma política nacionalista em vários setores. A cultura era um deles, pois era vista pelos militares como um meio de "integração nacional", independentemente do conteúdo das obras. O fato de uma produção nacional, na música, no teatro, no cinema, conseguir formar um público representava a manutenção de um espaço importante perante a "invasão cultural estrangeira", sobretudo norte-americana, cuja força econômica era avassaladora. Apesar de toda a perseguição, setores da esquerda nacionalista, ligada ao PCB, vislumbraram elementos positivos nesta política cultural nacionalista.

Em terceiro lugar, havia uma contradição entre os diversos órgãos e agências do governo. Enquanto os órgãos militares e de segurança mantinham uma lógica de controle, repressão e vigilância, muitos órgãos da cultura eram dirigidos por pessoas ligadas às artes e ao meio intelectual, sobretudo após 1975, como Roberto Farias (na Embrafilme) e Orlando Miranda (no SNT). Esses nomes eram elos entre o Estado e a classe artística, desempenhando um papel de mediadores das tensões entre um e outro. Além disso, o mecenato cultural era um importante dispositivo do governo para tentar "cooptar" opositores e mantê-los sob controle, mesmo permitindo certa liberdade de expressão em suas obras.

A tentativa de dotar de maior organicidade a política cultural do regime militar e sistematizar a aproximação com os artistas e intelectuais ficou clara no documento intitulado "Política nacional de cultura", publicado pelo Ministério da Educação e Cultura (MEC), em 1975, e elaborado sob a coordenação de Afonso Arinos de Melo Franco, a pedido do ministro Ney Braga. Esse documento revela as várias faces, muitas vezes paradoxais, da relação do regime militar com a cultura. Por um lado, mantém o papel de vigilante do Estado, que deveria "zelar" pelo "bom gosto" na programação dos meios de comunicação e na produção artística, palavras que facilmente derivavam para a censura pura e simples. Por outro, enfatizava a necessidade de "proteger a cultura nacional" do "colonialismo" disseminado pela indústria cultural, que ameaçava descaracterizar o "homem brasileiro". Curiosamente, essa mesma indústria cultural crescia a passos largos, favorecida pela política de desenvolvimento econômico e pela expansão do mercado realizada pelo próprio regime.

Além disso, o tom nacionalista e crítico em relação à cultura de massa acabou por agradar alguns setores da esquerda, que, apesar de inimigos ideológicos do regime, aplaudiram a preocupação do governo Geisel em relação a estes pontos. Sobretudo os artistas que não tinham espaço no mercado acabaram por vislumbrar uma possibilidade de o Estado contrabalançar a supremacia das empresas privadas nacionais e multinacionais na área cultural. Artistas conhecidos pela sua verve crítica ao poder chegaram a elogiar o governo militar. Os casos que mais geraram polêmica na opinião pública foram as declarações elogiosas a Geisel e Golbery do Couto e Silva (o estrategista da abertura) feitas por Glauber Rocha e Jards Macalé.

Ao lado da criação da Funarte, em 1975, uma fundação de incentivo à produção artística e à conservação do patrimônio cultural nacional (folclórico e histórico), a "Política nacional de cultura" foi o grande acontecimento da política cultural de 1975. Isso não significa que a censura implacável, a cargo do Departamento de Polícia Federal (DPF), tivesse acabado. Embora mais branda do que no final do governo Médici (1972 até o início de 1974), a censura oficial prévia se fez presente até 1979, quando foi praticamente extinta como parte da agenda de abertura do regime e de transição para o governo civil.

Um movimento cultural significativo na cultura brasileira, gestado fora das correntes consagradas nos anos 1960, foi protagonizado pelos chamados "independentes" ou "alternativos". A rigor, o uso da expressão "movimento" era mais aplicável em relação aos músicos. Estes, no final da década de 1970, e sobretudo a partir de 1979, conseguiram ocupar a mídia e chamar a atenção da crítica musical com sua palavra de ordem "Contra todas as ditaduras: a ditadura política e a ditadura do mercado". Mas, além do campo musical, podemos localizar, entre 1977 e 1985, o auge de uma significativa cultura independente e alternativa, que reprocessou o legado da contracultura do final dos anos 1960 e se manifestava não só nas artes, mas em posturas comportamentais diante da nova conjuntura social e cultural que o país atravessava, marcada por alguns elementos básicos: o clima de abertura política, a presença avassaladora de uma indústria cultural cada vez mais sofisticada e as novas perspectivas libertárias e antiautoritárias abertas pelo Partido dos Trabalhadores, partido de esquerda fundado em 1980, com grande poder de atração junto à juventude universitária.

O meio social universitário era a base da cultura alternativa e sofrera, nos anos 1970, uma grande expansão, incluindo cada vez mais jovens da classe média baixa, bastante influenciados pela indústria cultural. Essa nova juventude universitária era marcada por um conjunto de atitudes ambíguas e até contraditórias: recusa e, ao mesmo tempo, aceitação dos produtos e linguagens da cultura de massa; uma atitude política oscilando entre a vontade de participar e discutir os temas nacionais e certo descompromisso em nome da liberdade comportamental e existencial; o culto à individualidade e as relações privadas e afetivas em detrimento das imposições coletivistas (que até então marcavam a cultura de esquerda); o recurso ao humor e ao deboche como formas de crítica social; a perda de referenciais de mudança revolucionária da realidade social em nome de uma "revolução individual", que muitas vezes caía num vago "autoconhecimento" psicologizante ou num esoterismo místico. Outra marca dessa geração era a busca por novos espaços e formas de participação política, como os movimentos de minoria, o movimento ecológico e os movimentos culturais.

O movimento independente e alternativo tinha inúmeras facetas, e é até arriscado propor uma interpretação histórica muito panorâmica. Mas, efetivamente, parece ter ocorrido uma convergência de características culturais e comportamentais que marcou uma geração de jovens do final dos anos 1970 e início dos anos 1980, que havia crescido sob a ditadura, sob o AI-5, e, mesmo possuindo o natural desejo de participação (até porque a ditadura ainda era uma realidade contundente), viam seus caminhos cerceados e limitados, seja por fatores políticos, seja por fatores econômicos. O movimento foi particularmente forte em São Paulo, onde até um bairro inteiro se notabilizou como o centro geográfico da vida "independente e alternativa", a Vila Madalena. Ao lado do tradicional bairro do Bixiga, eram os centros da boêmia alternativa. A "Vila" concentrava a população estudantil de São Paulo, dada a sua proximidade com a Cidade Universitária e por causa dos seus (outrora) aluguéis baratos. Bares, escolas, livrarias, repúblicas estudantis e de artistas dividiam espaço com famílias de classe média e velhos moradores criando uma paisagem urbana acolhedora e aconchegante, numa época em que a cidade passava por mudanças profundas, com bairros inteiros sendo destruídos pela especulação imobiliária. Em outras capitais, como Rio de Janeiro, Belo Horizonte e Curitiba, os movimentos de música, teatro e poesia "alternativos" também tinham um espaço significativo da vida cultural e urbana.

Culturalmente falando, os "independentes" seguiam a tradição dos "malditos" e do "desbunde", marcas da cultura jovem *underground* do início dos anos 1970. A abertura para o humor, as ousadias formais e recusa dos grandes esquemas de produção e distribuição do produto cultural foram incorporadas como heranças do início da década. Na música, por exemplo, os cantores e instrumentistas optavam por gravar discos à própria custa em pequenos estúdios e distribuí-los em lojas pequenas ou de "porta em porta". Na poesia, essa atitude de despojamento e recusa viu-se traduzida pela "geração mimeógrafo", que, sem dinheiro para imprimir seus livros em gráficas industriais, utilizava-se dessa engenhoca barata e caseira para rodar seus romances e poemas e distribuí-los pela cidade. Grupos de teatro amador ocupavam os espaços dos *campi* universitários, dos teatros decadentes dos centros urbanos ou realizavam *happenings* em bares e nas ruas. Em todas as áreas, algumas características eram comuns: a busca da linguagem despojada e espontânea; a recusa ao esquema comercial de gravadoras e editoras; uma postura política; o recurso ao deboche e à linguagem do *kitsch* ("mau gosto"); a tentativa de romper as fronteiras entre estilo de vida, autoconhecimento e experiência estética.

Na poesia, nomes como Paulo Leminski e Alice Ruiz (PR), Cacaso, Chacal e Ana Cristina César (RJ), entre outros, encarnaram o "jovem poeta dos anos 1970". Com uma produção já destacada desde o início da década, sob a inspiração de Torquato Neto (companheiro dos tropicalistas em 1968) e de Wally Salomão (*Me Segura que Eu Vou Dar Um Troço*, 1972), a "poesia jovem" ganhou a mídia e as ruas na segunda metade da década. Os sinais de vitalidade e presença da poesia jovem brasileira[274] eram muitos: dezenas de revistas literárias artesanais em praticamente todos os estados brasileiros, pequenas editoras caseiras, feiras poéticas e outros eventos, grupos especializados em *happening* e declamação (como o Nuvem Cigana, no Rio de Janeiro, e o Poetasia, em São Paulo). No início dos anos 1980, essa febre de poesia e literatura jovem e alternativa chegou às grandes editoras. Em São Paulo, a Brasiliense saiu na frente, organizando coleções de poesia e prosa (*Cantadas Literárias*) e traduzindo clássicos da literatura jovem, como os *beatniks* norte-americanos dos anos 1950 e 1960.

Na música, a febre "independente" e "alternativa" foi maior ainda. Desde as polêmicas participações do músico Arrigo Barnabé e a banda Sabor de Veneno no *Festival Universitário* da TV Cultura (1978) e no *Festival de* MPB da TV Tupi de São Paulo (1979), a música independente ganha destaque na mídia. Propondo uma linguagem poética e musical anticonvencional e mesclando música erudita de vanguarda, rock e MPB, a nova música (também conhecida como "vanguarda paulista") parecia retomar as experiências mais radicais do Tropicalismo que a MPB mais aceita no mercado tinha deixado de lado. Arrigo era o mais destacado e cultuado artista do movimento, compondo e interpretando peças individuais e "óperas" pops (como o antológico *long play Clara Crocodilo*), sem tema melódico reconhecível (consideradas pela crítica beirando o atonalismo, sem eixo harmônico central), trabalhadas a partir de arranjos ousados e inovadores, com letras inspiradas em histórias em quadrinhos e programas de rádio. Numa outra perspectiva, esteticamente tão inovador quanto Arrigo Barnabé, desenvolvendo uma proposta de fusão entre palavra falada e melodia, o Grupo Rumo (Luis Tatit, Ná Ozetti e Hélio Ziskind) também marcou época, realizando um dos trabalhos mais originais da MPB, embora tenha permanecido pouco conhecido do grande público. Vindos de Mato Grosso, Tetê (Espíndola) e o Lírio Selvagem e Almir Sater traziam a contribuição da música pantaneira para o cenário da vanguarda paulista. Na virada da década, Itamar Assumpção, autor de letras criativas, colocadas em músicas que fundiam o samba, o pop e o reggae, seguiria uma carreira bastante aclamada pela crítica musical.

No Rio de Janeiro, a música independente aglutinou grupos e músicos individuais importantes. O pioneiro foi Antonio Adolfo, que produziu o primeiro LP "independente" da história, propriamente chamado

Feito em Casa (1977); Luli e Lucina, dupla de cantoras, compositoras e instrumentistas; os grupos Antena Coletiva e A Barca do Sol, que revelaram os talentos da cantora Olívia Byngton e do violoncelista Jacques Morelembaum, e o grupo de maior sucesso do movimento independente, o Boca Livre (Zé Renato, Cláudio Nucci, Maurício Maestro, David Tygel), formado em 1978 e que explodiu em 1980 com um LP que vendeu mais de 80 mil cópias (feito notável para um álbum que não teve o apoio de uma grande gravadora e distribuído de "porta em porta").

Mas a música "independente" não foi privilégio de Rio de Janeiro e São Paulo.[275] Nomes importantes surgiram em Minas Gerais (com destaque para a cantora Titane, de Belo Horizonte, e artistas ligados ao vigoroso movimento cultural do Vale do Jequitinhonha), no Ceará (Marlui Miranda tornou-se referência na coleta e gravação de cantos indígenas), na Bahia (onde a música de carnaval sempre teve um vigor próprio e independente, antes de ser "descoberta" pelo Brasil), entre outros estados. Em Pernambuco e na Paraíba, o Movimento Armorial, criado em 1970 por Ariano Suassuna, atravessava a década mesclando o folclore musical com a música erudita, somando-se a inúmeras iniciativas culturais locais (no teatro, na poesia, no artesanato e na música popular, sobretudo) que marcavam a vida daqueles dois estados desde o início da década de 1960.

A primavera cultural brasileira não sucumbiu aos tempos invernais do AI-5. Involuntariamente, a censura, a repressão e o controle social e político acabaram por dar uma importância renovada à vida cultural, espaço no qual a expressão crítica, mesmo que alegórica ou metafórica, ainda era possível. Convivendo com o mercado, à sombra dele ou completamente inserida nas grandes estruturas de produção, a cultura brasileira de viés crítico e esquerdista foi uma espécie de "educação sentimental" dos jovens, sobretudo na direção de valores democráticos e libertários. Se não fez a revolução nem derrubou a ditadura com a força das canções, filmes e peças, alimentou a pequena utopia democrática que ganharia as ruas e daria o tom das lutas civis a partir de meados dos anos 1970.

Letras em rebeldia: intelectuais, jornalistas e escritores de oposição

A partir de 1964, o mundo intelectual brasileiro tornou-se um espaço de oposição à ditadura, ora mais radical, ora mais moderada. Criou-se uma relação quase automática entre ser intelectual socialmente reconhecido como tal e ser de oposição. Talvez possamos questioná-la a partir de uma análise ampla e rigorosa dos fatos, posto que havia muitos intelectuais a serviço da ditadura, seja na condição de burocratas do setor cultural, seja na condição de tecnocratas da área de planejamento e economia, por exemplo.[276]

É inegável, entretanto, que boa parte dos intelectuais brasileiros foi crítica à ditadura, frequentemente se apoiando em valores e tradições de esquerda. Ser "intelectual de esquerda" definia a essência do *ethos* oposicionista ao regime militar e, em que pese essa aparente homogeneidade ideológica do mundo intelectual, nele se ocultava uma ampla gama de ideias, correntes e posições políticas.

O intelectual de que tratamos neste capítulo pode ser definido a partir do manejo profissional da palavra e do pensamento, um elo comum presente em vários ramos de atividade profissional, que incluía a pesquisa acadêmica, a docência no ensino superior, os estudantes universitários, o jornalismo profissional, militante ou partidário, a escrita literária profissional. Cada campo de atividade experimentou convergências e particularidades na construção desta identidade intelectual que marcou o campo oposicionista ao regime, e que sempre se constituiu em um desafio para que os generais no poder pudessem consolidar sua legitimação simbólica e política perante a sociedade como um todo.

Os artífices militares e civis do golpe militar de 1964 esperavam contar com boa parte das elites intelectuais na tarefa de conter as "massas ignaras" e as "lideranças irresponsáveis" que agitavam o ambiente. Antes mesmo do fatídico 31 de março, muitos jornalistas, professores e escritores aderiram à conspiração anti-Goulart. Mas a mesma imprensa liberal que apoiou o golpe alguns dias depois já dava espaço às críticas direcionadas aos novos donos do poder, sobretudo porque perceberam a imposição de um projeto político que ia além da mera intervenção cirúrgica para depor Goulart e afastar os esquerdistas do coração do Estado. As perseguições efetuadas no "mundo das ideias" acendeu o alerta de várias consciências liberais sobre o caráter do novo regime. Nesse contexto, por exemplo, surgiu a noção de "terrorismo cultural", que seria importante para legitimar a oposição intelectual no imediato pós-golpe.

Foi um católico liberal, Alceu Amoroso Lima, indignado com as perseguições no meio universitário e como as demissões de Celso Furtado, Anisio Teixeira e Josué de Castro dos seus postos públicos, quem forjou a senha inicial para a resistência intelectual ao regime, ao cunhar a expressão "terrorismo cultural". Lima, no começo dos anos 1960, já não era mais o intelectual católico, erudito e reacionário dos anos 1920 que assinava sob o pernóstico nome de "Tristão de Athayde". Convertido ao liberalismo, produziu reflexões bastante lúcidas sobre o processo de radicalização política em curso nos anos 1960.[277] Ao disseminar a expressão "terrorismo cultural", Alceu Amoroso Lima captou um sentimento coletivo de importantes setores da classe média, sintetizando a denúncia dos abusos e arbitrariedades do novo regime sob uma perspectiva insuspeita, pois seu anticomunismo era notório.[278] Em tom tipicamente liberal e afeito à tradição da cordialidade, Alceu apontava que:[279]

> O terrorismo também é antibrasileiro e por isso mesmo a forma que vem assumindo entre nós ainda assume os aspectos mais suaves e indiretos, como, por exemplo, o terrorismo cultural, a guerra às ideias [...]. Agora, quando pretendemos ter feito uma revolução "democrática", começam logo com os processos mais antidemocráticos, de cassar mandatos e suprimir direitos políticos, demitir professores e juízes, prender estudantes, jornalistas e intelectuais em geral, segundo a tática primária de todas as revoluções que julgam domar pela força o poder das convicções e a marcha das ideias. Os nossos jornalistas, professores, estudantes, sacerdotes, intelectuais, filósofos, ainda presos entre nós, estão sendo vítimas deste terrorismo cultural, tanto mais abominável quanto mais disfarçado. E tão profundamente antibrasileiro!

Para ele, a perseguição àqueles que tinham ideias contrárias ao regime fazia com que atores sociais que deveriam ajudar a construir a nacionalidade sob nova direção – estudantes, jornalistas, filósofos, sacerdotes – dela se afastassem. Perseguições feitas por um governo presidido pelo general Humberto de Alencar Castelo Branco que, justamente, orgulhava-se de ser um "intelectual" fardado, amigo de escritores, cuja imagem pública tentava afirmar como um "liberal" da caserna.

Outro escritor, mais à esquerda e heterodoxo em suas filiações políticas, que produziu um corpo importante de críticas iniciais ao regime foi Carlos Heitor Cony. A balbúrdia festiva dos quartéis e o aplauso geral da classe média aos militares ainda estavam vigorosos quando o escritor lançou um conjunto de crônicas, posteriormente publicadas em livro, que se constituiu em grande sucesso editorial.[280]

As crônicas de Cony foram publicadas entre abril e dezembro de 1964 no jornal carioca *Correio da Manhã*, servindo não apenas para fixar o seu autor nos anais da história da resistência ao regime como também para consolidar a imagem de um jornalismo crítico, liberal e independente, que acabou por se consagrar posteriormente na memória social, em que pese o apoio geral da imprensa ao golpe. Lembremos que o mesmo *Correio da Manhã* havia veiculado dois editoriais violentíssimos contra o agonizante governo João Goulart, os famosos "Basta!" e "Fora!", escritos pela equipe de editores da qual fazia parte o mesmo Carlos Heitor Cony, e que serviram de senha e legitimação para o levante militar.

Cony não escondia sua antipatia política pelo governo deposto.[281] Aliado a este fato, sua independência partidária e seu individualismo crítico, exercitados com uma corajosa virulência, ajudaram a disseminar e legitimar as duras críticas que fazia ao novo regime. Em uma de suas primeiras crônicas, dizia: "Não pedirei licença na praça pública ou na rua da Relação [sede da polícia política no Rio de Janeiro] para pensar. Nem muito menos me orientarei pelos pronunciamentos dos líderes civis ou incivis do movimento vitorioso".[282] Na mesma crônica lança um apelo: "Apelo aos meus colegas de profissão, os que escrevem, os que exercem atividade intelectual, os que ensinam e os que aprendem. Não é hora para o medo, marquemos cada qual nossa posição".[283]

Imagens semelhantes se sucederiam em suas crônicas, que sempre faziam apelos à liberdade de pensamento e opinião, bem como exortavam os intelectuais como os personagens principais da resistência. Após a promulgação do Ato Institucional, em 9 de abril de 1964, Cony denunciava que o regime preparava outro "ato punitivo dos delitos de opinião", reiterando o papel dos intelectuais: "É através da palavra, e pronunciando-a clara e corajosamente, sem medo, que podemos unir contra todos os animais que para sobreviverem exalam mau cheiro, mudam de feitio e cor, usam chifres e patas".[284]

Em maio de 1964, Cony escreveu em uma de suas crônicas mais famosas: "Acredito que é chegada a hora dos intelectuais tomarem posição em face do regime opressor que se instalou no país". Reafirmando os intelectuais como "consciência da sociedade", Cony escreveu: "Se diante de crimes contra a pessoa humana e a cultura, os intelectuais não moverem um dedo, estarão abdicando de sua responsabilidade". Na mesma linha de crítica de Alceu Amoroso Lima, mas com mais pimenta nas palavras, denunciava a perseguição a sacerdotes, professores, estudantes, jornalistas, artistas, economistas, e reafirmava: "No campo estritamente cultural, implantou-se o Terror".[285]

Tanto Alceu Amoroso Lima, com seu liberalismo baseado numa ética de responsabilidades, quanto Carlos Heitor Cony, em seu existencialismo individualista e libertário, lançaram bases simbólicas importantes que perdurariam na memória da resistência cultural contra o regime: a) a ditadura era contra a cultura; b) a ditadura era ilegítima, sobretudo porque tentava proibir os atos de pensamento; c) a ditadura perseguia quem deveria ajudar a reconstruir o Brasil, ou seja, os "intelectuais", até então sócios do Estado nos projetos políticos nacionais;[286] d) a ditadura, ao implantar o "terror cultural", erodia sua base de sustentação na classe média que, *grosso modo*, havia prestigiado o golpe.

A imagem do "terror cultural" como elemento de rearticulação da oposição ganhou força e foi reiterada no manifesto de 14 de março de 1965, publicado no *Correio da Manhã*, veiculado como uma verdadeira plataforma da oposição que se rearticulava, tendo como eixo a questão das "liberdades democráticas",[287] o que não deixa de ser surpreendente para um dos jornais mais combativos a favor do golpe dado havia um ano. O documento ainda se posicionava contra a restrição dos direitos individuais; contra a delação, violência e tortura; contra o obscurantismo e o "terror cultural"; pelas garantias irrestritas ao direito de opinião, associação, reunião e propaganda; pela libertação dos presos políticos; pela suspensão da intervenção em sindicatos e diretórios estudantis; e pelo respeito à liberdade de cátedra e autonomia universitária.

O manifesto era apoiado por 107 assinaturas de intelectuais oriundos de diversas correntes ideológicas, reunindo liberais como

Alceu Amoroso Lima, Barbosa Lima Sobrinho, Otto Maria Carpeaux, Hermano Alves; trotskistas como Paulo Francis e Mário Pedrosa; trabalhistas de esquerda como Antonio Callado e Flávio Tavares; comunistas como Dias Gomes, Joaquim Pedro de Andrade, Nelson Pereira dos Santos, Oscar Niemeyer e Sergio Cabral. O leque diverso de apoiadores é prova da capacidade aglutinadora da resistência cultural, argamassa que uma aliança política estrita tem sempre mais dificuldade em lograr.

Outro texto importante que sintetizou o clima de perseguição ao meio cultural nos primeiros tempos do regime foi o artigo de Márcio Moreira Alves, que logo depois seria eleito deputado federal e ficaria notabilizado em 1968 como pivô da crise política que culminaria no AI-5. O artigo era intitulado "Delito de opinião" e foi publicado no *Correio da Manhã*, em 24 de junho de 1964. Ele começa fazendo referência ao apelo do general Golbery do Couto e Silva, ideólogo do regime militar, que afirmara que "a revolução não pode se alienar da *intelligentzia*". Alves prossegue:

> E os demais revolucionários pensantes, civis e militares, indagam com ingênua perplexidade, a razão da generalizada condenação que sofrem. A resposta é simples: continua a imperar o terror ideológico em todas as universidades do país [...] ninguém sofre de bom grado a prepotência policialesca. Enquanto houver penas para delito de opinião, os que têm opinião não podem apoiar o governo.

A defesa da "liberdade de opinião" e a denúncia do "terror cultural" tinham a vantagem de operarem num território até então considerado como convergente – a "cultura" –, visto como um valor em si e como instrumento da grandeza nacional. Também tinham a vantagem de contornar a delicada questão da defesa do governo deposto, tema que certamente dividiria a oposição ao regime que se forjava, contornando também a exortação aos movimentos e organizações de trabalhadores, que certamente não contaria com a anuência dos liberais, tradicionalmente antipopulares e marcados pelos valores oligárquicos. Assim, percebida como legítima e como espaço de convergência de diferentes atores, ao se encaminharem para o campo da oposição ao regime militar, a resistência cultural seria incorporada e reverberada por outros grupos ideológicos, sobretudo pelos comunistas, em sua busca da "unidade das oposições democráticas". A cultura parecia o terreno inequívoco para afirmar tal estratégia de unidade.

Em maio de 1965, Nelson Werneck Sodré, historiador e militar identificado com o PCB, publicou um longo artigo[288] no primeiro número da *Revista Civilização Brasileira*[289] listando as violências contra a cultura, desde o golpe militar. Não por acaso, o artigo intitulava-se "O terrorismo cultural", demonstrando como a expressão se plasmara como eixo da resistência, fazendo convergir liberais e comunistas. Nesse texto, Sodré reafirma os personagens da resistência cultural, apelando para a luta contra o regime como uma defesa dos princípios gerais da liberdade de pensamento que ia além de qualquer simpatia pelo projeto reformista ou pelo comunismo em si mesmo. Ajudando a aparar as diferenças ideológicas de base, a defesa da cultura como campo privilegiado de ação poderia ser a trilha para a unidade das oposições e para a reconquista dos liberais desgarrados da via democrática, uma vez que foram seduzidos pelo autoritarismo de crise que os levou a apoiar o liberticídio de março de 1964. Afasta-se, sutilmente, das posições defendidas por liberais, como Lima e Cony, ao redimensionar o papel dos intelectuais, menos como expressões de valores individuais e mais como canais da expressão das ideias e sentimentos difusos da coletividade:

> Para os que pretendiam acabar com a agitação, a solução parecia clara: amordaçar os agitadores. Essa foi a crença ingênua que, fundada no medo, moveu os atentados cometidos contra a cultura em nosso país, desde os idos de abril de 1964. Como a agitação continuou, muitos dos simplistas a esta altura, terão verificado que a agitação não deriva de atos de vontade, mas da própria realidade: os intelectuais não a gerem, apenas a refletem.[290]

Em que pese as suas diferenças em relação aos liberais, Sodré reiterava o personagem central da resistência naquele momento: os intelectuais. Escrevia ele: "A verdade, felizmente, é que os intelectuais portaram-se muito bem: os que tinham uma coluna tomaram posição contra os atentados à cultura; a maioria, porém, não tinha onde escrever, a maioria estava foragida, presa, exilada". Valorizando o papel da cultura, em termos genéricos, fazendo-a ponto de convergência das várias oposições ao regime, conclui: "O que existe, hoje, neste país, é um imenso, gigantesco, ignominioso IPM contra a cultura".[291]

Justamente em maio de 1965, o PCB de Sodré se posicionou oficialmente sobre o novo contexto político. Através da "Resolução de Maio", definiu o caráter da ditadura (antinacional, antidemocrática, entreguista, reacionária) e denunciou que sua política econômica, subordinada completamente ao imperialismo norte-americano, era lesiva à "burguesia nacional". Portanto, o PCB reiterava sua política frentista lançada oficialmente em 1958, adaptada aos novos tempos autoritários. Assim, enfatizava a necessidade de "isolar" a ditadura, agregando as "forças antiditatoriais" que deveriam ser pautadas pela "unidade de ação". A Resolução de 1965 incorporava a imagem consagrada pelo texto de Alceu Amoroso Lima, enfatizando a cultura como um dos campos de combate da oposição: "Os intelectuais se arregimentam contra o terror cultural e para exigir a restauração das liberdades democráticas e a retomada do desenvolvimento econômico do país".[292]

A aproximação com os intelectuais era fundamental para legitimar a luta ampla pelas liberdades democráticas, eixo privilegiado de ação contra a ditadura. O documento é explícito neste sentido: "A formação desta ampla frente de resistência, oposição e combate à ditadura será possível através da luta pelas liberdades democráticas [...] inseparável de todas as demais reivindicações, constitui por isso mesmo a mais ampla e mobilizadora".[293]

O "Manifesto dos 1.500 intelectuais e artistas pela liberdade" (*Correio da Manhã*, 30 de maio de 1965) foi um dos documentos mais contundentes desse primeiro frentismo intelectual de oposição e afirmava a vocação da resistência dos artistas e intelectuais, em discurso endereçado ao presidente da República:

> Sr. Presidente: os intelectuais e artistas brasileiros temem pelo destino da arte e da cultura em nossa pátria, neste instante ameaçada no que tem de fundamental: a liberdade. Estamos conscientes do papel que nos cabe na sociedade brasileira e da responsabilidade que temos na representação dos sentimentos mais autênticos do nosso povo. Como desempenhar este papel e exercer esta responsabilidade, se direito à opinião e à divergência democrática passam a ser encarados como delito, e a criação artística como ameaça ao regime?

A linguagem nacionalista e o papel do intelectual como arauto da sociedade dão a tônica do documento, revelando a permanência da autoimagem do intelectual artífice da nação, mesmo que as condições políticas fossem diferentes após 1964.

O protesto na frente do Hotel Glória no Rio de Janeiro (9 de novembro de 1965) tornou-se um dos atos civis da resistência intelectual mais notórios daqueles primeiros tempos do regime.[294] Alguns intelectuais e estudantes protestavam contra a reunião da Organização dos Estados Americanos (OEA) sediada naquele hotel, vista como braço de intervenção dos Estados Unidos na América Latina. Perspectiva, aliás, comprovada pela intervenção militar na República Dominicana para combater o movimento popular de apoio ao presidente reformista Juan Bosch, eleito em 1963 e derrubado no mesmo ano por um golpe militar. A intervenção composta por 1.100 militares brasileiros (ao lado dos 21 mil *mariners* norte-americanos) foi comandada por um general brasileiro (Hugo Alvim), sendo devidamente sancionada pela OEA.

O ato de protesto culminou na prisão de oito intelectuais por uma semana, que ficaram conhecidos como "Os oito do Glória", tornando-se símbolos do ativismo intelectual contra o regime. As faixas por eles carregadas, "Abaixo a ditadura" e "Viva a liberdade" tornaram-se emblemáticas da voz geral da resistência. Vestidos a caráter, de terno e gravata, *comme il faut* para um intelectual da época, foram todos presos após certa perplexidade das autoridades que não sabiam muito como agir contra aquele estranho grupo de senhores engravatados. Eram eles: Glauber Rocha, Joaquim Pedro de Andrade, Mário Carneiro (fotógrafo cinematográfico), o embaixador Jaime Azevedo Rodrigues (afastado do Itamaraty por suas simpatias a Cuba), o diretor teatral Flavio Rangel e os jornalistas Carlos Heitor Cony, Antonio Callado e Márcio Moreira Alves.

Em princípio, o ato em si foi um fracasso. Conforme Antonio Callado declarou, posteriormente: "Eu estava pensando que fossem aparecer pelos menos uns cem [intelectuais e artistas]. Apareceram oito. Tinha um pouco mais, que desapareceram antes de a gente ser preso".[295] De toda forma, o que tinha tudo para ser um ato brancaleônico de protesto ganhou repercussão na imprensa e acabou por aliviar a repressão que os setores mais duros do regime queriam aplicar aos presos. Em certo sentido, ficava provada a capacidade da resistência cultural em potencializar a ocupação do espaço público, nesse caso materializado pela ocupação da rua, ainda que por um pequeno mas eloquente grupo de pessoas.

Esse aspecto não passou despercebido para os militares. Numa clara sugestão para apertar o cerco aos intelectuais, percebendo que o espaço da cultura e das artes se articulava contra o regime, o texto do IPM 709, conhecido como "IPM do PCB", afirmava:

> A infiltração comunista no meio intelectual é extremamente variada, em seus agentes e suas formas. Existe um certo número de elementos que pertencem aos quadros partidários [...]. Há também numerosos escritores, artistas, jornalistas, professores que trabalham em proveito do Partido sem exercerem uma militância ostensiva [...]. Isso lhes dá grande independência e flexibilidade de ação permitindo-lhes atuar em várias frentes, legais e semilegais sem se exporem às sanções judiciais, nem à disciplina partidária.[296]

Conclui, em tom sutilmente lamentoso: "De um modo geral, a maioria destas pessoas escapou às sanções da Revolução de 31 de março".

Em outras palavras, o "terrorismo cultural", sob o ponto de vista do regime, nem mesmo havia começado, apesar da gritaria geral. Mas que ninguém duvidasse: para a repressão, a "hora dos intelectuais" (e dos artistas) não tardaria a chegar.

O Ato Institucional nº 5, promulgado em 1968, foi considerado um "golpe dentro do golpe", fazendo com que a repressão se tornasse mais direta e ampla. Se a perseguição ao meio intelectual não era novidade, ela conheceria uma nova escala e novos meios de ação repressiva, como a censura e a vigilância policial constante. A onda de punições impostas pelo regime em 1969, por exemplo, teve como foco o mundo acadêmico, concentrando a maior parte dos 180 professores cassados ou punidos de alguma forma pelo regime. Para os intelectuais que se envolveram com a luta armada e com as organizações clandestinas de esquerda, a prisão, tortura e mesmo a morte passaram a fazer parte da experiência sob o autoritarismo.[297] O exílio também foi marcante para muitas trajetórias intelectuais, tanto no ciclo punitivo de 1964 quanto no de 1969-1970.[298]

O AI-5, o acirramento da censura e o novo ciclo de punições a docentes em universidades públicas reforçaram a sensação de fechamento de um espaço público e de um tipo de ação intelectual que era relativamente vigoroso desde o golpe de 1964. Até 1968, intelectuais engajados de formação humanista genérica, ligados ao mundo da crítica, das artes e das letras, eram os protagonistas principais da resistência cultural, materializada em um sem-número de artigos, manifestos políticos e culturais que tinham a imprensa como principal veículo. A partir de 1969, entrou em cena o intelectual acadêmico e profissional, ligado organicamente ao mundo das universidades, espaços que ainda possuíam alguma margem de ação para o intelectual de oposição, ainda que sob o manto, nem sempre acessível ao grande público, dos artigos acadêmicos.

Considerado fundamental no projeto de "desenvolvimento nacional" dos militares, o ensino de graduação e de pós-graduação foi incrementado como nunca a partir do final dos anos 1960. A graduação deveria gerar os quadros de gerenciamento técnico e burocrático, tanto no setor público quanto no privado, fundamentais para a nova etapa de desenvolvimento capitalista que se desenhava. Em 1980, eram cerca de 8,2 milhões de trabalhadores nessa grande área, quase 20% da população economicamente ativa. Em 1960, 18.852 pessoas concluíram o curso superior, número que passou para 64.049 (1970) e 227.997 (1980). A pós-graduação também foi incrementada. Em 1969, havia 93 cursos de mestrado e 32 de doutorado no Brasil, passando a 717 e 257, respectivamente, dez anos depois.[299] Os números são claros: o regime militar expandiu o ensino superior (sobretudo de caráter público), na expectativa de geração de quadros superiores e de pesquisa associada ao desenvolvimento nacional. Ao fazê-lo, porém, incrementou as bases sociais do meio intelectual que, em linhas gerais, alimentava uma identidade oposicionista e de esquerda.

Já foi dito que o "estado-maior" deste "partido intelectual" de oposição eram os intelectuais, docentes e pesquisadores de maior prestígio social e institucional, enquanto os estudantes eram sua "guarda avançada".[300] O estímulo à profissionalização das atividades intelectuais, seja no âmbito das universidades, seja na indústria da cultura (mídia, editoras, publicidade, entre outros ramos), criou uma situação paradoxal, pois esse núcleo social da oposição ao regime estava organicamente ligado ao processo de modernização imposto pelos militares.[301] Não é possível compreender a resistência cultural e artística no Brasil da ditadura sem levar em conta este dado. Isso não impediu que as vozes dos intelectuais fossem vigorosas críticas da ditadura. O que se viu nos anos 1970 é que o debate intelectual extrapolou o meio acadêmico e interveio na agenda política e ideológica, lançando novas bases para pensar o processo político, social e econômico do Brasil. Partindo de agendas de pesquisa calcadas em debates teóricos sofisticados e inacessíveis ao público leigo, novas palavras de ordem ou novas estratégias de ação e crítica ganhavam o debate público. Dentro do campo intelectual, uma viragem tornou-se cada vez mais clara. O intelectual engajado, generalista, formado na órbita da Igreja Católica ou do Partido Comunista, atuando na imprensa diária ou associado à burocracia federal da cultura, estava sendo paulatinamente superado por um novo tipo de intelectual, especialista e profissionalizado. Outra diferença dos anos 1970 é que o tipo de intelectual que se considerava sócio do Estado e intérprete da nação para superar o atraso e o subdesenvolvimento, tal como se afirmara, por exemplo, nos marcos do Instituto Superior de Estudos Brasileiros (Iseb),[302] dava espaço ao intelectual crítico, sempre desconfiado do Estado, das instituições e valores dominantes e da "burguesia", que se via mais como porta-voz da "sociedade civil".

O Centro Brasileiro de Análise e Planejamento (Cebrap) foi a face mais visível desta nova postura crítica do intelectual. Criado em 1969, tendo à frente Fernando Henrique Cardoso e José Arthur Gianotti, o Cebrap reuniu em si a cultura da pesquisa e do rigor teórico exercitados na Faculdade de Filosofia, Letras e Ciências Humanas da Universidade de São Paulo,[303] com a vantagem de não ter que se submeter às restrições de uma burocracia acadêmica em parte afinada com o regime. Nos primeiros anos, o dinheiro para sustentar a empreitada veio da Fundação Ford, com sede nos Estados Unidos, o que os mais radicais consideravam "dinheiro sujo" do imperialismo. A consolidação da reputação acadêmica do Centro permitiu a diversificação do financiamento.

A agenda proposta pelo Cebrap desviou-se da herança nacionalista do Iseb e do Partido Comunista, calcada na visão do Brasil como uma nação alienada de si mesma, na estagnação econômica causada pela ditadura e na defesa das alianças de classe voltadas em nome dos interesses nacionais desenvolvimentistas. A partir do Cebrap, o Brasil passou a ser visto como resultado de um "desenvolvimento econômico" periférico e dependente das economias centrais do capitalismo, mas não menos vigoroso. No campo político, o Centro dedicou-se à compreender criticamente o autoritarismo e as instituições do Estado brasileiro, problematizando a tese defendida pelo PCB de que o regime militar era um tipo de fascismo à brasileira.

Não foi apenas o Cebrap que galvanizou a ação intelectual de oposição nos anos 1970. Várias universidades também se tornaram espaços de reflexão crítica e pesquisa acadêmica, destacando-se em pontos específicos. Como exemplo, podemos citar a crítica às políticas econômicas do regime que tinham como epicentros o Instituto de Economia da Unicamp e a PUC do Rio de Janeiro; a busca de um pensamento acadêmico organicamente ligado aos novos movimentos sociais que emergiam, como a PUC de São Paulo e o Cedec (Centro de Estudos de Cultura Contemporânea, fundado em 1976, a partir de pesquisadores saídos do Cebrap, como Francisco Weffort). O Instituto Universitário de Pesquisas do Rio de Janeiro (IUPERJ), criado em 1969 na Universidade Candido Mendes, tornou-se referência na área de Sociologia e Ciência Política. Também no Rio de Janeiro, o Grupo Casa Grande, animado por intelectuais ligados ao Partido Comunista Brasileiro, renovavam o frentismo cultural de coloração nacional-popular que tinha o Rio de Janeiro, tradicionalmente, seu grande centro difusor.[304] Entre 1974 e 1979, é perceptível a aproximação de todos esses núcleos de pensamento e crítica intelectual, esboçando uma grande frente de oposição que não sobreviveria ao novo quadro político pós-anistia e pós-reforma partidária. A volta dos exilados, as leituras diferenciadas sobre o papel dos movimentos sociais no processo de transição, a fragmentação de propostas partidárias à esquerda, foram fatais para o "partido intelectual", que teve como sua última grande tentativa de ação comum a candidatura de Fernando Henrique Cardoso ao Senado, em 1978.

A literatura era, historicamente, a área de atuação do intelectual engajado por excelência, que se utilizava de várias formas de escrita (ensaio, crônica, contos, romance) para transmitir ideias e intervir no debate sobre a sociedade e as liberdades públicas. Não foi diferente no Brasil do regime militar, apesar de outras áreas artísticas, como o teatro, o cinema e a música popular, terem maior destaque junto ao grande público. Na verdade, um dos apelos dessas artes ditas "de espetáculo" é que elas se tornaram mais literárias, incorporando de maneira criativa em suas obras mais sofisticadas a tradição da literatura culta da prosa e da poesia.

O romance pós-golpe expressou a crise e o dilema dos intelectuais dentro do contexto autoritário. Nesse sentido, destacam-se dois romances canônicos: *Pessach: a travessia* (Carlos Heitor Cony, 1966) e *Quarup* (Antonio Callado, 1967). Em ambos, o intelectual é forçado a despir-se de suas roupagens sociais e aderir à luta efetiva contra o regime.

O romance *Pessach: a travessia* transformaria em matéria ficcional o exercício de liberdade crítica das crônicas, temperado pelo clima de radicalização da luta contra o regime que já se anunciava, com o chamado às armas feito inicialmente pelos brizolistas.[305] No livro, um intelectual existencialista e libertário, inicialmente crítico da luta armada, acaba por se engajar na guerrilha como um ato de liberdade de pensamento, portanto, mantendo sua condição de intelectual e livre pensador. Depois de vários episódios quase rocambolescos, nos quais se destaca uma improvável habilidade do personagem-intelectual nas táticas de luta armada, sem falar na sua coragem diante do perigo, o intelectual se mantém íntegro, realizando sua passagem, escolhendo seu destino por opção e coerência de ideias. Ou seja, mantendo sua independência intelectual.

Paulo Francis, então um intelectual de esquerda, escreveu sobre o romance:[306]

> Cony estabelece a absoluta incompatibilidade do intelectual com as linhas mestras da sociedade brasileira [...] o "herói" se contempla e vê o próximo com precisão e lucidez, mas não passa disto [...]. Diante da solução revolucionária que lhe é proposta por dois tipos a quem despreza pessoalmente, o protagonista manifesta um tom cético, fundado não só em razões de temperamento como na descrença da viabilidade dos esquemas em ação da esquerda local.

Transmutando os impasses do personagem ficcional para a condição histórica efetiva dos intelectuais brasileiros, ao se referir ao autor Cony, Francis arremata:[307]

> Seu individualismo continua intransigente, mas ele incorporou à personalidade um senso impessoal de alternativa, onde forças coletivas podem afirmar-se [...] os intelectuais são uma espécie de sismógrafo social [...] em países subdesenvolvidos onde a maioria vive em condições adequadas à Era da Pedra Lascada, eles são muitas vezes forçados a deixar seus gabinetes e agir como vanguarda na humanização dos oprimidos.

Nada mais distante, portanto, enquanto paradigma de intelectual engajado, do outro romance de sucesso da época – *Quarup*, de Antonio Callado –, no qual o intelectual, representado pelo personagem do padre Nando, se "deseduca" no contato com as classes populares, despojando-se das sutilezas e contorcionismos do pensamento especulativo para aderir à luta armada, guiado pelo herói camponês. Mesmo Ferreira Gullar, ligado ao PCB e, portanto, pouco simpático a esta opção política, reconhece que a dimensão política do livro vai além da questão estrita da luta armada:[308]

> Pode-se discutir se o único caminho de reintegração do intelectual brasileiro é o seguido finalmente pelo padre Nando e mesmo se a melhor maneira de lutar contra a opressão é essa a qual ele adere. Mas este é o aspecto episódico da questão: o fundamental é a afirmação implícita no romance, de que é preciso deseducar-se, livrar-se das concepções idealistas alheias à realidade nacional, para poder encontrar-se [...] dentro do mundo que o romance define a realidade pessoal deságua no coletivo. Não se trata de apagar-se na massa, mas entender que o seu destino está ligado a ela, de encontrar um "centro".

Ao definir a trajetória do padre Nando, Gullar define o ideal de resistência intelectual dos comunistas, desviando a exortação política da luta armada que eventualmente poderia sobressair da leitura de *Quarup*.[309]

Sintomaticamente, os finais dos romances são bem distintos. Enquanto o personagem intelectual-guerrilheiro de Cony faz a travessia para o interior de si mesmo, reiterando sua luta como opção individualista e libertária, o personagem central de Callado segue para o interior do Brasil, guiado por um camponês, dissolvendo sua individualidade na terra e no povo pelo qual lutaria, menos como opção e mais como o resultado de um processo de transformações coletivas na qual ele se dilui como indivíduo autocentrado. Em ambos os romances, entretanto, residia a falha trágica que deveria ser redimida: a impossibilidade de permanecer na "torre de marfim", equidistante das lutas políticas terrenas, lugar do intelectual tradicional. A virtude do romance *Quarup*, e do senso crítico que lhe dava suporte, não era narrar a luta armada e afirmar o intelectual como herói da resistência (como em *Pessach*), mas examinar o processo de adequação da consciência do intelectual revolucionário aos novos tempos. Nesse processo reflexivo, a própria figura do intelectual perdia sentido, pois só valia se diluída na luta maior que se travava, para além da obra de arte: a guerrilha.

A própria sobrevivência das atividades de espírito impunha a resistência, que, mais do que política, era vivida como uma afirmação ética. Entretanto, como apontam as resenhas, as duas saídas para a ação não resolvem os dilemas da intelectualidade confundida com a consciência crítica da nação sob o autoritarismo. Ao contrário, a opção da luta armada explicita os dissensos e dilemas internos a este grupo social.

A autoimagem do intelectual como reserva ética, política e moral da nação, já abalada em *Pessach* e *Quarup*, será duramente questionada pela própria literatura ao longo dos anos 1970, ajudando a redimensionar o seu papel no campo da "resistência cultural". Os fatores para essa mudança de configuração e posicionamento foram vários: as demandas do mercado, a crítica da contracultura jovem aos excessos de intelectualismo, a crise das esquerdas derrotadas na luta armada, o mecenato oficial, as novas estruturas de oportunidade profissional nas universidades e na indústria da cultura. Esses fatores, ao que parecem, tiveram um efeito particularmente intenso na literatura, uma arte que sempre foi vista como a expressão mais sofisticada do intelectual ao exigir maestria no domínio da língua vernácula e da escrita.

A crise do romance, portando certa fragmentação da linguagem referenciada na realidade e do fluxo narrativo que lhe é própria, é a expressão da crise do intelectual como "homem de letras" que consegue pensar o mundo como se estivesse fora dele. Isso se percebe nos romances de Antonio Callado dos anos 1970 – *Bar Don Juan* (1970) e *Reflexos do Baile* (1977) – ou na tentativa de um romance "realista-contracultural", como se poderia notar em *Zero*, de Loyola Brandão (lançado em 1974 na Itália, em 1975 no Brasil, mas proibido no ano seguinte até 1979). As grandes respostas literárias dos anos 1970 à ditadura militar no campo da ficção retomaram a narrativa realista, mas evitando uma visão onisciente do narrador tradicional, trabalhando-a como se fosse um documentário cinematográfico, cujas expressões mais notórias e contundentes foram *Em Câmara Lenta* (de Renato Tapajós) e *A Festa* (de Ivan Angelo).[310] Em ambos, o tema da derrota, trabalhado pelo viés do martírio e solidão do guerrilheiro-herói (*Em Câmara Lenta*) ou da impotência e covardia da sociedade como um todo diante do autoritarismo (*A Festa*), apresenta-se como ruptura com a "boa consciência literária" do intelectual que esteve na base da gênese do conceito de resistência cultural. Nesses livros, não resta nem ao intelectual "despir-se" ou "reinventar-se" e se tornar guerrilheiro. A violência absoluta e a mediocridade dos algozes são impositivas e determinantes da nova realidade social.

Obviamente, a literatura do período vai além destes temas, constituindo-se igualmente em reflexão sobre a violência das relações sociais e políticas potencializadas pela experiência autoritária.[311] É nítida a influência de outras linguagens, vindas do jornalismo, publicidade, do cinema, nos livros. O conto, a poesia, o livro-reportagem, a autobiografia, a novela, seriam os principais formatos literários dos anos 1970 na tentativa de manter a palavra literária como lugar de resistência cultural,[312] em que pese o lançamento de romances em seu formato mais clássico, como *Incidente em Antares* (Érico Veríssimo, 1971).

Em 1975, houve um *boom* literário no Brasil, apontando novas tendências do mercado editorial, como o "romance-reportagem"

(Aguinaldo Silva, José Louzeiro), a publicação de *best-sellers* estrangeiros e de livros de memórias, sobretudo após 1979, quando os exilados começam a voltar e a narrar suas aventuras e desventuras na luta contra o regime militar e no exílio. Os livros *O Que é Isso, Companheiro?* e *Os Carbonários*, escritos pelos ex-guerrilheiros Fernando Gabeira e Alfredo Sirkis, respectivamente, inscrevem-se nessa tendência e são importantes marcos na própria reconstrução da memória sobre a experiência da guerrilha e seu lugar na história do Brasil.

Portanto, a literatura durante o regime militar propiciou uma gama de "consciências literárias"[313] sobre a experiência histórica não porque imitou a realidade nos livros, mas porque, em muitos casos, só a reflexão propiciada pela ficção, pela imaginação ou pela memória poderia dar conta de compreender uma realidade política, cultural e social tão multifacetada e complexa.

A imprensa liberal que em 1964 apoiara o golpe militar em bloco também se beneficiou do ativismo intelectual, dando voz tanto aos manifestos quanto ao debate cultural que envolvia o meio.[314] Nesse sentido, marcando o espaço público ao lado das revistas intelectuais que abundaram no período dos anos 1960 e 1970, a imprensa conseguia diluir parte de suas responsabilidades diretas no golpe, passando a se autorrepresentar como um dos lugares privilegiados da resistência e, como tal, vítima do arbítrio.[315] Mas o espaço de maior comunicação do intelectual com um público leitor mais amplo foi a chamada "imprensa alternativa". Seu perfil mais militante do que acadêmico não implicava que os debates oriundos da pesquisa universitária estivessem totalmente ausentes dos jornais.

Jornais como *Correio da Manhã* ou *Folha da Semana* (1965/1966, 67 edições), que se abriram aos grandes debates, crônicas ou críticas intelectuais do final dos anos 1960, praticamente desapareceram da "grande imprensa" liberal. Os "anos de chumbo" e o susto com a luta armada deixaram os grandes jornais brasileiros ressabiados, emparedados entre a crítica ao arbítrio e a defesa do combate ao "terrorismo de esquerda". Se não havia uma censura prévia rigorosa aos grandes veículos, exceção feita ao *Estado de S. Paulo* (1972-1975) e à revista *Veja* (1974-1976), alguns temas críticos eram evitados pelos editores, bem como qualquer pauta política que pudesse perturbar a lógica palaciana dos militares em conduzir os negócios do país. Mais para o final dos anos 1970 e início dos anos 1980, o tema da política e o debate cultural voltariam à grande imprensa, cujo grande exemplo é o *Projeto Folha* a partir de 1976, conduzido pelos editores Perseu Abramo e, posteriormente, por Boris Casoy, assim como o *Folhetim*, tabloide de temas culturais e políticos veiculado aos domingos pelo jornal paulistano (1977-1989). Ao lado das publicações da Editora Brasiliense[316] e do *Jornal do Brasil*, a *Folha* constituirá a experiência de leitura mais influente nos meios intelectuais e acadêmicos em tempos de abertura e transição política, afirmando um projeto comercial e político a um só tempo.

Para além da imprensa, de caráter mais restrito e aprofundado, os anos 1960 e 1970 viram florescer várias revistas de caráter acadêmico, mas não necessariamente ligadas a instituições, partidos ou programas de pós-graduação específicos. A tradição de revistas intelectuais vinha do começo do século, sendo um dos espaços mais importantes de ativismo intelectual em um ambiente ainda carente de grandes instituições de ensino superior. Mesmo com criação e expansão das universidades, nos anos 1940 e 1950, algumas revistas ainda eram centro de convergência para os debates, como as revistas *Clima*, *Senhor* ou a *Brasiliense*.

Após o golpe militar, a *Revista Civilização Brasileira*, criada por Ênio Silveira, foi o principal periódico de debates intelectuais entre 1965 e 1968, tornando-se o mais importante espaço editorial de reflexão e debate no campo da esquerda que gravitava em torno do Partido Comunista Brasileiro. Em seus 22 números, foi uma das expressões mais vigorosas da esfera pública que se formara após o golpe, momento em que o intelectual ainda não havia sido incorporado totalmente pelo meio universitário nem pela indústria da cultura.[317] Para angariar intelectuais e leitores ligados ao catolicismo de esquerda, o mesmo Ênio Silveira lançou a revista *Paz e Terra* (1966-1969), que sob a chave do catolicismo progressista discutia temas da pauta intelectual dos anos 1960, tais como a sexualidade, as guerras, as artes, o marxismo, o papel social e político da Igreja. As correntes de esquerda que aderiram à luta armada tinham nas revistas *Teoria e Prática* (dirigida pelo arquiteto e artista plástico Sérgio Ferro) e *Aparte* (ligada ao Teatro da Universidade de São Paulo) seus principais redutos. A segunda estampou uma frase que se tornou lapidar do debate intelectual no contexto da luta armada: "O intelectual deve suicidar-se enquanto categoria social para renascer como revolucionário". Ambas tiveram vida editorial efêmera no final dos anos 1960.[318]

Nos anos 1970, as revistas tornaram-se mais acadêmicas, ligadas aos inúmeros centros de pesquisa que começavam a se espalhar, e refletindo a ampliação das pesquisas especializadas e temáticas. Os *Cadernos Cebrap* (Cebrap), *Revista de Cultura Contemporânea* (Cedec) e *Dados* (IUPERJ) podem ser citados como exemplos de revistas acadêmicas influentes naquela década. Nos anos 1970, *Debate & Crítica* foi um exemplo de revista de ciências sociais que se constituiu em um espaço de debate acadêmico independente, fazendo a ponte entre os professores que ainda atuavam nas universidades, sobretudo paulistas, e os cassados. Criada por Jaime Pinsky, então professor de história na Unesp-Assis, e apoiada pela Editora Hucitec, a revista tinha como parte do Conselho Editorial (além do próprio Pinsky) Florestan Fernandes e José de Souza Martins. A publicação existiu de 1972 a 1975, sendo autodissolvida pelo Conselho (e relançada um ano depois sob o nome *Contexto*) após a imposição da censura prévia, ação inédita em se tratando de um periódico acadêmico brasileiro.[319]

Outro grande espaço de articulação e debate da esquerda intelectual foi a chamada "imprensa alternativa". *O Pasquim* e *Opinião* podem ser consideradas as duas matrizes dos jornais "nanicos". Tomada como contraponto à grande imprensa liberal – seus interesses políticos e diretrizes comerciais – a imprensa alternativa fez história nos anos 1970, não conseguindo sobreviver com o mesmo vigor à virada da década. Entre 1964 e 1980, surgiram mais de 150 periódicos de oposição ao regime militar nesse formato, dividindo-se em dois grandes conjuntos: uma linhagem mais propriamente política, sob influência da esquerda marxista, e outra ideologicamente mais difusa, voltada à crítica comportamental.[320]

O suplemento *Pif Paf* (maio a setembro de 1964, 8 edições), de Millôr Fernandes, veiculado pela revista *O Cruzeiro*, é considerado o fundador da nova imprensa alternativa.[321] Utilizando-se de uma diagramação ousada, muitos recursos gráficos e linguagem humorística, a revista foi fechada depois de lançar o concurso "Miss Alvorada 65", satirizando a corrida presidencial prometida para o ano seguinte ao golpe. Serviu de inspiração gráfica para *O Pasquim*, lançado em 1969, e que reuniu parte da equipe que havia trabalhado com Millôr, como os cartunistas Jaguar e Ziraldo.

O Pasquim foi o grande sucesso de público da imprensa alternativa. Os temas comportamentais, a visualidade ousada, a sátira política e o humor de costumes angariavam um público jovem bem mais amplo do que os densos textos de análise de conjuntura dos jornais mais politizados. Além da crítica política e comportamental, *O Pasquim* abrigou, sobretudo até 1972, um núcleo importante do jornalismo contracultural, que trouxe temas como sexualidade, drogas, cultura pop, movimento *hippie*, em matérias assinadas por Luis Carlos Maciel e por Caetano Veloso.

Opinião, fundado em 1972 pelo empresário e ex-militante do Partido Socialista Brasileiro Fernando Gasparian, foi um importante espaço de convergência dos debates intelectuais, entre 1972 e 1977. Seu editor era Raimundo Pereira, que mais tarde fundaria outro jornal importante, *Movimento* (1975-1981). Ambos procuravam dar espaço para várias vozes críticas ao regime, e foram duramente censurados.[322] A censura prévia comprometia não apenas a liberdade de conteúdo desses jornais, mas também dificultava a sua vida financeira. Além de atrasar a publicação, não foram poucos os casos de recolhimento de edições inteiras quando elas já estavam nas bancas, o que acarretava grandes prejuízos comerciais. *Opinião* e *Movimento* foram espaços plurais do ponto de vista das várias facções e partidos de esquerda na maior parte de sua existência. O tema das "liberdades democráticas" e dos "interesses nacionais" na área econômica e cultural propiciavam uma convergência de debates políticos e ideológicos, trazendo para o jornal a fina flor da intelectualidade brasileira de esquerda, de jovens professores iniciantes a docentes consagrados na carreira. Havia diferenças no foco dos dois jornais: *Opinião* era mais sensível ao nacionalismo e à política institucional, e *Movimento*, mais voltado a temas culturais e aos movimentos populares.[323] Este último passará por uma séria dissidência interna a partir de 1977, quando abraçou a causa da "Assembleia Constituinte", que não era pauta comum das esquerdas por ser identificada com uma proposta liberal. A partir de então, *Movimento* passou a ser cada vez mais identificado com o Partido Comunista do Brasil (PCdoB), embora tentasse manter o espírito de uma "frente de esquerda". Os grupos mais à esquerda, ligados ao trotskismo e à antiga Polop, fundaram o jornal *Em Tempo*, em 1978. Na redefinição partidária das esquerdas, pós-1979, o *Em Tempo* ficou mais próximo do PT.

Muitos jornais que existiram ao longo dos anos 1970 tinham foco temático mais específico. A questão cultural e os novos movimentos de minorias tinham lugar privilegiado no jornal *Versus* (1975-1979). O feminismo tinha como veículos principais os jornais *Brasil Mulher* (mais focado em questões propriamente feministas, 1975-1980) e *Maria Quitéria* (1977-1979), porta-voz do Movimento Feminino pela Anistia, mais voltado para a participação da mulher na política geral. O *Lampião* (1978) foi o primeiro jornal a dar voz ao movimento homossexual no Brasil.

Quando a censura política finalmente arrefeceu, em 1979, a imprensa alternativa teve que enfrentar o medo dos jornaleiros, que tinham suas bancas atacadas e destruídas pela extrema-direita. Esses atentados, junto com a fragmentação das esquerdas nos marcos da "abertura" do regime, impossibilitando um frentismo mais amplo, foram fatais para a imprensa alternativa.[324] Nos anos 1980, os grupos e partidos de esquerda investiriam mais na imprensa partidária, buscando um leitor mais fiel aos seus grupos e uma formação doutrinária mais estrita. As redações dos jornais como espaços de debate e de convivência (ainda que conflitiva entre várias tendências de esquerda) eram coisa do passado. O sucesso editorial, que chegou a possibilitar tiragens de 20 a 40 mil exemplares, também. Ficou a memória de um jornalismo heroico em vários sentidos, seja porque enfrentou o regime nos tempos duros, seja por ter saído da lógica comercial restritiva das grandes empresas jornalísticas. Sem pretender a neutralidade, a imprensa alternativa talvez tenha sido mais plural que muitos jornais que bradam suas virtudes de isenção e de pluralismo.

"A democracia relativa": os anos Geisel

Os anos de governo do presidente Ernesto Geisel constituem um particular exercício de compreensão dialética da história, ou seja, aquela que leva em conta as contradições intrínsecas ao período. Tese e antítese convivem neles de maneira tão adensada, cuja melhor expressão encontra-se na fórmula de Elio Gaspari, ao dizer que quando Geisel assumiu "havia uma ditadura sem ditador. No fim do seu governo, havia um ditador sem ditadura".[325] Talvez a bela formulação, em seu jogo instigante de palavras, seja um tanto questionável como explicação histórica, mas tem seu momento de verdade. O fato é que Geisel passou para a história como o presidente autocrático que iniciou o processo de abertura e, consequentemente, de transição política.

Na ocasião de sua morte, em 1996, essa percepção construída ainda sob seu mandato presidencial consagrou-se na memória. A imprensa liberal, artífice e arauto dessa memória, não se cansou de repetir o quadro explicativo que colocou o presidente sob a perspectiva de uma contradição suspensa pelo balanço positivo do saldo final do seu governo para o processo democrático.

A *Folha de S.Paulo*, por exemplo, estampou em sua manchete: "Geisel, que fez a abertura, morre aos 88".[326] E emendou: "Pode-se dizer que foi a ação firme do presidente Geisel que permitiu o *turning point* definitivo rumo à democracia", diz o editorial do mesmo jornal, referindo-se às demissões de Silvio Frota e Ednardo D'Ávila Mello, considerados expressões da "linha dura".

A imagem se repete na revista *Veja*: "Geisel tinha uma característica incomum entre os presidentes militares: mandava. Foi assim que, com mão de ferro, inviabilizou a ditadura".[327] Marcos Sá Correia desenvolve a tese no artigo principal da revista, apelando para a memória dos jovens:

> Autoritário e imperial, Geisel botou ordem nas Forças Armadas [...]. Os 59 milhões de brasileiros que nasceram depois de 1979 não sabem o que é temer um governo [...] no tempo do presidente Ernesto Geisel temia-se [...] quem não temeu seu governo dificilmente saberá que vive há dezessete anos sem medo do arbítrio político por herança do general autoritário que na semana passada, aos 89 anos, morreu de câncer no Rio de Janeiro.[328]

A curiosa tese da ditadura como "anarquia" e subversão da ordem não pela esquerda, mas pela "tigrada" dos quartéis, tem uma formulação direta no artigo:

> Antes de Geisel, havia um sistema que, apesar das aparências, era um regime de presidentes fracos, generais submetidos de baixo para cima à tutela dos quartéis. Para acabar com esta subversão hierárquica Geisel não precisou de pruridos liberais [...] encarando a anarquia militar, ele personalizou o autoritarismo que, antes, era exercido pelos fantasmas das Forças Armadas e pelas legiões quase clandestinas da repressão política.[329]

Thomas Skidmore, um dos intérpretes liberais da história republicana brasileira, chancelou: "Será lembrado como o soldado austero que deu outra chance para a democracia".[330]

O complexo personagem histórico recebeu o reconhecimento pela sua "chance para a democracia" do próprio presidente que concluiu o processo de transição democrática, Fernando Henrique Cardoso. Em 1995, FHC, seu opositor nos tempos da ditadura, lhe prestou homenagem em um almoço no Palácio das Laranjeiras. Com sua morte, decretou-se luto de oito dias.

Essas falas e episódios, ocorridos depois de terminada a ditadura, consagram uma interpretação eventualmente plausível da trajetória do presidente Geisel, sem dúvida um dos governos mais complexos e dinâmicos do regime militar. Nesse sentido, podem ser expressões de uma contradição efetiva, inscrita na dialética da história, dos projetos e das ações do governo Geisel. Poderíamos juntar outras aparentes contradições. Anticomunista convicto, foi o primeiro a reconhecer o governo comunista de Angola, em 1975. Mandatário de um regime acusado de ser braço do imperialismo estadunidense, entrou em conflito com o "grande irmão do Norte" por conta do acordo nuclear com a Alemanha e por causa dos direitos humanos. Abusou da censura para controlar a oposição, mas patrocinou uma política cultural que beneficiou muitos artistas que eram notoriamente contra o regime. Essas políticas, longe de serem expressões de um governo hesitante ou indefinido, inscrevem-se em uma estratégia clara de reforçar a autoridade do Estado e, consequentemente, dotar o regime e o governo de instrumentos para conduzir a transição para o governo civil com mão de ferro.

Mas há outro aspecto que deriva menos da dialética da história e suas contradições, e mais da construção de uma memória em torno do presidente e seu governo. Esse aspecto envolve a forma de situar o governo Geisel na história, surfando no magma conceitual da política entre ditadura e democracia, cujos sentidos foram alvo de redefinições durante recomposição de forças políticas no processo de "abertura" e transição. Ao incensar o papel do ex-presidente, inegavelmente um homem de autoridade, capacidade de ação e informado por um "projeto de transição", cujo sentido inicial era incerto e vago, a memória liberal constrói seu próprio lugar nesse projeto, legitimando-se. Igualmente, consagra-se uma forma de transição entendida como retirada negociada dos militares no poder, contenção dos atores mais radicais, em nome da "paz social" e da ordem pública.

Geisel acabou sendo o único presidente do regime militar com lugar de honra na memória liberal sobre a ditadura que se construiu paralelamente ao processo de abertura, ao lado do falecido Castelo Branco. Se este é tido como um liberal de farda, ninguém se ilude com Geisel. Era um autoritário, mas que teria utilizado seu poder autocrático para acabar com o regime militar, que já teria realizado seu papel histórico – afastar o reformismo e a ameaçada revolução socialista do horizonte histórico – cumprindo uma espécie de "destino manifesto".[331]

Nessas construções simbólicas (e ideológicas) sobre Geisel e a abertura, subjaz um movimento explicativo mais sutil sobre o regime como um todo. As mazelas da política durante o regime militar não se devem às boas intenções do golpe de 1964, desagradável mas necessário, que por sinal contou com amplo apoio civil e liberal. Os desvios do regime é que puseram o caráter "redentor" e cívico da "Revolução" em xeque. Seguindo a linha de raciocínio histórico, o desvio fundamental teria ocorrido quando Costa e Silva se apoiou na linha dura para emparedar Castelo Branco e se impor como seu sucessor. A consequência teria sido o AI-5 e os *anos de chumbo* do governo Médici, incrementados pelo radicalismo da esquerda. Aterrorizada pela guerrilha, a sociedade impotente se tornou também vítima do arbítrio e da violência das forças de repressão, vistas como autônomas, quase um ator político em si mesmo. Nessa ótica, a chegada de Geisel ao poder retoma a rota originalmente traçada, delineia um projeto retilíneo de transição e o conduz a partir do Palácio, impondo-se às ruas tomadas pela esquerda e aos quartéis tomados pela extrema-direita. Esse esquema explicativo, consagrado pela memória liberal e por historiadores identificados com esta perspectiva ideológica,[332] sustenta-se sobre algumas premissas.

Em primeiro lugar, restringe o processo político ao projeto de "distensão" e de "abertura", que teriam sido frutos de uma política deliberada e autoconsciente de governo, conduzida pelo alto, desde a posse de Geisel. A presença de Golbery do Couto e Silva no governo seria a prova dessa intenção. Cabe perguntar se aquilo a que chamamos de abertura foi fruto, exclusiva ou prioritariamente, das intenções e conduções do Palácio. Qual o papel dos agentes sociais, sobretudo aqueles ligados à oposição nesse processo?[333]

Em segundo lugar, a *distensão* anunciada é vista como tendo uma relação direta e causal com a *abertura*, continuada por João Baptista Figueiredo, eixo que por sua vez explica a *transição* como um todo. O movimento *distensão-abertura-transição*, visto dessa maneira, não dá conta das marchas e contramarchas da história.[334]

Por fim, delimita de maneira muito restrita os conceitos de ditadura e democracia. A primeira passa a ser sinônimo apenas de repressão policial direta de caráter semiclandestino e violento, simbolizada pela imagem do "porão" e da "tigrada". A segunda, é restrita à volta de "normalidade jurídico-institucional" e um mínimo de "liberdades civis" (sobretudo, liberdade de expressão). Aqui, obviamente, não podemos ser levianos no criticismo a ponto de desmerecer esses importantes elementos como base para a democracia, pois sua ausência explica a tragédia dos anos de chumbo. Trata-se de forçar a definição para além destes limites e revisar criticamente a relação do governo Geisel com o processo de democratização.

Pelo teor das declarações da mídia, de personalidades políticas, e pelo olhar de alguns historiadores, parece que há uma identidade quase direta entre o governo Geisel e a abertura. As mortes violentas de militantes de esquerda parecem ser mais obra de um "porão do regime", incontrolável até então, e as cassações, o fechamento do Congresso e as imposições institucionais, meras táticas para melhor realizar a distensão. Em ambas, não apenas a figura de Geisel, mas também a memória liberal a que aludimos sobre o ex-presidente, fica preservada. Como se o resultado das suas ações políticas, "a outra chance para a democracia", explicasse a natureza e o percurso do processo histórico desde o lançamento da "distensão".

Quando olhamos para alguns dados isoladamente, o saldo repressivo do governo Geisel não autoriza falar em democracia ou mesmo em distensão: durante seu governo houve 39 opositores desaparecidos e 42 mortos pela repressão. A censura à imprensa, às artes e às diversões foi amplamente utilizada, abrandando-se somente em meados de 1976; o Congresso foi fechado durante 15 dias.

Se não é possível, nessa perspectiva, falar de uma "chance para a democracia" dada de maneira inequívoca, linear e direta desde o início do seu governo, como se fosse uma vontade de ferro do presidente em acabar com o regime, então o que teria sido a "abertura"? Como pensar aquele momento histórico para além de uma memória liberal que nele se reconhece?

O processo de "distensão" e "abertura" era, sobretudo, um projeto de institucionalização do regime. Como estadista de visão estratégica, Geisel sabia que o aparato policialesco de repressão era insuficiente e arriscado para tutelar o sistema político, sob risco do governo isolar-se dele. Efetivamente, há uma agenda de abertura, quando muito, só após 1977. Até então "abertura", dentro da concepção palaciana, era sinônimo de institucionalização da exceção, descompressão pontual, restrita e tática e projeto estratégico de retirada para os quartéis *sine die*. A agenda de transição iniciada em 1977 se reafirma em 1978, seguida da indicação oficial de João Figueiredo para Presidência. Ou seja, a partir de então, já com a pressão das ruas e do próprio sistema político (nesta ordem), é que a abertura se transforma em um projeto de transição democrática, ainda que de longo prazo. Havia uma pressão cada vez maior dos movimentos sociais unidos, ocupando de forma crescente a praça pública[335] em torno da democracia, o que sem dúvida era um fator de pressão a mais sobre as políticas de distensão e abertura no caso brasileiro. Eram fatos novos, imprevistos, que colocavam novas demandas políticas, sociais e econômicas, para as quais a estratégia do governo oferecia pouca resposta além da repressão. A pressão das ruas talvez tenha sido o elo perdido e esquecido entre a tímida distensão de 1974 e a efetiva agenda de abertura em 1978.

O fiel da balança no processo de transição foram os atores liberais, apoiados por parte da esquerda (comunistas do PCB e PCdoB) e reunidos em torno da oposição partidária (MDB/PMDB) e da "grande" imprensa. O processo final da transição, a partir de 1982, foi hegemonizado pelos liberais, em negociação com os militares. Ela foi vantajosa para ambos, pois se garantia uma retirada sem punição às violações aos direitos humanos e sem mudanças abruptas do modelo econômico fundamental, sancionado pelas elites, ao mesmo tempo em que se retomavam de maneira gradual as liberdades civis e o jogo eleitoral. A morte de Tancredo complicou um pouco esse projeto estratégico, pois Sarney era um homem criado e tutelado pelos militares, ao contrário de Tancredo, conservador, mas com brilho próprio e coerente em sua oposição moderada porém constante.

O controle da direita militar e da repressão se insere na estratégia, sem dúvida, de preparar terreno para institucionalizar o regime, economizando a violência direta e abrindo novas possibilidades de legitimação institucional. A politização dessas forças do "porão" se relaciona mais ao jogo sucessório do que uma real força de pressão dos quartéis.

Mesmo quando reafirmada com mais clareza enquanto agenda de transição, a "abertura" era parte de uma política de passagem gradual para um governo civil, ainda tutelado pelos militares. Esse tipo de estratégia de "retirada" negociada foi comum aos regimes militares mais sofisticados e que governaram sociedades mais complexas e modernizadas (Brasil, Chile, Uruguai), pois os atores militares sabiam ser impossível a manutenção do regime sem combinar "institucionalização" do autoritarismo e da tutela e a progressiva retirada para os quartéis, para o pano de fundo da política de Estado. Notemos que os militares argentinos não desenvolveram este tipo de política, e o regime foi um desastre político, combinando alto grau de violência (caótica num certo sentido) e baixa institucionalização, o que implodiu o Exército argentino como instituição. A Guerra das Malvinas foi o ápice dos erros do regime militar argentino, e a derrota para a Inglaterra selou seu destino, invertendo a energia nacionalista que animava o conflito inicialmente e mobilizava parte da população.[336]

O processo sucessório do general Médici começou em meados de 1972, conforme notícias veiculadas pelo jornal O *Estado de S. Paulo*. O bravo matutino, que desde a edição do AI-5 andava se estranhando com a ditadura que ajudara a implantar em 1964, ganhou alguns anos de censura prévia por vazar informações sobre a sucessão presidencial.[337] Este era um tema sensível, pois sempre envolvia conflitos dentro do alto escalão, pois todos os generais graduados se sentiam aptos para o cargo.

O lançamento oficial do candidato Geisel ocorreu apenas em 18 de junho de 1973, depois de obtido o "consenso militar", ou seja, o aval do generalato. Pela primeira vez, um processo sucessório parecia não ser traumático para as Forças Armadas desde que tomaram o poder em 1964. Médici, ecoando vozes na tropa e da linha dura, tomou até o cuidado de saber se Geisel ainda era próximo de Golbery do Couto e Silva, figura mal vista pelo próprio presidente e pela linha dura. "Estão completamente separados", respondeu o general João Baptista Figueiredo, então chefe do Gabinete Militar. Mal sabia Médici que Figueiredo era do círculo de confiança do grupo castelista-geiselista, disposto a retomar o controle do Estado.[338] Essa fidelidade lhe garantiu a futura indicação para a presidência da República e um constrangimento público no velório de Médici, quando o filho e o neto do defunto chamaram Figueiredo de "canalha".

A oposição institucional reunida no MDB, que vivia dias patéticos e difíceis em uma conjuntura dominada pela repressão e pelo apoio popular do governo, foi criativa e conseguiu expor a artificialidade do processo dito "eleitoral". A chapa, sem nenhuma chance de vitória, foi apelidada ironicamente de anticandidatura, composta pelo deputado Ulysses Guimarães e por Barbosa Lima Sobrinho. O primeiro era um quadro político egresso do PSD, deputado desde os anos 1950, e que nos anos 1970 se destacou como uma das vozes liberais mais críticas ao regime militar, destoando do tom moderado que marcava boa parte dos políticos que se diziam liberais no Brasil. O vice na chapa, era exparlamentar, advogado e jornalista historicamente ligado à Associação Brasileira de Imprensa da qual fora presidente nos anos 1920 e 1930 e voltaria a sê-lo em 1978.

Em janeiro de 1974, Geisel foi eleito presidente da República pelo Colégio Eleitoral (400 contra 76 e 21 abstenções).[339] Seu irmão, Orlando Geisel, colocou duas Companhias de prontidão em Brasília. De quem o notório irmão teria medo? Da esquerda armada em frangalhos ou da direita militar vitaminada?

Ato consumado, com Geisel indicado, "eleito" e empossado, descobriu-se a trama para diminuir a resistência do seu nome junto à linha dura, pois o general Golbery foi indicado para a importante Casa Civil da Presidência. Antes mesmo da posse, em fevereiro de 1974, panfletos anônimos contra o "mago", como era conhecido Golbery, cérebro do golpe e do regime, começam a circular nos círculos civis e militares.[340] Para a extrema-direita militar, a volta do chamado "grupo castelista" ou "Sorbonne" – como eram chamados os militares com visão política estratégica – poderia significar o aumento da corrupção, início de um processo de transição política e desmontagem do aparato repressivo. Ao menos, esse era o temor dos que se agitavam nos quartéis.

A discussão sobre o "modelo político" brasileiro, eufemismo para designar a vontade da ditadura em se institucionalizar, ganhou espaço em 1972, ainda durante o governo Médici. Logo após a indicação oficial de Geisel como seu sucessor, o Instituto de Pesquisas, Estudos e Assessoria do Congresso (Ipeac) patrocinou uma palestra do cientista político Wanderley Guilherme dos Santos, seguida de debate com os parlamentares, na qual se apresentou a tese da "descompressão política gradual" para evitar o retrocesso.[341]

Esse "debate", na verdade ainda muito restrito aos círculos centrais do poder, partia do princípio de que era necessária uma retirada estratégica dos militares do coração do Estado, sem ameaçar os princípios da "Revolução" de 1964: segurança e desenvolvimento. Em outras palavras, era preciso iniciar uma normalização da vida política, que no jargão político da época significava consolidar o espírito de tutela do AI-5 em princípios constitucionais, abrandar o controle da sociedade civil, sem necessariamente dar a ela espaço político efetivo no processo decisório, e, em um futuro incerto, devolver o poder a civis identificados com as doutrinas que inspiraram 1964 ou que, ao menos, não lhes fossem hostis. Em outras palavras, os militares sonhavam um regime com um partido oficial hegemônico, chancelado pelo voto, majoritariamente civil e um Estado blindado contra "crises", sejam oriundas da extrema direita militar, sejam advindas das pressões da esquerda nas ruas e movimentos sociais.

A fórmula era inspirada na longevidade bem-sucedida do modelo político mexicano,[342] referência que aparece claramente no texto de Samuel Huntington, cientista político norte americano, "Approaches to Political Decompression" ("Abordagens para descompressão política"). Nele, o famoso professor de Harvard, antes de se consagrar como um dos ideólogos do mundo pós-Guerra Fria, aconselha os mandatários brasileiros a iniciar uma "descompressão lenta e gradual" o quanto antes, para não perder o controle do processo sob o risco de um novo e mais terrível ciclo repressivo, ou coisa pior, o aumento descontrolado da participação popular no processo político.[343]

Em agosto de 1974, já com Geisel empossado, Huntington veio ao Brasil participar do seminário "Legislaturas e Desenvolvimento". O general Golbery, que se considera um dos pais da abertura, não se empolgou muito com o nobre conselheiro, qualificando seu famoso artigo como "pedestre".[344] Para ele, a abertura estava dada no bojo do movimento de 1964, sendo um dos princípios do "castelismo".

Qualquer que seja a paternidade teórica do processo de "abertura", suas razões e objetivos estratégicos, a sua forma básica, ancorada no binômio "lentidão e gradualidade", prevaleceu, supondo um controle total do processo político por parte do governo Geisel, tal como se consagrou na memória liberal sobre o período. Nesta, a tese da democracia outorgada parece levar ligeira vantagem sobre a tese da democracia conquistada. Em linhas gerais, consagrou-se a imagem de que os movimentos sociais voltaram a ser atores na luta pela democracia a partir do momento em que a abertura foi desencadeada, sendo esta a causa daquelas lutas. Essa imagem supõe que a abertura foi uma decisão inequívoca do governo, um projeto uniforme e de movimento histórico retilíneo que teria permitido a expressão da contestação política e social. Um exame mais detalhado da conjuntura e do processo histórico articulado, entretanto, pode suscitar algumas dúvidas.

Ao contrário de Castelo, Costa e Silva e Médici, Geisel não falou em volta à democracia em seu discurso de posse. Em pronunciamento econômico, fez muitos elogios à "Revolução" e às suas realizações econômicas e políticas, reconhecendo que foi "dramaticamente nascida de um dissenso dilacerador", mas que era hora de perseguir um "generoso consenso nacional". Nada mais, portanto, do que uma vã esperança apoiada em palavras vagas. Mas não demorou muito que o tema da "distensão" se consolidasse, ainda que carecesse de uma efetiva agenda política.

O discurso na reunião do Ministério, em 19 de março de 1974, definiu o "gradualismo" como estratégia de distensão. Nas palavras de Geisel, o governo esperava um "gradual, mas seguro aperfeiçoamento democrático, empenhando um diálogo honesto e estimulando maior participação das elites responsáveis e do povo em geral". Mas avisou que os "instrumentos excepcionais" para manter a segurança continuariam como "potencial de ação repressiva" para evitar desvios à rota traçada.[345]

Apesar dos sinais de busca de diálogo, a transição para a democracia estava claramente subordinada à segurança do regime que, na ótica dos seus estrategistas, passava pelo rearranjo institucional e pelo diálogo seletivo com a sociedade civil. Esse projeto incluía eventuais recursos a medidas liberalizantes, mas não significava efetivamente "retorno à democracia", ainda que no médio e longo prazos.[346]

O novo governo tinha que lidar com uma conjuntura diferente do início dos anos 1970. Se, por um lado, a guerrilha de esquerda estava praticamente derrotada, dando seus últimos suspiros nas selvas longínquas do Araguaia, a economia, grande trunfo da era Médici, não tinha perspectivas promissoras. A crise do petróleo demonstrara a fragilidade e a dependência do dinamismo econômico brasileiro, e a busca da ampliação da oferta e das matrizes energéticas tornou-se uma obsessão do governo, já anunciada na primeira reunião presidencial. A inflação de 1974 mais que duplicara em relação ao ano anterior, e o PIB cresceu pela metade. Para retomar o crescimento com taxas aceitáveis de inflação, dentro do projeto de expansão das indústrias de base e de energia, a festa do consumo dos tempos do milagre iria se tornar mais comedida. Era a chamada "reversão das expectativas" que tinha um alvo certo: a classe média. Em maio, ficava ainda mais clara a mudança de rumos na economia, com a primeira reunião do Conselho de Desenvolvimento Econômico (CDE), epicentro do planejamento econômico, que dava mais espaço aos tecnoburocratas e executivos das estatais do que aos empresários da iniciativa privada. Em setembro de 1974, foi lançado o II Plano Nacional de Desenvolvimento, que explicitava a reorientação da economia, mas prometia altas taxas de crescimento para os próximos anos.[347]

É notório que o regime militar se esforçou para despolitizar o cidadão comum e manter o debate dentro dos círculos restritos e tutelados do sistema político. Mas os acenos de distensão e os apelos à "imaginação criadora dos políticos e da sociedade" para substituir os instrumentos de repressão do governo trouxeram à luz a questão política. Não que essa questão houvesse sumido, mas o clima repressivo reinante desde 1969 transformava a ação política (de oposição) em negócio de alto risco. A repressão policial, a censura e o clima de vigilância não diziam respeito apenas ao combate da luta armada. Acabou por contaminar todos os espaços sociais da política.

Nesse contexto, a fome de participação por parte de vários atores sociais e políticos aflorou no debate em torno de uma nova questão: "a questão democrática". O governo, ao seu modo, falava em democracia, os empresários falavam em democracia, os intelectuais falavam em democracia, os partidos falavam em democracia, embora a palavra tivesse diversas conotações.[348]

Para o governo, o país já era democrático, posto que fiel aos valores cristãos e ocidentais e defensor da liberdade individual e da livre-iniciativa contra o "totalitarismo de esquerda", mas não abria mão dos instrumentos de repressão, até que um novo sistema de valores estivesse internalizado. Esse sistema era baseado na interiorização dos limites da ação opositora e do grau de reivindicações de ordem socioeconômica. O governo entendia democracia como mero debate de ideias e "críticas construtivas".[349]

Para os intelectuais, as posições sobre a questão democrática variavam. Alguns aceitaram a *realpolitik* imposta pelo governo, afirmando que a única opção para a construção da democracia era aceitar os limites e incrementos da distensão oficial.[350] Outros denunciavam a questão democrática como mera estratégia de renovação da "hegemonia burguesa".[351] Outros ainda entendiam que, a partir da nova conjuntura de distensão, era preciso conquistar mais espaços e abrir mão da visão instrumental de democracia, que afligia a esquerda e a direita.[352]

A derrota traumática da esquerda armada e a violência sem limites do terror de Estado acabaram por mostrar a urgência desse debate, aceito inclusive pela esquerda, sempre mais confortável em discutir a revolução. Afinal, a democracia em seu formato institucional e representativo era vista como um valor burguês. Mas novos conceitos de democracia, dita "substantiva" (em contraponto com a democracia formal e representativa), começaram a surgir. Além disso, a esquerda representada pelo PCB reiterava a política ampla de alianças para democratizar o país, privilegiando uma ação frentista e unificada das oposições, parlamentar e institucional, que isolasse o regime.[353] Paralelamente, intelectuais comunistas assumiam o debate sobre a questão democrática, aceitando os termos da democracia representativa burguesa como base para a ampliação dos direitos e da participação popular.[354]

Mesmo os sobreviventes da luta armada derrotada, ainda que não abrissem mão da revolução como objetivo final, passaram a fazer autocríticas nas quais o problema da política de massa se colocava como alternativa ao colapso da esquerda armada. Em quase todos esses documentos, é visível a preocupação em rever posições que levaram ao isolamento e à crença cega na vanguarda em armas. O trabalho de massas, como se dizia, ao fim e ao cabo, tangenciava o problema da democracia. As autocríticas ocorriam em um momento em que alguma lentes mais sensíveis já captavam o crescimento dos movimentos sociais de novo tipo, formado por vizinhos, abrigados em comunidades religiosas, e avessos ao vanguardismo dirigista e instrumental da tradição leninista.

Para o conjunto das oposições, começou a se definir um conceito de democracia "participativa", que tentava criar uma zona de convergência entre os conceitos elitistas e formais de democracia liberal e a democratização da sociedade com base na afirmação dos direitos sociais e da participação efetiva.[355]

O partido de oposição, parte do sistema político institucional ao qual era solicitada "criatividade" por parte do governo, também foi contaminado pelos debates intelectuais sobre a questão democrática. Aproveitando-se do clima de debate, o MDB se propôs a fazer uma campanha eleitoral mais ousada, incorporando em seu programa para as eleições de 1974 temas mais sensíveis, como a crítica ao modelo econômico, à repressão, a autocracia das decisões de governo e as preocupações dos assalariados com o aumento da inflação. Para tal, o programa do Partido foi concebido pelos intelectuais do Cebrap (Centro Brasileiro de Análise e Planejamento), que tinha acabado de sofrer um atentado à bomba perpetrado pela direita em abril, ao mesmo tempo em que davam um novo ânimo à esquerda abrigada no partido, a começar pelo PCB.

Ulysses Guimarães percebeu que o debate na esquerda intelectual paulista poderia se transformar em uma plataforma política sintética, ao alcance do eleitor médio. Com esse espírito, ele visitou o Cebrap e pediu a Fernando Henrique Cardoso que nomeasse uma comissão de intelectuais para redigir o programa do partido para as eleições de 1974.[356]

Depois de ficar atrás dos votos nulos na eleição de 1970, que somaram 30%, o MDB se renovou a partir da legislatura de 1971, com a aguerrida atuação dos deputados chamados de "autênticos", que se diferenciavam dos adesistas e dos moderados "pessedistas".[357] A anticandidatura de 1973 também havia sido um momento de vitrine do partido para a sociedade. A aproximação com os intelectuais foi uma forma de chegar a setores mais críticos da sociedade civil, que até então advogavam o "voto nulo" como forma de protesto à ditadura.

Antes da eleição, o partido assumiu um tema sensível para a esquerda e para o meio intelectual de oposição: a questão dos desaparecidos, tema que explodiu para o debate público no começo do governo Geisel. Em julho de 1974, o MDB interpela o governo sobre o tema, ameaçando convocar o ministro da Justiça, Armando Falcão, para depor no Congresso. O tema dos "desaparecidos" incomodava a opinião pública, mesmo aquela que era contrária ao marxismo e avessa à revolução. Os liberais viviam uma contradição, perceptível nas páginas da imprensa desde 1968: pediam rigor no combate ao "terrorismo de esquerda", mas quando o governo os atendia, com todos os meios próprios a uma ditadura, assustavam-se com os efeitos colaterais e diretos da repressão. Os sequestros, as torturas e as simulações de mortes por enfrentamento policial dão lugar à figura dos desaparecidos. Dos 169 militantes desaparecidos no Brasil, 53 ocorrências foram no ano de 1974, boa parte após a posse de Geisel.[358] Assim como não reconhecia a existência de torturas e execuções extrajudiciais, o governo continuou não reconhecendo qualquer responsabilidade na questão dos desaparecidos, imputando os próprios por essa situação, dada a sua condição de clandestinos e "terroristas". Com isso, como vimos, o governo se livrava de dar qualquer satisfação à sociedade.

O fato é que os temas da tortura e dos desaparecimentos tornaram-se uma verdade cada vez mais inconveniente para as consciências liberais ou religiosas, mesmo de cores mais conservadoras.

A Igreja Católica, cujas bases mais progressistas sofriam a violência direta do regime desde 1968, abraçava cada vez mais a causa dos direitos humanos, dentro da qual o tema dos desaparecidos era central. Desde 1970, bispos e generais se encontravam sigilosamente para conversar sobre o tema, na chamada Comissão Bipartite.³⁵⁹ Apesar desse canal de diálogo, as relações entre a Igreja e o Estado se azedaram definitivamente em 1973 por causa da morte do estudante de Geologia da USP, Alexandre Vannuchi Leme.³⁶⁰

Em março daquele ano, Alexandre foi morto nas dependências do DOI-Codi em São Paulo, ao que tudo indica por "acidente de trabalho" dos torturadores. O caso comoveu não apenas a comunidade estudantil, mas a comunidade católica de São Paulo. O jovem de 22 anos foi enterrado como indigente no cemitério de Perus, e as autoridades demoraram alguns dias para reconhecer sua prisão e morte. A versão oficial era a de sempre: fuga seguida de atropelamento. Ela foi prontamente rechaçada pelos colegas do movimento estudantil e pela Igreja.

Alexandre, o Minhoca, era um líder popular do movimento estudantil uspiano e membro de uma tradicional família católica do interior de São Paulo. Desde 1972, militava na já alquebrada ALN, que depositava esperanças em um novo ciclo de recrutamento para a guerrilha no meio estudantil, onde atuava abertamente.³⁶¹

A morte de Vanucchi Leme fez com que a cúpula da Igreja Católica no Brasil abraçasse definitivamente o tema dos direitos humanos como eixo principal das críticas ao regime.³⁶² Na verdade, o tema dos direitos humanos e, sobretudo, da justiça social, tinha aparecido em vários documentos do bispado brasileiro.³⁶³ A repressão entrara em choque com o clero diretamente, tanto no caso dos frades dominicanos presos e torturados durante a caçada a Marighella³⁶⁴ quanto no assassinato do padre Henrique Pereira Neto, assessor de Dom Helder Camara, arcebispo de Olinda e Recife e símbolo da Igreja progressista nos anos 1960 e 1970. Essas tensões explodiram definitivamente por ocasião da morte de Vanucchi Leme. Agora era a arquidiocese de São Paulo, liderada por Dom Paulo Evaristo Arns, tornado cardeal pelo papa Paulo VI, que comprava a briga com o regime. A Igreja, pressionada pelas bases laicas e clericais, assumia-se como opositora institucional do regime. Não por acaso, em fevereiro de 1973, a voz institucional da Igreja, a Conferência Nacional dos Bispos do Brasil (CNBB), em sua

XIII Assembleia Geral, rememorou os 25 anos da Declaração Universal dos Direitos Humanos.

As autoridades governamentais, bem como setores mais conservadores da sociedade, ficaram profundamente insatisfeitos com a missa realizada em memória de Alexandre Vannuchi Leme no dia 30 de março de 1973, véspera do aniversário da "Redentora" (como os golpistas chamaram originalmente a deposição de Goulart em 1964), em plena Catedral da Sé. Cerca de 5 mil pessoas compareceram à missa, com direito ao coro de *Caminhando*, a música proibida de Geraldo Vandré, e puderam ouvir o recado de Dom Paulo ao governo: "Só Deus é o dono da vida. D'Ele a origem e só Ele pode decidir seu fim". A rigor, a missa de Alexandre Vannucchi Leme era o primeiro ato público de massa contra o regime desde 1968.

Portanto, com a posse de Geisel, a relação entre o regime e a Igreja já estava tensa, mas havia a expectativa de um novo canal de diálogo e controle dos aparatos e meios ilegais da repressão. Entretanto, para decepção dos mais crédulos, a repressão continuou ativa, ampliando o recurso ao "desaparecimento" de militantes. Em agosto de 1974, Dom Paulo Evaristo Arns entregou a relação de 22 desaparecidos ao general Golbery do Couto e Silva (21 deles ocorridos a partir da posse de Geisel), lista que crescia nos meses seguintes. Sinal que nada mudaria tão cedo, em fevereiro de 1975, o ministro da Justiça, Armando Falcão, foi à TV dar a versão do governo, ou melhor, a dos órgãos de repressão. Conforme o governo, dos 27 desaparecidos cobrados pela oposição, constavam 6 foragidos, 7 colocados em liberdade, 5 com destino ignorado, 1 morto na Bolívia, 1 banido, 2 ainda na clandestinidade e 1 refugiado na Tchecoslováquia. A criatividade do governo não encontrou sequer uma versão, ainda que fantasiosa, para 4 nomes.[365]

A Ordem dos Advogados do Brasil, que recebera o golpe militar com certo entusiasmo[366] e distanciara-se do regime por conta do AI-5, deu uma virada definitiva nas suas posições em 1974, na sua V Conferência Nacional, cujo tema era sintomático: "O advogado e os direitos do homem". Assim, outra voz liberal importante se voltava contra o governo.[367]

Nesse clima de intenso debate sobre a questão dos direitos humanos, oposição crescente da Igreja e revisão do "modelo político", aconteceram as eleições de novembro. Os militares calcularam que tutelando a sociedade política e ainda se aproveitando dos trunfos da economia, ainda que a crise rondasse o Brasil, a sociedade civil iria a reboque dos seus projetos e agendas.

As eleições legislativas de 1974 eram vistas como estratégicas para o governo. Disposto a testar a resposta da sociedade ao "diálogo" proposto e aferir a internalização dos valores do regime, o governo deixou correr uma campanha relativamente livre. Temas importantes, veiculados pelo Programa do MDB, foram debatidos com amplo uso dos meios de comunicação e do horário eleitoral. Com as eleições realizadas com relativa liberdade de debate, o resultado foi alentador para a oposição. Ela obteve 50% dos votos para o Senado (contra 37% da Arena) e 37% para a Câmara (contra 40% da Arena). Mais do que isso, saiu vitoriosa nas grandes cidades e nos estados mais desenvolvidos. Conseguiu a maioria das assembleias legislativas de São Paulo, Rio Grande do Sul, Rio de Janeiro, Acre e Amazonas. Fez 16 dos 22 senadores eleitos, e 165 dos 364 deputados federais (na legislatura anterior, tinha apenas 87). Com mais de um terço no Congresso, o MDB poderia bloquear emendas constitucionais, complicando o projeto de "institucionalizar o regime", atrapalhando, assim, o projeto de distensão.

Nenhum governo gosta de derrotas eleitorais, ainda mais um governo autoritário que apenas via nas eleições uma forma de reafirmar sua frágil legitimidade. O governo, surpreendido, reagiu de forma ambígua.

Em um primeiro momento, o presidente Geisel saudou os eleitos e anunciou o fim da censura prévia à imprensa liberal, ensaiando uma reaproximação com setores liberais de corte conservador. A imprensa, na estratégia da distensão, deveria cumprir um papel duplo. Por um lado, ajudar na sondagem da opinião pública mais influente, mapeando suas insatisfações e demandas. Por outro, levar recados do governo a esta mesma opinião pública, leia-se a classe média leitora da "opinião publicada" dos jornais, ajudando a construir a "reversão de expectativas", ufanismo que traduzia a necessidade de preparar a classe média para os tempos difíceis da economia da era pós-milagre.[368] Mas em agosto, em meio à nova onda repressiva que recaiu sobre o Partido Comunista Brasileiro, considerado o articulador insidioso da derrota do partido oficial eleitoral do governo, o próprio Geisel se encarregou de esclarecer os limites da "distensão". Em 1º de agosto de 1975, o presidente foi à TV, em cadeia nacional, e proferiu o discurso conhecido como "pá de cal", redefinindo o sentido da "distensão". Nele, rejeitou o fim do AI-5, a revogação do Decreto-Lei nº 477, a revisão da Lei de Segurança Nacional, a promulgação de uma anistia e redução das prerrogativas do Poder Executivo.[369]

O Estado isolou-se e declarou guerra à sociedade civil. A vitória eleitoral da oposição, quase simultânea ao colapso da luta armada e à perspectiva de uma hegemonia absoluta do regime, deu novo fôlego à "questão democrática". Entre os elementos mais surpreendentes estava a extrema confiança do governo na aprovação do eleitorado, tal como havia acontecido em 1970. Para tal, os militares contavam até com o voto nulo, que atraía o eleitorado mais crítico e educado das grandes cidades, chegando a 30% dos votos. Em 1974, tudo indica que uma boa parte desses votos migrou para a oposição. Talvez, porque ela tenha se portado como tal na campanha eleitoral. O resultado da primeira eleição do governo Geisel foi, portanto, como um raio em céu azul, para usar o velho clichê. Entre os vários atores políticos, e mesmo entre setores do governo, cresceu a percepção de que o Estado, dominado por um regime autoritário, havia perdido as conexões com a sociedade que, mesmo tutelada e vigiada, se movia por caminhos insondáveis. Era como se o Estado fosse o lugar do autoritarismo, e a sociedade civil, o lugar da democracia. Essa imagem, um tanto simplista aos olhos de hoje, esboçada nos protestos de massa de 1968, marcaria definitivamente os debates sobre a questão democrática a partir de então.

A visão homogênea da sociedade civil como um bloco democrático contra um Estado ilegítimo e autoritário teve sua função histórica no desgaste do regime, mas pode esconder contradições se utilizada como receita única para a construção da democracia. A sociedade civil é um conjunto heterogêneo de atores, divididos em classes sociais, grupos corporativos, associações profissionais, frações ideológicas, instituições e movimentos sociais que dificilmente conseguem estabelecer um programa político comum.[370]

Se a questão democrática era um ponto de convergência, as várias leituras do que significava democracia e os vários projetos de transição política que elas encerram eram pontos de tensão dentro da sociedade. Para as associações profissionais identificadas com a tradição liberal, como a OAB e a Associação Brasileira de Imprensa (ABI), democracia era o "estado de direito", marcado pelo império da lei, pelo equilíbrio dos poderes de Estado, pelas liberdades civis (reunião, manifestação e expressão) e pela igualdade jurídica entre os indivíduos. Para os movimentos sociais de esquerda, era isso e algo mais, configurando a chamada "democracia substantiva", marcada pela efetiva participação popular nas decisões dos governos, pela construção de políticas de distribuição de renda e limites ao direito de propriedade. Para setores ainda mais à esquerda, de tradição marxista, era a realização da democracia popular de massas, de caráter delegativo e calcada mais em direitos sociais do que propriamente políticos.

Sob um regime autoritário que ainda censurava, reprimia, torturava e matava, essas diferenças ficavam suspensas, mas na medida em que o processo de transição avançava elas tendiam a se tornar mais conflitivas, como a história o demonstrou. A partir de 1974, esboçou-se uma grande frente oposicionista formada por empresários, políticos liberais, políticos de esquerda, movimentos sociais, movimento estudantil. Mesmo as organizações armadas de esquerda fizeram sua autocrítica e assumiram a "questão democrática" como sua plataforma. Esse frentismo durou até começo de 1980, implodido sintomaticamente quando a questão democrática encontrou a questão operária. A entrada desse novo e vigoroso ator na luta pela democracia assustou os liberais e autoritários, que aceleraram as articulações para uma saída negociada do regime.

Mas é preciso tomar cuidado com a valorização excessiva do papel da sociedade civil no processo de "abertura" e não subestimar os efeitos dessa nova cultura democrática, apesar de suas fragilidades programáticas e ideológicas.[371] O conceito de sociedade civil, que se consagrou nos anos 1970, como lugar da democracia em si mesma contra um Estado autoritário pelo simples fato de ser Estado, é problemático. Essa visão obscureceu as íntimas conexões do autoritarismo do regime no tecido social, ao mesmo tempo em que serviu de álibi para muitos aliados civis do regime serem absolvidos diante da história, pois se colocavam sob o epíteto vago de membros da "sociedade civil".[372]

Mas essas sutilezas políticas não se colocavam no debate dominante em meados dos anos 1970. A oposição, em todos os seus matizes, estava animada com a derrota do regime, depois de dez anos de uma ditadura que parecia triunfante e invencível. Além do MDB, as associações profissionais, os sindicatos, os movimentos de bairro, os artistas e os intelectuais passaram a acreditar que "amanhã, será outro dia". Até a esquerda oriunda da luta armada, que sobrevivia no exílio e que não tinha muita simpatia por processos institucionais, animou-se com as notícias que vinham do Brasil.[373]

O resultado eleitoral, ao mesmo tempo em que animava a oposição, era sintoma do seu crescimento anterior ao pleito. Além das más perspectivas para a economia, sinalizando o fim do "milagre", outros temas começaram a compor uma agenda da oposição.

O ciclo repressivo que se inaugurou em 1975 é uma espécie de face esquecida da transição, considerado por muitos analistas mero acidente de percurso no projeto geiselista, acuado pelas artimanhas do "porão".

Enquanto o presidente saudava os eleitos de maneira protocolar, o núcleo de segurança do governo procurava os culpados pela derrota eleitoral. Em janeiro de 1975, o ministro Armando Falcão elegeu o novo inimigo prioritário do regime: o PCB. No mês seguinte anunciou a mídia, com pompa e circunstância a descoberta de uma gráfica clandestina do Partido Comunista Brasileiro e de sua "relativa influência" nas eleições do ano anterior. A "comunidade de segurança" entendeu o recado e foi além, fazendo-se a clássica pergunta: quem foi o responsável pela derrota do governo e pela articulação do insidioso voto na oposição? A resposta era cristalina: a oposição foi articulada pelos comunistas do PCB, aproveitando a hesitação do governo "liberalizante". Essa resposta conduziria a um novo e trágico ciclo repressivo.

Antes mesmo do palácio sinalizar os limites da distensão, o Ministério da Justiça e a comunidade de segurança já se moviam em outra direção. Desde 1973, a Operação Radar[374] vinha dizimando o PCB, que, apesar de não ter aderido à luta armada, não foi poupado da repressão. Sintomaticamente, quando a esquerda armada tinha sido já liquidada, os esforços da repressão se concentraram na eliminação da "esquerda desarmada", sob a máxima de que qualquer comunista solto ou vivo é inimigo e perigoso. É plausível que o "estouro" da gráfica do PCB em São Paulo, em fevereiro, tenha sido uma resposta direta à suspeita de participação dos comunistas na articulação da oposição eleitoral. Em agosto de 1975, a Operação Radar foi vitaminada pela Operação Jacarta, cujo objetivo básico era a eliminação do PCB em São Paulo.[375]

A sequência de prisões e mortes envolvendo o PCB consternava a parte crítica e democrática da sociedade, mas a morte do respeitado jornalista Vladimir Herzog, depois de se apresentar voluntariamente ao DOI-Codi, foi a gota d'água para uma grande manifestação de descontentamento.[376]

A versão esdrúxula de suicídio,[377] com direito à macabra foto plantada nos jornais, só revoltou ainda mais seus companheiros e as várias correntes da oposição, cada vez mais ampla e adensada. Novamente, a Catedral da Sé era o lugar de culto em memória a um morto sob tortura. O ato para Herzog foi ecumênico, celebrado por Dom Paulo Evaristo, pelo pastor Jaime Wright e pelo rabino Henry Sobel, pois Herzog era judeu,[378] e reuniu 8 mil pessoas na Catedral da Sé, transbordando para a praça, sob grande vigilância policial. O evento aconteceu apesar das mais de 300 barreiras policiais montadas para impedir o acesso das pessoas ao centro.

A morte de Herzog causou um profundo mal-estar entre donos de jornais e profissionais da imprensa, justamente em um momento em que o governo Geisel apostava em construir pontes com a opinião pública utilizando a imprensa liberal como canal.[379]

"Vlado" Herzog era um afamado profissional da imprensa e tinha comparecido depois de ser intimado ao DOI-Codi para prestar esclarecimentos. Saiu de lá morto. Geisel, discretamente, solicitou ao comando do II Exército que controlasse seus agentes; portanto, apesar da repercussão, nenhuma medida mais séria foi tomada. Em janeiro de 1976, com a morte do sindicalista Manuel Fiel Filho, o presidente chegou à conclusão de que a linha de comando falhara e trocou, sumariamente, o comandante do II Exército. Seguindo a tradição de contemporizar com os "excessos", foi o máximo de punição reservada ao porão e seus zeladores.

O episódio das mortes no DOI-Codi de São Paulo foi visto como uma manifestação de rebeldia da linha dura ao projeto de distensão-abertura.[380] O próprio presidente alimentou essa visão, embora seu desagrado tenha sido menos com as mortes em si e mais com a falta de comando local. Mas não podemos esquecer que o próprio Palácio deu sinais de endurecimento ao longo de 1975. As mortes causadas pela repressão ao PCB já eram notórias desde o começo do seu mandato, sob a rubrica de "desaparecidos".

O que teria havido para Geisel mudar de rota? A percepção de uma extrema-direita militar sem controle sendo gestada e manipulada para o ainda longínquo jogo sucessório? A reação massiva da sociedade e da imprensa, mesmo em seus enclaves liberais moderados, diante da morte do jornalista? O risco de perder o controle do processo de institucionalização do regime?

Em princípio, o clima de aprofundamento da distensão, com o reconhecimento das eleições e o fim da censura prévia a jornais, convivendo com caça violenta aos comunistas e afins, pode parecer um sinal de esquizofrenia governamental. Na verdade, revelam a estratégia da distensão, ao menos até meados de 1977: abrir espaços institucionais e canais de diálogo com vozes seletivas e autorizadas, sem necessariamente abrandar a repressão à esquerda e aos movimentos sociais como um todo. A visão de uma "abertura" inequívoca, linear e sem recuos, desde o anúncio do projeto, apagou a dupla face desta estratégia, taxando-a de uma pura conspiração do porão. Mas, ao que tudo indica, o Palácio sabia que o porão era útil, até certa medida, desde que não atrapalhasse os planos de institucionalização do regime e desafiasse abertamente a autoridade do presidente. Esse era o limite. Quando ultrapassado, com a morte de Herzog e, principalmente, de Fiel Filho, o Palácio esvaziou o porão.

O fato é que a demissão do general Ednardo D'Ávila Mello em janeiro de 1976, com a nomeação do general Dilermando Gomes Monteiro, atenuou o furor da repressão clandestina. Mas o porão continuaria ativo, agora em franca atividade terrorista. Em agosto de 1976, atentados da extrema-direita contra a ABI e a OAB aprofundam ainda mais a desconfiança dos liberais e da oposição como um todo na capacidade do governo em controlar o monstro que ele mesmo criou e alimentou.[381]

Para complicar a situação política, as Forças Armadas davam sinais de divisão crescente no segundo semestre de 1976, entre aqueles que queriam recrudescer o autoritarismo policialesco ("duros") e aqueles que queriam a volta aos quartéis e o aprofundamento das medidas democratizantes.[382]

Em 1977, com a aproximação do jogo sucessório, momento sempre tenso na história da ditadura,[383] não faltaram generais que se diziam reservas morais e ideológicas da "Revolução de 1964". O ministro do Exército, general Silvio Frota, era um deles, e tinha prestígio e comando na tropa com ascendência sobre a "linha dura". Em outubro de 1977, a questão militar quase selou a questão democrática, com a tentativa de golpe de Estado por parte de Silvio Frota, que queria se afirmar como candidato oficial, emparedando Geisel como Costa e Silva havia feito com Castelo.[384] Com o contragolpe de Geisel e a demissão de Frota, seguida da mudança nos comandos dos 22 batalhões de Infantaria, o flanco à direita do governo ficava desobstruído.

O governo Geisel não enfrentava questionamentos apenas no *front* interno. A superpotência líder do bloco ao qual o Brasil se alinhara definitivamente, com o golpe de 1964, os Estados Unidos, estava em rota de colisão por causa do anúncio do acordo nuclear com a Alemanha Ocidental, em maio de 1975. O episódio transformou-se em uma crise internacional. Estavam previstos vários reatores e uma usina de enriquecimento de urânio, com o domínio do ciclo completo da energia nuclear.

O nacionalismo econômico de Geisel, que seduzia até setores da oposição, avançou para a indústria de armamentos, tradicional reduto comercial das grandes potências. Em julho de 1975, o governo criou o *trust* Imbel (Indústria de Material Bélico do Brasil). O país entrava na indústria bélica, de olho no lucrativo mercado do Terceiro Mundo.

No final de 1975, a política externa brasileira ousou ao reconhecer prontamente Angola, ex-colônia portuguesa sob regime comunista, e indicar um voto antissionista na ONU, consagrando o reconhecimento à Organização para Libertação da Palestina, fato que desagradava Washington, tradicional aliado de Israel. Com a Guerra Fria ainda em curso e com a União Soviética ainda uma superpotência militar e econômica, essa diplomacia independente vinda de um regime anticomunista e, em princípio, alinhado com Washington surpreendia.

Os sinais de uma política externa autônoma e heterodoxa e, sobretudo, a suspeita de que o Brasil queria chegar à bomba atômica e se afirmar como uma potência com dinâmica própria na geopolítica mundial foram os grandes motivos de conflito com a administração de Jimmy Carter. No bojo, veio a crítica à violação dos direitos humanos por parte do governo Carter, tema central em sua diplomacia, isolando ainda mais o regime no plano internacional. O reconhecimento oficial dos EUA de que o Brasil não respeitava os direitos humanos somava-se à antiga campanha dos exilados e da esquerda, marxista e católica, europeia nas denúncias de torturas e desaparecimentos.[385]

Em 1977, já com vários setores sociais ocupando as ruas para protestar, a visita da primeira-dama dos Estados Unidos, Rosalyn Carter, foi o auge da pressão contra o acordo nuclear e contra a violação dos direitos humanos.[386]

Para constranger ainda mais o governo brasileiro, o relatório do Congresso norte-americano sobre a questão colocou em risco até as linhas de financiamento internacionais.[387] Como reação a essa pressão, o Brasil rompeu o acordo militar com os EUA, datado de 1952.

O governo Geisel não se deu por vencido, apesar das pressões. No máximo, controlou seu porão. As perspectivas para a democracia no ano de 1976 não eram promissoras e apontavam para um refluxo na tímida distensão. Em junho, o Congresso acuado aprovou a Lei Falcão, mesmo sob boicote do MDB, que restringia a propaganda política na mídia, permitindo apenas a foto e um breve currículo do candidato. Apesar das pressões, o governo parecia ter controle do roteiro de sua sonhada institucionalização do modelo político autoritário, propondo uma abertura mais lenta e gradual do que segura, posto que o próprio governo parecia recuar das suas promessas de liberalização, cedendo espaço à pura repressão policial. Mas novos atores entrariam em cena.

A SOCIEDADE CONTRA O ESTADO

Ao longo de 1976, o Governo Federal parecia retomar o controle do ambiente político, ao menos sob o ponto de vista institucional. A "comunidade de segurança", a contragosto, ficou menos ousada depois da demissão do general Ednardo D'Ávila Mello do comando do II Exército. A Lei Falcão tinha esvaziado o debate potencial que poderia marcar as eleições municipais de 1976. As vozes da sociedade civil, embora cada vez mais críticas ao regime, pareciam aceitar o ritmo e as vicissitudes da abertura oficial. Os movimentos sociais ainda não tinham saído às ruas, atuando discretamente nos bairros através de inúmeras formas de organização capilar.

A modorrenta campanha eleitoral na TV, reduzida à exposição de fotos dos candidatos e a leitura, em voz *off*, do seu currículo e dados eleitorais, tinha dado certo resultado. A Arena havia se recuperado da derrota eleitoral de 1974, elegendo quase 30 mil vereadores em todo o país, contra pouco mais de 5,8 mil do MDB.[388] Mesmo a oposição sendo forte em todas as capitais, somente em Porto Alegre, Manaus e Natal ela tinha elegido mais vereadores do que o partido do governo.

Com força institucional e eleitoral revigorada, o governo Geisel acenou para a oposição partidária com um "diálogo", escolhendo como mediador o senador Petrônio Portela (Arena-PI). O objetivo era preparar o terreno para a revogação do AI-5 e avançar no projeto de institucionalização do regime. A escolha de Portela não fora aleatória. Respeitado pela oposição e tido como um liberal, Portela tinha se destacado na presidência da Arena e no Senado, não se furtando a criticar o governo na ocasião da morte do jornalista Vladimir Herzog. Assim, tinha trânsito no governo e na oposição. Em fevereiro de 1977, Portela foi conduzido à Presidência do Senado, iniciando a Missão Portela, nome dado aos contatos oficiais entre governo e oposição. O objetivo era obter um consenso mínimo para as reformas político-institucionais pretendidas pelo governo como parte da institucionalização do regime e do restabelecimento de certas liberdades democráticas.

Alguns meses depois, o presidente Geisel mudou de tom, pois avaliou que a oposição "cooperava" menos do que o esperado, o que revela o caráter do diálogo. No final de março, o governo propôs um pacote (Emenda Constitucional nº 7), tendo como eixo a reforma do judiciário. A reforma foi recusada pelo Congresso. Geisel andava impaciente com o andamento das conversações com a oposição, e a recusa do Congresso em acatar a dinâmica política proposta pelo governo foi a gota d'água. Utilizando-se das prerrogativas do AI-5, no dia 1º de abril, o Ato Complementar 102 fechou o Congresso, visando impor ao país sem o devido debate parlamentar as Emendas Constitucionais nº 7 (a da reforma do Judiciário) e nº 8, além de vários decretos-lei. Os "pacotes de abril", como ficou conhecido esse conjunto de propostas de reforma constitucionais e jurídicas, tinha um objetivo estratégico: visava preparar o caminho para a institucionalização do regime e impedir que a oposição ganhasse maioria no Congresso nas eleições de 1978.

Em resumo, os "pacotes de abril" instituíam a eleição indireta para um terço do Senado (cujos membros eram indicados por um colégio eleitoral estadual de maioria governista), mantinham as eleições indiretas para os próximos governadores estaduais, aumentavam a representatividade dos estados menos populosos (onde a Arena era mais bem votada), sacramentavam as restrições à propaganda eleitoral e alteravam o *quorum* parlamentar para aprovação de emendas constitucionais de dois terços da Câmara para maioria simples. O mandato presidencial foi ampliado para seis anos, valendo a partir do sucessor de Geisel. Para pavimentar o caminho da institucionalização, o governo utilizava um verdadeiro trator. O recado era direto. A condição para a liberalização do regime se consolidar era o controle absoluto do processo institucional por parte do Poder Executivo. Questionado se os pacotes não eram uma pedra no caminho da democratização do Brasil, Geisel cunhou uma das mais memoráveis frases do regime militar: "Nossa democracia não é igual às outras [...]. Democracia é relativa".[389]

Apesar da gritaria do MDB, o campo de batalha parlamentar estava controlado e a democracia relativa do regime parecia triunfar. Mas o governo não contava que o palco da luta iria ser deslocado para as ruas, onde personagens menos dóceis iriam ocupar o teatro da política.

No dia 1º de maio de 1977, o prefeito de São Paulo, Olavo Setubal, discursou na Vila Carrão, bairro operário da periferia de São Paulo escolhido para as comemorações oficiais do Dia do Trabalhador na cidade: "A juventude não se lembra de outros 'primeiros de maios', onde só se encontravam conflitos e tumultos. Hoje, é isto que vemos aqui: música e alegria".[390] Cinco dias depois do prefeito indicado pelo regime celebrar a paz social que supostamente enterrava o passado de conflitos sociais, cerca de sete mil estudantes se concentravam no Largo São Francisco, em São Paulo, em frente à histórica Faculdade de Direito em nome das "liberdades democráticas" e pela libertação de colegas presos em uma panfletagem perto das fábricas do ABC. Depois de nove anos, o movimento estudantil realizava protestos públicos no centro de uma grande cidade brasileira.

Mesmo durante a fase mais repressiva do regime, o movimento estudantil nunca deixou de existir e atuar. Quando muito, ficou recolhido aos *campi* universitários, aos diretórios acadêmicos e aos eventos de caráter político-cultural. Apesar da legislação repressiva, o movimento não deixou de fazer greves e passeatas para protestar contra a política universitária que em muitos casos emulava o autoritarismo do regime.[391] Em 1973, a morte de Alexandre Vanucchi Leme tinha deixado os *campi* paulistas em pé de guerra contra o regime, e a missa em sua homenagem pode ser considerada o primeiro grande ato público contra o regime militar desde 1968. Ao que parece, novas articulações se fizeram dentro do movimento estudantil, deslocando o foco da revolução socialista para o tema das liberdades democráticas, ao menos no plano tático da luta estudantil contra o regime.[392] As organizações e tendências estudantis que não tinham apostado na luta armada ou que avançaram na autocrítica desta opção começavam a ganhar espaço, apostando na chamada política de massa para combater o regime.[393] No jargão da esquerda, isso significava ações políticas voltadas para a mobilização de amplos contingentes entre estudantes, operários e cidadãos em geral, e não mais ações violentas levadas a cabo por pequenos grupos armados.

Portanto, as passeatas de 1977 não apareceram do nada. Foram fruto de tensões e articulações acumuladas havia anos pelo movimento estudantil, que finalmente transbordava dos limites dos *campi* e ocupava as praças e ruas centrais.[394]

Naquele 5 de maio de 1977, o objetivo dos manifestantes era marchar do Largo São Francisco para a Praça da República, indo do chamado centro velho para o centro novo da cidade de São Paulo, em horário comercial. A passeata foi barrada no Viaduto do Chá pela tropa de choque da PM e por agentes à paisana. Impedidos de continuar com a passeata, os estudantes sentaram-se no asfalto do Viaduto e leram um manifesto que começava com palavras memoráveis, que anunciavam um novo ciclo de lutas:

> Hoje, consente quem cala. Porque não mais aceitamos as mordaças é que hoje exigimos a imediata libertação dos nossos companheiros presos [...]. É por isso que conclamamos todos, neste momento, a aderirem a esta manifestação pública sob as mesmas e únicas bandeiras: fim às torturas, prisões e perseguições políticas [...] anistia ampla e irrestrita a todos os presos, banidos e exilados políticos; pelas liberdades democráticas.[395]

A se julgar pelos papéis picados que caíam dos prédios e pelos aplausos vindos dos populares que assistiam, meio atônitos, ao protesto, o manifesto ecoou entre os arranha-céus da sempre ocupada São Paulo.

As palavras e os atos estudantis ecoaram também em Brasília. O representante do lado escuro da abertura, o ministro Armando Falcão, lançou uma nota ameaçadora, proibindo "[...] qualquer manifestação coletiva que envolva passeatas ou concentrações de protesto em logradouros públicos, ou outros tipos de demonstrações que perturbem a ordem".[396]

A imprensa moderada, sempre assustada quando a política chegava às ruas, reverberava a mensagem do governo: "Adiamento das eleições, fechamento do Congresso e endurecimento político são os presságios mais ouvidos nos meios políticos depois das manifestações estudantis ocorridas em São Paulo, Rio de Janeiro e Belo Horizonte".[397] Entre a notícia e a advertência velada aos "radicais", a imprensa liberal mantinha-se na lógica de manter o ambiente calmo e a política dentro das instituições permitidas, ainda que violentadas pelo regime.[398] A memória traumática de 1968, quando o país foi da euforia das passeatas à depressão causada pelo fechamento político do regime, parecia dar-lhe razão.

Mas como para os mais jovens nem sempre a história é mestra da vida, as passeatas estudantis continuaram não apenas em São Paulo, mas em outras cidades. Para o dia 19 de maio, foi convocada uma grande manifestação estudantil, mas as tendências políticas que conduziam o movimento não se entenderam sobre a forma e o local. A maior parte dos estudantes preferiu se manifestar em um espaço estudantil de grande visibilidade pública, a Faculdade de Medicina da USP, situada em uma grande e movimentada avenida de São Paulo. Já uma minoria comandada pelos trotskistas, mais aguerrida e disposta ao combate (físico, inclusive), organizou uma passeata no centro, duramente reprimida pela polícia. O governo se armou de todas as precauções e voltou a lançar recados através da imprensa, ameaçando com o "fechamento completo das instituições".[399]

Em junho de 1977, apesar das ameaças e da crescente repressão policial, foi marcado um novo "Dia Nacional de Luta pela Anistia", com passeatas em todo o país, com destaque para o protesto que mais uma vez agitou o centro de São Paulo. No final do dia, os estudantes se refugiaram dentro da Faculdade de Direito do Largo São Francisco, e o coronel Erasmo Dias, secretário de Segurança do Estado de São Paulo, ameaçou invadir a histórica faculdade. Depois de muitas negociações, os estudantes puderam sair sem serem presos.

A crise estudantil se ampliava. Em Brasília, a UnB entrou em greve no final de maio, da qual só sairia dois meses depois. No começo de junho, uma tentativa de realizar um encontro nacional estudantil terminou com vários presos em Belo Horizonte. No III Dia Nacional de Luta, em agosto, a violência da PM paulista recrudesceu. Mesmo mobilizando cerca de 20 mil soldados, não conseguiu impedir as minipasseatas, como os estudantes nomearam a tática de protestar em vários locais diferentes do centro por alguns minutos para que ocorressem durante o dia todo. O cada vez mais raivoso coronel Erasmo Dias vociferou: "Foi um dia de luta, de luta inglória".[400] Outros protestos estudantis aconteceram em Porto Alegre e Salvador, e a repressão policial aos estudantes que gritavam por democracia começava a incomodar o governo, que batia na mesma tecla da ameaça do "fechamento". Mas 1977 não era 1968, apesar da visível preocupação do governo em impedir a volta das entidades estudantis proscritas, como a UNE, e os grandes encontros organizativos.

A invasão de um espaço estudantil, atitude sempre arriscada e desgastante mesmo em contextos ditatoriais, foi provocada, precisamente, pela realização do III Encontro Nacional dos Estudantes. Inicialmente foi anunciado que ocorreria na Cidade Universitária da USP, que foi cercada pela Polícia Militar. Na verdade, tratava-se de uma tática para despistar a polícia, pois no mesmo dia 22 de setembro as efetivas lideranças do movimento estudantil realizaram o encontro clandestinamente na Pontifícia Universidade Católica de São Paulo. Quando a polícia descobriu, o evento já tinha terminado, mas a tropa não perdeu a viagem, invadindo a PUC e prendendo os estudantes que realizavam uma assembleia comemorativa do encontro. A violência da invasão foi impactante. Deteve cerca de mil estudantes, dos quais cerca de noventa foram encaminhados para o Dops e quatro ficaram gravemente feridos. Cerca de trinta salas de aula ou administrativas foram completamente destruídas pela polícia.

Somente em agosto de 1979, com a revogação do Decreto nº 477, as entidades locais puderam se reorganizar na forma dos diretórios centrais de estudantes, tornando-se espaços de disputas entre as tendências estudantis que não mais conseguiram protagonizar as grandes lutas contra o regime, ficando à reboque dos partidos de esquerda ou dos movimentos sociais. As energias do movimento estudantil, a partir de fins de 1977, se voltaram para a reconstrução das suas entidades e da própria UNE, recriada dois anos depois em Salvador. Com o retorno das massas operárias à cena política, os estudantes passaram a se sentir um misto de coadjuvantes e missionários nas novas lutas sociais, mesmo que os operários não fossem muito receptivos a eles nas assembleias sindicais, por considerá-los "porras-loucas" e pequeno-burgueses. No jargão da esquerda, isso significava muito barulho e pouca capacidade real de mobilização.

A dramática invasão da PUC, se por um lado diminuiu o ímpeto das passeatas estudantis, por outro reforçou os elos da causa estudantil, que no limite se confundia com a própria causa democrática, com outros setores da sociedade. Rompendo o tabu de não ir às ruas para protestar contra o regime, uma das leis de ferro da era AI-5, os estudantes conseguiram dar visibilidade para a questão democrática e apontar os limites da chamada "abertura". A "questão democrática" saía das enfadonhas discussões institucionais sobre o "modelo político" mais adequado para institucionalizar o regime e ganhava a opinião pública mais ampla. Se essas mobilizações não conseguiram "derrubar a ditadura" pela pressão das ruas, como dizia a palavra de ordem, implodiram os limites da tímida abertura de Geisel. Ou seria mera coincidência o fato de que, em setembro de 1978, cada vez mais criticado por vários atores sociais e políticos, o governo anunciou a Emenda Constitucional nº 11, que acabava com o AI-5, com a cassação de deputados pelo Poder Executivo, com a censura prévia, que previa a volta do *habeas corpus* e extinguia a pena de morte e a prisão perpétua?[401] Será que estas medidas estavam previstas, em sua plenitude, desde o começo da "distensão"? Mesmo previstas, não poderiam ser consideradas como respostas aos protestos que explodiram a partir de 1977?

O fato é que só no final do seu governo o presidente que ficou conhecido como o artífice da abertura, o "ditador sem ditadura", delineou com clareza o caminho da transição política para um regime civil, processo que ainda conheceria alguns sustos, mas nenhum retrocesso efetivo. Até o começo de 1977, a abertura era uma miragem, um projeto ainda incerto, mais preocupado em reorganizar o "modelo político" do regime. A partir de 1978, transformou-se em uma agenda política voltada para a transição democrática.

Mas a batalha das ruas estava apenas começando. Durante a crise estudantil de 1977, muitas vozes expressivas de diversos setores sociais, profissionais, religiosos e culturais se manifestaram na carona dos protestos de rua. Não houve dia, naquele ano, em que a imprensa não publicasse notícia sobre as "siglas da democracia". Foi uma verdadeira sopa de letras que se tornaram sinônimas da oposição democrática ao regime: OAB, CNBB, SBPC, ABI. Era o apogeu da crença na "sociedade civil", termo que se consagrava como expressão da luta por democracia, contrapondo-se ao lugar do poder autocrático, o Estado.

Antes mesmo dos estudantes irem às ruas, a CNBB lançou um dos mais contundentes manifestos contra o regime em fevereiro de 1977, ao término da XV Conferência Nacional dos Bispos do Brasil:

"Exigências cristãs de uma ordem política". Em um dos trechos mais contundentes, o documento dizia que antes do Estado moderno, os grupos humanos já existiam com

> [...] deveres e obrigações definidas e com direitos naturais inalienáveis [...] não é o Estado que outorga estes direitos às pessoas [...] toda força exercida à margem e fora desse direito é violência [...] quando se inspiram numa visão de ordem social concebida como vitória constante sobre a subversão ou uma incessante revolução interna, tais regimes de exceção tendem a prolongar-se indefinidamente.[402]

Em um tom diretamente voltado para a crítica do regime, o documento ainda afirmava a necessidade de participação política do ser humano, calcada na liberdade de discussão, bases para a verdadeira "ordem pública". O documento completava o longo ciclo de afastamento entre a cúpula da Igreja Católica e o regime militar, iniciado em 1968. Para complicar a situação, a Igreja suspeitava que o protestante Geisel tinha dado carta branca para que o ex-aluno dos jesuítas, senador Nelson Carneiro, se articulasse e, finalmente, conseguisse aprovar a Lei do Divórcio em fins de 1977. Efetivamente, a Lei foi beneficiada pela mudança de *quorum* para aprovação de emendas constitucionais por maioria simples, embutida nos pacotes de abril.

Em fins de maio, a ABI lançou um manifesto "Pelas liberdades democráticas", ecoando a palavra de ordem dos protestos estudantis. No ato ocorrido na sede da entidade, no Rio de Janeiro, a leitura do manifesto, subscrito por mais de mil signatários, revelou uma novidade. O documento não seria entregue à nenhuma autoridade, como era comum ocorrer com outros manifestos.[403] Tratava-se de uma comunicação da sociedade civil consigo mesma, reforçando a crença de que só a volta da democracia poderia resolver os problemas do país. Em julho, a 29ª Reunião Anual da Sociedade Brasileira pelo Progresso da Ciência (SBPC) foi mais um ato pela democracia do que, propriamente, uma reunião técnico-científica. Boicotada pelo governo e proibida de ser realizada nas universidades públicas, a reunião foi organizada pelos intelectuais e cientistas da entidade na PUC/SP. Em que pese o grande investimento do regime na pós-graduação e na ampliação do sistema universitário, o meio era cada vez mais marcado pela cultura da oposição, ecoando as mobilizações estudantis. Uma das preocupações do governo era que o movimento estudantil e os partidos clandestinos de esquerda utilizassem a entidade para se rearticular. A PUC, ao sediar o encontro proibido pelo governo, demonstrou independência e afirmou-se como um dos espaços da luta pela democracia acadêmica e política nos anos 1970 e 1980. Especulava-se à época que a ação violenta da PM contra o patrimônio da PUC, na repressão ao movimento estudantil, tinha sido uma resposta do governo à atitude independente e oposicionista da universidade.

Entre todos os manifestos pela democracia lançados em 1977, o que teve maior cobertura da imprensa foi a "Carta aos brasileiros", lida em ato público na Faculdade de Direito da USP, em agosto de 1977, quando o curso completava 150 anos. Tratava-se de um longo documento, de 14 laudas, dividido em várias partes nas quais seu autor, o jurista Gofredo da Silva Telles Júnior, discutia os fundamentos jurídicos e filosóficos do poder e da democracia. Em uma das suas passagens mais citadas, dava um recado direto ao regime e sua obsessão legalista: "Partimos de uma distinção necessária. Distinguimos entre legal e legítimo. Toda lei é legal. Mas nem toda lei é legítima". Ou ainda: "A fonte genuína da Ordem não é a Força, mas o Poder [...] O Poder a que nos referimos não é o Poder da Força, mas o Poder da persuasão. Ilegítimo é o governo cheio de Força, mas vazio de Poder". Em outra passagem, o texto era ainda mais direto na crítica ao regime, dizendo que no binômio "segurança e desenvolvimento" fora do estado de direito, ou seja, apropriado pelas ditaduras, segurança é sinônimo de terror contra o cidadão, e desenvolvimento, de miséria e ruína.[404]

A leitura solene da carta, ocorrida em meio ao turbilhão dos protestos estudantis, reuniu cerca de 600 pessoas no Salão Nobre da Faculdade, além dos mais de 3 mil no pátio interno. Ao fim do ato, houve uma passeata com cerca de 10 mil pessoas pelo centro de São

Paulo. Sem assumir o custo de estragar a festa de uma das mais tradicionais e insuspeitavelmente liberais faculdades do país, que inclusive havia gerado alguns proeminentes quadros jurídicos para o regime, a polícia não interveio.

Com a Carta, a oposição liberal ganhava uma base ideológica consistente, que se encaminhava para a defesa da convocação de uma Assembleia Nacional Constituinte como forma de marcar a transição e superar a ditadura, projeto que nem de longe passara pelos planos do Governo Federal. Mas esse não podia fazer ouvidos moucos. Dada a mobilização crescente das siglas da democracia (OAB, SBPC, CNBB), que reunia a classe média e a fina flor intelectual da sociedade, o governo reativou a Missão Portela, agora voltada para "dialogar" com a sociedade civil e não com o MDB. Sintoma que mesmo o poder da força tentava chegar ao poder do consenso.

O partido da oposição, o MDB, depois de amplo debate interno, tentou aproveitar o clima de contestação que se espalhava pela sociedade. O programa nacional de TV do MDB, em 27 de junho, causou atrito com o governo devido às fortes declarações do deputado Alencar Furtado:[405]

> Hoje, menos que ontem, ainda se denunciam prisões arbitrárias, punições injustas e desaparecimento de cidadãos. O programa do MDB defende a inviolabilidade dos direitos da pessoa humana para que não haja lares em prantos; filhos órfãos de pais vivos – quem sabe?; mortos? – talvez. Órfãos do talvez e do quem sabe. Para que não haja esposas que enviúvem com maridos vivos, talvez; ou mortos, quem sabe? Viúvas do quem sabe e do talvez.

O governo Geisel cassou o mandado do deputado, e o próprio Ulysses Guimarães, presidente do partido, foi ameaçado com um processo nos termos da Lei de Segurança Nacional.

Tentando retomar uma agenda mais agressiva, o MDB lançou a campanha pela Assembleia Constituinte, oficializada em setembro na Convenção Nacional, junto com a Frente Nacional de Redemocratização.[406] Entretanto, a campanha popular pela Constituinte não vingou, pois o MDB estava dividido entre setores moderados e "autênticos", sendo que os primeiros não estavam dispostos a politizar as ruas. No ano seguinte, em junho de 1978, Petrônio Portella e Ulysses Guimarães se encontram, e pouco tempo depois o último anunciava que a campanha pela Constituinte seria feita "a portas fechadas", no Parlamento e nas entidades civis.[407] O fato é que o MDB, apesar da combatividade de alguns dos seus quadros, estava sendo emparedado de dois lados: pelo governo, que o via como mero sócio das reformas institucionais para perpetuar os princípios do regime, e pela sociedade civil, que o considerava um partido sem capacidade de ação efetiva contra a ditadura. A reedição da Missão Portela, sintomaticamente, passou por cima do MDB nas conversas que teve com a "sociedade civil". O governo poderia até utilizar a força para combater os estudantes, mas a rebelião dos setores tradicionalmente liberais era mais problemática. O sintoma do seu crescimento era a franca oposição das suas principais entidades profissionais, como a OAB e a ABI, em crescimento desde 1974. A campanha pela volta do *habeas corpus*, suspenso desde o AI-5, galvanizava todos os matizes ideológicos da advocacia brasileira, transformada em tema central da VII Conferência da entidade (maio de 1978).

Desenhava-se o pior dos cenários para o regime: a convergência entre a oposição das entidades civis, o partido de oposição e o protesto das ruas, lugar tradicionalmente ocupado pelas esquerdas e pelos movimentos sociais.

Demonstração do isolamento ainda maior do regime foi o fato de a rebelião liberal ter sido adensada, também em 1977, pelos empresários.[408] Estes, em nome do liberalismo econômico, mas bem mais preocupados inicialmente em reconquistar espaços de interferência nos conselhos governamentais no lugar da tecnoburocracia e dos militares, já se estranhavam com o governo Geisel desde 1974. Nesse ano, teve início a crise com o empresariado, quando Eugenio Gudin, ao ganhar o título de "Homem de Visão" do ano, deflagrou a campanha contra a estatização.[409] No começo do ano seguinte, o jornal O *Estado de S. Paulo* se junta à revista *Visão*, tornando-se porta-vozes do liberalismo econômico na campanha contra a estatização. Era um sintoma de um mal-estar que só cresceria ao longo do governo Geisel, atingindo seu auge em 1977, quando as lideranças empresariais fazem convergir a crítica à estatização com a defesa da democracia política.[410]

O discurso de José Papa Júnior, liderança da Federação do Comércio, no qual chamou o regime de "espúrio", transformou-se em um marco. Elo do empresariado nacional com o governo, o industrial Severo Gomes deixou o Ministério da Indústria e Comércio, engrossando a oposição. No ano seguinte, os empresários explicitaram suas posições em defesa das "liberdades democráticas", para eles corolário da "livre iniciativa" e do desenvolvimento econômico, com o "Manifesto do Grupo dos 8", lançado em 26 de junho de 1978, assinado por Antonio Ermírio de Moraes, Severo Gomes, Laerte Setubal, José Mindlin, Claudio Bardella, Luis Eulálio Bueno Vidigal. Boa parte dos magnatas da indústria que alimentava o PIB brasileiro se colocavam como críticos ao governo, aumentando seu isolamento e agregando mais vozes ao processo de deslegitimação política do regime. Na verdade, diga-se, nem todo o empresariado brasileiro inclinou-se para o projeto de redemocratização, pois havia uma velha guarda empresarial que não era tão simpática à causa democrática, ainda que dentro dos limites do liberalismo. Nadir Figueiredo, que até 1980 era o nome mais influente na Fiesp, atuou ao lado de Adolpho Lindenberg, para limitar a corrente pró "abertura política" no meio empresarial.[411]

A oposição liberal contra o regime, naquele surpreendente ano de 1977, olhava o protesto estudantil com um misto de carinho, desconfiança e atenção. Era como se os estudantes fossem os arautos menos polidos das verdades que tinham que ser ditas. Como o governo não escutava os sussurros, era preciso gritar. Havia certa tolerância, apesar do temor da radicalização das ruas e do governo. A palavra de ordem que se ouvia nas ruas – "Pelas liberdades democráticas!" – era a frágil argamassa dessa improvável aliança. O teste para conhecer o verdadeiro grau do credo democrático da oposição liberal ainda estaria por vir. Mas antes disso, a direita militar, inimiga da distensão, tentou mostrar os dentes.

Um dos editoriais do jornal O *Estado de S. Paulo* de 6 de julho de 1977 anunciava o roteiro para o novo ato da política brasileira, que se delineava por "contornos graves de um quadro inquietante".[412] Citando um eminente arenista, mantido em anonimato, a matéria dizia que o problema maior do governo Geisel não era a insatisfação da oposição, no caso o MDB, mas o fato de *ninguém* estar satisfeito com o governo e, como acontece em contextos autoritários, com o próprio regime. Estudantes, intelectuais, empresários, clero, trabalhadores, ruralistas e até políticos da Arena eram citados no balaio dos insatisfeitos. No plano externo, o presidente estadunidense Jimmy Carter e o papa Paulo VI se juntavam aos críticos do governo brasileiro. Explicitamente, por causa da violação dos direitos humanos perpetrada pelo regime. Implicitamente, pelas aventuras brasileiras no campo nuclear, no caso de Carter, e pela forma que se encaminhava a aprovação do divórcio, no caso do Vaticano.

Na sequência, outro editorialista traçou o roteiro político que, supostamente, seria seguido pelo Governo Federal. Condicionar o prosseguimento da "institucionalização" (outro nome que se dava então para a "distensão" programada) à questão sucessória. Segundo o jornal, com o fim do mandato de Geisel previsto para 1979, o equacionamento da questão sucessória definiria a continuidade da política de distensão "lenta, gradual e segura". A alternativa era sombria: suspender a agenda da institucionalização "até o ano 2000".

O roteiro para salvar a "institucionalização do regime", sugerido pelo texto do jornal, parece até um oráculo da história que efetivamente se passou: conseguir recompor uma base parlamentar, que incluísse a oposição, para encontrar uma fórmula constitucional que substituísse o odioso AI-5, extinguir o bipartidarismo e conseguir apoio do MDB para o candidato oficial do governo, que seria anunciado no final do ano. Sabemos que esse roteiro foi imposto pela Ementa nº 11, em setembro de 1978, pois o MDB se revelou menos dócil do que o governo previra, embora também não fosse tão radical a ponto de galvanizar o conjunto da oposição que ocupava as ruas. Mas o que importa é que o princípio de condicionar a institucionalização, ou distensão, ao controle do processo sucessório estava dado como estratégia do governo Geisel.

Entretanto, esse era o "x" do problema. Desde o início do seu mandato, o tema da distensão desagradava a direita militar, à qual Geisel contemporizava com discursos duros e uma boa dose de tolerância para com as ações repressivas clandestinas. Ao menos, até o começo de 1976, essa foi a forma que o governo lidava com os "duros". Depois do ato de comando do presidente Geisel que, ao demitir o comandante do II Exército, lembrou que antes de ser presidente era um general, a direita militar recolheu seu braço repressivo, mas não o seu braço político. E ele tinha um nome: general Silvio Frota. Alias, a demissão de Ednardo D'Ávila Mello tinha causado uma colisão direta entre o presidente e o ministro, pois este era próximo do demitido e, em princípio, caberia a ele tomar esta atitude.

Apesar de ser considerado porta-voz dos "duros", seus auxiliares mais próximos afirmam que Frota não permitia torturas quando chefiara o I Exército sediado no Rio de Janeiro, a partir de 1972.[413] Entretanto, ele não escondia sua insatisfação com a distensão, que permitia a volta insidiosa da "subversão comunista". Anticomunista convicto, suas ordens do dia e discursos comemorativos eram poesia no ouvido da extrema-direita militar.

Frota era ministro do Exército desde 1974, quando o general escolhido por Geisel, Dale Coutinho, faleceu e Frota colocou-se como reserva moral da "Revolução" ameaçada pela distensão. Para ele, esse projeto enfraquecia o governo no combate ao comunismo. Desde 1977, remetia à Presidência da República longos relatórios alarmistas e críticos à orientação do governo e à "infiltração" de comunistas e subversivos. Tais relatórios expressavam as posições da comunidade de segurança, momentaneamente limitada nas suas ações. Ao mesmo tempo, tais pronunciamentos públicos ou reservados cacifavam Frota para concorrer à sucessão como mantenedor do espírito de 64, supostamente ameaçado pela própria política de distensão do governo. Até no Congresso, por volta de maio de 1977, esboçou-se uma articulação para a campanha de Frota à Presidência, como sucessor de Geisel, com apoio de cerca de 90 políticos da Arena. O general não escondia suas críticas ao governo Geisel, feitas em qualquer evento público onde comparecia como ministro e, virtualmente, como candidato.[414]

As tensões culminaram na crise de 12 de outubro, com cheiro de golpe de Estado. Frota já esperava sua demissão, mas acreditou que boa parte do Exército ficaria ao seu lado, a julgar pelo apoio que tinha da oficialidade da ativa, de alguns generais da reserva, e mesmo dos políticos civis que apoiavam o regime. Logo pela manhã, foi comunicado do seu afastamento pelo presidente, mas não se fez de rogado. Foi ao seu gabinete disposto a lutar. Redigiu, ou desengavetou, um longo manifesto de oito páginas no qual denunciava o governo como sendo "complacente com o comunismo" e, portanto, ferindo o espírito da "Revolução". Distribuiu o manifesto à imprensa e a todos os comandos militares, na esperança de que fosse redistribuído aos quartéis e provocasse um levante militar contra o governo. Para selar o golpe, convocou uma reunião de emergência do alto-comando do Exército, à qual os generais acederam.

Mas no xadrez da política, o xeque-mate foi do presidente Geisel, em uma operação que entrou para os anais da história da política palaciana do Brasil. Antes de demitir Frota, Geisel e Golbery neutralizaram os eventuais apoios dos comandos dos Exércitos a Frota, além de deixar todo o ritual burocrático da demissão devidamente preparado, com direito a decreto e edição extra do *Diário Oficial,* para selar sua demissão, com todos os devidos rituais burocráticos. O dia da demissão foi escolhido a dedo, pois se tratava do feriado de 12 de outubro, Dia da Padroeira do Brasil. O feriado fazia de Brasília uma cidade vazia e fantasma, ao menos de repartições públicas e expedientes burocráticos que poderiam se agitar, pró e contra, os rumores de golpe. Como o manifesto de Frota não chegara aos quartéis, estes permaneceram calmos nas horas fatais. Sem ordens superiores, os militares não se movem ou se movem com muita hesitação, 1964 já o provara. Uma curta nota pública foi lida pelo ministro Hugo de Abreu dizendo que a demissão de Frota tinha sido por questões de ordem pessoal "sem qualquer vinculação com a questão da sucessão presidencial".[415] Por via das dúvidas, caso toda essa contraoperação política não funcionasse e as armas falassem mais alto, as tropas mais fiéis ao presidente estavam em regime de prontidão.

Restava, entretanto, uma porta aberta para o golpe: a reunião do alto-comando. Caso conseguisse se reunir com os generais, Frota poderia reverter a situação desfavorável, mobilizando os quartéis. Mas, novamente, a ação política da Presidência foi mais ágil, convocando os generais para irem ao Palácio do Planalto, e não ao Ministério do Exército. Chegando ao aeroporto, os generais foram virtualmente "sequestrados" pelos agentes do Planalto, antes de chegarem aos emissários de Frota que os esperavam. Com o decreto publicado na edição "extra" do *Diário Oficial*, Frota já não tinha mais cargo. Para o seu lugar, Geisel espertamente nomeou Fernando Belfort Bethlem, um "ex-duro". A sua nomeação foi acompanhada pela troca de comando de dezenas de batalhões para tirar da frente das armas qualquer simpatizante do "frotismo". A caneta do poder havia falado mais forte do que as armas da força.

Resolvida a ameaça de Frota ao processo de institucionalização, confirmou-se a nomeação do general João Baptista Figueiredo, cujo nome já circulava desde o início de 1977. Entretanto, a crise militar não cessou por completo, pois a indicação de Figueiredo foi criticada por Hugo Abreu, figura-chave no contragolpe que havia salvado o governo, e que se sentiu preterido, demitindo-se do em março de 1978.[416]

O lançamento da candidatura Figueiredo foi acompanhado de todo um esforço publicitário para mudar a imagem sisuda do ex-chefe do SNI, que começou a aparecer em fotos sorridentes e informais, fazendo ginástica de sunga e exibindo simpatia e vigor físico. Um pouco para demonstrar que o Brasil teria um presidente à altura dos tempos agitados que se avizinhavam. Um pouco para criar uma face mais humana do regime dos generais. A campanha eleitoral ganhou ares dos "velhos tempos" do populismo, com viagens e comícios do candidato oficial pelo Brasil afora. A oposição escolheu também um general para concorrer às eleições. Em agosto de 1978, Euler Bentes, militar nacionalista, é oficializado candidato do MDB.

Em 15 de outubro de 1978, o Colégio Eleitoral elege Figueiredo com uma margem não tão folgada (355 a 266 e 4 abstenções). A derrota no Colégio Eleitoral do MDB foi compensada pela excelente votação do Partido nas eleições gerais de 1978, apesar da Lei Falcão. Novos candidatos assumiam ainda mais o discurso oposicionista, agora alimentado pela agitação das ruas, fábricas e universidades.

Sob o governo Figueiredo, a distensão teria outro nome: "abertura". E a batalha das ruas seria ainda mais dramática.

Em 1971, no auge dos anos de chumbo, duas freiras foram ministrar um curso sobre "o valor da pessoa humana" em uma distante paróquia da periferia sul da cidade de São Paulo. Aproveitaram a ocasião para propor a criação de um "clube de mães" que começou a se tornar realidade com a adesão de cinco moradoras do bairro.[417] Estes e outro microeventos, invisíveis ao governo e mesmo ao olhar sociológico, fizeram nascer os "novos movimentos sociais".

A periferia da cidade de São Paulo nos anos 1970 era a síntese do lado B do milagre brasileiro. Nos bairros distantes, carentes de transporte, equipamentos de saúde, escolas e urbanização, amontoavam-se os trabalhadores, via de regra migrantes que chegavam de várias regiões do Brasil rural em busca de trabalho e vida melhor. Ali moravam as empregadas domésticas, trabalhadores da construção civil e o operariado das grandes e médias indústrias da maior metrópole do Brasil. Se a vida na cidade era melhor do que aquela vivida em meio à tradicional miséria rural brasileira, as dificuldades ainda eram imensas. A precariedade das condições materiais e serviços públicos ensejava tanto a violência, muitas vezes banal entre vizinhos, quanto a solidariedade. A tradição associativa dos bairros populares vinha desde os anos 1940, mas até o final dos anos 1950 era canalizada pelos políticos de matiz populista conservadora, como Jânio Quadros, que utilizara sua ligação paroquial de vereador com um bairro específico, a Vila Maria, para se projetar na política.

A lógica predatória do capitalismo brasileiro, aliada a um poder público ineficiente quando não corrupto, se reproduzia na (des)organização do espaço urbano. No centro, grandes terrenos vazios esperando valorização. No primeiro anel em volta do centro tradicional, bairros de classe média remediada, com enclaves ricos de ruas arborizadas e calmas. Nos anéis externos da cidade, a pobreza grassava e marcava a paisagem, indo dos bairros operários mais ou menos estruturados a regiões de ocupação desordenada e caótica. Nesses espaços surgiram movimentos sociais de tipo novo, quase sempre apoiados pela Igreja Católica, mas com tendência à auto-organização e à valorização da construção da consciência individual na linha do "ver-julgar-agir".[418] O trabalho organizativo da Igreja, materializado nas comunidades eclesiais de base,[419] deu nova forma e ideologia à tradição associativa popular. A precariedade da vida cotidiana deu motivo às organizações que surgem. O cotidiano, o bairro, a praça, o botequim, o salão da igreja, foram politizados não a partir dos grandes projetos revolucionários, mas pela realização da pequena utopia democrática. Com o fracasso das organizações armadas, muitos militantes de esquerda marxista também foram para os bairros, morar entre a classe operária. Mesmo para estes, o momento não era de realização da estratégia revolucionária da tomada do poder, mas de pequenas ações cotidianas que adensassem a consciência de classe. Assim, ao longo dos anos 1970, foi se construindo o cinturão vermelho, que se fechava com a concentração das grandes indústrias multinacionais na região do ABC reunindo o setor mais avançado da classe operária brasileira. Muitos operários que trabalhavam no ABC moravam nas periferias de São Paulo, ligando a experiência sindical com a luta cotidiana pela melhoria dos bairros. Nesse universo fervilhante dos bairros populares, onde lideranças comunitárias, religiosas, políticas e revolucionárias se encontravam, nasceram os novos movimentos sociais.[420] O regime, mais preocupado em matar guerrilheiros, não deu muita importância a estas associações populares, pois confiava que a Igreja saberia conter seus eventuais radicalismos. Lembremos que, no começo dos anos 1970, a ruptura entre a Igreja e o regime ainda não era um dado tão evidente. Nessas brechas sociais e políticas, inicialmente de maneira discreta, as associações de vizinhos e movimentos sociais urbanos foram crescendo antes de ganhar a visibilidade das ruas. E esse processo não foi exclusivo da Grande São Paulo, disseminando-se em várias cidades brasileiras, adaptando-se às tradições culturais e condições sociais locais. Em quase todos os casos, ganhou apoio de padres e outros setores da Igreja Católica.

Por exemplo, o pequeno clube de mães que começou com cinco participantes, na sua primeira reunião, em janeiro de 1972, já contava com mais de quarenta. Os clubes de mães se espalharam pela periferia sul da cidade. Além de fazer trabalhos comunitários, os participantes discutiam questões do cotidiano a partir da leitura de textos religiosos. Dentre tantos problemas, um deles começou a ser percebido com um elemento comum das preocupações: o custo de vida, também chamado de carestia. Agravado pela política de arrocho salarial, o aumento dos preços de itens de consumo e aluguéis se agravou a partir de 1975, quando a inflação voltou a ser notada. Nascia o Movimento do Custo de Vida (MCV).[421] O MCV de São Paulo, antes mesmo do movimento sindical, foi a associação popular que conseguiu a maior visibilidade durante o regime militar, transformando-se numa espécie de central dos movimentos populares de bairro. A estratégia passava pela organização de assembleias massivas para apresentar petições contra o aumento do custo de vida, cujo endereço eram os mandatários federais. Em 1976, a primeira assembleia do Movimento contou com 4 mil pessoas, ocasião em que foi lançada a petição com mais de 18 mil assinaturas. Dois anos depois, ganhou uma grande visibilidade, com o lançamento de um manifesto em março exigindo congelamento de preços dos itens básicos de subsistência e aumento de salários. O Movimento lançou um desafio para si mesmo: coletar mais de 1 milhão de assinaturas e entregar o documento ao Palácio do Planalto. Em agosto de 1978, um ato público na Praça da Sé anunciava que a meta tinha sido atingida: 1,24 milhão de assinaturas. Nada mal para um movimento em cujo *big bang* contava com cinco mães e duas freiras.

O ato foi marcado para um domingo, 27 de agosto, e o governador de São Paulo e o presidente da República foram convidados. O governo proibiu o ato em praça pública e mandou como seus representantes a tropa de choque da PM. O resultado foi o esperado. Mesmo que os organizadores do ato respeitassem os limites impostos pela autoridade, ou seja, realizar o ato dentro da igreja e não promover passeatas pela cidade, a polícia dispersou os manifestantes com a violência de sempre. Na sexta-feira anterior, os estudantes tinham voltado às ruas para protestar contra o regime depois de quase um ano de ausência, e sua presença no ato do MCV foi a desculpa para iniciar a pancadaria.

Em outubro, o MCV voltou a realizar manifestações simultâneas dentro de igrejas das periferias da cidade de São Paulo, nos bairros de São Miguel Paulista, Cidade Dutra e Brasilândia. O tom destes atos era francamente politizado, com palavras de ordem que iam contra o alto custo de vida e contra a repressão. A greve metalúrgica em várias indústrias da cidade aumentava ainda mais o sentido de protesto do MCV contra a política econômica do governo, pois em grande parte o movimento era composto pelas famílias dos operários em greve. A politização crescente de 1978 aprofundou-se ainda mais em 1979, quando militantes do Partido Comunista do Brasil (PCdoB) assumiram a liderança do movimento, que ganhou outro nome, Movimento de Luta contra a Carestia.

Se a luta contra os preços era uma das pontas do movimento social, a outra ponta era a luta por melhores salários e condições de trabalho. Com essa pauta tradicional, mas de maneira inusitada e inesperada, ressurgiu o movimento operário.

Em 12 de maio de 1978, quase todas as correntes de opinião da sociedade brasileira, da direita à esquerda, se surpreenderam com a eclosão de uma greve operária em São Bernardo do Campo, quando 2 mil operários da Saab-Scania cruzaram os braços. O que seria mais uma greve localizada em uma empresa, tipo de movimento até tolerado pelos militares desde que restrito a questões puramente salariais, transformou-se em uma greve massiva, quando muitos milhares de operários de outras montadoras multinacionais também pararam. A estratégia inovadora daquela greve não passou despercebida na imprensa mais progressista da época:

> Fazia dez anos, mas finalmente aconteceu. De forma espontânea, suave, tranquila como um suspiro, mas aconteceu. Não houve piquetes, comícios, panfletos, violência. Não houve pelegos. Mas apenas simples operários que iniciaram seus dias de trabalho como todos os outros [...] bateram seus cartões de ponto, cumprimentaram suas máquinas, companheiras de tanto tempo, mas não começaram a trabalhar.[422]

As ações políticas da classe operária, ao longo da história do Brasil e do mundo, eram signo de terror para os conservadores e luz de esperança para os revolucionários. De maneira sutil e inovadora, em uma greve nascida das articulações quase invisíveis do cotidiano da fábrica, em meio à pausa para o café e às idas ao banheiro.[423] A greve do ABC de 1978, diga-se, assumia ares de confronto com o regime, driblando a Lei de Segurança Nacional, que, por sinal, seria reformada ainda naquele ano para abarcar melhor os grevistas. Sem piquetes, a repressão policial ficava momentaneamente desnorteada. Dentro das fábricas, qualquer intervenção policial colocaria em risco o patrimônio dos patrões. Autoridades civis e militares não conseguiam fazer uma leitura clara dos acontecimentos. O ministro do Trabalho, Arnaldo Prieto, não podia intervir no sindicato, pois este não assumira, de pronto, a articulação da greve. Um coronel do II Exército foi ainda mais direto: "Repressão, como? Este é um fato absolutamente novo, greve sem violência, sem agitação. É necessário reconhecer que nesta greve não há ingerências externas. Dessa forma não se pode fazer nada". Reféns dos manuais da Doutrina de Segurança Nacional, os militares não podiam conceber uma greve sem agitadores "comunistas" e sem aparelhos sindicais "subversivos".[424] Apesar da surpresa e dificuldade de enquadrar o movimento como "subversivo", o TRT declarou a greve ilegal, o que só fez aumentar o número de grevistas, que no dia seguinte à ilegalidade beirava os 40 mil operários.

Havia mais de dez anos que os operários tinham sido alijados da vida política a fórceps pelo controle governamental dos sindicatos e pela repressão policial. A memória das greves de Osasco e Contagem em 1968 ainda povoava a mente do governo e da oposição. Naquele contexto, a repressão tinha conseguido evitar que a fagulha da guerrilha chegasse ao mundo do trabalho. Em 1978, não havia mais guerrilha, mas a luta civil pela redemocratização se ampliava, isolando o governo. Estudantes, intelectuais, profissionais liberais, enfim, a nata da classe média que, supunha-se, deveria apoiar o regime já tinha rompido com o governo. No começo de 1978, os movimentos sociais de bairro, ainda discretos, já davam sinais de politização crescente, mas ainda não tinham ocupado a praça pública, o que fariam em breve. Quando o operariado entrou em cena, ainda que o palco também não fosse a rua, posto que a greve se confundia com a ocupação das fábricas, todos os holofotes do teatro da política se voltaram para os trabalhadores. Afinal, qualquer pessoa com algum senso crítico sabia que a "distensão" do regime não era endereçada aos operários, vistos tradicionalmente pelas elites como um grupo sem direito à participação política, a não ser como indivíduos eleitores atomizados.

Mas a greve operária do ABC, que parecia ser um raio em céu azul, era o resultado de uma massa crítica que vinha se movimentando havia algum tempo, sobretudo nos sindicatos ligados às grandes indústrias multinacionais. Com maior poder de negociação, pois reunia trabalhadores especializados que não poderiam ser substituídos de uma hora para outra, os metalúrgicos do ABC perceberam este trunfo. A base territorial do sindicato de São Bernardo compreendia 670 fábricas. Cerca de 50% da categoria trabalhava em cinco empresas automobilísticas e 75%, em fábricas com mais de quinhentos empregados.[425]

Em setembro de 1977, quando a cena social e política se agitava com o protesto estudantil, os metalúrgicos de São Bernardo lançaram a "campanha de reposição dos 34%", índice de perdas calculado devido à manipulação das taxas de inflação em 1973. A campanha, além de expor a manipulação e o caráter antipopular do milagre econômico, marcou a volta das assembleias operárias massivas. Nos discursos sindicais construídos em torno desta campanha, surgia o tema da democracia: "Para nós, interessa muito aquela democracia que também dê liberdade aos sindicatos. Esse negócio de democracia só para políticos não dá pé, pois a gente vai continuar espremido [sic] aqui no pedaço".[426] A questão democrática encontrava a questão operária.

O "novo sindicalismo", como se autodenominou à época o movimento operário nascido no ABC paulista, entrou em choque com a estrutura vertical e oficialesca do sindicalismo brasileiro, herança dos tempos de Getúlio Vargas e do Estado Novo. Em julho de 1978, animados com a greve metalúrgica de maio, durante a Conferência Nacional da Confederação Nacional dos Trabalhadores da Indústria, à qual os metalúrgicos do ABC eram filiados, um grupo de sindicatos questionou a estrutura sindical oficial, lançando as bases de um sindicalismo que se via como "combativo e independente". A plataforma de reivindicações incluía a liberdade de organização, sem a rigidez imposta pela CLT, a autonomia diante dos patrões e do Ministério do Trabalho, a criação de comissões de fábrica, além das tradicionais lutas pela melhoria salarial, melhores condições de trabalho e segurança laboral e pela estabilidade no emprego.

Essa era a senha para que militantes que ainda não ocupavam a direção dos sindicatos, nas várias cidades do Brasil, se organizassem nas "oposições sindicais" particularmente fortes na região sul da cidade de São Paulo, que concentrava muitas unidades fabris de médio porte, e eram a base de apoio do sindicalismo conservador e moderado, cujo maior exemplo era Joaquim dos Santos Andrade, o Joaquinzão.

Depois de ser nomeado interventor no sindicato dos metalúrgicos de Guarulhos em 1964, se tornou diretor do Sindicato dos Metalúrgicos de São Paulo, o maior da América Latina, do qual só saiu em 1987.[427] Em 1978, uma forte oposição sindical perdeu uma eleição tida como fraudada, e, percebendo os novos tempos, Joaquinzão aliou-se ao Partido Comunista Brasileiro, do qual era inimigo nos tempos do golpe, contribuindo para a pecha de "pelegos" que os sindicalistas comunistas passaram a carregar. Estes, assustados com o crescimento do sindicalismo mais à esquerda, radical e aguerrido, preferiram ceder às orientações do partido, que enfatizava a necessidade de subordinar as lutas populares às articulações parlamentares e institucionais, visando consolidar uma grande frente de oposição civil ao regime.[428]

Como símbolo do novo sindicalismo, firmava-se a liderança de Luiz Inácio da Silva, o Lula. Presidente do Sindicato dos Metalúrgicos de São Bernardo desde 1975, Lula inicialmente não era um líder que podia ser considerado radical. Migrante nordestino, conseguiu se tornar torneiro mecânico nas indústrias Villares, onde iniciou sua militância sindical influenciado pelo irmão, Frei Chico. Ironicamente, este era filiado ao PCB, partido no qual Lula não só nunca militou como, ao criar o PT, suscitou um verdadeiro anátema protagonizando uma das mais ruidosas dissidências à esquerda no contexto da transição. Lula era um pragmático, influenciado pelo catolicismo progressista e dotado de carisma e perspicácia política, que foi atropelado, no bom sentido, pelo bonde da história. Tornou-se nosso "herói da classe trabalhadora" ao perceber que o operariado deveria se auto-organizar em um partido novo e conduzir seu próprio destino.

Nos dois anos seguintes à mítica greve de 1978, nasceria a "República de São Bernardo", capital do cinturão vermelho de São Paulo, para onde convergiram as esperanças de construção de uma democracia efetiva, que não apenas ficasse limitada aos direitos formais dos indivíduos, sempre importantes mas incompletos se não se traduzissem em direitos sociais e em efetiva distribuição de riqueza. Em 1978, essas palavras ainda eram difusas, compartilhadas por toda a oposição. A ideia de uma grande frente política e social da qual os operários eram coadjuvantes, mas não atores principais, animava as oposições ao regime, com exceção dos empresários que, por motivos óbvios, não viam com bons olhos os grevistas alçados a posições de destaque.

O sonho da grande frente de oposição não sobreviveria ao ano de 1979, esse outro ano da história do Brasil que ainda não acabou.

Tempos de caos
e esperança

No seu discurso de posse, o presidente João Baptista Figueiredo reafirmou o gesto que deveria simbolizar o seu governo: "a mão estendida em conciliação".[429] Obviamente, o governo militar tinha uma mão estendida em conciliação, mas a outra estava perto da arma, para qualquer eventualidade. Entretanto, não se pode negar que o regime e a sociedade entravam em uma nova fase política, na qual democracia "ainda não era", mas a ditadura "já não era mais tão ameaçadora...". Nas palavras de Fernando Henrique Cardoso, era uma ditadura de gravata-borboleta.[430] A distensão transformara-se em abertura, apontando o caminho para a transição democrática, com a volta dos exilados. Já em dezembro de 1978, ainda sob Geisel, o governo revogava o banimento de 120 exilados, mas manteve Luís Carlos Prestes e Leonel Brizola fora da lista. Entretanto, no começo do governo Figueiredo, o regime militar ainda não tinha data para acabar.

Todas as transições de regimes autoritários da história recente da América e da Europa mediterrânea foram marcadas por uma combinação de incertezas e esperanças. Nas transições, mesmo aquelas tuteladas pelo regime vigente, como no Brasil, as regras se afrouxam e o jogo político fica aberto.[431] São momentos em que se buscam novos limites para os valores democráticos, procurando caminhos para o "*day after*" das ditaduras. Mas é justamente essa busca por uma democracia renovada por parte dos movimentos sociais e políticos mais à esquerda, para além dos princípios formais e jurídicos de igualdade, aliada à imprevisibilidade do processo político, que faz com que liberais conservadores e moderados negociem com os autoritários no poder.[432] Mas naquele início de 1979, essa aproximação ainda não estava dada. Ao contrário, nos dois anos seguintes, tudo pressagiava que o regime autoritário não aguentaria a pressão de uma sociedade que, contra sua própria história, parecia aderir em bloco a uma democracia que combinasse amplo direito ao voto com justiça social. A oposição crescia, ocupando ruas, circuitos artístico-culturais, variadas formas associativas e espaços institucionais. Mas o regime estava longe de ser "derrubado", como sonhavam os setores oposicionistas mais contundentes.

No caso do Brasil, dois aspectos são importantes para entendermos o significado histórico da transição moderada e gradualista.

Primeiro, a fragilidade do regime na tutela do sistema político e da sociedade civil foi acompanhada por uma nova hegemonia liberal-moderada (para não dizer conservadora) que se estabeleceu após 1981/1982 e apontou um horizonte curto para negociar a transição política. Isso permitiu vislumbrar que os grandes interesses capitalistas não seriam contrariados, fazendo com que o poder econômico aceitasse e até ajudasse a construir a transição (leia-se capital financeiro nacional e multinacional, assim como as grandes corporações). Em uma situação de crise e incerteza, o desafio nessa área era controlar a inflação sem grandes mudanças no modelo socioeconômico. Os empresários estavam cada vez mais críticos à intervenção do Estado na economia, apostando em uma agenda neoliberal que, entretanto, ainda não estava completamente delineada.[433]

Do lado do regime, os militares tinham duas grandes preocupações. Em primeiro lugar, evitar a emergência de grupos políticos muito à esquerda, de corte comunista ou socialista, capazes de influenciar no processo político, ainda que tivessem presença nos movimentos sociais. Em segundo, mas não menos importante, o regime queria evitar que no processo da passagem do poder aos civis se afirmassem políticas de apuração das violações de direitos humanos no Brasil por agentes da repressão política. Era o que consideravam revanchismo, palavra que se tornou anátema nos meios militares e unificava todas as correntes. Apesar da sua notória e crescente fragilidade política, em contraste com o estilo imperial de Geisel, o presidente Figueiredo conseguiu manter a transição nestes marcos. Menos, talvez, pela sua habilidade política e mais pela tibieza da oposição moderada que ganhava força ao longo do processo.

No começo de 1979, o governo Figueiredo prometia uma nova forma de governar, mais próxima das demandas da sociedade, embora sem abrir mão dos valores e princípios do regime, a começar pela Doutrina de Segurança Nacional. Antes mesmo da sua posse, animado com o sucesso da condução do processo político e eleitoral, o governo Geisel revogou a pena de banimento aplicada a alguns exilados e abrandou a Lei de Segurança Nacional, permitindo a soltura de alguns presos políticos. Quando Figueiredo tomou posse, o Brasil ainda não tinha uma lei formal de anistia, mas essa era uma das prioridades da agenda da abertura, até para esvaziar o crescente movimento social pela anistia "ampla, geral e irrestrita". O habilidoso Petrônio Portela foi colocado no Ministério da Justiça para evitar que Estado e sociedade fossem separados por um fosso instransponível de projetos e expectativas.

Se a política animava, a economia preocupava. Para compor seu Ministério, Figueiredo tentou incorporar correntes diversas do regime. Para a economia, isso significou uma situação curiosa, fazendo conviver o ortodoxo monetarista Mário Henrique Simonsen na Secretaria do Planejamento da Presidência da República e o não tão ortodoxo Delfim Netto, gerente do milagre econômico. Diga-se, a posição de Delfim não era digna de um czar, pois ele havia sido escalado para o não tão poderoso Ministério da Agricultura, na esperança de produzir superávits na exportação dos produtos da terra. O objetivo de Simonsen era conter a inflação, que no começo do governo Figueiredo já beirava os 50% ao ano, à base de uma política recessiva de controle de crédito e salários. Nisso era criticado por Delfim, que apostava no crescimento para superar os problemas, mesmo tendo que conviver com a inflação alta. A grita de empresários e trabalhadores naquele agitado 1979 ajudou este último no braço de ferro com Simonsen. Em agosto, Delfim ocupou a Seplan, de onde passou a ter carta branca para conduzir a economia. Mas desta vez não havia nem magia, nem milagre possíveis para animar a economia. A Revolução Islâmica no Irã explodiu no começo do ano desorganizando um dos maiores parques produtores de petróleo do planeta, e os preços do barril aumentaram de maneira exponencial.[434]

Como se uma desgraça não fosse pouca, o quadro externo piorou ainda mais. Para controlar os efeitos da crise e da inflação e atrair capitais para o seu país, o governo americano aumentou os juros básicos da economia, impulsionando a taxa cobrada dos empréstimos bancários como um todo.[435] Como os empréstimos brasileiros para bancar o II PND tinham sido feitos a partir de juros flutuantes, o custo da dívida brasileira explodiu. As exportações não cobriam os custos da dívida, e com o país altamente dependente de petróleo importado o déficit da balança comercial saiu do controle. Em 1982, o custo da dívida (juros + amortizações) consumia mais de 90% das exportações brasileiras.

Para Simonsen, o governo Figueiredo foi atropelado pela história, levando consigo as promessas desenvolvimentistas de Delfim Netto.[436] Já no segundo semestre de 1980, o otimista Delfim capitulou à ortodoxia econômica recessiva, voltando a conter o crédito, pois o Brasil estava à beira da insolvência, e preocupando os banqueiros credores, outrora *great friends* do regime. Agora, eles só queriam emprestar dinheiro para pagar os juros da dívida, fazendo com que, ao fim e ao cabo, o dinheiro voltasse para eles mesmos. A inflação de 1980 chegou aos 110%, marca histórica de 1964, índice amplamente alardeado como um dos motivos da queda de João Goulart. Mesmo recuando um pouco nos anos seguintes, a inflação ficou na faixa dos 90% ao ano. Os reajustes semestrais de salário apenas evitavam que a questão social saísse do controle, mas não impediam as perdas paulatinas no poder de compra de operários e da classe média. Esta, definitivamente, encerrava seu casamento, já em crise terminal desde 1974, com o regime militar.

Mas não foi só na área econômica que a história atropelou o governo Figueiredo. Em janeiro de 1980, morria Petrônio Portela, deixando o regime sem o seu principal articulador político com a sociedade civil. Em agosto de 1981, outra baixa de peso: Golbery do Couto e Silva saiu do governo, percebendo que o barco estava afundando mais rapidamente do que o previsto. A gota d'água foi o fato de o grande ideólogo do regime ter se incomodado com a condução das investigações sobre o atentado no Riocentro, como veremos adiante. A partir daí, Leitão de Abreu se tornou uma espécie de superministro político, sem a capacidade de planejamento ou diálogo de Golbery ou Portela. O resultado foi uma longa agonia não apenas do governo, mas do próprio regime, o que não quer dizer que no jogo de forças com a oposição esta tivesse grandes vantagens. Um governo cada vez mais fraco, mas que ainda mostrava os dentes quando necessário, encontrava inesperado respaldo em uma oposição cada vez mais dividida entre radicais e moderados, com estes últimos tentando negociar uma transição política com os militares.

O candidato simpático e sorridente, que havia se transformado no presidente que prometia firmeza na condução da abertura, perdeu o controle quando vaiado por estudantes em Florianópolis, em novembro de 1979. Quase chegou às vias de fato com a molecada, deixando que o antigo militar de óculos escuros, chefe do SNI, tomasse momentaneamente o lugar do sorridente homem político. Em que pese esse ato de descontrole, uma das melhores definições sobre seu governo veio do próprio presidente, anos depois: "Na transição eu não fiz nada, só evitei que saísse bofetão".[437]

Em 13 de março de 1979, dois dias antes da posse do general Figueiredo, os operários metalúrgicos do ABC paulista iniciaram uma greve que iria demonstrar os limites da abertura. Esta, pelo seu próprio caráter, não previa participação política do movimento operário, liberdade para protestos de rua ou redistribuição de renda, mantendo-se apenas nos limites institucionais e, quando muito, chegando a uma anistia moderada aos presos e exilados políticos.[438] Cerca de 180 mil metalúrgicos pararam de trabalhar, mas dessa vez, ao contrário de 1978, o movimento foi mais barulhento, com assembleias e piquetes com grande participação da massa operária. Também ao contrário de 1978, a direção do sindicato assumiu um protagonismo assertivo. Os patrões não estavam dispostos a permitir a ocupação das fábricas pelos grevistas, tática que dificultava a repressão policial. Um panfleto apócrifo, provavelmente de origem patronal, intitulado "Plano antigreve: como prevenir e desmobilizar" era claro nesse sentido, afirmando que os patrões não deveriam permitir o acesso dos grevistas às fábricas.[439] Na rua, o assunto era com a polícia, calculavam.

O governo recém-empossado sugeriu que o melhor caminho era a negociação entre patrões e empregados. Isso não impediu o Ministério do Trabalho de intervir no Sindicato dos Metalúrgicos de São Bernardo, destituindo sua diretoria dez dias depois do início do movimento, tentando esvaziar o epicentro da organização sindical que apoiava os grevistas. As lideranças sindicais, a começar pelo próprio Lula, de início trataram de dissociar a greve de qualquer motivação ideológica ou política, mas reconheciam que "se brigar por melhores salários é fazer política, então nossa greve é política".[440] O governador de São Paulo à época, Paulo Maluf, deixou claro que o assunto era policial, e não econômico.[441] Portanto, querendo ou não, a greve metalúrgica assumia um caráter político, de confronto com o regime, ganhando apoio de estudantes, intelectuais e dos trabalhadores do setor burocrático, público e privado, que formavam a base da classe média. Apesar de reconhecer e agradecer a solidariedade, as lideranças sindicais enfatizavam que a classe operária deveria ter autonomia em suas decisões, evitando alianças feitas a reboque de outros movimentos.[442]

A direção da Federação das Indústrias do Estado de São Paulo (Fiesp) apostou que a greve duraria "dois dias", pois não haveria pagamento de dias parados. Durou 14. Os operários se mostraram mais organizados do que o previsto, com um forte movimento de solidariedade nos bairros, apoiado pela Igreja Católica, fundamental para manter a subsistência das famílias. Os conflitos com a Polícia Militar foram constantes e violentos, e em alguns casos terminou com a retirada da PM, como em São Bernardo no dia 23 de março. Os impasses na negociação e a repressão policial desgastaram o movimento, que encerrou a greve no dia 27 de março. Apesar das poucas conquistas efetivas, o movimento operário e as lideranças sindicais saíram prestigiadas, sensação confirmada pela grande comemoração do Dia do Trabalhador no estádio Vila Euclides, em São Bernardo. Para lá convergiram estudantes, movimentos de bairro (como o Movimento Contra a Carestia/ do Custo de Vida) e militantes de esquerda que lutavam pela anistia, cuja campanha estava nas ruas. As lideranças políticas afinadas com o governo, como o senador Jarbas Passarinho, temiam uma "reação termidoriana", e a imprensa liberal, apesar de não condenar a greve, temia a volta do "clima 68".[443] A República de São Bernardo, nascida na greve de 1978, proclamava sua independência da ditadura.

Se havia uma República de São Bernardo, também havia um presidente de honra: Luiz Inácio Lula da Silva, ainda uma figura enigmática para a maior parte da oposição e para o próprio governo. Principal nome de uma diretoria metalúrgica de fortes lideranças,[444] o Lula de 1979 já não era saudado pelas lideranças patronais, que gostavam de enfatizar sua liderança puramente sindical e afastada dos partidos, sobretudo do Partido Comunista.[445] Mas também não havia ainda se convertido no líder mais radical do período da abertura. Seu carisma, consagrado na condução de assembleias com mais de cem mil pessoas, fascinava e preocupava a esquerda e a direita. Sua ênfase na autonomia da classe operária soava como poesia para intelectuais socialistas fora da órbita do Partidão. Esses intelectuais começavam a romper com as tradições do assim chamado "nacional-populismo" dos trabalhistas e comunistas que, segundo a crítica da nova esquerda, levara os trabalhadores do Brasil a sucumbir sem resistência ao golpe de 1964, em nome de uma aliança com a burguesia que nunca existira de fato. A República de São Bernardo, epicentro da classe operária que ousava participar da vida política nacional, ainda teria seu grande teste na greve de 1980, quando o regime militar não economizaria meios para esvaziar o movimento operário, diante da ameaça deste em tornar-se o ator principal da abertura.

Mas antes da grande greve metalúrgica explodir, a classe operária teria um batismo de sangue. Santo Dias da Silva, líder operário ligado à Pastoral Operária e à Oposição Sindical Metalúrgica de São Paulo, foi morto pela PM em um piquete no dia 30 de outubro de 1979, no bairro de Santo Amaro. Santo Dias era uma liderança conhecida entre os operários paulistanos, encabeçando a oposição ao "pelego" Joaquim dos Santos Andrade no Sindicato dos Metalúrgicos de São Paulo. Afinado com a Igreja Católica e com o novo sindicalismo basista e autônomo que emergira no ABC, sua morte causou grande comoção em meio à greve que se desenrolava na cidade. Seu corpo foi levado para a Igreja da Consolação, de onde cerca de 15 mil pessoas acompanharam o cortejo fúnebre pelas ruas do centro de São Paulo até a Catedral da Sé, onde foi rezada uma missa por Dom Paulo Evaristo Arns. Durante o trajeto, "as lojas baixaram as portas em que eram afixados avisos de luto. Dos prédios chovia papel picado".[446] Como dizia sabiamente uma das faixas estendidas pela multidão, para a classe operária, simbolizada ali por Santo Dias, a "abertura era a porta do cemitério".[447]

Assim como a morte do estudante Edson Luis, em 1968, proporcionara grandes atos públicos contra o regime, a morte do operário em 1979 também mobilizara milhares de pessoas, parando o centro da cidade de São Paulo por algumas horas. Entre tantas, essas foram duas mortes exemplares da ditadura, catalisando emoções e revoltas coletivas em dois anos-chaves – 1968 e 1979 – para se compreender as tensões e contradições entre o regime e a sociedade que ele dizia proteger da subversão.

O agravamento da crise econômica ainda não tinha mostrado todos os seus efeitos entre os trabalhadores. Em 1980, a inflação assustava, mas o desemprego em massa apenas rondava. Em 31 de março de 1980, aniversário da "revolução", mais uma vez os operários estragavam a festa do regime. Uma grande greve foi decretada depois que os patrões se recusaram a pagar 7% de produtividade e manter a estabilidade do emprego. Nos 41 dias seguintes, o Brasil olharia para a República de São Bernardo com um misto de apreensão e admiração. Nem as telenovelas mais dramáticas poderiam competir com o drama real que lá se desenrolava.

O governo assumiu a interlocução com os operários, tirando o patronato de cena, ao mesmo tempo que deixava a retórica da "negociação" de lado e assumia um dos lados do conflito trabalhista. No dia 2 de abril, quando a greve quase sem piquetes já atingia 95% da categoria, o governo proporcionou uma das cenas mais dramáticas da abertura. Diante de 100 mil pessoas reunidas no estádio da Vila Euclides, helicópteros do Exército Brasileiro faziam voos rasantes, com metralhadoras de grosso calibre apontadas para a multidão. As sinistras peruas "Veraneio"/C-14 azuis do DOI-Codi voltaram à cena, rondando o sindicato e os agrupamentos operários.

As armas legais da força também se ajuntaram à força das armas. No dia 14 de abril, com as negociações mais uma vez caminhando para o impasse, o TRT decretou a greve ilegal e três dias depois o Ministério do Trabalho decretou intervenção nos sindicatos que apoiavam a greve. Foram afastados 42 dirigentes. No dia 19, 15 dirigentes sindicais, entre eles Lula, foram presos e encaminhados ao Dops para serem enquadrados na Lei de Segurança Nacional. A cidade de São Bernardo foi, virtualmente, ocupada pelas forças de segurança.

Em tempos normais, essas medidas esvaziariam qualquer greve. Mas aquela greve metalúrgica era algo mais do que uma reivindicação salarial ou trabalhista. Era a afirmação de um grupo que tinha sido alijado do espaço público desde o golpe militar. As assembleias massivas, quase diárias, decidiam continuar em greve, apesar de a liderança estar na cadeia. No meio de tanta repressão policial, uma vitória simbólica. Em 24 de abril, mais de 40 mil metalúrgicos obrigaram a tropa de choque a bater em retirada da Praça da Matriz em São Bernardo.

Depois de mais de um mês de greve, os atos comemorativos ao Primeiro de Maio daquele ano convergiram para São Bernardo. Ali estava o coração da luta democrática brasileira e, ao invés dos comícios comemorativos de praxe, foi marcada uma passeata pela cidade. O governo tomou uma decisão que parecia irreversível: a passeata estava proibida e qualquer incidente seria culpa dos organizadores. A cidade foi cercada pelas forças de segurança, para evitar que militantes e ativistas de outras localidades conseguissem chegar à cidade. Pela manhã, após a missa oficiada por D. Claudio Hummes na Igreja Matriz, o plano era caminhar até o estádio da Vila Euclides. Nem a repressão, nem os trabalhadores e suas famílias estavam dispostos a ceder. O que se anunciava como um massacre de civis foi evitado no último momento, quando uma ordem de Brasília, depois de muita negociação com parlamentares da oposição, autorizou a passeata. A revista *IstoÉ* escreveu:

> Não se sabe, com certeza, quais foram as razões que induziram as autoridades a recuar da decisão de reprimir a passeata. Não houve qualquer esclarecimento para explicar a rápida retirada da polícia [...]. Mas não é improvável que a única razão tenha sido a simples presença de todos aqueles brasileiros conscientes dos seus direitos.[448]

A vitória moral dos grevistas e daqueles "brasileiros conscientes dos seus direitos" foi cobrada com juros cinco dias depois pela repressão. No pior dia de confronto entre operários e policiais, mais de setenta pessoas se feriram. A greve chegava ao seu limite. O governo, disposto a bancar até o prejuízo das grandes fábricas, estabelecera uma estratégia de confrontar o movimento, pois se sentia desafiado. As lideranças sindicais ficariam presas até o dia 20 de maio. À época, chegou-se a temer um "terceiro golpe de Estado"[449] para refrear a contestação operária, sempre o elo mais frágil das transições de regimes autoritários para a democracia, mas não por isso menos ameaçador.[450]

Entretanto, no começo de maio, o movimento grevista esgotara quase todas as suas possibilidades de resistência e chegara ao limite do seu leque de alianças. E elas não eram poucas: incluía a Igreja Católica, vários sindicatos, movimentos de bairro, movimento estudantil e o PMDB, que também assinara o panfleto convocatório do Primeiro de Maio.

A República de São Bernardo era vista como a síntese da sociedade civil oprimida, em luta pela democracia.[451] Apesar das derrotas propriamente sindicais, na medida em que as principais reivindicações operárias não foram atendidas, o "saldo de consciência", como as lideranças gostavam de dizer, tinha sido positivo. Imaginava-se que a década de 1980 seria o período de uma nova democracia, impulsionada pela classe operária, apta a estender os estreitos limites da abertura e da transição. Mas a crise econômica e o desemprego, realidade a partir de 1981, deixaram os sindicatos na defensiva, reiterando uma lei de ferro das lutas sindicais: quanto mais crise, menos poder de barganha.

A repressão aos operários parecia aprofundar ainda mais o fosso entre "Estado" e "sociedade", imaginário alimentado tanto por liberais quanto por esquerdistas. Mas a imagem idealizada da sociedade civil, lugar da democracia, parecia contrastar com a paulatina quebra das alianças políticas no campo da oposição.

A imagem da "sociedade civil contra o Estado", muito disseminada nos anos 1970 e 1980 para delimitar o lugar da democracia, é um tanto imprecisa.[452] O que se entendia por sociedade civil abrigava um conjunto de atores políticos e grupos sociais que convergiam nas críticas ao regime, mas compartilhavam concepções díspares do que era e deveria ser a democracia e a própria sociedade. Os debates no Plenário Democrático da Sociedade Civil, entidade que reunia mais de cinquenta organizações entre partidos de oposição, associações de classe e movimentos sociais, revelam os impasses que se aprofundariam na medida em que a própria transição se desenhava no horizonte histórico. Surgida em setembro de 1980, atesta essas diferentes concepções. Nas reuniões, ou as propostas eram genéricas demais a ponto de agradar liberais moderados e esquerdistas radicais, ou eram um espaço para firmar posições e espaços à custa do consenso. Uma das primeiras reuniões da entidade, em 9 de outubro de 1980, estabeleceu 15 pontos programáticos gerais, considerados fundamentais para a passagem da "abertura para a democracia", tais como: fim da LSN, eleições diretas em todos os níveis, autonomia para os Poderes Legislativo e Judiciário, melhores condições de vida, direito de greve e reforma agrária.[453] Se o programa comum da sociedade civil pouco avançou nos anos subsequentes para uma agenda mais concreta, é inegável que a autonomeação desse espaço de convergência da luta democrática se fazia sob o impacto dos movimentos sociais e do conjunto da esquerda, visivelmente hegemônica na entidade. O problema era que sequer a esquerda constituía um bloco convergente nas formas de luta contra o regime, apesar de formalmente aderir ao coro das "lutas democráticas".

Antes da reforma partidária de 1979, a esquerda era constituída por vários grupos e "tendências", atuando, sobretudo, no movimento estudantil e sindical. O velho PCB, ainda que desgastado pelas dissidências, era atuante junto aos políticos liberais, na imprensa, na cultura e nos sindicados. Mas, visivelmente, sua tática de priorizar as articulações amplas, de base institucional e parlamentar, não conseguiu lidar com os protestos de rua no final da década.[454] No final dos anos 1970, o PCB viu crescer uma corrente interna próxima do "eurocomunismo",[455] que passou a defender a democracia "como valor universal", o que equivalia reconhecer a legitimidade do jogo eleitoral e abrir mão da "ditadura do proletariado" na luta pelas transformações rumo ao socialismo.

O PCdoB passou por um processo de discussão interna, no bojo da terrível derrota militar e política na guerrilha do Araguaia, e conseguiu renovar-se, optando por militar com movimentos sociais e estudantis, alocar seus militantes nas periferias urbanas, sem abrir mão de uma ação junto à oposição institucional, na senha de uma aliança nacional-popular contra o regime.[456]

Os grupos trotskistas eram particularmente fortes no movimento estudantil, enfatizando a necessidade de organização da "luta de massa" nas entidades de base, mas muitas vezes se digladiavam entre si, cada corrente se arvorando como a verdadeira tributária da herança teórica de Trotski. Basicamente, se dividiam em dois grupos, a Organização Socialista Internacionalista (OSI) e a Convergência Socialista. Tinham como marca uma leitura intelectualmente refinada do capitalismo brasileiro, de corte menos nacionalista que os dois partidos comunistas "stalinistas", e uma abertura maior para temas ligados à "questão jovem", como a questão comportamental, as drogas, a liberdade sexual.[457]

A esquerda católica, herdeira da Ação Popular e de suas dissidências que explicitamente se filiaram ao marxismo e das novas organizações de base nos bairros e sindicatos, também era forte, presente no movimento estudantil e nos novos movimentos sociais. A sua ênfase era em uma "democracia da pessoa humana", consubstanciada na auto-organização de base, eventualmente tutelada pela Igreja, que se afirmava mais como anticapitalista do que como socialista de linhagem marxista.

Militantes socialistas de tradição "basista", ancorada na defesa dos "conselhos operários" em detrimento do partido centralizado de tipo leninista como condutores do processo revolucionário, completavam o quadro geral das esquerdas nos anos 1970. O principal grupo, nesta tradição, era o Movimento de Emancipação do Proletariado (MEP).

Como vimos, ao menos até a Lei de Anistia, a imprensa alternativa era o ponto de encontro de todas as esquerdas, apesar da cada grupo também investir em seu próprio jornal, como a *Voz Operária* do PCB, *Em Tempo* do MEP e *O Trabalho* da OSI. A fragmentação dos projetos de esquerda foi uma das marcas da "abertura", uma vez que as bandeiras comuns – denunciar a ditadura, lutar pela anistia, investir ou não na Constituinte – foram sendo substituídas pela agenda de organização do "partido operário de massas" ou pelo fortalecimento das alianças de classe, o que incluía pensar o papel da "burguesia" na redemocratização. Estas duas opções se desenhavam como autoexcludentes depois do surgimento do Partido dos Trabalhadores, em 1980.

Se a esquerda era desunida, a extrema-direita, ainda que minoritária, parecia agir em bloco. Concentrada sobretudo nos meios militares, mas controlada nos quartéis, a extrema-direita partiu para a luta armada clandestina contra a esquerda em processo de rearticulação e contra os setores democráticos, ainda que filiados ao liberalismo, como demonstram os atentados a OAB e a outras entidades civis.

Em 1978, uma sequência de atentados a bomba contra pessoas, órgãos da imprensa, livrarias, universidades e instituições identificadas com a oposição marcaram a escalada de violência de direita que duraria até meados de 1981. Velhas siglas, muito atuantes em 1968, voltaram às manchetes: MAC (Movimento Anticomunista), CCC (Comando de Caça aos Comunistas) e GAC (Grupo Anticomunista). Minas Gerais e Paraná concentraram os atentados de 1978. Entre abril e outubro de 1978, 26 atentados; entre julho de 1979 a abril de 1980, 25 atentados, conforme o jornal *Em Tempo*.[458] O ano de 1980 concentrou o maior número de casos, começando pela bomba colocada no quarto de Leonel Brizola, recém-chegado do exílio, no Hotel Everest no Rio de Janeiro.

Normalmente, eram atentados para criar pânico e como forma de enviar recados aos movimentos sociais e ao próprio governo, mas muitas vezes fizeram vítimas, algumas fatais. Um recurso muito comum da direita armada era o sequestro de militantes e de personalidades ligadas à oposição, muitos deles submetidos a espancamentos. Foi o caso do sequestro do jurista Dalmo Dallari, de grande repercussão na imprensa, acontecido às vésperas da retumbante visita do papa João Paulo II ao Brasil, em julho de 1980.

As bombas enviadas à sede carioca da OAB e à Câmara Municipal do Rio de Janeiro explodiram e fizeram duas vítimas. Uma delas, fatal, a secretária Lyda Monteiro. O servente José Ribamar, atingido no atentado à Câmara, ficou cego e mutilado. O caso de ambos provocou uma grande comoção pública. Na ocasião, até o presidente se indignou, vindo a público para repudiar os atentados e dizer que "nem mil bombas me impedirão de fazer desse país uma democracia".[459] Bem ao seu estilo, chamou para si os atentados.

A indignação pessoal de Figueiredo pouco se traduziu em apurações efetivas de investigação e punição dos envolvidos, o que sinalizava para a impunidade dos extremistas de direita. Um dos alvos mais bizarros da direita explosiva foram as bancas que vendiam jornais alternativos de esquerda. Entre abril e setembro de 1980, dezenas de bancas em várias cidades brasileiras foram incendiadas durante a noite, provocando uma onda de pânico entre os jornaleiros e uma crise de distribuição dos jornais alternativos.

Os atentados a bomba continuaram em 1981, mas um acidente de trabalho expôs, involuntariamente, o núcleo dos extremistas de direita. Na noite de 30 de abril de 1981 acontecia o show de MPB pelo Primeiro de Maio, patrocinado pelo Cebrade (Centro Brasil Democrático, entidade ligada ao Partido Comunista).[460] Enquanto milhares de jovens ouviam os artistas símbolos da oposição cultural ao regime dentro do enorme pavilhão, no estacionamento dois homens preparavam um atentado. Conforme o plano, uma bomba deveria explodir na caixa de energia, cortando a luz do interior do pavilhão, e a outra no estacionamento. O efeito seria devastador, pois nele se aglomeravam 20 mil pessoas que, provavelmente, entrariam em pânico e sairiam correndo. É possível imaginar o que teria acontecido.

Efetivamente, uma bomba explodiu na caixa, mas sem conseguir cortar a luz interna. A segunda bomba explodiu dentro do carro, quando era preparada pelos dois extremistas. Visivelmente, um acidente de trabalho. A polícia foi chamada e o constrangimento foi geral, pois a notícia já chegara à imprensa. Os dois homens atingidos no carro eram agentes do DOI-Codi do Rio de Janeiro.[461]

Impossibilitados de limpar a área a tempo, o Exército reconheceu a identidade dos dois agentes. Um Inquérito Policial Militar foi instaurado e a conclusão, se não foi surpreendente, assim mesmo causou indignação: a esquerda havia colocado as bombas no carro para matar os militares que estavam lá apenas para cumprir "missões rotineiras" de vigilância.

O governo ficou dividido entre levar a sério a investigação e acobertar o caso e saiu desgastado do episódio. Por outro lado, o esquema da extrema-direita armada ficou perigosamente exposto, correndo o risco de desgastar o próprio Exército como instituição. O fato é que, depois do Riocentro, suas ações minguaram. O governo, desgastado por pactuar com os setores que queriam sabotar sua própria estratégia de abertura, também perdeu seu pouco capital político para conduzir o processo. A partir daí, sua agenda seria mais reativa do que propositiva. As oposições, sobretudo suas correntes de esquerda, teriam uma grande chance de ocupar mais espaço político, dada a comoção causada pelo episódio. Mas tampouco elas conseguiriam construir um caminho comum de ação.

Nenhum regime autoritário em franco processo de desagregação e sem legitimidade junto aos atores e às instituições sociopolíticas mais influentes quer enfrentar uma oposição unida e vigorosa, capaz de ditar a forma da transição. Em 1978 e 1979, a oposição brasileira parecia conseguir se manter unida, apesar da pluralidade ideológica interna, fazendo com que setores liberais-democráticos[462] se encaminhassem sensivelmente para a esquerda, na trilha dos movimentos sociais em um ciclo de mobilização crescente.[463] Mais do que isso, entre 1978 e 1980, temas políticos, luta por direitos sociais e mudanças na estrutura econômica pareciam convergir em um projeto de país que em tudo negava aquele construído pelo regime. A rede de solidariedades, reais e retóricas, em torno da República de São Bernardo durante as greves de 1979 e 1980 confirmava o triunfo da estratégia frentista de oposição. Se aquele contexto histórico não era marcado pelo "assalto ao céu" da revolução socialista, ao menos também parecia distanciado da opção moderada e conciliatória sempre preferida pelos liberais de corte mais conservador nos momentos de crise ao longo da história brasileira. Um aroma de projeto social-democrata pairava no ar, equilibrando o cabo de guerra dos vários grupos e ideologias oposicionistas. Esse equilíbrio, levemente pendente para o lado mais progressista, logo se revelaria frágil e precário. À esquerda, a convergência dos grupos era baseada na luta comum pela anistia. A oposição liberal, em seus vários matizes, apoiava sua unidade, sobretudo na luta pelas liberdades democráticas formais (fim da censura, liberdade de expressão, manifestação e organização) e pelo direito do voto direto para cargos executivos. Os dois grandes blocos da oposição – liberais e esquerdistas – até 1980 tentaram criar alianças e programas comuns para enfrentar o regime, mas o consenso parecia cada vez mais distante. A rigor, a unidade da oposição não sobreviveu à agenda de reformas do regime que sintomaticamente passou por três momentos decisivos entre 1979 e 1980: a Lei de Anistia, a reforma partidária e a volta das eleições diretas para governadores.

A campanha pela Anistia que já existia organizadamente desde 1975, com a fundação do MFPA liderado por Therezinha Zerbine,[464] tornou-se também uma bandeira dos exilados brasileiros no exterior, onde se formaram mais de trinta comitês para lutar pelo tema. Mas ganhou força coma fundação do Comitê Brasileiro pela Anistia (CBA), em fevereiro de 1978, que tinha a proposta de articular a luta pela anistia com a democratização geral da sociedade, levando o tema para as ruas. A divulgação de uma das primeiras listas de torturadores (com 233 nomes) em matéria do *Em Tempo* teve grande impacto. Inclusive na extrema-direita, que passou a atacar a redação e os jornalistas ligados ao periódico. Em novembro daquele ano, realiza-se o Congresso pela Anistia, dando consistência às reivindicações da campanha que não apenas pediam "anistia, ampla, geral e irrestrita", mas exigiam punição para os torturadores, informações sobre os desaparecidos e incorporavam a luta pelas "liberdades democráticas" e pela "justiça social", cobrindo todo o arco das oposições. A campanha queria ter um caráter aglutinador das oposições, ao mesmo tempo em que se inseria no ciclo maior de mobilizações contra o regime, iniciadas em 1977.[465]

A campanha ganhou as ruas em 1979, realizando comícios e conseguindo espaço na imprensa. Em junho, em uma resposta às pressões das ruas, o governo enviou seu projeto ao Congresso, iniciando-se o debate parlamentar para regulamentar uma lei de anistia. A tendência do governo era outorgar uma anistia parcial, que excluísse os guerrilheiros. Mesmo assim, Figueiredo exultava no ato da assinatura do projeto:

"É o dia mais feliz da minha vida".⁴⁶⁶ Na verdade, vários projetos de anistia haviam sido apresentados no Congresso desde 1968, sem conseguir aprovação, apesar de muitos terem caráter restrito. O projeto de 1979, portanto, era um projeto oficial, parte de uma estratégia maior do governo visando a transição política controlada.

Em meio à campanha e aos debates parlamentares, os presos políticos iniciaram em julho de 1979 uma greve de fome de caráter nacional para lutar pela anistia ampla, geral e irrestrita, denunciando o caráter excludente do projeto apresentado pelo governo.⁴⁶⁷ O movimento da anistia, hegemonizado pelo CBA entrou em um impasse. Diga-se, nem o CBA era monolítico, pois incorporava várias organizações de esquerda e tinha diferenças de ênfase de um estado para outro. O movimento deveria entrar e se posicionar nos debates parlamentares em torno do projeto de lei do governo? Deveria apoiar o voto contrário à lei ou apoiar algum substitutivo em discussão? Deveria pautar suas ações pela agenda do congresso ou manter-se nas ruas, como movimento social?

Enviado o projeto oficial ao congresso, formou-se uma comissão mista de parlamentares, cujo presidente era o senador Teotônio Vilela (MDB-AL), que se projetou como um parlamentar favorável aos presos.⁴⁶⁸ Apesar disso, coube ao deputado Ernani Satyro (Arena-PB) a relatoria da comissão mista, o que redundou na elaboração de um projeto substitutivo que na verdade confirmava a anistia restrita e parcial proposta pelo governo e rejeitava todas as alternativas mais amplas.

Um pequeno grupo de parlamentares "autênticos" do MDB⁴⁶⁹ preferia simplesmente votar contra o projeto do governo ou abster-se. No começo de 1979, cerca de um terço dos parlamentares do MDB eram contra uma anistia ampla, que incluísse os presos da luta armada.⁴⁷⁰ Para evitar a aprovação deste substitutivo que não contemplava as reivindicações do movimento pela anistia, boa parte do MDB decidiu apoiar a emenda substitutiva de Djalma Marinho (Arena-RN), que ampliava o projeto do governo, tornando a anistia irrestrita, embora também anistiasse os torturadores. Entretanto, a maioria dos arenistas a recusou, pois o governo considerava-o uma ameaça à transição, por conta da sua amplitude. Em votação nominal no Congresso a emenda de Marinho perdeu apenas por 4 votos (206 a 202). Paralelamente, o voto de liderança confirmava o substitutivo de Ernani Satyro, sancionado quase em sua totalidade pelo presidente.

A Lei nº 6.683 era basicamente o projeto do governo. Já no seu primeiro artigo anunciava a anistia aos crimes políticos e a polêmica conectividade destes "crimes", estendendo a anistia aos crimes correlatos. Em bom português, isso significava a possibilidade legal de anistiar torturadores e assassinos a serviço das forças de segurança. Como se não bastasse, a lei deixava de fora aqueles envolvidos em "crimes de sangue", ou seja, os militantes de esquerda que pegaram em armas contra o regime, o que à época totalizava cerca de 195 pessoas. Estes, na prática, foram sendo libertados por outros recursos jurídicos, como revisões de pena e indultos.

Quanto ao movimento popular pela anistia, o debate era o que fazer depois da lei? Como manter e ampliar a mobilização para reverter a anistia parcial e o perdão "implícito" aos torturadores? Em meio a este debate, uma nova agenda se impôs às esquerdas que hegemonizavam o CBA quando o governo propôs a reforma partidária para acabar com o bipartidarismo. O que priorizar: reorganizar os partidos de esquerda ou focar por justiça e verdade? Continuar na campanha de rua ou mobilizar-se pela Constituinte? Na cultura etapista da esquerda, as duas coisas se anulavam, e, com o tempo, a luta pela justiça acabou ficando restrita aos familiares dos mortos e desaparecidos.[471]

A Lei de Reforma Partidária, aprovada pelo Congresso em novembro de 1979, correspondia ao projeto estratégico do governo de partir a oposição em muitas facções e manter o partido oficial unido. O Partido Democrático Social (PDS), novo nome da Arena, era alardeado como o maior partido do Ocidente e tinha as canetas, cargos e verbas do governo militar para fazer e acontecer.

Nos cálculos do governo, as principais lideranças do exílio, Brizola e Arraes, organizariam seus próprios partidos, dividindo a esquerda considerada "perigosa". Os partidos comunistas continuariam proibidos, dentro das regras da Doutrina de Segurança Nacional. Os "novos" movimentos sociais eram considerados barulhentos, mas inaptos para a vida institucional-partidária. Por fim, o governo sonhava com um partido forte de centro-direita, encabeçado por Tancredo Neves. O MDB queria continuar unido, mas no cálculo do governo isso não seria possível.

A nova lei dificultava ao máximo a vida da oposição: proibia alianças, voto vinculado, exigia diretórios organizados em vários estados da federação, exigia que os partidos lançassem candidatos em todos os níveis.

As oposições efetivamente se dividiram, enquanto a Arena permaneceu unida. Nisto o governo acertou sua previsão. De resto, não. O PMDB, novo nome do MDB de Ulysses Guimarães, manteve parte dos quadros parlamentares da oposição extinta, conseguindo amplo apoio do eleitorado nas eleições gerais de 1982.

Leonel Brizola não conseguiu a legenda "PTB", praticamente dada pelo governo para Alzira Vargas, liderança expressiva apenas no sobrenome famoso, o que tornou a tradicional legenda um agrupamento de centro-direita fisiológica. Sem recuar, Brizola criou o Partido Democrático Trabalhista, verdadeira continuidade do trabalhismo histórico. O PDT era forte no Rio de Janeiro e no Rio Grande do Sul. Em outros estados, porém, era frágil.

O Partido Popular, de centro-direita, criado em fevereiro de 1980, teve vida curta. Decidiu pela autodissolução em dezembro de 1981 e pela fusão com o PMDB. Sua criação seguiu, em parte, a estratégia do Planalto, concebida por Petrônio Portela, visando à criação de um grande partido de centro-direita que não se confundisse com o partido oficial, o PDS, e fosse uma alternativa aceitável para um futuro governo civil de moderado a conservador. Resultado da difícil aproximação de dois antigos desafetos da política mineira, Magalhães Pinto e Tancredo Neves, o PP se viu inviabilizado pelas próprias regras que o governo criou para favorecer o PDS, proibindo coligações e exigindo o voto vinculado, na prática, municipalizando as eleições gerais de 1982 em boa parte do Brasil. Com a entrada dos "moderados", o PMDB se cacifou para conduzir a transição negociada. Era preciso, entretanto, controlar a vocação autenticamente liberal de algumas lideranças peemedebistas que não convergiam completamente para uma negociação com o regime, como Ulysses Guimarães, preferindo a opção das eleições diretas.

O quadro foi completado pela criação do Partido dos Trabalhadores (PT), anunciado em agosto de 1979 e fundado em fevereiro de 1980.[472] Reunindo a esquerda não comunista, o PT em princípio poderia assustar o regime. Mas, nos cálculos do governo, o novo partido teria vida curta, pois a tradição sectária dos grupos de esquerda que o formavam ou aderiram a ele e o caráter de movimento social e sindical de suas principais bases seriam um obstáculo a uma ação institucional efetiva. Passado o susto da criação do PT, amplamente comemorado por intelectuais socialistas e radicais em geral, o governo até assimilou bem a nova legenda, que ainda tinha a vantagem de tirar votos da esquerda socialista e trabalhista.

A criação do PT, com efeito, aprofundou a crise do aliancismo de oposição no cenário pós-anistia. O racha das esquerdas, com as duras críticas dos petistas ao PCB e ao trabalhismo, se aprofundou. Para os petistas, a estratégia de alianças de classe e o nacionalismo das tradicionais legendas de esquerda foram os responsáveis pelo desastre de 1964, pois tirou o poder de reação da classe operária, submetendo-a a armadilhas ideológicas e à tutela das elites políticas oriundas de outras classes sociais. As novas palavras de ordem do petismo eram autonomia dos trabalhadores e democracia interna na luta "contra a exploração capitalista". O racha das esquerdas que começara com a questão da Constituinte aprofundava-se com a fundação do novo partido operário, que também não conseguia afirmar sua identidade claramente, se reformista ou revolucionário.

A passagem da luta sindical para a luta política mais ampla era uma promessa das lideranças do "novo sindicalismo", que apostaram no Partido dos Trabalhadores. Mas o caminho entre um retumbante movimento social e um vigoroso movimento político-partidário capaz de ser uma alternativa real de poder era mais longo e acidentado do que os petistas imaginavam. A República de São Bernardo não tinha se tornado a nova Comuna de Paris dos trópicos. Depois de 1981, os ventos que conduziam o barco da abertura seriam bem mais moderados.

Depois das eleições de 1982, quando o governo dos principais estados caiu nas mãos da oposição, a sensação de ambiguidade, oscilando entre a derrota tática e a vitória estratégica, tomou conta do governo. Os resultados eleitorais em si, tendo em vista o tamanho da crise econômica, até que não foram tão desastrosos. O PDS tinha conseguido quase 50% das cadeiras da Câmara e a maioria dos deputados estaduais em grande parte das Assembleias, o que lhe dava maioria no futuro Colégio Eleitoral para eleger o presidente da República, conforme as regras vigentes.[473] Além disso, na medida em que as eleições eram parte de um processo maior visando "tirar a política das ruas", havia a expectativa de que o PMDB, bem-sucedido nas eleições, assumisse um tom moderado no processo de transição, dando-lhe um caráter mais institucional e negociado. O problema era que ficava cada vez mais claro para o governo que o PDS, que se arvorava ser o "maior partido político do Ocidente", era um Titanic em direção ao *iceberg*. Militares, civis, líderes regionais e lideranças mais consequentes não se entendiam para lançar um candidato forte ao Colégio Eleitoral. Além disso, o partido sofria forte rejeição nos principais centros urbanos, agregando apenas um voto inorgânico, clientelista e fisiológico.

Além de governar os estados mais ricos da federação, como São Paulo, Paraná e Minas Gerais, o PMDB tinha se saído bem nas eleições parlamentares, conseguindo pouco mais de 40% das cadeiras da Câmara. Mas isso ainda não era suficiente para garantir sua participação com reais chances de vitória no Colégio Eleitoral de 1985. O PMDB também tinha seus dilemas e impasses, e não eram poucos. Manter o espírito de uma oposição "autêntica", conciliando a luta parlamentar e institucional com a luta das ruas? Aderir prioritariamente ao jogo político institucional, sob o risco de perder suas bases sociais mais qualificadas, em grande parte perdida para o PT em alguns estados, como a esquerda e os intelectuais? Apostar todas as fichas na luta pela volta das eleições diretas ou preparar-se para aderir aos limites do jogo eleitoral definido pelo regime militar?

A fusão com o PP em fins de 1981 tinha aumentado os dramas existenciais e políticos do PMDB, isolando seus elementos mais à esquerda[474]. A entrada dos pepistas tinha dado bases eleitorais fortíssimas ao partido no estratégico estado de Minas Gerais, que elegeu Tancredo Neves como governador. Mas, por outro lado, tinha aprofundado as lutas e dilemas internos do PMDB. Tancredo Neves era um candidato viável e forte nas eleições indiretas, mas até aquela altura, ao menos, não tinha carisma e reconhecimento do conjunto das oposições para disputar uma eleição presidencial direta. Já Ulysses Guimarães, líder histórico do partido, tinha trânsito com a oposição liberal-democrática e de esquerda, mas também era uma aposta arriscada, pois não se sabia sua real capacidade em angariar votos e construir alianças para neutralizar o veto militar que recaía sobre seu nome. Em São Paulo, o governador Franco Montoro, eleito com mais de 5 milhões de votos, era um fiel da balança importante nesse jogo interno.

Apesar do avanço do PMDB, o partido do governo militar manteve a maior bancada na Câmara e no Senado. Neste, a oposição elegeu 10 senadores entre os 23 cargos em disputa. Na Câmara dos Deputados, o jogo entre oposição e governo estava empatado, conforme demonstra o quadro abaixo.

PARTIDO POLÍTICO	SIGLA	Nº	%
Partido Democrático Social	PDS	235	49,07
Partido do Movimento Democrático Brasileiro	PMDB	200	41,75
Partido Democrático Trabalhista	PDT	23	4,80
Partido Trabalhista Brasileiro	PTB	13	2,71
Partido dos Trabalhadores	PT	8	1,67
Total		479	100,00

Fonte: Arsênio Eduardo Correa, *A Frente Liberal e a democracia no Brasil (1984-1985)*, São Paulo, Nobel, 2006, p. 25.

A entrada dos pepistas teve outro significado para o PMDB. Tancredo e tancredistas rapidamente desalojaram as correntes mais à esquerda da direção do PMDB, ocupando a secretaria-geral e mantendo Ulysses na presidência. Paralelamente, Tancredo arrumou seu território eleitoral, estabelecendo um pacto de apoio mútuo para neutralizar o desafeto e adversário Aureliano Chaves, principal liderança do regime em MG.[475] Aureliano, vice-presidente, começava a aparecer para uma opinião pública um tanto desorientada ideologicamente como um democrata, crítico das políticas do regime militar e um liberal convicto. Essa imagem, diga-se, não resistiria a uma exposição mais sistemática, menos controlada e ampla do político na mídia, mas no vazio político que se transformava o final do governo Figueiredo seu nome até podia colar.

Tancredo também não descuidava da área militar. Mesmo não tendo fortes resistências ao seu nome, por ser considerado um moderado e um conciliador, afastando o fantasma do "revanchismo" que tanto amedrontava as Forças Armadas, alguns setores mais à direita não viam com bons olhos um sucessor civil (e da oposição) para Figueiredo. Para desarmar os espíritos, foi realizada uma série de encontros discretos entre Tancredo e o general Walter Pires, já a partir do final de 1982.

Tudo parecia se encaminhar para a grande negociação à brasileira, quando as massas ressurgiram nas ruas. Dessa vez, de maneira imprevista e descontrolada.

No começo de abril de 1983, a cidade de São Paulo viveu quatro dias tensos, com saques e motins pela cidade toda. O tumulto começou em Santo Amaro, local de forte concentração de desempregados, vitimados pela crise econômica. Os desempregados se concentraram na frente de uma fábrica que supostamente ofereceria trezentas vagas, mas a oferta não passava de um boato. Alguns líderes tentaram organizar uma passeata até o centro comercial do bairro, mas ao longo do trajeto a multidão explodiu em raiva, saqueando lojas e quebrando fachadas. Após essa primeira explosão localizada, o protesto sem controle, sem centro, sem liderança organizada, se espalhou pela cidade. Em um dos minicomícios que aconteceram, um pintor desempregado resumiu o sentimento da multidão: "Enquanto não quebrar tudo eles não acreditam".[476] Uma das melhores sínteses sociológicas foi de um palhaço que animava o movimentado Largo 13 de Maio: "Nunca vi nada igual na vida. É a guerra da fome".[477]

A "guerra da fome" se espalhou pela cidade no dia seguinte, ganhando a imprensa. Grupos errantes de desempregados, com lideranças difusas e dispersas que não conseguiam conter a raiva coletiva, vagavam pela cidade. A Polícia Militar foi acionada, mas não conseguiu conter o tumulto apesar da violência repressiva. O governador Franco Montoro, recém-empossado, oscilava entre a compreensão das reivindicações e a repressão policial. O "cassetete democrático", como a oposição apelidou a política repressiva aos saques, doía tanto quanto o cassetete ditatorial. Na medida em que o protesto avançava, todos os segmentos políticos começaram a se acusar mutuamente. Para a extrema-direita malufista, a culpa era da esquerda radical e da "fraqueza" do novo governo estadual. Para o PMDB de Montoro, a culpa era dos agitadores malufistas, derrotados na eleição estadual, e da extrema-direita que queria desestabilizá-lo. Para os petistas, a culpa era de todos, mas principalmente da política econômica do Governo Federal.

O protesto chegou ao Palácio dos Bandeirantes, sede do governo de São Paulo, onde a multidão enfurecida forçou as grades até derrubá-la, apontando para uma iminente invasão das dependências. No terceiro dia de protestos, a situação começou a se acalmar, mas o saldo de destruição material foi grande: 40 km de ruas e avenidas atingidas pelos distúrbios, 500 detidos, 127 feridos, 23 veículos destruídos e 1 morto. Já o saldo psicológico sobre as elites e uma classe média assustada era bem maior que tudo isso. Prenunciava-se o "grande medo" das multidões em fúria, sinal de crises sociais e políticas maiores.

Em julho de 1983, ainda sob o impacto dos motins e saques, o movimento sindical tentou se articular para dar uma resposta política à crise econômica. A recém-fundada Central Única dos Trabalhadores (CUT), ligada ao PT,[478] convocou uma greve geral, palavra de ordem com pouca capacidade de mobilização na história do movimento sindical brasileiro. Apesar de não se efetivar como esperado, a greve geral cutista provocou tensão junto às autoridades, mobilizando um grande aparato policial de repressão no ABC, onde o apelo grevista foi mais ouvido, e no Rio de Janeiro, onde uma grande passeata ocupou as ruas.

As ruas voltaram a se politizar, dessa vez por um ator imprevisível e temido: as multidões. Estas não pareciam dispostas a acatar nem suas supostas lideranças. Mesmo as lideranças moderadas perceberam que não era possível manter a política apenas dentro dos parlamentos e palácios, como queria o regime.

Superado o "grande medo" da explosão das massas pelos setores liberais, o receio de uma politização violenta das ruas canalizada pela esquerda, petista ou comunista, alimentada não apenas pelos desempregados desesperados com a crise econômica, mas pelo lumpesinato das grandes cidades brasileiras, não foi completamente superado. A greve geral de julho tinha sido um relativo fracasso, mas indicava que os movimentos sociais e sindicais não estavam dispostos a aceitar facilmente sua retirada de cena no teatro da transição. A estratégia de esvaziar as ruas corria o risco de jogar as massas para ações extrainstitucionais de resultado imprevisto, menos pela sua capacidade de tomar o poder e mais pela confusão que criariam na cena social e política. O PMDB, que dependia do voto popular, não podia ignorar esse fato. Não por acaso, no mesmo contexto em que o PT, ruim de voto mas bom de comício, lançou uma campanha pela volta das eleições diretas para presidente da República em um comício em São Paulo no final de novembro de 1983, o PMDB resolveu agir.

Estabeleceu-se no partido uma dupla estratégia. Ir às ruas pelas diretas, mas não fechar a porta da negociação palaciana e parlamentar. Ulysses seria o candidato se a primeira estratégia desse certo. Tancredo seria o candidato, se o Colégio Eleitoral fosse a opção. Ao mesmo tempo, os governadores de oposição se posicionaram lançando um Manifesto em 26 de novembro de 1983.

Enquanto isso, o PDS encalhava na definição dos seus candidatos. Em dezembro de 1983, Figueiredo foi à TV e praticamente anunciou que abdicava de conduzir a sucessão, depois de meses tentando coordenar o PDS.[479] A *plêiade* de candidaturas complicou a estratégia do governo. Aureliano Chaves, Paulo Maluf e Mário Andreazza não se entendiam e tinham ambições próprias. O presidente preferia este último e vetava Maluf, que também era inimigo mortal de outro nome forte do partido, o governador da Bahia, Antonio Carlos Magalhães. "O turco [Maluf] não senta na minha cadeira de maneira nenhuma".[480] Figueiredo desabafou: "como coordenar se já tem cinco candidatos à minha revelia no partido?".[481]

Diante deste quadro, o que o regime poderia fazer? Apesar dos trunfos repressivos, seja do ponto de vista militar e legal que ainda possuía, a cena política era complexa, dado o tamanho da crise econômica e a presença da sociedade civil de oposição, ainda mobilizada. Um documento do SNI em fevereiro de 1984 construiu quatro cenários possíveis:[482] a) prorrogação do mandato por dois anos, seguido de eleições diretas e convocação de uma Assembleia Constituinte; b) eleição direta "já", com aval do governo; c) sucessão, via Colégio Eleitoral, conforme Constituição vigente; d) "fechamento" e retrocesso, com suspensão do projeto de redemocratização.

As opções estudadas pelo governo eram a prorrogação do mandato, que desagradava pessoalmente a Figueiredo, e o aval à sucessão dentro do Colégio Eleitoral, mesmo com o risco de derrota para um candidato da oposição. Dentro dos quartéis, a resistência a um nome da oposição civil moderada diminuía cada vez mais, até pela aproximação de Tancredo e Geisel, ex-presidente com muita influência na caserna. As eleições diretas como opção à sucessão e o "retrocesso" eram os cenários a serem evitados pelo governo. A primeira, pela imprevisibilidade político-ideológica e pela mobilização popular em torno do pleito. A segunda, pelo risco de fechar a tampa da panela de pressão, como se dizia, e ela explodir de vez.

Naquele início de 1984, as ruas estavam tomadas pelo furor cívico da campanha das "Diretas Já". Encampada pelo PMDB, sobretudo por Montoro e Ulysses, que não queriam deixar a campanha de rua na mão dos partidos mais à esquerda, o movimento visava pressionar o Congresso Nacional a aprovar a emenda constitucional proposta pelo deputado Dante de Oliveira.

Os comícios, desde o dia 12 de janeiro de 1984, vinham em uma espiral crescente e empolgante. O clima de "festa cívica", amplamente alardeado pela imprensa, parecia a antítese da multidão caótica e furiosa dos saques que tinha sacudido as cidades brasileiras menos de um ano antes. Mesmo os setores mais moderados e conservadores da opinião pública eram visíveis nos comícios, famílias inteiras e cidadãos ditos "comuns", fazendo coro pelas "diretas" junto com militantes de esquerda, sindicalistas, estudantes e ativistas dos movimentos sociais. A catarse proporcionada pela política servia para aliviar as tensões socioeconômicas e projetar um futuro no qual todos os problemas seriam resolvidos pela livre escolha do próximo presidente da República. Era o auge da pequena utopia democrática que encantava pelo espírito progressista e cívico, mas não conseguia definir uma agenda de programa e de ação muito clara. Ao mesmo tempo, a amplitude social e ideológica da campanha era seu ponto fraco. Nela não se propunha uma agenda mais concreta de transição e de desmontagem da herança autoritária nas instituições e na máquina de repressão.

Outro ponto enfraquecia o movimento, de maneira silenciosa. Nem todos no PMDB acreditavam, ou apostavam, na vitória da Emenda Dante de Oliveira ou na viabilidade das Diretas Já. Em março de 1984, Affonso Camargo, secretário geral do PMDB, previu a derrota da emenda no Congresso, dando a senha para negociar a transição indireta com o governo dentro do PMDB, no que recebeu apoio de Fernando Henrique Cardoso, Severo Gomes, Roberto Gusmão em São Paulo, minando a estratégia de Ulysses Guimarães de apostar na força das ruas.[483] Mas não era simples esvaziar um movimento que empolgava a sociedade.

Os comícios de abril deram novo fôlego à campanha. No Rio de Janeiro, 1 milhão de pessoas saíram às ruas. Alguns dias depois, São Paulo colocou 10% de sua população na praça, com mais de 1,6 milhão de pessoas gritando pelas Diretas Já no Vale do Anhangabaú.

Esperando que o movimento refluísse, até pelo esvaziamento que os setores moderados do PMDB articulavam, o governo resolveu agir. Perto do dia da votação da emenda, Brasília viveu, virtualmente, um estado de sítio sob a batuta do general Newton Cruz, comandante militar do Planalto. Até carros e roupas amarelas, símbolos da campanha, foram proibidos de circular no dia da votação. A imprensa ficou mantida sob censura. A linha dura que tinha protagonizado a tragédia agora estrelava uma farsa. Mas em política, a farsa também faz parte do repertório e pode conduzir a novas tragédias.

A vigília cívica convocada para a noite da votação não sensibilizou os congressistas. Em uma campanha orquestrada pela dissidência do PDS, que seria chamada de "Frente Liberal", com apoio tácito dos setores moderados da oposição que lhe garantiriam espaço político em futuras negociações, muitos congressistas faltaram à votação, impedindo o alcance do *quorum* mínimo para a reforma constitucional. Salvo algumas manifestações mais violentas dos militantes que estavam nas ruas para zelar pelas Diretas, a campanha morreu de depressão pós-votação. Como escreveu Fernando Gabeira, "o coração do Brasil estava nas ruas",[484] mas o cérebro estava no Palácio e no Parlamento.

Depois da derrota da emenda, o PMDB tancredista buscou neutralizar a opção de prorrogação do mandato de Figueiredo, angariando o apoio da dissidência do PDS e trabalhando para unificar o PMDB em torno da opção pelo Colégio Eleitoral. Com a consolidação da candidatura de Paulo Maluf, dentro do PDS, o trabalho de Tancredo, diga-se, ficou mais fácil. O ex-governador de São Paulo era símbolo da corrupção para os liberais e da violência política fascistoide para a esquerda.[485] O estilo clientelista de Maluf, bem-sucedido na sua eleição indireta em São Paulo em 1978, quando solapou a candidatura Laudo Natel, e na Convenção do PDS, quando derrotou Mário Andreazza, ambos preferidos pelo Governo Federal, não teria o mesmo êxito. Maluf conseguiu, a um só tempo, implodir o PDS e unificar boa parte da oposição.[486]

A candidatura de Tancredo Neves, costurada havia muito, foi oficializada em junho de 1984 pelos governadores de oposição (9, entre

PMDB e PDT), com apoio de Ulysses Guimarães e, posteriormente, até de Aureliano Chaves. Ato contínuo, Tancredo assumia formalmente, em carta pública, que não haveria "revanchismo", abrindo a porta dos quartéis ao seu nome.[487] Dizia Tancredo: "Corrupção não é um problema de revanchismo, mas de Código Penal. Revanchismo no Brasil é uma flor que não germina".[488] Com efeito, o denominado "revanchismo", que nada mais era do que investigar as graves violações dos direitos humanos pelo regime e esclarecer a questão dos desaparecidos políticos, não germinou. Sobretudo porque foi uma semente que ninguém regou, a não ser os familiares dos mortos e desaparecidos e alguns poucos militantes da causa dos direitos humanos. Mesmo a esquerda estava em outra chave de atuação no processo de transição. Primeiro organizar o movimento e derrubar a ditadura, depois pensar na investigação das violações. Sob a hegemonia liberal moderada, essa possibilidade se esvaziou ainda mais, deixando uma questão não resolvida até os dias de hoje.

A Convenção do PMDB em agosto oficializou a candidatura de Tancredo Neves, permitindo que a dissidência do PDS posasse de democrata. Assim, a Frente Liberal se aliou ao PMDB para lançar a Aliança Democrática (14 de julho de 1984). Parte da imprensa liberal apostou na continuidade de um movimento de ruas em apoio a Tancredo. Efetivamente, a massa compareceu aos comícios, mas sem a mesma magnitude ou amplitude da campanha das Diretas Já.

Parte da direita militar ainda queria complicar o processo de sucessão ou, no mínimo, mostrar que o "espírito da revolução" ainda estava vigilante. Em 21 de setembro de 1984, o alto-comando emitiu uma nota condenando o "radicalismo da campanha" e o apoio das organizações clandestinas de esquerda, mas os generais Ivan de Souza Mendes e Adhemar Machado atenuaram o clima de apreensão ao afirmar a "neutralidade do Exército" no processo. Mais tarde o general Walter Pires (malufista e uma da vozes da "linha dura") reiterou que o Exército aceitaria o resultado do Colégio Eleitoral, como se isso fosse uma grande concessão política.[489]

Em 14 de setembro, primeiro comício da Campanha em Goiânia, ocorreu o episódio das "bandeiras vermelhas" do PCB e PCdoB, que passaram a ser utilizadas pelo governo, como já acontecera nas Diretas Já, para desqualificar a candidatura aparentemente moderada de Tancredo. Não colou, nem nos quartéis, mas o alerta foi seguido de uma reunião de emergência entre os ministros militares e o presidente Figueiredo, em 17 de setembro, quando este teria fechado questão em torno da aceitação da candidatura e da eventual vitória tancredista. Os encontros sigilosos com o ministro do Exército, Walter Pires, criaram uma zona de convergência. "Controle seus radicais que eu controlo os meus", teria dito Tancredo em um destes encontros.[490]

A vitória de Tancredo sobre Maluf consumou-se em janeiro de 1985, sob o boicote da esquerda petista, anódina do ponto de vista de votos,[491] mas que representava a corrente de opinião que se sentiu traída pela sabotagem das Diretas Já. O que parecia um final feliz para os que queriam uma transição sem rupturas e sobressaltos era, na verdade, o começo de um novo drama. De tão notórios, poderíamos dizer sobre os fatos vindouros: "o resto é história". Complementemos: quase uma história de ficção melodramática.

Tancredo caiu gravemente enfermo e foi internado antes de tomar posse. O que fazer? Como empossar o vice, José Sarney, se o cabeça de chapa não estava apto para tomar posse do cargo? A rigor, a opção constitucional era Ulysses Guimarães, presidente da Câmara. Mas o veto de Leonidas Pires, comandante do III Exército, importante aliado de Tancredo, fez com que Ulysses abrisse mão.[492] Outra faceta do drama era que Figueiredo tinha questões pessoais contra Sarney, a quem julgava traidor e não queria dar-lhe posse. Mas assim como Ulysses abriu mão de uma prerrogativa constitucional, o presidente abriu mão das suas idiossincrasias, saindo pela porta dos fundos no dia da posse e proferindo uma frase que, paradoxalmente, entrou para a história: "Me esqueçam!".

Era o começo da Nova República, tendo à frente José Sarney um presidente imprevisto, tutelado pelos militares, mas que prometia recuperar as liberdades democráticas plenas e instaurar um processo constituinte. Quanto a Tancredo, sua longa agonia lhe deu um carisma que não tinha em vida, até pelo seu estilo discreto e negociador. Seu enterro foi uma das maiores manifestações populares do Brasil. As massas que tinham saqueado em fúria, que haviam festejado pelas Diretas, agora choravam o novo santo laico do Brasil. E, talvez, também chorassem pela incerteza da transição que se prolongava.

A DITADURA ENTRE
A MEMÓRIA E A HISTÓRIA

Golpes de Estado, guerras civis, revoluções e ditaduras constituem, obviamente, momentos particularmente traumáticos na história das sociedades. Expressões de profundas divisões ideológicas no corpo social e político de uma nação, aqueles que saem vencedores desses processos fazem um grande esforço para reescrever a história, justificar os fatos no plano ético, controlar o passado e impor-se na memória dos contemporâneos. Os regimes que emergem desses eventos precisam da história para se justificar. Se revolucionários, precisam explicar a ruptura e buscar no passado as raízes da nova sociedade que pretendem construir. Se conservadores, eles precisam justificar a ruptura como forma de manter os valores dominantes, as hierarquias e as instituições vigentes na sociedade, regenerando-as e afastando o que julgam ser ameaças à ordem tradicional. O curioso é que regime militar implantado em 1964 tentou mesclar em seu discurso legitimador os dois elementos.

Hoje em dia, nenhum historiador, não importa suas simpatias ideológicas, duvida que o regime militar foi um regime conservador de direita. Mas o teor desse conservadorismo pode até ser discutido, pois ele se combinou com a tradição do reformismo autoritário da história republicana brasileira. Em linhas gerais, essa tradição de pensamento tinha uma vocação modernizadora que nem sempre se conciliava com outros grupos historicamente conservadores, como os católicos e as oligarquias liberais.[493] Os militares de 1964 eram anticomunistas e contra o reformismo democratizante da esquerda trabalhista, mas tinham uma leitura própria do que deveriam ser as reformas modernizantes da sociedade brasileira, na direção de um capitalismo industrial desenvolvido e de uma democracia institucionalizada e sem conflitos, com as classes populares sob tutela.[494] Os militares golpistas se apresentaram como "revolucionários" ao mesmo tempo em que defendiam a ordem, pois pretendiam modernizar o capitalismo no país sem alterar sua estrutura social. Eram antirreformistas, mas falavam em reformas. Falavam na defesa da pátria, mas criticavam o nacionalismo econômico das esquerdas. Prometiam democracia, enquanto construíam uma ditadura. O viés conservador anticomunista era o único cimento da coalizão golpista de 1964 liderada pelos militares, que reunia desde liberais hesitantes até reacionários assumidos, golpistas históricos e golpistas de ocasião, anticomunistas fanáticos e "antipopulistas" pragmáticos, empresários modernizantes e latifundiários conservadores.

A heterogeneidade ideológica dos golpistas e os vários interesses, nem sempre convergentes, que motivaram a queda do regime de 1964 e do governo Goulart foram desafios para a construção de um discurso homogêneo e, consequentemente, de uma memória oficial sobre o golpe e o regime militar. Os dissensos que rapidamente surgiram dentro da coalizão civil-militar vitoriosa em março de 1964 aprofundaram essa tendência. Muitos liberais históricos que haviam apoiado o golpe se afastaram do regime, mesmo antes do AI-5, adensando um discurso crítico à censura, à falta de liberdades civis e à tortura. Os católicos de vários matizes, de esquerda e de direita, também desconfiaram das políticas modernizadoras e fundamentalmente laicas do regime, mesmo que este falasse em nome do "Ocidente cristão". A violência repressiva e a exclusão social crescentes fizeram com que a Igreja, como instituição, se tornasse crítica ao regime, na voz da CNBB.

As esquerdas vencidas tampouco construíram um discurso convergente sobre a derrota de 1964. Para o Partido Comunista Brasileiro, as causas da derrota foram o "aventureirismo" radical de correntes trabalhistas, notadamente o brizolismo. O PCB nunca assumiu que sua política de aliança de classes em nome da revolução nacional e democrática, lançada em 1958, tivesse enfraquecido o poder de reação ao golpe.[495] A imaginada "burguesia nacional", que deveria defender a democracia nos manuais políticos do PCB, aderiu ao golpe. O trabalhismo brizolista culpou a hesitação do presidente Goulart pela derrota, primeiro ao não reforçar a política de massas em nome da conciliação, e depois ao não resistir à rebelião militar iniciada pelo general Olimpio Mourão em Minas Gerais. Os grupos marxistas adeptos da luta armada culparam o "pacifismo" reformista do PCB, que o distanciou do suposto "ímpeto revolucionário" de operários e camponeses e selou a derrota diante dos golpistas. Muitos desses grupos saíram dos próprios quadros do PCB após o golpe, quando o Partidão reiterou sua política "pacifista" e aliancista como estratégia de luta contra o regime. Nos anos 1980, a nova esquerda reunida no Partido dos Trabalhadores apontou uma verdadeira metralhadora giratória para todos os lados, explicando a derrota pelo "autoritarismo" e "vanguardismo" das esquerdas comunistas e trabalhistas, que supunha falar em nome do povo, mas não organizava efetivamente as suas bases sociais nem lhes propiciava a formação de uma consciência advinda da autonomia.

A memória, um tanto errática e fragmentada, sobre o golpe e o regime militar foi o resultado lógico e simbólico desta divisão, não apenas entre esquerda e direita, mas dentro de ambas as correntes ideológicas básicas. A cacofonia de vozes críticas da sociedade sobre os acontecimentos que estão na origem do regime começa a sofrer, paulatinamente, um processo de reconstrução em meados dos anos 1970, concomitante à política de "distensão e abertura". Poderíamos definir o resultado desse processo como a afirmação de uma memória hegemônica sobre a ditadura, que não deve ser confundida com uma história oficial. Esta é fruto de uma simbiose entre a memória das elites e a história dos grupos que ocupam o poder político de Estado e deve ser produzida e sancionada por historiadores de ofício em instituições legitimadas pelo poder. A história oficial faz com que o discurso das elites sociais e políticas seja mais ou menos homogêneo sobre um período histórico, admitindo-se pequenas nuances interpretativas. A memória hegemônica sobre o golpe (e sobre o regime como um todo) é exatamente o contrário disso, criando um fosso entre as elites políticas que mandavam no país e os grupos sociais que tinham mais influência na "sociedade civil" e atuavam sob o signo da "resistência".

Em outras palavras, houve desde o primeiro momento do regime uma clara e crescente dissociação entre os grupos militares que dominavam o Estado e boa parte da elite social (incluindo-se aí os intelectuais, grupo responsável pela construção simbólica e discursiva). Nos anos 1970, como vimos, parte da elite econômica rompeu com o regime, criticando, sobretudo, o estatismo e o burocratismo da política econômica. Assim, lideranças liberais, políticas e empresariais adensaram um discurso oposicionista e crítico ao regime, incorporando inclusive elementos do discurso da esquerda moderada, ou seja, aquela que não advogava a luta armada e a radicalização das ações de massa. Essa dissociação permitiu a construção progressiva de um discurso crítico sobre o regime que logo se transformou em memória hegemônica e que fez convergir elementos do liberalismo com a crítica de esquerda. A melhor expressão dessa convergência é a relação ambígua da imprensa liberal, a mesma que pediu a cabeça de Goulart em 1964, com o regime. Depois do AI-5, a tortura e a falta de liberdades civis tornaram-se um problema, toleradas porque a ameaça da guerrilha era maior. Ao mesmo tempo, essa imprensa consagrou a cultura de esquerda e algumas vozes intelectuais críticas ao regime, construindo uma arquitetura da memória com elementos da crítica liberal e da crítica de esquerda. A opção aliancista e moderada do Partido Comunista Brasileiro facilitou esse processo.

Dessa convergência improvável, entre liberais dissidentes e comunistas críticos, nasceu a memória hegemônica sobre o regime militar. Para os primeiros, funcionou como álibi para eximirem-se das responsabilidades históricas na construção de um regime autoritário e violento. Para os segundos, funcionava dentro da estratégia de "ocupar espaços", denunciar e deslegitimar a ditadura. Consagrou-se nas pesquisas universitárias, na imprensa liberal, nos meios de comunicação, isolando o discurso oficial do regime que perdia cada vez mais adeptos à medida que a crise política e econômica crescia. Nessa memória, a sociedade se afirmou como a antítese dos grupos de poder no Estado, impedindo a conquista de corações e mentes pelos ideólogos do regime, objetivo final de qualquer luta por hegemonia.[496] Por isso, a legitimação simbólica da ditadura sempre foi frágil e dependeu das benesses materiais que ela conseguisse distribuir entre as classes médias e ao empresariado. Se havia uma massa silenciosa de simpatizantes, ou se grupos de pressão influentes sempre se lhe foram fiéis, isso não foi suficiente para evitar o desgaste perante a memória, à guisa de tribunal da história.

Não por acaso, os militares da geração de 1964 – triunfantes na política, vitoriosos nas armas contra a guerrilha, donos do Estado por mais de vinte anos – são profundamente ressentidos.[497] Ao perderem a batalha da memória os militares se tornaram vilões de um enredo no qual se supunham heróis. Hoje em dia, poucas vozes com influência nos meios políticos e culturais defendem o legado do regime.[498] As próprias Forças Armadas, como instituição, não sabem bem o que dizer para a sociedade sobre 1964 e sobre o regime, e frequentemente optam pelo silêncio ou pela lógica reativa, tais como "o golpe foi reativo" ou "nós matamos porque o outro lado pegou em armas". A partir do final dos anos 1970, o regime se viu ainda mais isolado, com sua obra política e econômica cada vez mais questionada por empresários, intelectuais, trabalhadores, classes médias. Foi nesse momento que se consagrou a derrota dos militares na batalha da memória, iniciada bem antes, e que, paradoxalmente, serviu para selar a imagem da "sociedade-vítima" do Estado autoritário, resistente e crítica ao arbítrio.[499]

Mas não nos enganemos. A vitória da crítica ao regime autoritário no plano da memória se fez de maneira seletiva, sutil e, ao invés de radicalizar a crítica sobre os golpistas civis e militares pela derrocada da democracia em 1964, culparam os radicalismos, à esquerda e à direita. Nesse discurso, o radicalismo dos reformistas de esquerda foi responsável pela crise do governo Goulart, que perdeu o seu espaço de negociação institucional. Igualmente, o radicalismo da "linha dura" militar e da guerrilha de esquerda em 1968 foram os responsáveis pela crise que fez mergulhar o país nos "anos de chumbo". Trata-se, pois, de uma versão brasileira da "teoria dos dois demônios" que vitimou a sociedade inocente e fez com que os ideais moderados e democratizantes de 1964 fossem deturpados. Não é difícil imaginar que, ao rejeitar os radicalismos da extrema direita e da extrema esquerda, essa memória atribui responsabilidades morais idênticas para atores politicamente assimétricos, motivados por valores completamente diferentes. Ao mesmo tempo, constrói um espaço político que incorpora desde setores moderados das Forças Armadas até militantes da esquerda não armada, inclusive a comunista. Essa lógica explica por que, ao lembrar do golpe e do regime, boa parte da imprensa, termômetro das opiniões liberais, consegue ser crítica à censura, à tortura e à falta de liberdades civis, como se fossem desdobramentos indesejados de 1968, e não de 1964. A boa intenção dos militares "castelistas" fora traída e emparedada pela linha dura, ao mesmo tempo em que a justa crítica de esquerda ao regime tinha sido equivocadamente radicalizada por jovens tanto idealistas quanto inconsequentes que aderiram à guerrilha. A condenação da linha dura e da guerrilha, por vias e motivos diferentes, é o cerne dessa memória que pretendia reconciliar o Brasil pós-anistia. O preço a pagar era o perdão e o esquecimento. Perdão não apenas para os torturadores, a "tigrada" supostamente sem controle que defendeu o regime, mas também para a juventude equivocada da guerrilha. Se os primeiros eram vistos como psicopatas e os segundos como idealistas, as diferenças paravam por aí, na lógica liberal. O resultado político produzido por ambos fora desastroso e arrastara a sociedade para a cisão, estimulada pelo clima de "Guerra Fria". O colapso do modelo soviético, consolidado com a "queda do Muro de Berlim" no final dos anos 1980, reforçou ainda mais o triunfo de uma visão liberal que se pensava equidistantes dos radicalismos que marcaram o choque entre o modelo capitalista-liberal e o modelo socialista-soviético.

Em resumo, a memória hegemônica sobre o regime, em que pese a incorporação de elementos importantes da cultura de esquerda, é fundamentalmente uma memória liberal, que tende a privilegiar a estabilidade institucional e criticar as opções radicais e extrainstitucionais. Essa memória liberal condenou o regime, mas relativizou o golpe. Condenou politicamente os militares da linha dura, mas absolveu os que fizeram a transição negociada. Não por acaso, na memória liberal, Geisel é um quase herói da democracia, enquanto Médici e Costa e Silva são vilões do autoritarismo, por ação ou omissão. Denunciou o radicalismo ativista da guerrilha de esquerda, mas compreendeu o idealismo dos guerrilheiros. Condenou a censura e imortalizou a cultura e artes de esquerda dentro da lógica abstrata da "luta por liberdade". E, mais do que tudo, a memória liberal autoabsolveu os próprios liberais que protagonizaram o liberticídio de 1964 – na imprensa, nas associações de classe, nos partidos políticos –, culpando a incompetência de Goulart e a demagogia de esquerda pelo golpe.

A memória hegemônica foi bem-sucedida em seus objetivos estratégicos. Ou seja, propiciar o aplacamento das diferenças ideológicas e o apagamento dos traumas gerados pela violência política, propiciando a reconstrução de um espaço político conciliatório e moderado, sob a hegemonia liberal. A Lei de Anistia de 1979 foi seu batismo institucional.

Mas o fato de haver uma memória hegemônica não quer dizer que outras memórias, subordinadas, não tenham existido e não lutem para se afirmar. Tampouco quer dizer que seus termos e princípios sejam imutáveis, pois a memória é mutável e, assim como a história, sujeita a revisões frequentes. Ao que parece, estamos em meio a um processo como este, desde o início do novo século.[500]

Os regimes militares anticomunistas da América Latina, na sanha de reprimir "comunistas e subversivos", desenvolveram métodos comuns em escalas diferenciadas. O fim das liberdades civis, a violação sistemática aos direitos humanos, com uso e abuso de tortura física, a montagem de um aparato semiclandestino de repressão e o recurso aos desaparecimentos de militantes foram métodos de repressão compartilhados por Brasil, Uruguai, Chile e Argentina. O *know-how* adquirido na Escola das Américas e nos cursos de contrainsurgência dados por militares franceses e estadunidenses foi aperfeiçoado em *nuestra America*. Em todos esses países a violência do Estado provocou traumas que penetraram mais ou menos no corpo social e deixaram em segundo plano as tensões causadas pela própria guerrilha de esquerda. Mesmo as vozes que não tinham nenhuma simpatia pela esquerda em armas afirmaram-se chocadas quando os relatos dos sobreviventes da tortura começaram a aparecer, nos processos de transição democrática. A má consciência dos setores sociais que apoiaram as ditaduras frequentemente se manifestou como ignorância, real ou inventada, sobre as práticas sórdidas da repressão. O grau de atrocidades indizíveis nas câmaras de tortura e as práticas de desaparecimento forçado de inimigos, ilegítimas mesmo em caso de estados de guerra, criaram um mal-estar generalizado que permitiu um processo de reconstrução da verdade histórica e a abertura de processos judiciais para punir os torturadores e genocidas. Era como se a sociedade, em seus vários matizes, necessitasse voltar sobre seus passos, refazer a história recente e compreender como se chegou àquele grau de barbárie e corrosão das relações políticas. Para tal, foram instituídas "comissões de verdade", oficiais ou extraoficiais, que produziram relatórios detalhados sobre as violações dos direitos humanos em nome da segurança nacional. Esse era o ponto sensível.

Por que o nome "comissões da verdade" se generalizou? A explicação é mais simples do que parece, longe de qualquer conceito filosófico. Era preciso produzir uma verdade que correspondesse aos fatos objetivos da repressão, e não aos fatos alegados pelas "verdades oficiais" das ditaduras, que sempre negaram qualquer tortura ou desaparecimentos forçados de militantes. Quando muito se falava em "excessos" de alguns agentes sem controle, mas jamais os Estados envolvidos assumiram as práticas criminosas que abrigaram. Na ausência de arquivos oficiais que documentassem as violências, a forma mais óbvia era promover e incentivar o testemunho dos sobreviventes. Assim, o testemunho se transformou, a um só tempo, em peça jurídica e documento histórico para recompor a verdade.[501]

Testemunhar implica lembrar. No caso de torturados, lembrar de situações limites, nas quais a subjetividade atinge a fronteira da sanidade e, em muitos casos, a ultrapassa. Lembrar, nesses casos, é superar o trauma. Note o leitor que não se trata de uma lembrança de guerra. Se toda a guerra deixa sequelas naqueles que dela participaram, isso necessariamente não se transforma em trauma, pois nas guerras tradicionais a destreza do combate, a disciplina, o heroísmo e a covardia podem se transformar em narrativas prolixas e subjetivantes.[502] Nas guerras sujas das ditaduras contra seus dissidentes, a tortura e o extermínio de prisioneiros provocam, inicialmente, o efeito contrário: o silêncio. Silêncio dos torturados que não querem ou não podem lembrar de situações de humilhação e dor extrema. Silêncio dos mortos e desaparecidos que já não podem narrar sua dor. Silêncio da sociedade que sabe, por medo ou conivência. Acreditavam os militares que o silêncio seria a primeira etapa do esquecimento, do apagamento da memória e da história das cisões que ameaçavam cindir a sociedade. Para aqueles que teimavam em falar, em denunciar, em plena vigência do terror de Estado, este lhes reservava mais repressão ou, simplesmente, o descrédito. Não por acaso, as mães e avós da Praça de Maio que reclamavam por seus familiares desaparecidos eram chamadas de "*las locas*" na Argentina.

Entretanto, a linha de força que impõe o silêncio, individual e coletivo, gera seu contrário. A necessidade de narrar e lembrar, de superar o trauma que impele ao silêncio e ao autoesquecimento. Nos processos históricos marcados pela crise das ditaduras e pela redemocratização recente do Estado, as duas linhas de força se digladiam. O sistema político, cultural e jurídico é remodelado dentro desse embate. Se estimular o testemunho das vítimas, reconstrói a verdade abafada pelas ditaduras. Se esses testemunhos forem além do valor histórico, transformam-se em peças jurídicas. Quanto maior o trauma, quase sempre proporcional à escala e ao impacto social dos crimes do Estado e da violência política, maior a necessidade de narrar. Mas a eficácia das narrativas como peças de memória demanda um sistema que estimule o testemunho e a narrativa. Aquilo que era esquecimento transforma-se em memória.[503] Gera-se, assim, um novo direito, um "direito à memória" por parte dos grupos outrora perseguidos pelo Estado e silenciados pela verdade e pela história oficial.

É claro que o direito subjetivo à memória nem sempre consegue dar conta de todas as contradições objetivas da história. Pode abrir espaço para vitimizações, para distorções ideológicas, para invenção de um passado que nunca existiu.[504] Afinal, por que lutávamos? – interrogam-se muitos ex-guerrilheiros. Pela democracia, tal como a palavra se impôs na mídia, ou pela revolução, ou seja, pela ditadura do proletariado? A violência revolucionária da esquerda é feita da mesma matéria moral da violência contrarrevolucionária da repressão, como afirmam aqueles que justificam a repressão sem limites? Sucumbir à sorte das armas é o mesmo que morrer no porão da tortura? As respostas a essas perguntas movimentam não apenas debates entre a esquerda e a direita, entre liberais e socialistas, mas também dentro desses grupos. E também desafiam os historiadores que, comprometidos com alguma ideologia, não querem abrir mão da objetividade. Portanto, as narrativas construídas em processos de superação de violências políticas e terror de Estado nem sempre são caminhos para a verdade histórica, pois também estão marcadas pelos traumas, pelo indizível, pelas feridas abertas mesmo entre as vítimas maiores, pelas dissidências políticas entre os grupos derrotados, abafadas mas não superadas. Quando as ditaduras acabam, ninguém quer pagar a conta. A sociedade, mesmo a parte conivente, se diz vítima. Grupos sociais que aderiram se afirmam como resistentes.

Militantes que apostavam na guerra revolucionária se colocam como vítimas. Militares que cerravam os dentes e aplaudiam a repressão se dizem reféns das circunstâncias. O trauma também é histórico.

Mas há outro plano do trauma provocado pelas violações aos direitos humanos das ditaduras: o trauma dos familiares, sobretudo dos desaparecidos, que se materializa e perpetua na impossibilidade do luto. Como haver luto se não há corpo? Se não há corpo, não há ritual fúnebre, esse corte doloroso com um corpo que um dia foi vivo e feixe de afetos. Nesse caso, o trauma é menos esquecimento do que presença-ausência do desaparecido para seus familiares e amigos. Sem dúvida, independentemente das razões e da legitimidade das ditaduras, essa é a face mais perversa dos regimes militares que se prolonga até hoje.[505] É como se uma guerra acabasse, mas os corpos dos soldados não tivessem pouso nem descanso.

As políticas de memória, o estatuto de verdade e o lugar do testemunho se formatam de maneiras diversas, conforme o país, e dependem dos processos de transição. Em transições negociadas com os militares, a tendência é que os conflitos se acirrem menos, impondo-se uma memória hegemônica atenuante que neutraliza as vozes que clamam por justiça. O caso do Brasil parece ser exemplar neste sentido.

A transição brasileira foi longa, tutelada pelos militares, com grande controle sobre o sistema político, apesar do desgaste de anos ocupando o poder de Estado. Foi altamente institucionalizada na forma de leis e salvaguardas. Foi negociada, ainda que as partes fossem assimétricas, posto que os civis liberais e moderados foram ganhando um espaço paulatino no sistema político até voltarem ao Poder Executivo federal em 1985. Além do mais, a hegemonia liberal e moderada, nesse processo, neutralizou as demandas por justiça da esquerda atingida diretamente pela repressão.

A esquerda, por sua vez, teve posturas diversas diante da questão da punição aos violadores dos direitos humanos. Os sobreviventes da luta armada voltando do exílio ou saindo das prisões inseriram-se na militância dos movimentos sindicais e dos bairros. A esquerda comunista/pecebista abriu mão de qualquer pressão por punição em nome das alianças e da consolidação da abertura, jogando para frente, para um futuro regime democrático, a resolução dessa questão. O núcleo da nova esquerda petista, o movimento social e os grupos católicos construíam uma agenda mais voltada para a militância social em nome das mudanças estruturais do que para o reforço e ampliação dos movimentos de direitos humanos, ainda que esse tema fizesse parte das plataformas gerais do PT e de outros partidos e grupos de esquerda. Enfim, no processo de transição, se as esquerdas não esqueceram os crimes da ditadura contra seus militantes, também não investiram suas principais energias no tema da verdade e da justiça. E não se pode explicar essa tendência como fruto de qualquer impostura ou oportunismo. A sensação no campo da oposição, no final dos anos 1970, era que a ditadura perdera a batalha da memória e da busca pela legitimação político-ideológica, portanto a verdade histórica sobre a natureza do regime não exigia mobilizações específicas para tal. O crescimento do movimento social de oposição e a possibilidade de ação oposicionista dentro do sistema político consumiram as energias das esquerdas e abriram novas perspectivas para a transição que, àquela altura, ainda não estava dada como uma negociata conservadora.

Como a anistia coincidiu com a recomposição do ambiente político e do sistema partidário, dentro do qual setores perseguidos pelo regime puderam se acomodar e voltar a exercer uma militância mais ou menos tolerada, o tema da justiça ficou em suspenso.[506] Naquele contexto, era preciso priorizar a luta social e política pela derrubada do regime e pela mudança na estrutura social, reforçando a presença dos movimentos sociais no cenário político. A literatura de testemunho que abundou nos anos 1980 sobre o regime, frequentemente escrita por ex-guerrilheiros de esquerda, serviu para solidificar a memória hegemônica em muitos casos, pois os livros de maior sucesso faziam uma autocrítica explícita ou velada à luta armada, como se fosse um capítulo necessário, mas superado, de oposição ao regime.[507]

No começo da Nova República, a divulgação do relatório da Comissão de Justiça e Paz na forma do livro *Brasil: nunca mais* teve grande impacto na opinião pública.[508] Pela primeira vez, de maneira sistemática, detalhada e documentada, se revelava o mecanismo de repressão no Brasil e as formas de torturas que se praticavam contra os presos. E não se poderia alegar que a documentação era falsa, pois fora retirada, clandestinamente, dos arquivos do Supremo Tribunal Militar. Era o primeiro grande corpo documental que emergia dos porões. Esses documentos chancelavam o testemunho dos torturados, dados aos tribunais de apelação e, em muitos casos, levados em conta pelos juízes para atenuar penas.

Mas a cada vaga de pressão social para apurar os crimes de tortura, sequestro, assassinatos, todos tipificados até no quadro jurídico vigente no regime militar, a resposta dos militares, na reserva e na ativa, é a mesma: houve uma Lei de Anistia que "perdoou" os crimes da esquerda e da repressão, chamados de "conexos" ou reativos. No embate ideológico, a denúncia da impunidade dos militantes de direitos humanos é contraposta pelos militares com a pecha de "revanchismo" daqueles que foram derrotados.

Na justiça, o embate ainda não está completamente encerrado. Em abril de 2010, consultado a partir de uma ação da OAB sobre validade da Lei de Anistia para esse caso, o Supremo Tribunal Federal considerou-a constitucional e válida, bloqueando outras ações na justiça criminal. A partir do caso dos desaparecidos da guerrilha do Araguaia, as violações aos direitos humanos no período do regime foram parar na Corte Interamericana de Justiça, que interpelou o Estado brasileiro em dezembro do mesmo ano. Antes, em 2008, a justiça de São Paulo deu ganho de causa para os torturados da família Teles, atingida pela repressão ilegal no DOI-Codi, em ação civil contra o coronel Brilhante Ustra, que tem tomado a defesa do sistema repressivo e da história oficial do regime desde que foi reconhecido em meados dos anos 1980 como membro da repressão pela atriz e ex-deputada Bete Mendes, militante da esquerda armada nos anos 1960.

Conforme os procedimentos consagrados de justiça de transição,[509] as políticas de Estado em processos de redemocratização passam por três fases, mais ou menos sucessivas. Em primeiro lugar, busca-se a verdade dos fatos para desqualificar a "verdade oficial" imposta pelas ditaduras, quase sempre puramente mentirosas sobre as circunstâncias de prisão, tortura, mortes e desaparecimentos. Em segundo lugar, uma vez estabelecida de maneira ponderada e circunstanciada a *verdade*, passa-se à fase da justiça ou da punição aos responsáveis diretos e indiretos sobre as violações de direitos humanos durante o estado de exceção. Em muitos casos, a apuração da verdade se dá concomitantemente aos processos judiciais, situações em que abundam testemunhos de acusação. Ao fim, estabelecem-se critérios para uma política oficial de reparação, moral, política ou material, aos atingidos.

No Brasil, dada as particularidades históricas da transição, vivemos uma situação curiosa, que foge aos padrões teóricos. Desde 1995, ao menos, temos uma política de reparação sistemática e até generosa, acompanhadas de uma política de memória que não consegue ir além das meias-verdades, dado que muitos mortos e desaparecidos ainda não têm o paradeiro esclarecido oficialmente. Para completar a tríade, nenhuma política de justiça. Essa combinação de reparação, alguma verdade e nenhuma justiça, portanto, tem sido o arremedo de uma política de memória do Estado brasileiro em relação ao regime. No limite, quer dizer que ainda não temos uma história oficial sobre o período, entendida como a narrativa do passado aceita como base para uma política homogênea e coerente de Estado. Essa característica explica por que as posturas do Estado brasileiro diante da questão da investigação das violações dos direitos humanos perpetradas pelos agentes do regime é, no mínimo, esquizofrênica. Enquanto a Secretaria de Direitos Humanos dos últimos cinco governos federais tem sido o baluarte de um esboço de política de memória, o Ministério da Defesa não consegue acompanhar essa toada, por motivos óbvios, dada a pressão militar sobre este assunto sensível. Se o Poder Executivo não se entende, tampouco o Poder Judiciário. O Ministério Público até luta contra a impunidade, mas não conseguiu criar uma situação de revisão da Lei de Anistia. Em outra instância da área jurídica, o pedido da OAB para revisar a Lei foi negado pelo Supremo Tribunal Federal em 2010, como vimos, sob o argumento de que essa seria uma tarefa do Legislativo. Este Poder, por outro lado, nem sequer cogita a revisão da anistia de 1979, que certamente seria motivo de acalorados debates e cisões profundas em uma instituição já problemática para compor maiorias. Diante desse conjunto de impasses, o argumento liberal, fiel da balança desta política de equilíbrio na contradição – condenação moral da ditadura, sem condenação jurídica efetiva aos seus agentes – parece conseguir dar o tom do debate.

Mas esses desencontros e tensões não impedem que haja uma política de memória por parte do Estado brasileiro, que tem privilegiado a reparação aos atingidos pela repressão. Em 1995, no começo do governo Fernando Henrique Cardoso, a Lei n° 9.410, conhecida como a Lei dos Desaparecidos, criou a Comissão Especial sobre Mortos e Desaparecidos (CEMDP), subordinada ao Ministério da Justiça do Brasil. Na prática, o Estado brasileiro assumia sua responsabilidade nos atos de repressão arbitrários e ilegais que redundaram em mortes e desaparecimentos, responsabilidade que foi plenamente assumida por uma nova lei em 2002. Mas já a partir de 1995 abria-se a possibilidade para uma ampla revisão dos processos de anistia para corrigir eventuais injustiças e omissões. Até 2009, dos 62 mil pedidos de revisão, 38 mil tinham sido julgados, 23 mil deferidos e 10 mil tiveram direito à reparação econômica.[510] Não por acaso, a partir de então a batalha da memória se acirrou.

A política de reparações e o incômodo com a memória hegemônica de centro-esquerda eram patentes nos artigos do coronel da reserva Jarbas Passarinho, que fora um quadro de alto escalão do regime afinado com o grupo Costa e Silva/Médici. Em seus artigos de imprensa, nota-se uma particularidade. Tanto a memória de esquerda é criticada quanto a memória heroica que se atribui ao "grupo castelista", supostamente dotado de intenções democratizantes sempre ameaçadas pela "linha dura". "Vencidos pelas armas, os comunistas são hoje todos heróis", queixava-se o coronel em um de seus artigos,[511] ao mesmo tempo que "tudo o que fizemos de bom [...] é negado". Em que pese o ressentimento das palavras, Passarinho toca no ponto central da questão, a singular condição de derrota nas armas (e, por que não, na política, posto que as utopias de esquerda se dissiparam como projeto) e vitória na "batalha da memória".

Em 2004, ainda no começo do governo Lula, explodiu a questão da abertura dos arquivos da repressão. O *Correio Braziliense* publicou supostas fotos inéditas de Vladimir Herzog ainda vivo na prisão. De fato, a foto mostrava uma pessoa nua, de lado, com as mãos cobrindo o rosto, semelhante a Herzog. Posteriormente, a foto foi oficialmente declarada como não sendo do jornalista assassinado em 1975, e sim de um padre canadense (Leopold D'Astous).[512]

Provocado por essa reportagem, o Centro de Comunicação Social do Exército reagiu de maneira dura, reiterando o discurso oficial da época do regime. Vale a pena a longa citação:

> Nota do Centro de Comunicação Social do Exército (18 de outubro de 2004):
>
> 1. Desde meados da década de 60 até início dos anos 70 ocorreu no Brasil um movimento subversivo, que, atuando a mando de conhecidos centros de irradiação do movimento comunista internacional, pretendia derrubar, pela força, o governo brasileiro legalmente constituído.
>
> À época, o Exército brasileiro, obedecendo ao clamor popular, integrou, juntamente com as demais Forças Armadas, a Polícia Federal e as polícias militares e civis estaduais, uma força de pacificação, que logrou retornar o Brasil à normalidade. As medidas tomadas pelas Forças Legais foram uma legítima resposta à violência dos que recusaram o diálogo, optaram pelo radicalismo e pela ilega-

lidade e tomaram a iniciativa de pegar em armas e desencadear ações criminosas.

Dentro dessas medidas, sentiu-se a necessidade da criação de uma estrutura, com vistas a apoiar, em operação e inteligência, as atividades necessárias para desestruturar os movimentos radicais e ilegais.

O movimento de 1964, fruto de clamor popular, criou, sem dúvidas, condições para a construção de um novo Brasil, em ambiente de paz e segurança. Fortaleceu a economia, promoveu fantástica expansão e integração da estrutura produtiva e fomentou mecanismos de proteção e qualificação social. Nesse novo ambiente de amadurecimento político, a estrutura criada tornou-se obsoleta e desnecessária na atual ordem vigente. Dessa forma, e dentro da política de atualização doutrinária da Força Terrestre, no Exército brasileiro não existe nenhuma estrutura que tenha herdado as funções daqueles órgãos.

2. Quanto às mortes que teriam ocorrido durante as operações, o Ministério da Defesa tem, insistentemente, enfatizado que não há documentos históricos que as comprovem, tendo em vista que os registros operacionais e da atividade de inteligência da época foram destruídos em virtude de determinação legal. Tal fato é amparado pela vigência, até 08 de janeiro de 1991, do antigo Regulamento para a Salvaguarda de Assuntos Sigilosos (RSAS), que permitia que qualquer documento sigiloso, após a acurada análise, fosse destruído por ordem da autoridade que o produzira, caso fosse julgado que já tinha cumprido sua finalidade.

Depoimentos divulgados pela mídia, de terceiros ou documentos porventura guardados em arquivos pessoais não são de responsabilidade das Forças Armadas.

3. Coerente com seu posicionamento, e cioso de seus deveres constitucionais, o Exército brasileiro, bem como as forças coirmãs, vêm demonstrando total identidade com o espírito da Lei da Anistia, cujo objetivo foi proporcionar ao nosso país um ambiente pacífico e ordeiro, propício para a consolidação da democracia e ao nosso desenvolvimento, livre de ressentimentos e capaz de inibir a reabertura de feridas que precisam ser, definitivamente, cicatrizadas.

> Por esse motivo considera os fatos como parte da história do Brasil. Mesmo sem qualquer mudança de posicionamento e de convicções em relação ao que aconteceu naquele período histórico, considera ação pequena reavivar revanchismos ou estimular discussões estéreis sobre conjunturas passadas, que a nada conduzem.

O episódio provocou um mal-estar entre o presidente Luiz Inácio Lula da Silva e os militares, que foram obrigados a se retratar. Um dia depois da primeira nota (19 de outubro de 2004), uma curta retratação assinada pelo general de Exército Francisco Roberto de Albuquerque, atenuou a crise:

> O Exército Brasileiro é uma instituição que prima pela consolidação do poder da democracia brasileira. O Exército lamenta a morte do jornalista Vladimir Herzog. Cumpre relembrar que, à época, este fato foi um dos motivadores do afastamento do comandante militar da área, por determinação do presidente Geisel.
> Portanto, para o bem da democracia e comprometido com as leis do nosso país, o Exército não quer ficar reavivando fatos de um passado trágico que ocorreram no Brasil.
> Entendo que a forma pela qual esse assunto foi abordado não foi apropriada, e que somente a ausência de uma discussão interna mais profunda sobre o tema pôde fazer com que uma nota do Centro de Comunicação Social do Exército não condizente com o momento histórico atual fosse publicada.
> Reitero ao senhor presidente da República e ao senhor ministro da Defesa a convicção de que o Exército não foge aos seus compromissos de fortalecimento da democracia brasileira.

Entre as duas notas, é patente a dificuldade do próprio Exército em se posicionar, oficialmente, sobre o período. O debate que se seguiu tocou no problema central da memória e da verdade: o acesso aos documentos,[513] pois a foto foi descoberta em meio a um conjunto documental, entregue por um cabo do Exército que trabalhava no setor de inteligência à Comissão de Direitos Humanos da Câmara, nunca divulgado ou analisado. Em que pesem os avanços desde então, os arquivos dos serviços de inteligência das três armas ainda continuam praticamente inacessíveis.[514]

Em 2007, foi lançado um livro produzido pela Comissão Especial de Mortos e Desaparecidos (subordinada à Secretaria Especial dos Direitos Humanos da Presidência) intitulado *Direito à memória e à verdade*. Este, talvez, possa ser visto como um esboço de uma história oficial, posto que era uma publicação do governo da época em nome do Estado, e seus textos sobre a conjuntura histórica se aproximam muito da referida "memória hegemônica" sobre o regime, com um toque a mais de esquerda. A Comissão contava com um representante dos militares que frequentemente discordavam do mérito e do resultado do julgamento das revisões e responsabilidades e se afirmavam como partes do "exercício do contraditório", ou seja, a posição das Forças Armadas.[515] Aliás, esta expressão utilizada pelos oficiais militares é interessante, pois revela uma corrente minoritária de opinião e, portanto, de construção da memória em jogo.

Ao longo do governo de Luiz Inácio Lula da Silva (2003-2010), sintomaticamente, a memória hegemônica sobre o regime começou a apresentar fissuras, antigas mas até então pouco visíveis. Os grupos atingidos pela repressão conseguiram marcos institucionais importantes na afirmação de uma política de memória, ainda que um tanto erráticas, em várias esferas de governo. O projeto Memórias Reveladas,[516] do Governo Federal, e o Memorial da Resistência,[517] ligado ao governo do Estado de São Paulo, são exemplos de tentativas de políticas de memória sobre o regime, com foco nos perseguidos e em busca de reafirmar uma memória hegemônica de matriz esquerdista, que começa a ser questionada inclusive na imprensa liberal que ajudou a construí-la.

Tendo em vista que era um governo de esquerda, composto por muitos ex-guerrilheiros e enfrentando desconfiança da imprensa liberal, o governo Lula reacendeu tensões entre liberais e esquerdistas e, indiretamente, estimulou certo revisionismo sobre a memória do regime. Nesse processo, cresceu a versão brasileira da "teoria dos dois demônios" e da responsabilidade da própria esquerda e do governo Goulart nos acontecimentos de 1964 e no endurecimento do regime em 1968. Essa equivalência da responsabilidade política e moral entre esquerda e direita em momentos capitais da história recente é uma das marcas do revisionismo, ainda em curso, cujos desdobramentos para a história e para a memória ainda estão abertos no momento da conclusão deste livro.

Dentro desse clima, no qual uma política de memória convive com debates sobre as responsabilidades das esquerdas nas tragédias de 1964 e 1968, foi instalada a Comissão Nacional da Verdade (CNV) em maio de 2012. Ela tem como missão esclarecer o paradeiro dos desaparecidos e as cadeias de responsabilidades nos casos de violações de direitos humanos entre 1946 e 1988, embora na prática esteja se concentrando no período do regime militar.[518] Oficialmente, a data expandida foi proposta na lei como forma de diminuir a resistência das Forças Armadas. A Comissão é composta por sete integrantes escolhidos entre vários setores da sociedade civil, sem poder de punição, embora seu relatório final possa embasar futuras ações na justiça. A imprensa deu ampla cobertura à solenidade, destacando um aspecto curioso sobre o papel da Comissão: "A partir de agora a Comissão terá dois anos para apresentar um relatório sobre a violação dos direitos humanos. Esse relatório será considerado a história oficial do Brasil".[519]

Some-se a isso, o trabalho de dezenas de comissões regionais e institucionais, consideradas complementares à CNV. Enfim, estamos vivendo um verdadeiro *boom* de produção de memórias sobre o regime militar, expressado na febre de construção de memoriais sobre o período pelo Brasil afora.[520] Ao mesmo tempo, a historiografia também desenvolve um debate próprio, nem sempre convergente com as políticas de memória.

Com a instalação da CNV, alguns focos militares se agitaram, sobretudo entre os oficiais da reserva, fazendo eco em algumas vozes civis de direita, ainda minoritárias no debate. A principal argumentação é que a "Comissão" é revanchista e parcial, focando apenas as violências dos agentes do Estado e esquecendo a dos guerrilheiros de esquerda. Diga-se, uma argumentação frágil, pois, independentemente de qualquer consideração de ordem ideológica, o fato é que a maioria dos guerrilheiros foi de alguma forma punida, com prisão, exílio, tortura e morte. Já os agentes do Estado que participaram de atos ilícitos e crimes de lesa-humanidade sequer foram nominados ou intimados oficialmente pela justiça.

Uma das reações dos militares da reserva, ato contínuo ao estabelecimento da CNV, foi propor uma Comissão paralela e voltar a brandir o livro oficial do regime, organizado desde os anos 1980, mas nunca publicado, chamado de "Orvil" (contrário de "livro", em alusão ao livro *Brasil Nunca Mais*). Em artigo diretamente relacionado à instalação da Comissão, o general Romulo Bini Pereira[521] reafirma a culpa do "outro lado" e o caráter reativo da repressão do regime contra a luta armada que visava implantar o "totalitarismo" de tipo soviético. Mais do que isso, sugere que os comandos militares se pronunciem em defesa do Exército e seus métodos nos anos 1960 e 1970, sob pena de assistir a dissensos internos entre seus comandados. A "lei do silêncio" que os militares (da ativa) se autoimpuseram, na visão do general, precisa ser substituída por

> Uma palavra que não signifique um *mea culpa* ou um pedido de perdão. Estivemos, no período da Guerra Fria, em combate bipolarizado, no qual os extremistas foram banidos em todo o mundo em razão de seu objetivo totalitário e único: a ditadura do proletariado. Correremos riscos, mas eles são inerentes ao processo democrático e à nossa profissão.

No momento em que este livro foi finalizado, o relatório final da Comissão ainda não tinha sido elaborado. Portanto, às vésperas de rememorarmos os cinquenta anos do golpe militar, as lembranças sociais do período oscilam entre uma memória hegemônica, perpassada por tensões e fissuras crescentes, e um projeto de história oficial que assume as responsabilidades do Estado. O desafio está em fazer com que as Forças Armadas o aceitem, como parte da burocracia e do governo, propiciando uma maior coerência das políticas de Estado sobre o tema. O mais curioso é que esse processo ocorre sob um governo de esquerda, presidido por uma ex-guerrilheira que foi presa e torturada, cujo partido – o PT –, na sua origem, foi contra todas as histórias oficiais, querendo reescrever a história a partir dos "de baixo".

Definitivamente, Tom Jobim tinha razão. O Brasil não é para principiantes.

Notas

UTOPIA E AGONIA DO GOVERNO JANGO

1. Flávio Tavares, *Memórias do esquecimento: os segredos dos porões da ditadura*, Rio de Janeiro, Globo, 1999, p. 247.
2. Para uma visão crítica do governo Jango e seus opositores, ver Caio Toledo, "Golpe contra as reformas e a democracia", em *Revista Brasileira de História*, 24/47, São Paulo, 2004, pp. 13-28.
3. Ver como exemplos o livro de Luiz Alberto Moniz Bandeira, *O governo João Goulart e as lutas sociais no Brasil*, Rio de Janeiro, Civilização Brasileira, 1977, ou o documentário de Silvio Tendler, *Jango* (Caliban Produções, 1984).
4. Mesmo durante seu governo, Jango sofria críticas à esquerda. Além das críticas da ala brizolista do PTB, da Ação Popular e do Partido Comunista Brasileiro, correntes que eventualmente estavam abertas a alianças com o presidente, outras correntes de esquerda apostavam em uma oposição mais aberta, como as lideranças das Ligas Camponesas que apostavam em uma guerrilha apoiada por Cuba e a Polop – Política Operária –, muito presente entre os secundaristas. Também se opunham ao governo Jango os trotskistas do Partido Operário Revolucionário (POR-T) e os maoistas do PCdoB (fundado em 1962, como dissidência do PCB), mas ambas as correntes eram muito pequenas naquele momento.
5. Amir Labaki, *1961: a crise da renúncia e a solução parlamentarista*, São Paulo, Brasiliense, 1986.
6. Claudio Bojunga, *JK: o artista do impossível*, Rio de Janeiro, Objetiva, p. 282.
7. Elio Gaspari, *A ditadura envergonhada*, São Paulo, Companhia das Letras, 2002a, p. 46.
8. Marco Antonio Villa, *Jango, um perfil*, Rio de Janeiro, Globo, p. 238.
9. Daniel A. Reis Filho, *Ditadura militar, esquerdas e sociedade*, Rio de Janeiro, Jorge Zahar, 2000, p. 32.
10. Wanderley G. Santos, *Sessenta e quatro: anatomia de uma crise*, Rio de Janeiro, IUPERJ/Vértice, 1986; e Argelina Figueiredo, *Democracia ou reformas? Alternativas democráticas à crise política*, São Paulo, Paz e Terra, 1992. Ambos os autores, por caminhos diferentes, entendem o golpe de Estado de 1964 como fruto da crise política que se abateu sobre o governo Jango, causando uma "paralisia decisória", acirrada pela "radicalização dos atores". Portanto, de uma maneira ou de outra, a incapacidade do governo Jango de superar os impasses políticos criaram o clima propício para um golpe de Estado.

[11] Darcy Ribeiro, *Jango e eu*, Editora UnB/ Fundação Darcy Ribeiro, 2010, p. 81.
[12] Há certa polêmica na historiografia quanto à existência de um projeto golpista prévio. Para os militares golpistas e para a memória liberal sobre o golpe, o projeto golpista ou era inexistente ou irrelevante para explicar a queda de Jango. Neste sentido, o golpe é visto como reativo à crise, à "subversão" e à falta de comando político que acirrava a crise política e econômica do Brasil. Ver, nesse sentido, Elio Gaspari, 2002a, op. cit., e Adriano Codato, "O golpe de 1964 e o regime de 1968", em *Revista História, Questões & Debates*, 40, 2004, pp. 11-36.
[13] Marcelo Ridenti, *Brasilidade revolucionária*, São Paulo, Editora da Unesp, 2010.
[14] Marcelo Ridenti, *Em busca do povo brasileiro*, Rio de Janeiro, Record, 2000.
[15] O texto completo do anteprojeto do Manifesto do CPC pode ser visto em Heloisa Buarque de Hollanda, *Impressões de viagem: CPC, vanguarda e desbunde*, São Paulo, Brasiliense, 1980.
[16] Miliandre Garcia, *Do teatro militante à música engajada: a experiência do CPC da UNE*, São Paulo, Fundação Perseu Abramo, 2007. Nesse livro, Miliandre Garcia propõe uma análise histórica mais complexa e matizada da arte de esquerda e do CPC, enfatizando mais os impasses, a pesquisa estética e os debates internos do que os valores supostamente dogmáticos daquele movimento.
[17] Jalusa Barcellos, *CPC da UNE: uma história de paixão e consciência*, Rio de Janeiro, Minc, 1994, p. 97.
[18] Rogerio Duprat, "Em torno do 'pronunciamento'", em *Revista de Arte de Vanguarda*, ano 2, São Paulo, 1963.
[19] Glauber Rocha, "Estética da fome (1965)", em *Arte em Revista*, 1/1, São Paulo, Ceac/Kairós, 1979, p. 17.
[20] Pedro Pomar, *Democracia intolerante: Dutra, Adhemar e a repressão ao Partido Comunista (1946-1950)*, Arquivo do Estado/Imprensa Oficial, 2002.
[21] A União Democrática Nacional era antigetulista desde a sua origem, frequentemente apelando para intervenções militares e golpes políticos para inviabilizar os governos identificados com o getulismo. Agregava, sobretudo, o voto liberal-conservador das camadas médias urbanas.
[22] Jorge Ferreira, *João Goulart: uma biografia*, Rio de Janeiro, Civilização Brasileira, 2010.
[23] A imagem da "República sindicalista", que no imaginário da direita era sinônimo de anarquia política, caos econômico e manipulação de massas pelos líderes "populistas", cristalizou-se ao longo dos anos 1950 nas críticas que a imprensa conservadora brasileira fazia do governo de Juan Domingos Peron (1943-1955). Ver Rodolpho Gautier Santos, "Um fantasma chamado Peron: imprensa e imaginário político no Brasil (1951-1955)", *paper* apresentado no XXVI Simpósio Nacional de História, São Paulo, 2011 (disponível em: http://www.snh2011.anpuh.org/resources/anais/14/1308011800_ARQUIVO_ TextoRodolpho-v.2.0.pdf, acesso em: 16 set. 2013).
[24] Como exemplo deste "denuncismo", ver a edição do *Correio da Manhã* de 16 jun. 1953, citada em Jorge Ferreira, op. cit., p. 80.
[25] Jorge Ferreira, 2010, op. cit., p. 133.
[26] Idem, pp. 137-8.
[27] Idem, p. 134.
[28] Milton Campos era o vice de Jango, enquanto Henrique Teixeira Lott era candidato a presidente na chapa PSD-PTB.
[29] A Política Externa Independente (PEI) se materializou ainda durante o governo Jânio Quadros, expressando-se como uma nova posição da diplomacia brasileira no mundo, sobretudo em relação aos países subdesenvolvidos e socialistas. Conforme esta nova doutrina, o Brasil não deveria se alinhar automaticamente na política ocidentalista e anticomunista conduzida pelos Estados Unidos, mas, sim, ocupar novos espaços da geopolítica mundial com base no conceito de autodeterminação dos povos, para além da divisão bipolar da Guerra Fria. O chanceler San Tiago Dantas era considerado um dos representantes desta corrente diplomática.
[30] Jorge Ferreira, 2010, op. cit., p. 236; Amir Labaki, 1986, op. cit.
[31] Jorge Ferreira, 2010, op. cit., p. 242.
[32] Alzira A. Abreu, "A imprensa e seu papel na queda de João Goulart", CPDOC/FGV (disponível em: http:// cpdoc.fgv.br/producao/dossies/Jango/artigos/NaPresidenciaRepublica/A_imprensa_e_seu_ papel_na_queda_de_Goulart, acesso em: 24 jun. 2013).

[33] Conforme os documentos "Declaração de princípios da UDN", de fevereiro de 1962, e "Carta de Brasília" do PSD, de maio de 1962.
[34] Jorge Ferreira, 2010, op. cit., p. 272.
[35] João Goulart (disponível em: http://www.gedm.ifcs.ufrj.br/upload/documentos/13.pdf, acesso em: 17 set. 2013).
[36] Argelina Figueiredo, 1992, op. cit., pp. 55-62.
[37] O principal embate no Congresso Camponês de 1961 deu-se entre a Ultab (União dos Lavradores e Trabalhadores Agrícolas do Brasil, ligada do PCB) e as Ligas Camponesas. Enquanto o primeiro grupo defendia a ampliação dos direitos trabalhistas e o reconhecimento da sindicalização rural, as Ligas defendiam uma reforma agrária radical, em caráter de ruptura. Mesmo sem expressar essa radicalidade, o tema da reforma agrária deu o tom do documento final do encontro. Ver Luiz Flávio de Carvalho Costa (org.), *O Congresso Nacional Camponês: trabalhadores rurais no processo político brasileiro*, Rio de Janeiro, Mauad/Edur, 2010.
[38] Houve cinco grandes conjuntos ministeriais durante o governo Jango: set./61 a jul./62; jul./62 a set./62; set./62 a jan./63; jan./63 a jun./63. Primeiro, sob o parlamentarismo, 86% do Ministério foi recrutado com base no Congresso (Senado, Câmara). O quinto e último Ministério (jun./63 a abr./64) contava apenas com 63% de congressistas. Apesar da diminuição, o recrutamento de ministros dentro do Congresso revela os mecanismos de "presidencialismo de coalizão", bem como a tentativa do Poder Executivo em manter portas abertas dentro do Legislativo. Lucia Hipolito, *De raposas a reformistas: o PSD e a experiência democrática brasileira (1945-64)*, Rio de Janeiro, Paz e Terra, 1985.
[39] David Ricardo Ribeiro, *Da crise política ao golpe de Estado: os conflitos entre o poder executivo e o poder legislativo durante o governo João Goulart*, dissertação de Mestrado em História Social, Universidade de São Paulo, 2013. Nessa dissertação, o autor examina o papel dos congressistas e do próprio Congresso, como instituição, no caminho para o golpe de Estado.
[40] Jorge Ferreira, "A estratégia do confronto: a Frente de Mobilização Popular", em *Revista Brasileira de História*, 24/47, 2004, pp. 181-212.
[41] José Luis Segatto propõe uma instigante revisão para este conflito entre reforma e revolução no interior do PCB, sugerindo que, na verdade, se tratava de um falso dilema, posto que a estratégia reformista era considerada a forma de consolidar uma política revolucionária de longo prazo, de caráter aliancista. José Luis Segatto, *Reforma ou revolução: as vicissitudes políticas do PCB (1954-1964)*, Rio de Janeiro, Civilização Brasileira, 1995.
[42] Um acidente aéreo com um avião da Varig no Peru, em 1962, no qual viajava o correio oficial cubano, revelou o esquema de apoio cubano a um movimento armado no Brasil, o Movimento Revolucionário Tiradentes, braço das Ligas Camponesas. Ver Clodomir Morais e Denis Moares, *A esquerda e o golpe de 1964: vinte e cinco anos depois as forças populares repensam seus mitos, sonhos e ilusões*, Rio de Janeiro, Espaço Tempo, 1989, p. 84; Elio Gaspari, 2002a, op. cit., p. 179. Ver também Flávio Tavares, 1999, op. cit., pp. 76-9.
[43] Argelina Figueiredo (1992, op. cit., p. 89) é taxativa: "ambas [as iniciativas] fracassaram porque o governo foi incapaz de obter um acordo sobre as questões substantivas que elas envolviam".
[44] David Ricardo S. Ribeiro, 2013, op. cit.

O CARNAVAL DAS DIREITAS: O GOLPE CIVIL-MILITAR

[45] Sobre os detalhes das negociações em torno da reforma agrária no Congresso, ver David R. S. Ribeiro, 2013, op. cit., pp. 127-51.
[46] Pablo de Oliveira Mattos, *Para onde vamos? Crise e democracia no governo João Goulart*, dissertação de Mestrado, História Social da Cultura, PUC, Rio de Janeiro, 2010, pp. 82-5.

⁴⁷ Jair Dantas Ribeiro (verbete *Dicionário Histórico Biográfico Brasileiro Pós-1930*, DHBB/FGV-CPDOC (disponível em: http://cpdoc.fgv.br/producao/dossies/Jango/biografias/jair_dantas_ribeiro, acesso em: 24 jun. 2013).

⁴⁸ Jorge Ferreira, 2010, op. cit., pp. 362-3.

⁴⁹ Rodrigo Patto S. Motta, *Jango e o golpe de 1964 na caricatura*, Rio de Janeiro, Jorge Zahar, 2006, pp. 45-6; Jorge Ferreira, 2010, op. cit., p. 364.

⁵⁰ *Jornal do Brasil*, 13 set. 1963, p. 6.

⁵¹ Sobre a "rede da democracia" ver os trabalhos de Aloisio Carvalho, *Rede da democracia: O Globo, O Jornal e o Jornal do Brasil na queda do governo Goulart (1961-64)*, Nitpress, Niterói, 2010; e Eduardo Gomes Silva, *A rede da democracia e o golpe de 64*, dissertação de Mestrado em História, Universidade Federal Fluminense, 2008 (disponível em: http://www.historia.uff.br/stricto/teses/Dissert-2008_SILVA_Eduardo_Gomes-S, acesso em: 17 set. 2013).

⁵² Trata-se de duas pesquisas do Ibope feitas entre 9 e 26 de março de 1964, quando a crise política era aguda e o golpe já estava no ar. A pesquisa do Ibope sobre a intenção de voto foi realizada em oito capitais e a pesquisa sobre a popularidade do presidente foi feita sob encomenda da Federação de Comércio de São Paulo, ouvindo a população de três cidades do estado de São Paulo (capital, Araraquara e Avaí). Sintomaticamente, nunca foram divulgadas pela imprensa, e foram descobertas em 2003 no acervo do Arquivo Edgar Leuenroth, da Unicamp. *Folha de S.Paulo*, 9 mar. 2003 (disponível em: http://www1.folha.uol.com.br/fsp/brasil/fc0903200307.htm, acesso em: 17 set. 2013).

⁵³ A evasão de divisas tornou-se um grande problema econômico, pois o déficit das transações correntes chegou a US$ 2 bilhões. Em contrapartida, o apoio financeiro de Washington minguava de US$ 74 milhões (1962) para US$ 37 milhões (1963). A proposta da lei era limitar a remessa das filiais para as matrizes a 10% dos lucros. Mas o pomo da discórdia, principalmente com os norte-americanos, era que estes consideravam o reinvestimento como "capital estrangeiro" enquanto o governo insistia ser "capital nacional", pois fora gerado em operações lucrativas dentro do mercado brasileiro. Em outras palavras, as multinacionais consideravam como capital estrangeiro não apenas o investimento vindo de fora, mas também o reinvestimento dos lucros. Essas e outras operações contábeis, tanto legais quanto ilegais, incrementavam as remessas para o exterior. Além disso, no caso de concessões públicas, como as companhias de força e luz ou transportes, o capital estrangeiro investia sempre abaixo das obrigações contratuais. Ver Luiz A. Moniz Bandeira, *O governo João Goulart: as lutas sociais no Brasil*, 8. ed., Editora da Unesp, 2010, pp. 232-4.

⁵⁴ Golbery do Couto Silva, "O Brasil e a defesa do Ocidente", em *Conjuntura política nacional: o poder executivo e geopolítica do Brasil*, 3. ed., Brasília, Ed. UnB, 1981, pp. 225-6.

⁵⁵ Luiz A. Moniz Bandeira, 2010, op. cit., p. 174; Rene Dreifuss, *1964: a conquista do estado*, Petrópolis, Vozes, 1981.

⁵⁶ Em 1963, líderes sindicais paulistas criaram o Movimento Sindical Democrático (MSD), de caráter anticomunista, que teria sido financiado pelo empresariado, pelo Ipes e pela CIA. Ver Vitor Gianotti, *História da luta dos trabalhadores do Brasil*, Rio de Janeiro, Editora Mauad/NPC, 2007, p. 165.

⁵⁷ Refiro-me, sobretudo, a uma parte do PSD que, no final de 1963, começou a conspirar contra o presidente Goulart, a começar pelo presidente do Congresso Nacional, senador Auro de Moura Andrade, que convocou uma "vigília cívica" no recesso parlamentar, disseminando a ideia de uma golpe de Estado que estava sendo preparado por Jango, cujo primeiro passo seria o fechamento do Congresso. Nas Forças Armadas, a crise de setembro de 1963 e, posteriormente, a rebelião dos marinheiros, em março de 1964, fez com que os conservadores ainda legalistas aderissem ao golpismo.

⁵⁸ Luiz A. Moniz Bandeira, 2010, op. cit., pp. 257-8.

⁵⁹ Declaração sobre a política do Partido Comunista Brasileiro, março de 1958, em *PCB: vinte anos de política*, São Paulo, Livraria Editora Ciências Humanas, 1980, pp. 3-27.

⁶⁰ "O Pacto de Unidade e Ação foi uma organização intersindical de trabalhadores ferroviários, marítimos e portuários criado em 1961 durante o governo João Goulart (1961-1964). Embora tenha pretendido uma ação em âmbito nacional, ficou restrito basicamente ao Rio de Janeiro. Atuou, juntamente com outras

organizações sindicais, na luta pelas reformas de base, na antecipação do plebiscito nacional que decidiria sobre a continuidade do regime parlamentarista no país ou o retorno ao presidencialismo, posição do presidente. Era considerado ilegal pelo Ministério do Trabalho. Com o desencadeamento do movimento político-militar que depôs o presidente em 1964, foi extinto e teve seus principais líderes, Osvaldo Pacheco e Rafael Martinelli, presos" (conforme verbete do *Dossiê João Goulart*, CPDOC/FGV, disponível em: http://cpdoc.fgv.br/producao/dossies/Jango/glossario/pua, acesso em: 17 set. 2013).

61 As Ligas Camponesas tiveram sua origem no Engenho Galileia, em Vitória do Santo Antão (PE), como uma espécie de sociedade mutualista de camponeses que trabalhavam na terra sem terem sua propriedade. Em 1955, ela foi oficializada com a ajuda do advogado Francisco Julião e tornou-se o principal símbolo de luta pela reforma agrária até o golpe de 1964.

62 A formação dos "Grupos dos Onze" foi proposta em 1963 por Leonel Brizola, como células de defesa das reformas e da legalidade, em caso de um golpe de Estado da direita. Ao mesmo tempo, seriam os embriões de uma milícia popular, organizadas em células de 11 pessoas previamente instruídas para a ação. Chegou-se a cogitar a existência de mais de 5 mil células, mas, de fato, sua organização e ação prática revelaram-se incipientes e insuficientes para fazer frente às milícias de direita que se organizavam desde o início de 1963. Sobre essas milícias de direita, ver Luiz A. Moniz Bandeira, 2010, op. cit., pp. 253-5.

63 Esta é um tendência que vem crescendo, mesmo entre historiadores de esquerda, como Jorge Ferreira, Daniel Aarão Reis Filho e Rodrigo Patto Sá Mota. Seus artigos e livros revisam a tese da grande conspiração invencível, muito forte na historiografia dos anos 1970 e 1980.

64 David Ricardo S. Ribeiro, 2013, op. cit., pp. 175-86.

65 Idem, p. 186.

66 Idem, p. 187.

67 Panfleto do CGT transcrito em Sérgio Amad Costa, *O CGT e as lutas sindicais brasileiras (1960-64)*, São Paulo, Editora Grêmio Politécnico, 1981, p. 143.

68 Discurso de João Goulart, Comício de 13 de março de 1964, em David R. Ribeiro, 2013, op. cit., p. 183.

69 Sobre a Camde e a Limde, ver Janaina M. Cordeiro, *Direitas em movimento: a Campanha da Mulher pela Democracia e a ditadura no Brasil*, São Paulo, Editora FGV, 2009. Para uma descrição mais detalhada da marcha e do conteúdo dos discursos, ver Banco de Dados da Folha de S.Paulo (disponível em: http://almanaque.folha.uol.com.br/brasil_20mar1964.htm, acesso em: 17 set. 2013).

70 Instrução reservada do general Humberto de Alencar Castelo Branco, chefe do estado-maior do Exército, em Octávio Ianni, *O colapso do populismo no Brasil*, 2. ed., Rio de Janeiro, Civilização Brasileira, 1971, p. 138.

71 Joseph Page, *A revolução que nunca houve*, Rio de Janeiro, Record, 1972.

72 Tad Szulc, "Northeast Brazil Poverty Breeds Threat of a Revolt", em *The New York Times*, oct., 31, 1960.

73 Luiz A., Moniz Bandeira, 2013, op. cit.; Darcy Ribeiro, *Golpe e exílio*, Brasília, Editora UnB/Fundação Darcy Ribeiro, 2010, p. 27.

74 Para uma descrição detalhada destes eventos envolvendo as multinacionais estadunidenses, ver Luiz A. M. Bandeira, 2013, op. cit., pp. 221-4.

75 Idem, pp. 154-7 e 180-4.

76 Camilo Tavares, *O Dia que Durou 21 Anos*, 2012, Pequi Filmes, 77 min.

77 Frank Márcio Oliveira, *Attaché extraordinaire: Vernon Walters in Brazil*, Washington, NDIC Press, 2004, p. 140.

78 Telegrama da Embaixada norte-americana no Brasil, 27 de março de 1964 (disponível em: http://www.gwu.edu/~nsarchiv/NSAEBB/NSAEBB118/bz02.pdf, acesso em: 24 jun. 2013).

79 A "Operação Brother Sam", negada a princípio, foi comprovada historiograficamente através de uma farta documentação no livro de Phyllis Parker, *1964: o papel dos Estados Unidos no golpe de Estado de 31 de março*, Rio de Janeiro, Civilização Brasileira, 1977 (publicado no original em 1975).

80 Olímpio Mourão Filho, *A verdade de um revolucionário*, Porto Alegre, L&PM, 1978, pp. 361-96.

81 Elio Gaspari, 2002a, op. cit. p. 69. Entre as páginas 66 e 125, há uma detalhada crônica do golpe e suas movimentações de bastidores.

[82] Jorge Ferreira, 2010, pp. 472, 526. Dantas obteve a informação diretamente de Afonso Arinos, aliado de Magalhães Pinto, quem até aquele momento se supunha chefe civil do movimento.
[83] Cláudio Bojunga, JK: o artista do impossível, Rio de Janeiro, Objetiva, 2010, p. 820.
[84] A primeira lista de cassados, com 102 nomes, é anexa à promulgação do Ato Institucional, em 9 de abril de 1964.
[85] Argelina Figueiredo, 1992, op. cit.; Jorge Ferreira, 2004, op. cit.
[86] Sebastião V. Cruz e Carlos Estevam Martins, "De Castelo a Figueiredo: uma incursão pela pré-história da abertura", em Maria H. T. Almeida e Bernardo Sorj (orgs.), *Sociedade e política pós-64*, São Paulo, Brasiliense, 1984.

O MITO DA "DITABRANDA"

[87] "Limites a Chavez". *Folha de S.Paulo*, Editorial, 17 fev. 2009 (disponível em: http://www1.folha.uol. com.br/fsp/opiniao/fz1702200901.htm, acesso em: 1 jul. 2013).
[88] Elio Gaspari, 2002a, op. cit.
[89] Luis Viana Filho, *O governo Castelo Branco*, 2. ed., Rio de Janeiro, Livraria José Olimpio, 1975.
[90] Para uma análise das dinâmicas e do alcance dos IPM, principalmente na esfera intelectual, ver Rodrigo Czajka, *Praticando delitos, formando opinião: intelectuais, comunismo e repressão (1958-1968)*, tese de Doutorado em Sociologia, Unicamp, 2009.
[91] Neste sentido, ver o relatório "Camponeses mortos e desaparecidos: excluídos da justiça de transição", coordenado por Gilney Viana como parte do projeto "Direito à memória e à verdade" (Secretaria de Direitos Humanos da Presidência da República). O estudo mostra que menos da metade dos camponeses atingidos pela repressão foram contemplados pela Comissão de Mortos e Desaparecidos, e que muitas vítimas no setor rural não tinham militância partidária. Além disso, fornece dados sobre a participação de milícias privadas e ex-agentes do Serviço Nacional de Informações na montagem do esquema de repressão aos camponeses, quadro que se estendeu até os anos 1980.
[92] Sobre a extrema direita militar no governo Castelo, ver Maud Chirio, *A política nos quartéis: revoltas e protestos de oficiais à ditadura militar brasileira*, Rio de Janeiro, Zahar, 2012. A autora destaca a existência de duas ondas de "linha dura" nos quartéis, sendo que a primeira atuou entre 1964 e 1967, sobretudo.
[93] Elio Gaspari, 2002a, op. cit.
[94] Maud Chirio, 2012, op. cit., pp. 74-5.
[95] O rol das sanções incluía: aposentadoria; banimento; cassação de aposentadoria; cassação de disponibilidade; cassação de mandato; confisco de bens; demissão; destituição de função; dispensa de função; disponibilidade; exclusão; exoneração; reforma; rescisão de contrato; suspensão de direitos políticos; transferência para a Reserva.
[96] Paulo Afonso M. Oliveira, *Atos Institucionais: sanções políticas*, Brasília, Câmara dos Deputados, 2000.
[97] Ruth Leacock, *Requiem for Revolution: The United States and Brazil (1961-1969)*, Kent, The Kent State University Press, 1990. A autora sustenta que a partir de 1969, pressionados pela opinião pública interna e descontentes com a guinada "ditatorial" e "nacionalista" do governo militar, sobretudo pós-AI-5, os EUA se afastam do regime.
[98] Lembremos que em 1968, sintomaticamente, o governo brasileiro não assinou o Tratado de Não Proliferação de Armas Nucleares, causando desconfiança dos Estados Unidos sobre as intenções de o Brasil possuir artefatos nucleares no futuro.
[99] Eduardo Chammas, *A ditadura militar e a grande imprensa: os editoriais do "Jornal do Brasil" e do "Correio da Manhã" entre 1964 e 1968*, dissertação de Mestrado em História Social, Universidade de São Paulo, São Paulo, 2012, p. 51.

[100] Sebastião Cruz e Carlos E. Martins, 1984, op. cit.

[101] João Roberto Martins Filho, *O palácio e a caserna: a dinâmica militar das crises políticas na ditadura (1964-1969)*, São Carlos, Editora UFSCar, 1994. Neste livro, o autor revisa o caráter "liberal" do governo Castelo e a dicotomia entre linha dura e moderados que costuma marcar a análise da política dos militares, imputando aos primeiros a responsabilidade sobre o fechamento do regime. Neste sentido, vale lembrar que há um debate sobre o efetivo papel da "linha dura" no regime militar, envolvendo seu real protagonismo político, se autônomo ou manipulado. Alfred Stepan é um dos que lhe reservam um protagonismo ativo, autônomo e decisivo sobre o processo político, sobretudo nos anos 1970, como obstáculo à "liberalização". Ver Alfred Stepan, *Os militares: da abertura à Nova República*, 4. ed., Paz e Terra, 1986, p. 39.

[102] Velhas legendas liberais, como Sobral Pinto e Alceu Amoroso Lima, não deram seu apoio moral e intelectual ao regime militar implantado pelo golpe.

[103] Eduardo Chammas, 2012, op. cit.

[104] Carlos Heitor Cony, *O ato e o fato: o som e a fúria das crônicas contra o golpe de 1964*, Rio de Janeiro, Objetiva, 1994, (publicado originalmente em 1964).

[105] Para uma visão mais aprofundada, ver Joseph Comblin, *A ideologia de segurança nacional: o poder militar na América Latina*, Rio de Janeiro, Civilização Brasileira, 1978; Ananda Fernandes, "A reformulação da Doutrina de Segurança Nacional pela Escola Superior de Guerra no Brasil: a geopolítica de Golbery do Couto e Silva", em *Antíteses*, 2/4, jul./dez./2009, pp. 831-56, Londrina (disponível em: http://www.uel.br/revistas/uel/index.php/antiteses, acesso em: 16 set. 2013).

[106] O acordo das organizações Globo com o grupo estadunidense Time-Life foi firmado em 1962, tornando-se uma questão pública em 1965, ano de inauguração da tv Globo, quando Carlos Lacerda denunciou o acordo. Segundo ele, a Constituição proibia participação financeira e administrativa de grupos estrangeiros em empresas de comunicação. O caso gerou uma Comissão Parlamentar de Inquérito, tornando-se bandeira dos nacionalistas e da oposição. Mesmo afirmando que se tratava de um acordo de assistência técnica, o relatório da CPI foi desfavorável à empresa de Roberto Marinho. Dado o impacto do caso, o regime militar modificou a lei em 1967, proibindo qualquer participação de grupos estrangeiros em empresas de comunicação do Brasil.

[107] Em *Nosso Século*, volume V (1960-1980), São Paulo, Abril Cultural, 1980, p. 129.

[108] Paulo Moreira Leite, *A mulher que era o general da casa: histórias da resistência civil à ditadura*, São Paulo, Arquipélago Editorial, 2012, pp. 29-30.

[109] Em Edgar Carone, *O PCB*, vol. 3, Rio de Janeiro, Difel, 1982, p. 26.

[110] Em setembro de 1967, foram expulsos nomes históricos do Partido, como Carlos Marighella, Câmara Ferreira e Apolônio de Carvalho, além de Jacob Gorender, Miguel Baptista e Jover Teles. Essas expulsões se tornaram os núcleos da ALN e do PCBR.

[111] Conforme Flávio Tavares (199, op. cit.), por volta de 1967, depois do fiasco do Caparaó, Brizola já abdicara de apoiar a luta armada.

[112] Eduardo Chammas, 2012, op. cit.

[113] Zuenir Ventura, *1968: o ano que não acabou*, Rio de Janeiro, Nova Fronteira, 1998.

[114] O jornal que mais "aderiu" à causa estudantil no começo de 1968 foi o *Correio da Manhã*, que se notabilizava pelas críticas ao regime. Ver Eduardo Chammas, 2012, op. cit.

[115] Na ótica repressiva, temos como exemplo a Lei Suplicy (1964) e o Decreto nº 477 (1969), os quais estabeleciam restrições e sanções às atividades políticas dos estudantes (entidades estudantis autônomas da estrutura administrativa, greves, propaganda ideológica etc.). Na perspectiva da reforma, temos a Lei de Reforma Universitária, em 1968 (Lei nº 5.540, 23/11/1968), que consolidou a feição atual da universidade brasileira, criando os departamentos, o regime de créditos disciplinares e o vestibular classificatório (que, formalmente, acabava com o problema dos "excedentes", foco de agitação da massa estudantil desde o começo da década). O governo militar buscava uma administração mais "racional" e centralizada da universidade, ao mesmo tempo que procurava despolitizar os cursos, aprofundando

a especialização técnica entre professores e alunos. Em parte, tais medidas já tinham sido sugeridas nos relatórios de Rudolph Atcon, baseado no acordo MEC-USAID (U. S. Agency for International Development) e no Relatório Meira Matos (abril/1968). Para mais detalhes deste processo, ver Maria de Lourdes de Albuquerque Fávero, *Da universidade "modernizada" à universidade disciplinada: Atcon e Meira Mattos*, São Paulo, Cortez, 1991.

[116] O Relatório Meira Matos foi apresentado no começo de 1968, no contexto de acirramento do conflito entre estudantes e governo militar, Maria Ribeiro Valle, *1968, o diálogo é a violência: movimento estudantil e ditadura militar no Brasil*, Campinas, Editora Unicamp, 2008, p. 288.

[117] Idem, p. 289.

[118] Idem, p. 288.

[119] Após o AI-5, o governo teve mais instrumentos para cercar a vida política nas universidades. Com o Decreto-Lei nº 477, estudantes considerados subversivos ficam proibidos de se matricular em qualquer escola superior.

[120] Para uma análise da composição social dos grupos guerrilheiros, ver Daniel A. Reis, *A revolução faltou ao encontro*, São Paulo, Brasiliense, 1990; e Marcelo Ridenti, *O fantasma da revolução brasileira*, São Paulo, Ed. Unesp, 1995.

[121] Maria Ribeiro Valle, *1968, o diálogo é a violência: movimento estudantil e ditadura militar no Brasil*, op. cit., pp. 280-5.

[122] Sergio Miceli, "O papel político dos meios de comunicação", em S. Solsnowski (org.), *Brasil: o trânsito da memória*, São Paulo, Edusp, 1994, pp. 41-68.

[123] Esta divisão entre militares liberais e linhas-duras, com a consequente responsabilização destes últimos pelo fechamento do regime, tem sido questionada pela historiografia mais recente. Ver João Roberto Martins Filho, 1994, op. cit.

[124] Ações da esquerda em 1968 tornam pública e notória a existência da guerrilha: atentado da Vanguarda Popular Revolucionária (VPR) ao Quartel do II Exército, no qual morreu o recruta Mario Kosel Filho (junho); reconhecimento da Ação Libertadora Nacional como patrocinadora de assaltos a bancos (novembro).

[125] O maior exemplo deste tipo de liderança era José Ibraim, ligado à VPR.

[126] Citado em http://www.gedm.ifcs.ufrj.br/cronologia.php?ano=1968, acesso em: 1º jul. 2013.

[127] Márcio M. Alves, *Tortura e torturados*, Editora Idade Nova, 1966.

[128] A íntegra do discurso está disponível em http://www.fundacaomariocovas.org.br/mariocovas/pronunciamentos/ai-5, acesso em: 18 set. 2013.

[129] Ver registro sonoro, ilustrado por animação gráfica no site especial da *Folha de S.Paulo* (disponível em: http://www1.folha.uol.com.br/folha/treinamento/hotsites/ai5/, acesso em: 18 set. 2013).

[130] A expressão "terrorismo cultural" ficou famosa já nos primeiros meses após o golpe de 1964 para designar a perseguição a intelectuais e o cerceamento da liberdade de opinião. Ver Alceu A. Lima, "O terrorismo cultural", em *Revolução, reação ou reforma*, Rio de Janeiro, Tempo Brasileiro, 1964, pp. 231-2.

[131] Adriano Codato, "O golpe de 1964 e o regime de 1968", em *História, Questões e Debates*, 40, Curitiba, Universidade Federal do Paraná, 2004, pp. 11-36.

[132] João Roberto Martins Filho, 1994, op. cit.

[133] João R. Martins Filho, *Movimento estudantil e ditadura militar (1964-1968)*, Campinas, Papirus, 1987.

NO ENTANTO É PRECISO CANTAR: A CULTURA ENTRE 1964 E 1968

[134] Neste sentido, ver o artigo de Alceu Amoroso Lima e as crônicas de Carlos Heitor Cony, textos citados a seguir, que causaram furor em 1964.

[135] Tatyana A. Maia, *Cardeais da cultura nacional: o Conselho Federal de Cultura na ditadura civil-militar (1967-1975)*, 1. ed., São Paulo: Instituto Itaú Cultural/Iluminuras, 2012, v. 1, p. 236.

[136] Caio Navarro Toledo, *Iseb: fábrica de ideologias*, 2. ed., Campinas, Editora da Unicamp, 1997.
[137] Marcos Napolitano, *Seguindo a canção: engajamento político e indústria cultural na* MPB, São Paulo, Annablume/Fapesp, 2001.
[138] Renato Ortiz, *A moderna tradição brasileira*, São Paulo, Brasiliense, 1988.
[139] M. Garcia, *Ou vocês mudam, ou acabam: teatro e censura na ditadura militar (1964-1985)*, tese de Doutorado em História, UFRJ, Rio de Janeiro, 2008.
[140] Beatriz Kushnir, *Cães de guarda: jornalistas e censores do AI-5 à Constituição de 1988*, Rio de Janeiro, Boitempo, 2004.
[141] Vanderli Maria Silva, *A construção da política cultural no regime militar*, dissertação de Mestrado em Sociologia, USP, São Paulo, 2001.
[142] Em 1980, mais de 400 músicas vetadas, parcial ou totalmente. Maika L. Carocha, *Pelos versos das canções: um estudo sobre o funcionamento da censura musical durante a ditadura militar*, dissertação de Mestrado em História, UFRJ, Rio de Janeiro, 2007.
[143] Sobre o CPC da UNE, ver Miliandre Souza, *Do teatro militante à música engajada: a experiência do CPC/UNE (1959/1964)*, São Paulo, Fundação Perseu Abramo, 2007.
[144] Marcos Napolitano, *Coração civil: arte, resistência e lutas culturais durante o regime militar brasileiro (1964-1980)*, tese de Livre Docência em História do Brasil, USP, São Paulo, 2011.
[145] R. Czajka, 2009, op. cit.
[146] O crítico Roberto Schwarz, em um dos primeiros textos sobre o tema, apontou a cultura engajada como uma espécie de "ideia fora do lugar", sem o lastro histórico que lhe dava sentido antes do golpe militar, e cada vez mais ligada às artes de espetáculo operadas num circuito restrito de consumo cultural. Roberto Schwarz, "Cultura e política: 1964-69", em *Cultura e Política*, Rio de Janeiro, Paz e Terra, 2001, pp. 7-58.
[147] Segundo alguns autores, depois do golpe militar, os intelectuais e artistas de esquerda produziram ideias e obras apenas para sua própria classe social, posto que já não tinham laços orgânicos com os movimentos sociais e populares por conta da repressão a estes últimos. Este circuito fechado teria ensejado uma revisão crítica das bases conceituais e formais que informavam a cultura de esquerda: o que produzir? Para quem produzir? Como ocupar o mercado? As vanguardas, como o Tropicalismo, seriam uma resposta radical a estes impasses. Ver Heloisa Buarque de Hollanda, 1980, op. cit.
[148] Visto cinquenta anos depois, com as vantagens do historiador que já sabe o que se passou, esta opção parece um erro tático do regime, pois reconheceu a incapacidade de construir uma hegemonia cultural na classe média escolarizada. Esta derrota na área cultural teria implicações na perda da batalha da memória e na dificuldade de construir intelectuais orgânicos que defendessem o regime com algum grau de respeitabilidade junto à classe média. Não por acaso, para voltar a ter alguma interlocução com essa classe, o regime teve que lançar um canto de sereia para os artistas e intelectuais de oposição, através da Política Nacional de Cultura. Isto implicava permitir espaços de expressão nem sempre bem-vistos pelo governo, mas úteis para criar pontes com a classe média hostil. Heloisa Buarque de Hollanda e Celso Favaretto reconhecem este circuito fechado de consumo cultural de esquerda, mas destacam o movimento de construção de uma arte de vanguarda que ampliará o sentido da contestação para além do político *stricto sensu*, do qual a Tropicália foi o exemplo mais impactante. Marcelo Ridenti vê as manifestações do ano de 1968 como o "epílogo da socialização da cultura" no Brasil, cuja dinâmica foi substituída por outro processo, o de "massificação cultural" dominado pelo mercado, e pelo esvaziamento da função pública da experiência cultural e estética. Roberto Schwarz, "Cultura e política: 1964-1969", em *O pai de família e outros estudos*, São Paulo, Paz e Terra, 1978; Celso Favaretto, *Tropicália: alegoria, alegria*, São Paulo, Ateliê, 1995; Marcelo Ridenti, "Ensaio geral de socialização da cultura: o epílogo tropicalista", em Maria Luiza Carneiro (org.), *Minorias silenciadas: história da censura no Brasil*, São Paulo, Edusp/Fapesp, 2002, pp. 377-402.
[149] Stanislaw Ponte Preta, *Febeapá: O Festival de Besteira que Assola o País 1, 2 e 3*, Rio de Janeiro, Agir, 2006.
[150] Nelson W. Sodré, "O terrorismo cultural", em *Revista Civilização Brasileira*, 1, maio 1965, pp. 239-97.
[151] Marcos Napolitano, *Seguindo a canção: engajamento político e indústria cultural na* MPB, São Paulo/Fapesp, 2001.

[152] Marcos Napolitano, 2001, op. cit.
[153] Hélio Oiticica, O aparecimento do suprassensorial na arte brasileira, 1968 em Arte em Revista 7, pp. 41-2.
[154] Hélio Oiticica, Catálogo da Exposição na Whitechapel Gallery, Londres, 1969 (tradução nossa).
[155] Programa-manifesto O Rei da Vela, Grupo Oficina, set. 1967.
[156] Sobre o cinema brasileiro de vanguarda feito após o golpe militar, ver Ismail Xavier, Alegorias do subdesenvolvimento: cinema novo, tropicalismo e cinema marginal, São Paulo, Brasiliense, 1993. Xavier aponta as homologias entre os impasses ideológicos causados pelo processo de modernização capitalista excludente e periférico pós-1964 e o cinema brasileiro.
[157] Marcos Napolitano, "O olhar tropicalista sobre a cidade de São Paulo", em Varia História, 21/34, UFMG, Belo Horizonte, julho 2005, pp. 504-22.
[158] Artur Freitas, Arte de guerrilha: vanguarda, conceitualismo no Brasil, São Paulo, Edusp, 2013.
[159] Bernardo Kucinski, Jornalistas e revolucionários: nos tempos da imprensa alternativa, São Paulo, Scritta Editorial, 1991.
[160] Apud Ivo Lucchesi & G. Diaguez. Caetano, por que não? Uma viagem entre a aurora e a sombra, p. 274.
[161] Zuenir Ventura, 1988, op. cit.

"O MARTELO DE MATAR MOSCAS": OS ANOS DE CHUMBO

[162] A junta era formada pelo general Aurélio Lira Tavares, pelo almirante Augusto Rademaker e pelo brigadeiro Marcio de Sousa e Melo.
[163] Conforme depoimento do jornalista Carlos Chagas, assessor de imprensa do Planalto, em Ronaldo da Costa Couto, Memória viva do regime militar (Brasil, 1964-1985), Rio de Janeiro, Record, 1999, p. 82.
[164] Idem, p. 83.
[165] Médici foi escolhido pelo voto dos oficiais-generais das três armas, a partir de critérios confusos que, a rigor, não garantiam isonomia do voto individual. Seu principal competidor era o general Albuquerque Lima, bem mais carismático e defensor de um nacionalismo autoritário, inclusive na economia. Ao fim e ao cabo, Médici foi bem votado no Exército (77 votos em 102 registrados) e ganhou por pequena margem na Aeronáutica. Na Marinha, o impasse foi maior e só se resolveu com uma virtual rebelião do comando dos Fuzileiros Navais em favor de Médici. O Congresso, em mais uma pantomima eleitoral, apenas ratificou o nome do general, com 293 votos contra 76 abstenções. Para mais detalhes, ver Elio Gaspari, Ditadura escancarada, São Paulo, Companhia das Letras, 2002b, pp. 118-22.
[166] José Pedro Macarini, "Política econômica do governo Médici (1970-1973)", em Nova Economia, Belo Horizonte, 15 (3), pp. 53-92, setembro-dezembro de 2005, p. 59.
[167] "Discurso de posse", Biblioteca da Presidência da República, p. 39 (disponível em: http://www.biblioteca.presidencia.gov.br/sobre-a-biblioteca/biblioteca-da-presidencia-da-republica, acesso em: 22 set. 2013).
[168] Elio Gaspari, 2002b, op. cit., p. 472.
[169] Fiuza Castro, em Maria Celina D'Araujo et al., Os anos de chumbo: a memória militar sobre a repressão, CPDOC/Relume Dumará, 1994, p. 76.
[170] "Resolução de maio, 1965", em Edgar Carone, 1982, op. cit., pp. 15-27.
[171] Jacob Gorender, Combate nas trevas: esquerda brasileira das ilusões perdidas à luta armada, São Paulo, Ática, 1987.
[172] Para uma trajetória de Carlos Marighella, ver a alentada e detalhada biografia de Mário Magalhães, O guerrilheiro que incendiou o mundo, São Paulo, Companhia das Letras, 2013.
[173] Em março de 1970, houve o sequestro do cônsul japonês em São Paulo, trocado por 5 presos; em junho de 1970, foi sequestrado o embaixador da Alemanha no Rio, trocado por 40 presos. Em dezembro 1970, o embaixador suíço foi sequestrado no Rio, trocado por 70 presos.

[174] O jornal O *Estado de S.Paulo* publicou reportagem sobre a guerrilha na edição de 24 de setembro de 1972.

[175] Marcelo Ridenti, 1995, op. cit.

[176] Idem, p. 122.

[177] Idem.

[178] Mariana Joffily, "Quando a melhor defesa é o ataque: interrogatórios políticos da Oban e do DOI-Codi", *Antíteses*, Londrina, v. 2, n. 4, jul./dez. de 2009, pp. 786. Para uma análise mais ampla, ver também o livro da autora *No centro da engrenagem: os interrogatórios na Operação Bandeirante e no DOI de São Paulo (1969-1975)*, Rio de Janeiro, Arquivo Nacional; São Paulo, Edusp, 2013.

[179] Miliandre Garcia, *"Ou vocês mudam ou acabam": teatro e censura na ditadura militar (1964-1985)*, tese de Doutorado em História, UFRJ, 2008.

[180] Cecilia Heredia, "A censura musical no Brasil dos anos 1970", relatório de Iniciação Científica/Fapesp, São Paulo, 2011.

[181] Maika L. Carocha, 2007, op. cit.

[182] Beatriz Kushnir, 2004, op. cit.; Maria Aparecida Aquino, *Censura, imprensa e estado autoritário: o exercício cotidiano da dominação e da resistência*, Bauru, Edusc, 1999.

[183] Para um panorama sobre a censura a livros (de ficção) durante a ditadura, ver Sandra Reimão, *Repressão e resistência: censura a livros na ditadura militar*, São Paulo, Edusp/Fapesp, 2011. Ver também o estudo de caso de Eloisa Aragão, *Censura na lei e na marra: como a ditadura quis calar as narrativas sobre a violência*, São Paulo, Humanitas/Fapesp, 2013, centrado no livro *Em câmara lenta*, de Renato Tapajós, uma das primeiras obras a narrar a experiência da tortura.

[184] Carlos Fico, *Como eles agiam: Os subterrâneos da Ditadura Militar: espionagem e polícia política*, Rio de Janeiro, Record, 2001, pp. 95-8.

[185] Ver depoimento de Adyr Fiuza de Castro em Maria C. D'Araujo et al., 1994, pp. 35-80.

[186] Conforme general Roberto França Domingues, em Ronaldo C. Couto, op. cit., p. 148.

[187] Entrevista do ex-tenente Marcelo Paixão de Araujo, em *Veja*, 9 dez. 1998, nº 1.576, pp. 42-53.

[188] Flavio Tavares, op. cit., 1999, pp. 71-4. Nas suas memórias, Tavares descreve os dois tipos de interrogatório, de caráter propriamente militar, à base de torturas, e o jurídico, feito dentro de regras civilizadas e polidas.

[189] Depoimento de Adyr Fiuza de Castro, em Maria C. D'Araujo et al., 1994, op. cit.

[190] Idem.

[191] Conforme Elio Gaspari, Geisel teria dito ao general Dale Coutinho: "Esse negócio de matar é uma barbaridade, mas tem que ser [...]". Elio Gaspari, *A ditadura derrotada*, Companhia das Letras, 2003, p. 324.

[192] Adyr Fiuza de Castro em Maria C. D'Araujo, et al., 1994, op. cit., p. 68.

[193] O livro de Mariana Joffily, 2009, op. cit., demonstra a racionalidade dos interrogatórios transcritos e sua função no combate à guerrilha: descobrir contatos, conhecer a estrutura e produzir provas para imputação.

[194] Conforme J. Teles, os dados quantitativos são os seguintes: 50 mil presos nos primeiros meses do regime; 7.367 pessoas acusadas nos termos da Lei de Segurança Nacional (10.034 inquiridos); 130 banidos; 4.862 cassados; 6.592 militares punidos; 388 mortos e desaparecidos (426 se contados os que morreram por sequelas da tortura no exterior); milhares de exilados. Ainda devemos considerar centenas de lideranças camponesas assassinadas em conflitos políticos e agrários, sob as vistas das autoridades, e milhares de indígenas mortos por ações do Exército na Amazônia, conforme denúncia recente da imprensa. Ver Janaina Teles, "Entre o luto e a melancolia: a luta dos familiares de mortos e desaparecidos políticos", em Janaina Teles, Edson Teles e Cecília M. Santos, *Desarquivando a ditadura: memória e justiça no Brasil*, São Paulo, Hucitec, 2009, p. 152.

[195] Ednardo D'Ávila Mello, comandante do II Exército, foi demitido por Geisel em 1976, assumindo Milton Tavares, chefe do CIE no governo Médici. O Palácio parecia controlar o porão. Ainda assim, houve denúncia de 156 casos de tortura, conforme Elio Gaspari, 2003, op. cit., p. 492.

[196] Para uma reflexão sobre o lugar da tortura no regime e seus significados históricos, ver Luciano Oliveira, "Ditadura militar, tortura, história", em *Revista Brasileira de Ciências Sociais*, 26/75, fev. 2011, pp. 8-25.

[197] Ver Bernardo Kucinski, *K.*, São Paulo, Expressão Popular, 2012. O livro mistura ficção e realidade ao narrar a angustiada busca de um pai pela filha, desaparecida política. A narrativa foi baseada no caso de Ana Rosa Kucinski, irmã do autor, professora da USP, sequestrada e morta pelo regime, e, para colorir ainda mais o caso de tons absurdos, demitida por abandono de emprego da USP, com aval da Congregação da Faculdade de Química. Trata-se, na minha opinião, do melhor livro de narrativa literária já feito sobre o regime militar brasileiro.

[198] Fernando Seliprandy, *Imagens divergentes, "conciliação" histórica: memória, melodrama e documentário nos filmes "O que é isso, companheiro" e "Hércules 56"*, dissertação de Mestrado em História Social, USP, 2012.

[199] Calcula-se que cerca de 120 pessoas foram mortas em ações armadas da esquerda, fora os "justiçamentos" de ex-membros de organizações. Os números não estão consolidados nem plenamente investigados e comprovados, sendo normalmente veiculados por *sites* de direita. Entre estes 57 eram agentes das diversas forças de segurança que atuavam na repressão, a maioria soldados da PM. O pico das mortes desses agentes foi entre 1969 e 1971, com 17, 12 e 10 casos, respectivamente. Disponível em: http://veja.abril.com.br/blog/reinaldo/tag/mortos-pela-esquerda, acesso em: 22 set. 2013.

[200] Daniel Aarão Reis Filho, *A revolução faltou ao encontro: os comunistas no Brasil*, São Paulo, CNPq/Brasiliense, 1990.

[201] Bruno Paes Manso, *Crescimento e queda dos homicídios em SP entre 1960 e 2010: uma análise dos mecanismos da escolha homicida e das carreiras no crime*, tese de Doutorado em Sociologia, Universidade de São Paulo, 2012.

[202] M. Joffily, 2009, op. cit.

[203] Bruno P. Manso, 2012, op. cit., p. 104.

[204] Idem.

[205] Pesquisa Veja/Marplan, divulgada na revista *Veja*, 29 jul. 1970, p. 30, aponta que 60% dos paulistanos apoiavam o esquadrão da morte.

[206] Bruno P. Manso, 2012, op. cit., p. 126.

[207] Nos anos 1990, a cidade de São Paulo registrou média de 20 assassinatos por 100 mil habitantes, com alguns bairros periféricos chegando a 70/100 mil. Só a partir de 2001, os números começaram a baixar, chegando a cerca de 9/100 mil em 2011. O motivo da queda ainda é objeto de debate, mas, em linhas gerais apontam-se novas práticas de policiamento comunitário associadas a ações culturais voltadas para jovens, ao lado de novas formas de organização do crime que evitavam disputas de gangues rivais.

[208] Sobre a mentalidade da Polícia Militar na ditadura, um bom exemplo é o honesto e revelador depoimento de um ex-policial em Bruno Manso, 2012, op. cit., p. 136. Nele, o depoente diz que só ouviu dizer que a polícia está a serviço da população a partir da Constituição de 1988.

[209] Sobre o conceito de justiça transicional, ver Glenda Mezzaroba, *O preço do esquecimento: as reparações pagas às vítimas do regime militar (uma comparação entre Brasil, Argentina e Chile)*, tese de doutorado em Sociologia, USP, São Paulo, 2007, p. 17.

NUNCA FOMOS TÃO FELIZES:
O MILAGRE ECONÔMICO E SEUS LIMITES

[210] Para uma análise de coletânea da política econômica do regime, ver Maria Conceição Tavares, *Da substituição de importações ao capitalismo financeiro*, Rio de Janeiro, Zahar, 1972; José Serra, "O milagre econômico brasileiro: realidade e mito", *Revista Latino-americana de Ciências Sociais*, n° 3, 1972; Além disso, recomendamos o instigante ensaio de Francisco Oliveira, *A economia brasileira: crítica à razão dualista*, Petrópolis, Vozes/Cebrap, 1981, publicado originalmente em *Estudos Cebrap* (2), 1972. Neste, o autor articula o padrão de desenvolvimento e exploração capitalistas no Brasil antes e depois de 1964.

[211] Dados do IBGE.
[212] O Plano de Metas foi um conjunto de medidas lançadas no início do governo Juscelino Kubitschek para dinamizar o desenvolvimento brasileiro, concentrando recursos públicos nas áreas de energia, transporte e infraestrutura, educação e alimentação. Os três primeiros grupos de metas receberam cerca de 93% dos recursos. As medidas se completavam com a entrada maciça de capital e empresas estrangeiras nos setores mais lucrativos, de bens duráveis. A metassíntese era a construção de Brasília. O Brasil efetivamente cresceu durante o quinquênio JK, mas as contradições socioeconômicas, a inflação e as disparidades regionais aumentaram significativamente.
[213] O cientista político Rene Dreifuss analisou o papel destes grupos nos processos golpistas do período. Ver Rene Dreifuss, *1964: a conquista do Estado*, Petrópolis, Vozes, 1981.
[214] Em 1979, a taxa de desemprego foi de 2,8% da PEA. Em 1981, foi de 4,3%. A inflação saltou de 38% em 1978 para 76% em 1979. No começo dos anos 1980, em alguns setores sociais, como nas indústrias, o desemprego chegou a 20%. Ver Dinaldo Amorim, "O desemprego no Brasil a partir da década de 1970", monografia do curso de Ciências Econômicas da UFSC, Florianópolis, 2005 (disponível em: http://tcc.bu.ufsc.br/Economia295579, acesso em: 23 set. 2013).
[215] Entre 1979 e 1982, tudo o que podia dar errado para as economias capitalistas dependentes efetivamente deu. Primeiro, por conta da Revolução Iraniana e do colapso da produção neste país, o mercado global de petróleo se desestabilizou, com aumento de preços. Depois, os Estados Unidos, para financiar seu déficit público, aumentaram os juros internos que chegaram a quase 20% ao ano. As dívidas externas dos países devedores aos EUA, que tinham sido contratadas a juros flutuantes durante a década de 1970, explodiram.
[216] Mário H. Simonsen e Roberto Campos, *A nova economia brasileira*, Rio de Janeiro, José Olimpio, 1974, p. 119.
[217] Adriano Codato, "Processo decisório de política econômica da ditadura militar brasileira e o papel das forças armadas", *paper* apresentado na Conferência no Laboratório de Estudos sobre Militares e Política, UFRJ, Rio de Janeiro, 2005.
[218] Fernando Veloso, André Vilela e Fábio Giambiagi, "Determinantes do 'milagre econômico' brasileiro: uma análise empírica", em *Revista Brasileira de Economia*, Rio de Janeiro, v. 62, n. 2, pp. 221-46, abr./jun. 2008, p. 228.
[219] Situação econômica que combina estagnação econômica com inflação alta. Na verdade, no Brasil este quadro se mesclou ao fenômeno da "inflação inercial" no qual a memória inflacionária (a inflação passada) era repassada ao mês seguinte alimentado por mecanismos de indexação formais (previstos em contratos, ancorados em índices oficiais) ou informais. Trata-se de uma inflação autoalimentada, que não depende do mecanismo de preços típico do mercado capitalista definido pelo jogo entre oferta e procura.
[220] O conceito de "ditadura civil-militar" surgiu entre os historiadores da Universidade Federal Fluminense, Daniel Aarão Reis Filho e Denise Rollemberg, que vêm destacando as bases sociais do regime autoritário e a ampla participação de civis no golpe e no regime. O termo se consagrou e passou a ser utilizado na imprensa, suscitando uma revisão da memória sobre o período e matizando o caráter puramente militar do regime, que pode mascarar suas conexões com o tecido social como um todo.
[221] Exemplos destes órgãos colegiados: Conselho Monetário Nacional, 1964, Conselho Interministerial de Preços, 1968, Conselho de Desenvolvimento Industrial, 1969.
[222] Adriano Codato, 2005, op. cit., p. 8.
[223] Neste ponto, não endosso a visão de uma ditadura *civil-militar*, mesmo que os quadros técnicos civis tenham sido fundamentais na burocracia de Estado, e que o grande empresariado e os banqueiros nacionais e, sobretudo, estrangeiros tenham sido os grandes beneficiários da política econômica do regime. Defendo a ideia de um regime militar, pois o coração do Estado, o eixo das decisões políticas e os ministérios estratégicos para a integração nacional (transportes, interior, comunicações) foram, fundamentalmente, ocupados pelos militares informados pela Doutrina de Segurança Nacional. Sobre este debate, além de A. Codato, 2005, op. cit., ver também João Roberto Martins Filho, "Estado e regime no pós-64: autoritarismo burocrático ou ditadura militar?", em *Revista de Sociologia e Política*, n. 2, 1994, pp. 7-23.

224 A. Codato, 2005, op. cit., p. 6.
225 José Pedro Macarini, "A política econômica da ditadura militar no limiar do milagre brasileiro", em *Textos para Discussão*, 99, Unicamp, set. 2000.
226 Fernando Veloso, André Vilela e Fábio Giambiagi, 2008, op. cit.
227 José Pedro Macarini, 2000, op. cit., p. 15.
228 Em 1971, conforme pesquisa do Ibope, o governo militar tinha 82% de aprovação. Em Hélio Silva, *O poder militar*, Porto Alegre, L&PM, 1984, p. 467.
229 Sebastião V. Cruz e Carlos Estevam Martins, 1984, op. cit., p. 56. Ver também Maria Lucia Viana, CMN: *a administração do milagre*, Rio de Janeiro, IUPERJ, 1982.
230 A crise do petróleo, ou primeiro choque do petróleo, foi produzida pelo aumento de preço proposto pela Opep, dominada por países árabes como retaliação ao apoio ocidental a Israel na Guerra do Yom Kippur, em 1973. Os preços aumentaram quase 300%.
231 Mário H. Simonsen e Roberto Campos, *A nova economia brasileira*, Rio de Janeiro, José Olímpio, 1974. Neste livro, os autores do Paeg defendem seu projeto.
232 Esta perspectiva foi sintetizada na frase "Deem-me o ano e não se preocupem com décadas", título de um artigo de Delfim Netto no *Jornal do Brasil*, 31 mar. 1970.
233 Os relatórios do governo Geisel e do Banco Mundial reconheceram a manipulação que causou uma defasagem de quase 100% no índice do custo de vida.
234 Paul Singer, "O milagre brasileiro: causas e consequências", em *Caderno Cebrap*, nº 6, São Paulo, 1972.
235 A análise crítica dos efeitos sociais do crescimento econômico concentracionista pode ser vista na obra coletiva *São Paulo, 1975: crescimento e pobreza*, São Paulo, Loyola, 1975. Ver também tabela de concentração de renda.
236 Lucio Kowarick, *A espoliação urbana*, Rio de Janeiro, Paz e Terra, 1980.
237 Para uma análise geral da política social do regime militar, ver Sonia Draibe, "Políticas sociais do regime militar brasileiro, 1964/1985", em Maria Celina D'Araujo et al., 1994, op. cit. pp. 271-309.
238 Nicole R. Garcia, "Prorural: a criação da previdência social rural no governo Medici", *paper* disponível em: http://www.coc.fiocruz.br/jornada/images/Anais_Eletronico/nicole_garcia.pdf, acesso em: 23 set. 2013.
239 Celso Furtado, *Análise do "modelo" brasileiro*, 7. ed., Rio de Janeiro, Civilização Brasileira, 1982. Destaco o seguinte trecho: "Em 1974 o volume físico das importações aumentou em 33,5 por cento, enquanto o das exportações declinava em 1,4 por cento. O saldo negativo da conta-corrente da balança de pagamentos alcançou 7 por cento do PIB nesse ano".
240 Pedro C. Fonseca e Sergio Monteiro, "O estado e suas razões: o II PND", em *Revista de Economia Política*, 28/1 (109), jan./mar. 1997, pp. 30-1.
241 Carlos Lessa. *A estratégia de desenvolvimento 1974-1976: sonho e fracasso*, Campinas, Unicamp, 1998.

"A PRIMAVERA NOS DENTES": A VIDA CULTURAL SOB O AI-5

242 Na trilha de Antonio Gramsci, entendo "nacional-popular" como um quadro de produção artístico-cultural que procura construir um idioma comum a várias classes sociais, mesclando elementos da cultura popular tradicional a elementos dos cânones universais, notadamente "ocidentais" da cultura letrada e erudita. Acrescente-se a isso elementos da cultura de massa que circula no mercado. Portanto, "nacional-popular" não deve ser confundido com nacionalismo xenófobo, nem com imitação do material folclórico, nem com uma expressão necessariamente conservadora e simplista, para facilitar a comunicação com as massas. Ver A. Gramsci, *Literatura e vida nacional*, Rio de Janeiro, Civilização Brasileira, 1968.
243 João Ricardo/João Apolinário, *Secos & Molhados*, Rio de Janeiro, Philips, 1973.

[244] Para uma visão inovadora da "contracultura" brasileira, ver Frederico Coelho, *Eu, brasileiro, confesso minha culpa e meu pecado: cultura marginal no Brasil das décadas de 1960 e 1970*, Rio de Janeiro, Civilização Brasileira, 2010. Neste trabalho, o autor reconstrói as bases da vanguarda contracultural brasileira e sua atuação no contexto cultural da "resistência" ao regime, dando ênfase a duas figuras basilares: Torquato Neto e Hélio Oiticica. O livro procura analisar tradição da cultura marginal brasileira para além do Tropicalismo (musical) e para além das influências da contracultura internacional.

[245] Raul Seixas, "Ouro de Tolo", *Krig-há, bandolo!*, Rio de Janeiro, Philips, 1973.

[246] O conceito de "vazio cultural" surgiu em uma série de reportagens para a revista *Visão* no começo da década de 1970, escritas por Zuenir Ventura, logo referendado pela corrente cultural ligada ao nacional-popular e à esquerda comunista. Nesta linha de análise, a repressão política somada aos efeitos do "irracionalismo" contracultural teria inviabilizado, momentaneamente, uma produção cultural hegemônica de bases engajadas e críticas.

[247] A Rede Globo de Televisão, uma das maiores corporações de cultura do mundo, foi aliada estratégica do regime no seu projeto de modernização e integração nacional via comunicação. Nem por isso deixou de abrigar autores e atores ligados ao Partido Comunista, como Dias Gomes, Oduvaldo Viana Filho, Armando Costa, entre outros, em seu núcleo de teledramaturgia.

[248] Marcos Napolitano, "O caso das patrulhas ideológicas na cena cultural brasileira do final dos anos 1970", em João Roberto Martins Filho (org.), *O golpe de 64 e o regime militar: novas perspectivas*, São Carlos, Edufscar, 2006, pp. 39-46.

[249] Revista *Vip/Exame*, 119, março/95, pp. 52-7.

[250] Sobre os festivais da canção, ver Marcos Napolitano, 2001, op. cit.; Zuza Homem de Mello, *A era dos festivais: uma parábola*, São Paulo, Editora 34, 2004.

[251] Sobre a gravadora Som Livre e o lugar da música na TV dos anos 1970, ver Eduardo Scoville, *Na barriga da baleia: a Rede Globo de televisão e a música popular brasileira na primeira metade da década de 1970*, tese de Doutorado em História, Universidade Federal do Paraná, 2008.

[252] Paulo Cesar Araujo, *Eu não sou cachorro, não: música popular cafona e ditadura militar*, Rio de Janeiro, Record, 2002.

[253] Nessa época, o "Rei" gravou algumas canções clássicas do seu repertório: *Sua Estupidez*, *As Curvas da Estrada de Santos*, *Detalhes*, entre outras, regravadas posteriormente por intérpretes respeitados. Esta fase era bastante influenciada pela black music, sobretudo no padrão dos arranjos à base do naipe rítmico dos metais.

[254] Jose Miguel Wisnik, *O minuto e o milênio ou Por favor, professor, uma década de cada vez: anos 70/música popular*, Rio de Janeiro, Europa, 1980; Marcos Napolitano, "A música popular brasileira nos anos de chumbo do regime militar", em Massimiliano Sala e Roberto Illiano, (orgs.), *Music and Dictatorship in Europe and Latin America*, Turnhout (Belgica)-Lucca, Brepols Publishers, 2009, pp. 641-71.

[255] Marcos Napolitano, "MPB: a trilha sonora da abertura política", em *Estudos Avançados* (USP. impresso), v. 69, 2010, pp. 389-404.

[256] Rafaela Lunardi, *Em busca do "Falso Brilhante": performance e projeto autoral na trajetória de Elis Regina (Brasil, 165-1976)*, dissertação de Mestrado em História Social da Universidade de São Paulo, 2011.

[257] Para uma descrição detalhada deste polêmico episódio envolvendo Elis e seus desdobramentos políticos e culturais, ver Rafaela Lunardi, "Mercado e engajamento na trajetória musical de Elis Regina", *paper* apresentado no XX Encontro Regional de História, ANPUH-São Paulo, Franca, 2010, pp. 8-9 (disponível em: http://www.anpuhsp.org.br/SP/downloads/CD%20XX%20Encontro/PDF/Autores%20e%20 Artigos/Rafaela%20Lunardi.pdf, acesso em: 25 set. 2013).

[258] Conforme Luciano Martins, a "geração AI-5 seria caracterizada pela disseminação do uso da droga, pelo modismo psicanalítico e pela desarticulação do discurso racional e politizado, em nome de uma 'expansão da mente' e da liberdade de ação individual. A definição é polêmica, e esteve no centro de um grande debate, entre aqueles que criticavam a contracultura jovem e aqueles que tinham como um caminho válido de crítica". Luciano Martins, "A geração AI-5: um ensaio sobre autoritarismo e alienação", em *Ensaio de Opinião*, São Paulo, v. 2, 1979, pp. 72-103.

[259] João das Neves, *O último carro: antitragédia brasileira*, Rio de Janeiro, Grupo Opinião, 1976.

[260] Miriam Hermetto, *Gota d'água: um evento no campo artístico-intelectual brasileiro (1975-1980)*, tese de Doutorado em História, Universidade Federal de Minas Gerais, 2010. Neste trabalho, a autora aponta a peça como o centro de um projeto de frentismo cultural e político contra o regime, que reunia membros do PCB e de outras correntes de esquerda não comunistas.

[261] Silvia Fernandes, *Grupos teatrais dos anos 1970*, Campinas, Editora Unicamp, 2000.

[262] Ismail Xavier, 1993, op. cit.

[263] Alcides Ramos, *O canibalismo dos fracos: cinema e história do Brasil*, Bauru, Edusc, 2002.

[264] Para uma análise que destaca a homologia deste filme com a sociedade dos anos 1970 a partir de seus recursos narrativos, ver Ismail Xavier, "O olhar e a voz: a narração multifocal do cinema e as cifras da história em São Bernardo", em *Literatura e Sociedade*, Dep. de Teoria Literária – USP, n. 2, 1997.

[265] José Mário Ortiz Ramos, *Cinema, estado e lutas culturais: anos 1950, 60 e 70*, Rio de Janeiro, Paz e Terra, 1987.

[266] Tatyana Maia, 2012, op. cit.

[267] Miliandre Garcia, "Contra a censura, pela cultura: a construção da unidade teatral e a resistência cultural à ditadura militar no Brasil", em *ArtCultura*, UFU, v. 14, 2012, pp. 1-25.

[268] Miliandre Garcia, 2008, op. cit.

[269] I. Simões, *Roteiro da intolerância: a censura cinematográfica no Brasil*, São Paulo, Editora Senac, 1998.

[270] Maika L. Carocha, 2007, op. cit.

[271] Sobre a cena literária nos anos 1970, ver Tania Pellegrini, *Gavetas vazias: ficção e política nos anos 1970*, Campinas, Mercado de Letras, 1997; Renato Franco, *Itinerário político do romance pós-64: a festa*, São Paulo, Editora Unesp, 1998; Jaime Ginzburg, "A ditadura militar e a literatura brasileira: tragicidade, sinistro e impasse", em Cecilia Macdowell Santos, Edson, 2009, op. cit.; Eloisa Maues, "*Em Câmara Lenta*", de Renato Tapajós: a história do livro, experiência histórica da repressão e narrativa literária, dissertação de Mestrado em História Social, FFLCH/USP, 2008.

[272] Wolney Malafaia, *Imagens do Brasil: o cinema novo e as metamorfoses da identidade nacional*, tese de Doutorado em História, Política e Bens Culturais, Fundação Getulio Vargas, Rio de janeiro, 2012.

[273] Miliandre Garcia, "Políticas culturais no regime militar: a gestão de Orlando Miranda no SNT e os paradoxos da hegemonia cultural de esquerda (1974-1979)", em Marcos Napolitano, Rodrigo Czajka e Rodrigo Patto Sá Mota (orgs.), *Comunistas brasileiros: cultura política e produção cultural*, Belo Horizonte, UFMG, 2013.

[274] Sobre a cena poética nos anos 1970, ver Armando Freitas Filho, "Poesia, vírgula viva", em Adauto Novaes, *Anos 1970: ainda sob a tempestade*, Rio de Janeiro, Aeroplano/Editora Senac, 2005, pp. 161-205. Para uma visão aprofundada das tendências poéticas brasileiras durante o regime autoritário, ver Viviana Bosi, *Poesia em risco: itinerários a partir dos anos 60*, tese de Livre Docência em Literatura Brasileira, USP, São Paulo, 2011.

[275] Vale lembrar que na virada da década de 1970 para a década de 1980 havia uma considerável rede de produção musical alternativa, fora do esquema monopolista da indústria fonográfica brasileira: os selos Kuarup (RJ), Artezanal (RJ), Lira Paulistana e Som da Gente (SP), Bemol (MG), entre outros, tiveram um importante papel na disseminação da música fora dos grandes circuitos comerciais, assim como os teatros Lira Paulistana e Sesc-Pompeia, que no começo da década de 1980 foram verdadeiros templos da música (e do movimento) independente e alternativa que marcou os anos finais da ditadura. Sobre a cena independente paulista, ver Sean Stroud, "Música popular brasileira experimental: Itamar Assumpção, a vanguarda paulista e a tropicália", em *Revista* USP, 87, set./nov. 2010, pp. 86-97.

LETRAS EM REBELDIA:
INTELECTUAIS, JORNALISTAS E ESCRITORES DE OPOSIÇÃO

[276] Tatyana de Amaral Maia, *A construção da memória em tempos autoritários: a experiência do Conselho Federal de Cultura (1966-1975)*, tese de Doutorado em História, Universidade do Estado do Rio de Janeiro, 2006. O exame de alguns nomes que passaram pelo Conselho Federal de Cultura pode servir de base para uma análise de perfil da intelectualidade conservadora pró-regime, ainda relativamente pouco

estudada. Citamos alguns: Gustavo Corção, Pedro Calmon, Gilberto Freyre, João Guimarães Rosa, Raquel de Queiroz, Helio Vianna, Ariano Suassuna, Josué Montello (primeiro presidente). Tatyana Maia aponta de maneira arguta que o núcleo do CFC era formado pelos setores modernistas conservadores, atuantes junto ao Estado desde os anos 1930. Por outro lado, a progressiva marginalização desses intelectuais na própria burocracia federal da cultura em meados dos anos 1970 é sintomática de uma configuração histórica completamente diferente do setor cultural durante o regime.

[277] Alceu A. Lima, *Revolução, reação ou reforma*, 2. ed. Petrópolis, Vozes, 1999. original publicado em 1964.

[278] Conforme Rodrigo Czajka: "A crônica 'terrorismo cultural' serviu de elo de ligação entre diversas camadas intelectuais com o meio acadêmico e universitário, que se via em processo de degradação pela ação dos militares". Rodrigo Czajka, *Praticando delitos, formando opinião: intelectuais, comunismo e repressão* (1958-1968), tese de Doutorado em Sociologia, Unicamp, 2009, p. 217.

[279] Alceu A. Lima, 1999, op. cit., pp. 231-2.

[280] Carlos Heitor Cony, *O ato e o fato: o som e a fúria das crônicas contra o golpe de 1964*, op. cit.

[281] Em outra crônica, reitera sua posição anti-Goulart: "Firmo minha posição: votei em branco no plebiscito sobre o parlamentarismo. Não poderia votar contra a investidura de um vice-presidente, eleito em regime presidencialista, no mandato que o povo lhe confiara [...]. Mas não poderia votar a favor do Sr. João Goulart, homem completamente despreparado para qualquer cargo público, fraco, pusilânime e, sobretudo, passando os extensos limites do analfabetismo". Carlos H. Cony, "O Medo e a responsabilidade", 2003, op. cit., p. 23.

[282] Carlos H. Cony, "O sangue e a palhaçada", em 2003, op. cit., p. 22.

[283] C. H. Cony, 2003, op. cit., p. 25.

[284] Idem, p. 41.

[285] Carlos H. Cony, "A hora dos intelectuais", em 2003, op. cit., pp. 89-90.

[286] Sobre a relação dos intelectuais com o Estado, ver Daniel Pecaut, *Intelectuais e política no Brasil: entre o povo e a nação*, São Paulo, Ática, 1990; Carlos Guilherme Mota, *Ideologia da cultura brasileira (1933-1974)*, São Paulo, Ática, 1990.

[287] "Manifesto nacional pela democracia e o desenvolvimento" (Manifesto à nação defende a liberdade), em *Correio da Manhã*, 14 mar. 1965.

[288] Nelson W. Sodre, "O terrorismo cultural", em *Revista Civilização Brasileira*, 1, maio de 1965, pp. 239-97.

[289] Sobre a revista, ver R. Czajka, *Páginas de resistência: intelectuais e cultura na Revista Civilização Brasileira (1965-1968)*, dissertação de Mestrado em Sociologia, Unicamp, 2005; e Ozias Paes Neves, *Revista Civilização Brasileira: uma cultura de esquerda (1965-1968)*, dissertação de Mestrado em História, Universidade Federal do Paraná, 2006.

[290] Nelson W. Sodré, 1965, op. cit., p. 240.

[291] Idem, p. 247.

[292] "Resolução política do CC do PCB (maio de 1965)", em E. Carone, 1982, op. cit., pp. 15-26. Os termos da resistência definidos pelo PCB, e confirmados no VI Congresso do Partido, em 1967, acabaram por estimular as dissidências internas, fazendo com que aqueles que defendiam a luta armada rompessem com o Partido. Ver também Hamilton Lima, *O ocaso do comunismo democrático: o PCB na última ilegalidade*, dissertação de Mestrado em Ciência Política, Unicamp, 1995.

[293] "Resolução política do Comitê Central do PCB (maio de 1965)", em E. Carone, 1982, op. cit., p. 16.

[294] Ver o depoimento de Antonio Callado sobre o episódio em Marcelo Ridenti, 2000, op. cit., pp. 123-4.

[295] Em Marcelo Ridenti, 2000, op. cit., p. 122.

[296] Exército Brasileiro, IPM 709, Biblioteca do Exército, 1967, p. 233.

[297] Marcelo Ridenti, com bases nos processos da justiça militar, calcula que 57,8 % dos membros das organizações armadas de esquerda no período do regime militar eram formados por camadas intelectualizadas (professores, artistas, estudantes universitários, profissionais de nível superior), com algumas pequenas variações conforme o agrupamento. Marcelo Ridenti, *O fantasma da revolução brasileira*, São Paulo, 2. ed., Editora Unesp, 2010, p. 61.

[298] No caso do Brasil, o exílio esteve ligado ou à militância intelectual em grupos clandestinos ou a saídas táticas de cena ligadas às oportunidades de trabalho no exterior que se abriam aos aposentados e cassados. No exterior, floresceram muitos grupos de intelectuais partidarizados e muitos periódicos que foram veículos de um restrito porém intenso debate. Ver Denise Rollemberg, *Exílios: entre raízes e radares*, Rio de Janeiro, Record, 1999. No exílio francês e italiano, por exemplo, surgirá um importante núcleo intelectual do Partido Comunista Brasileiro, identificado com o chamado "Eurocomunismo" que defendia a pluralidade eleitoral e criticava a chamada "ditadura do proletariado" do modelo soviético. Este núcleo era formado por Armênio Guedes, Carlos Nelson Coutinho, Leandro Konder, entre outros. Sobre o exílio comunista e a formação desta corrente, Ver Sandro Vaia, *Armênio Guedes: o sereno guerreiro da liberdade*, São Paulo, Barcarola, 2013; e Luiz Hildebrando, *Crônicas de nossa época memórias de um cientista engajado*, São Paulo, Paz e Terra, 2001.

[299] Milton Lahuerta, "Intelectuais e resistência democrática. Vida acadêmica, marxismo e política no Brasil", em *Cadernos AEL*, 14/15, Campinas, 2001, pp. 53-96; R. R. Boschi, "Entre a cruz e a caldeira: classes médias e política na terra da transição, em S. Laranjeira (org.), *Classes e movimentos sociais na América Latina*, São Paulo, Hucitec, 1990, pp. 158-75.

[300] Milton Lahuerta, 2001, op. cit., p. 64.

[301] Sergio Miceli, "O papel político dos meios de comunicação", em Saul Sosnowski e Jorge Schwarz (orgs.), *O trânsito da memória*, São Paulo, Edusp, 1994, pp. 41-68.

[302] O Iseb foi um grande centro de pensamento nacionalista criado em 1955 e fechado pelos militares em 1964. Reunia várias correntes ideológicas (nacionalistas, liberais, socialistas, comunistas) que tinham em comum a formulação de valores e estratégias desenvolvimentistas produzindo ideias críticas sobre a falta de "autenticidade" cultural no Brasil e a "alienação" das massas. Tratava-se de um órgão de Estado, vinculado ao MEC, síntese da crença que vinha desde os anos 1930 de que o intelectual deveria ser sócio das elites políticas na superação do atraso brasileiro, sem abrir mão de um pensamento autônomo e crítico. O golpe militar inviabilizou esta parceria, pois o tema do nacional-desenvolvimentismo ficou ligado à esquerda derrotada em 1964. Ver Caio Navarro Toledo, *Iseb: fábrica de ideologias*, Campinas, Editora Unicamp, 1998.

[303] Para uma visão detalhada sobre as correntes acadêmicas (e ideológicas) que se formaram no interior da Faculdade de Filosofia Letras e Ciências Humanas da USP, com grandes implicações para os desdobramentos do "partido intelectual" durante o regime, ver Lidiane Soares, *A produção social do marxismo universitário em São Paulo: mestres, discípulos e um "seminário" (1958-1978)*, tese de Doutorado em História Social, Universidade de São Paulo, 2011. Sobre o Cebrap ver o livro organizado por Paula Montero e Flavio Moura, *Retrato de Grupo*, Cosac Naify, 2009, bem como o documentário homônimo de Henri Gervaiseau que acompanha o livro. Sobre as diferenças entre o Cebrap e o Cedec, ver Ana Paula Moreira Araujo, *Pensando a intelligentsia nacional: o Cebrap e o Cedec na nova interpretação sobre o Brasil*, paper apresentado no III Seminário Nacional de Sociologia e Política, Curitiba, 2010 (disponível em: http://www.seminariosociologiapolitica.ufpr.br/anais/GT07/Anna%20Paula%20Moreira%20de%20Araujo.pdf, acesso em: 27 set. 2013). O Cebrap, órgão que reunia intelectuais de origem uspiana, destacou-se pela revisão das teses sobre o estagnacionismo e o dualismo arcaico-moderno na sociedade, afastando-se das teorias clássicas das esquerdas sobre o Brasil. A questão era saber como uma elite conservadora tinha modernizado o país. Além disso, foi marcado pela afirmação do intelectual como "vozes" não mais do Estado, mas da sociedade. O Cedec, criado em 1976, deu mais primazia ao social e às classes como sujeitos históricos.

[304] Miriam Hermeto, *"Olha a gota que falta": um evento no campo artístico-intelectual brasileiro (1975-1980)*, tese de Doutorado em História, UFMG, Belo Horizonte, 2010.

[305] Antes mesmo de as dissidências do Partido Comunista Brasileiro irem às armas, os ex-militares nacionalistas inspirados pelo trabalhismo brizolista lançaram a chamada à luta armada, em 1965/66. A guerrilha do Caparaó foi seu "balão de ensaio", estourado pela repressão antes de alçar qualquer voo.

[306] Paulo Francis, "A travessia de Cony", em *Revista Civilização Brasileira*, 13, 1967, pp. 179-83.

[307] Idem, p. 183.

[308] Ferreira Gullar, "*Quarup* ou ensaio de deseducação para brasileiro virar gente", em *Revista de Civilização Brasileira*, 15, 1967, pp. 251-8.

[309] *Pessach: a travessia*, desde sua primeira edição em 1967, esteve no centro de uma polêmica envolvendo Cony e alguns intelectuais que formavam o "Comitê Cultural" do Partido Comunista Brasileiro no Rio de Janeiro, como Ferreira Gullar e Leandro Konder (autor da orelha da primeira edição). Cony acusou os membros do Comitê de terem tentado boicotar o livro e o autor, tendo em vista que ambos não seguiam a cartilha do PCB. Konder negou tal "censura", dizendo apenas que Cony digerira mal as críticas e polêmicas em torno de suas posições políticas e literárias. Cony reiterou sua crítica aos comunistas anos depois no jornal *O Globo* (27 mar. 1997), por ocasião da 3ª edição de *Pessach*. Para mais detalhes sobre este episódio, ver Beatriz Kushnir, "Depor as armas: a travessia de Cony e a censura no Partidão", em Daniel A. Reis Filho (org.), *Intelectuais, história e política*, Rio de Janeiro, 7 Letras, 2000, pp. 219-46.

[310] Eloisa Maues, *"Em câmara lenta", de Renato Tapajós: a história do livro, experiência histórica da repressão e narrativa literária*, dissertação de Mestrado em História Social, FFLCH/USP, 2008, publicado em forma de livro sob o nome *Censura na lei ou na marra: como a ditadura quis calar as narrativas sobre suas violências*, Humanitas/Fapesp, 2013; Renato Franco, *Itinerário político do romance pós-64: "A festa"*, São Paulo, Editora Unesp, 1998.

[311] Para um balanço crítico mais amplo do papel da literatura durante o regime militar, ver Jaime Ginzburg, "A ditadura militar e a literatura brasileira: tragicidade, sinistro e impasse", em Cecilia Macdowell Santos, Edson Teles e Janaina de Almeida Teles (orgs.), op. cit., 2009, pp. 557-68. Para uma análise da expressão literária crítica ao regime em autores que se afirmaram no final dos anos 1970 e ao longo dos anos 1980, ver Jaime Ginzburg, "Memória da ditadura em Caio Fernando Abreu e Luis Fernando Veríssimo", em *Letterature d'America*, v. 113, 2008, pp. 95-110.

[312] Neste ponto, deixamos de lado o campo da poesia, que parece não se enquadrar neste axioma de criação literária. Movimentos como Poesia Jovem, na primeira metade dos anos 1970, estão mais próximos de uma poética de vanguarda contracultural, apontando para uma revisão da consciência de mundo pelo mergulho na fragmentação da linguagem como possibilidade de expressão ou representação do real e do sujeito.

[313] Neste ponto, destaco a importância dos debates que envolveram a crítica literária nos anos 1970, e que produziram importantes revisões analíticas da história do Brasil a partir do estudo do material e da consciência literária propiciada pela prosa e pela poesia. Desde os textos clássicos de Antonio Candido, "Dialética da malandragem" e "Literatura e subdesenvolvimento", passando pelo também clássico "As ideias fora do lugar", de Roberto Schwarz, ou *O ser e o tempo na poesia* de Alfredo Bosi, a crítica literária acadêmica protagonizou um debate intenso e inovador, revisando temas ligados aos conflitos sociais, ao nacionalismo, ao lugar do liberalismo no Brasil, à subjetividade do fato literário e sua importância para a resistência contra o autoritarismo. A crítica carioca, com destaque para Heloisa Buarque de Hollanda e Silviano Santiago, por sua vez, dedicou-se particularmente à reflexão sobre a literatura alternativa e à poesia jovem, valorizando criações ligadas às vanguardas literárias dos anos 1960.

[314] Dois artigos de época são sintomáticos deste debate, reveladores das tensões do meio intelectual de oposição: M. Alves, "A esquerda festiva", em *Correio da Manhã*, 1º jul. 1965; Paulo Francis, "A crise das esquerdas", em *Reunião*, 20 out. 1965.

[315] Exemplar desta perspectiva heroica é o livro de Jefferson Andrade, *Um jornal assassinado: a última batalha do "Correio da Manhã"*, José Olimpio, 1991. Ver também Alberto Dines et al., *Os idos de março e a queda em abril*, Rio de Janeiro, J. Alvaro, 1964. Nesta precoce crônica do golpe militar, já se aponta para um revisionismo da atuação golpista da imprensa, mudando o foco para a crítica ao arbítrio do regime. Ao que parece, os jornais liberais e os jornalistas mais identificados com esta variável esperavam, sinceramente, uma "intervenção rápida e saneadora" contra o governo Jango. Quando os militares no poder deixaram claro a que vieram, os liberais iniciaram seu afastamento crítico, ainda que sempre moderado, aproximando-se em muitos momentos da crítica da esquerda derrotada.

316 Neste quesito, destaco as coleções de bolso da Editora, de caráter formativo, como "Tudo é História" e "Primeiros Passos", verdadeiras febres editoriais nos anos 1980, bem como a coleção de romances e poesia direcionada aos jovens, como "Encanto Radical" e "Cantadas Literárias". Sem falar, também, no importante catálogo acadêmico da Brasiliense, que deu vazão às pesquisas de ciências humanas produzidas nos programas de pós-graduação.

317 Ver R. Czajka, *Páginas de resistência: intelectuais e cultura na "Revista Civilização Brasileira" (1965-1968)*, dissertação de Mestrado em Sociologia, Unicamp, 2005; e Ozias Paes Neves, *"Revista Civilização Brasileira": uma cultura de esquerda (1965-1968)*, dissertação de Mestrado em História, Universidade Federal do Paraná, 2006.

318 Ver M. Ridenti, 2000, op. cit., p. 133.

319 José de Souza Martins, *A sociologia como aventura: memórias*, São Paulo, Contexto, 2013, p. 42 e 65.

320 Bernardo Kucinsky, *Jornalistas e revolucionários: nos tempos da imprensa alternativa*, São Paulo, Edusp, 2001.

321 Eliana Caruso (org.), *Pif Paf*, edição completa fac-similar, Brasília, Argumento, 2005.

322 Maria Aparecida Aquino, 1999, op. cit.

323 Carlos Azevedo, *"Jornal Movimento": uma reportagem*, 1. ed., Belo Horizonte, Manifesto, 2011.

324 Bernardo Kucinski, 2001, op. cit.

"A DEMOCRACIA RELATIVA": OS ANOS GEISEL

325 Elio Gaspari, 2002a, op. cit., p. 35.

326 *Folha de S.Paulo*, 13 set. 1996, capa.

327 *Veja*, n° 1.462, 18 set. 1996, p. 41.

328 Marcos Sá Correia, em *Veja*, n° 1.462, 18 set. 1996, p. 42.

329 Idem, p. 44.

330 Thomas Skidmore, em *Folha de S.Paulo*, 13 set. 1996, p. 6.

331 Thomas Skidmore é claro neste sentido: "Um estudo detalhado da ação governamental brasileira desde 1974 não pode levar senão à conclusão de que Geisel e Golbery e os oficiais que os apoiavam agiram a partir da crença pessoal de que o Brasil deveria mudar para um regime mais democrático. A questão de como continuar este trabalho após 1981 foi deixada para Figueiredo e uma nova geração de oficiais do Exército" (T. Skidmore, "A lenta via brasileira para a democratização", em Alfred Stepan (org.), *Democratizando o Brasil*, Rio de Janeiro, Paz e Terra, 1988, p. 70). O problema desta afirmação é menos a correta captação do *resultado* da política de Geisel e mais a leitura desse resultado a partir das intenções inequívocas dos militares em democratizar o Brasil. Além disso, trata-se de revisar o que significava "democratizar" o Brasil na ótica do regime, imagem que frequentemente se confundia com a construção de bases institucionais estáveis e tuteladas, com participação política restrita a alguns atores. É esta visão um tanto linear e causal entre intenção, estratégia e resultado que deve ser revisada.

332 Entre estes destacamos o influente manual historiográfico sobre o regime de Thomas Skidmore, *Brasil: de Castelo a Tancredo*, Rio de Janeiro, Paz e Terra, 1988. Mais recentemente (2002 a 2004) a alentada coleção escrita por Elio Gaspari sobre o regime, em 4 volumes, centrada na dupla Geisel e Golbery, reforça esta memória histórica.

333 Neste ponto, lembro a interessante equação proposta pelo cientista político Adriano Codato: a pressão popular não determinou a forma de transição, mas o seu ritmo. Ver Adriano Codato, 2005, op. cit., pp. 83-106.

334 Alfred Stepan, em seu estudo sobre a abertura, cita uma entrevista que Ernesto Geisel lhe deu, na qual afirma claramente que, no início do seu governo, não pretendia acabar com o AI-5 nem permitir a hegemonia da oposição do processo de transição. Por outro lado, reafirma o fato de que, mesmo

tendo uma perspectiva de que era preciso preparar uma retirada organizada do Exército, "como instituição", do poder de Estado, não tinha uma agenda pré-fixada. Estas declarações são importantes para reiterarmos o papel que a pressão social (o que incluir os protestos de rua a partir de 1977) exerceu sobre a "abertura". A. Stepan, 1986, op. cit., pp. 46-7.

[335] Marcos Napolitano, *Cultura e poder no Brasil republicano*, Curitiba, Juruá, 2002.

[336] Vicente Palermo e Marcos Novaro, *A ditadura militar na Argentina*, São Paulo, Edusp, 2007.

[337] Em 24 de agosto de 1972, surgiu um boato de que o jornal publicaria um manifesto militar apoiando a candidatura do general Geisel à Presidência. O governo considerou que a boataria interferia e perturbava o processo sucessório e instalou censores no jornal que ficaram até janeiro de 1975. Neste período, 1.136 textos foram proibidos, o que levou o jornal a ocupar os espaços das notícias com poemas, receitas culinárias e peças publicitárias carregadas de ironias. Ver Maria Aparecida Aquino, op. cit., 1999.

[338] Jarbas Passarinho, "Foi Médici que ao derrotar a guerrilha de esquerda proporcionou o início da abertura política", *Folha de S.Paulo*, 13 set. 1996, p. 5.

[339] *Opinião*, 63, 21 jan. 1974, p. 3.

[340] José A. Argolo, Katia Ribeiro e Luiz Alberto M. Fortunato, *A direita explosiva no Brasil: a história do grupo secreto que aterrorizou o país com suas ações, atentados e conspirações*, Rio de Janeiro, Mauad, 1996, pp. 221-2.

[341] José Antonio B. Cheibub e Marcus F. Figueiredo, "A abertura política de 1973 a 1981: quem disse o quê, quando: inventário de um debate, em BIB, Rio de Janeiro, nº 14, 2º sem./1982, pp. 29-61.

[342] Nascido da revolução popular de 1910, o modelo político mexicano tornou-se enrijecido com o tempo, sacramentado pela hegemonia absoluta do Partido Revolucionário Institucional (PRI), herdeiro do Partido da Revolução Mexicana, que reuniu a nova elite do país, tendo como eixo doutrinário a Constituição de 1917. Fraudes eleitorais e clientelismo mantiveram o PRI no poder por décadas, tornando o país, para muitos autores, um regime autoritário.

[343] Antonio Rago Filho, Os ensinamentos de Samuel Huntington para o processo de autorreforma da autocracia burguesa bonapartista. XIX Encontro Regional de História, ANPUH, 2008, (disponível em: http://www.anpuhsp.org.br/sp/downloads/CD%20XIX/PDF/Autores%20e%20Artigos/Antonio%20Rago%20Filho.pdf, acesso em: 27 set. 2013).

[344] Elio Gaspari, 2002b, op. cit., p. 344.

[345] Os dois primeiros anos do governo Geisel concentraram o maio número de denúncias de torturas, à exceção dos anos Médici, com 585 denúncias. Ver Elio Gaspari, 2003, op. cit., p. 490.

[346] Sebastião V. Cruz e Carlos Estevam Martins, 1984, op. cit., p. 65.

[347] A partir de setembro de 1976, crise na balança de pagamentos e inflação alta fazem o governo desaquecer a economia, decretando virtualmente o fim das metas do PND.

[348] Maria José Rezende, *A ditadura militar no Brasil: repressão e pretensão de legitimidade, 1964-1984*, Londrina, Editora UEL, 2001, pp. 162-8.

[349] Idem, p. 170.

[350] Wanderley G. Santos, "Uma estratégia para a descompressão", em *Jornal do Brasil*, 30 set. 1973, p. 3.

[351] Florestan Fernandes, *A revolução burguesa no Brasil*, Rio de Janeiro, Zahar, 1975, p. 212.

[352] Fernando Henrique Cardoso, *Opinião*, 26 ago. 1974.

[353] O PCB lançou a proposta de uma "Frente patriótica contra o fascismo" (novembro de 1973). Embora equivocada, a leitura da ditadura brasileira como uma forma de fascismo tinha a vantagem de legitimar uma grande aliança de classes e ideologias não marxistas contra o regime.

[354] A corrente que se aproximou dos "eurocomunistas", organizada a partir do exílio dos pecebistas na França e na Itália, desde 1970, apostava nesta estratégia. Os principais nomes eram Armênio Guedes, Carlos Nelson Coutinho e, atuando no Brasil, Luis Werneck Vianna.

[355] C. B. Macpherson, *A democracia liberal*, Rio de Janeiro, Zahar, 1978, pp. 97-116.

[356] Os responsáveis pela redação do programa foram Fernando Henrique Cardoso, Francisco Weffort, Francisco de Oliveira, Luis Werneck Vianna e Paul Singer. Conforme depoimento de Luis Werneck Vianna, em Elide Rugai Bastos et al., *Conversa com sociólogos brasileiros*, São Paulo, Editora 34, p. 168.

[357] Rodrigo Patto, *Partido e sociedade: a trajetória do MDB*, Ouro Preto, Ed. Ufop, 1997, p. 140.

[358] Janaina Teles, "Os testemunhos e a luta dos familiares dos mortos e desaparecidos no Brasil", *paper* apresentado no III Seminário Internacional Políticas de la Memória, Buenos Aires, 2010.

[359] K. Serbin, *Diálogos na sombra*, São Paulo, Companhia das Letras, 2001. A bipartite, criada por Candido Mendes e o general Antonio Muricy, durou até 1974 e foi um canal de diálogo entre Igreja e Estado no Brasil dos anos de chumbo.

[360] Idem, pp. 382-99.

[361] A organização seria virtualmente destruída com a liquidação do III Exército da ALN, que na verdade já era um racha da organização autointitulado Molipo – Movimento de Libertação Popular. Foi treinado em Cuba em 1970, ato continuo à chegada dos militantes do país em 1973, graças à infiltração de agentes na organização. Conforme Denise Rollemberg: "A ALN foi a organização que mais enviou militantes para o treinamento. Em setembro de 1967, foi formada a primeira turma, chamada de I Exército da ALN, que treinou 16 militantes até julho de 1968, e, em seguida, formaram-se o II Exército (30 militantes treinados entre julho de 1968 e meados de 1969), o III (33 militantes treinados entre maio e dezembro de 1970) e o IV (13 militantes treinados entre fins de 1970 e julho de 1971)". Para mais detalhes, ver Denise Rollemberg, *O apoio de Cuba à luta armada no Brasil*, Rio de Janeiro, Mauad, 2001.

[362] K. Serbin, 2001, op. cit., p. 407.

[363] "Uma Igreja da Amazônia em conflito com o latifúndio e a marginalização social", de 10 de outubro de 1971, carta pastoral divulgada pelo bispo de São Félix do Araguaia (MT), D. Pedro Casaldáliga, (disponível em: http://www.prelaziasaofelixdoaraguaia.org.br/uma-igreja-na-amazonia/umaigreja.htm). Pouco depois, em junho de 1972, o episcopado paulista, reunido em Brodósqui, deu uma declaração conjunta crítica ao regime, denunciando a questão da tortura. Intitulado *Testemunho de Paz*. Declaração conjunta do episcopado paulista, 8 jun. 1972.

[364] Sobre este episódio, ver Mario Magalhães, *Marighella: o guerrilheiro que incendiou o mundo*, Companhia das Letras, 2012, pp. 530-44.

[365] *Veja*, n° 336, 12 dez. 1975, p. 13.

[366] Denise Rollemberg, "Memória, opinião e cultura política. A Ordem dos Advogados do Brasil sob a ditadura (1964-1974)", em Daniel Aarão Reis e Denis Rolland (orgs.), *Modernidades alternativas*, Rio de Janeiro, Editora FGV, 2008, pp. 57-96.

[367] A prisão, em março de 1975, de um conselheiro federal da OAB, submetido a cinco dias de tortura no Rio de Janeiro, aumentou ainda mais o mal-estar com o governo. *Veja*, n° 340, 12 mar. 1975, p. 19.

[368] Celina Duarte, *Imprensa e redemocratização no Brasil: um estudo de duas conjunturas, 1945 e 1974-78*, dissertação de Mestrado, PUC, São Paulo, 1987. Em janeiro, o governo acabou com a censura prévia ao Oesp, mas a revista *Veja*, outro órgão da grande imprensa censurado, teve que esperar até junho de 1976.

[369] Foi neste contexto que Ulysses Guimarães chamou Geisel de "Idi Amim", o folclórico, violento e midiático ditador de Uganda. Geisel nunca o perdoaria por isso.

[370] Para um exame das relações entre a sociedade civil e o Estado autoritário, ver Maria Helena Moreira Alves, *Estado e oposição no Brasil (1964-1984)*, Petrópolis, Vozes, 1984. A autora demonstra, com detalhes, a importância da dialética entre o Estado e a oposição civil ("a sociedade") para se compreender a história do regime.

[371] Um exemplo de visão que considera os movimentos sociais como elemento menor para o processo de abertura pode ser visto em Leonel Itaussu Mello, "Golbery revisitado: da democracia tutelada à abertura controlada", em José Álvaro Moisés e José Augusto Guilhon Albuquerque (org.), *Dilemas da consolidação da democracia*, São Paulo: Paz e Terra, 1989, pp. 199-222.

[372] O problema de boa parte da literatura sobre "abertura", sobretudo na área de ciência política, é que ela enfatiza o papel do governo e das instituições oficiais como o único lugar da política. Ou seja, há um superdimensionamento do outro lado da corda.

[373] Sobre as reações dos exilados e da imprensa de esquerda no exílio em face da nova conjuntura política de 1974, ver Denise Rollemberg, *Exílio: entre raízes e radares*, Rio de Janeiro, Record, 1999, pp. 199-204. Sobre o exílio parisiense e os vários grupos de esquerda na capital francesa na conjuntura dos anos 1970, ver Luiz Hildebrando, *Crônicas da nossa época*, São Paulo, Paz e Terra, 2001, p. 113.

[374] Depoimento do ex-agente do DOI-Codi, Marival Dias Chaves do Canto, em *Veja*, 18 nov. 1992 (disponível em: http://veja.abril.com.br/arquivo_veja/capa_18111992.shtml, acesso em: 1º jul. 2013).

[375] O PCB perdeu 24 militantes assassinados sob tortura, muitos do Comitê Central, durante o governo Geisel. Conforme artigo de Milton Pinheiro, "A ditadura militar no Brasil (1964-1985) e o massacre contra o PCB" (disponível em: http://www.correiocidadania.com.br, acesso em: 7 out. 2013).

[376] A prisão de Herzog foi precedida por uma campanha de denúncia de "infiltração comunista" na imprensa feita pelo jornalista Claudio Marques no jornal *Shopping News*.

[377] Em 1978, em decisão inédita, o juiz Márcio José de Moraes reconheceu a responsabilidade do Estado (ou melhor, da União) na morte de Herzog, mas apenas em 2013 sua viúva, Clarice Herzog, recebeu a certidão de óbito com a causa da morte verdadeira.

[378] Apesar disso, a Congregação Israelita Paulista não endossou a participação do rabino, preferindo acatar a versão oficial.

[379] Seguiram-se os manifestos de jornalistas após a divulgação de IPM, em 19 dez. 1975, e da ABI, em fevereiro de 1976. Audálio Dantas, presidente do Sindicato de Jornalistas de São Paulo, teve um papel importante na articulação dos jornalistas na denúncia do regime.

[380] Esta visão histórica, muito forte nas análises históricas liberais sobre o regime, pode ser vista em Thomas Skidmore, 1988, op. cit., p. 348.

[381] O sequestro e espancamento de Dom Adriano Hypolito, bispo de Nova Iguaçu, no mesmo ano, era outra prova da ousadia da extrema-direita paramilitar. Em três operações, ela acirrava ainda mais a tensão entre o governo e três núcleos importantes da oposição civil, que estava longe de ser comunista ou radical: a imprensa, os advogados e a Igreja.

[382] Exemplos são os grupos Centelha Nacionalista, que apoiou general Euler Bentes Monteiro nas eleições de 1978, e o MMDC - Movimento Militar Democrático Constitucionalista, de março de 1977, lançado na Vila Militar do Rio de Janeiro. Na verdade, esses grupos tiveram vida curta e pouca capacidade de ação, embora agitassem alguns quartéis.

[383] Sobre os conflitos palacianos e dinâmicas políticas nas sucessões presidenciais do regime, ver Carlos Chagas, *Guerra das estrelas: os bastidores das sucessões presidenciais entre 1964 e 1985*, Porto Alegre, L&PM, 1985.

[384] Elio Gaspari, 2002a, op. cit., p. 26.

[385] Além do Front Bresillien d'Information (FBI), que circulava na capital parisiense desde 1971, e da formação de um Comitê de Anistia em 1974 na França, destaque-se a importância do Tribunal Bertrand Russel II, que julgou os crimes de tortura e assassinatos da ditadura brasileira em 1976, em Roma. Ver Denise Rollemberg. 1999, op. cit., Sobre a oposição ao governo brasileiro e a militância pró-direitos humanos nos Estados Unidos, ver James Green, *Apesar de vocês. Oposição à ditadura brasileira nos Estados Unidos*. São Paulo, Companhia das Letras, 2009

[386] Terezinha Zerbini, fundadora do Movimento Feminino pela Anistia, conseguiu furar o bloqueio dos seguranças e entregar um manifesto à primeira-dama estadunidense.

[387] James Green, op. cit.

A SOCIEDADE CONTRA O ESTADO

[388] Dados do Tribunal Superior Eleitoral do Brasil (disponível em: www.tse.jus.br, acesso em: 24 jun. 2013).

[389] *Folha de S.Paulo*, 3 maio 1977, p. 5

[390] *Folha de S.Paulo*, 2 maio 1977, p. 5.

[391] Sobre as mobilizações estudantis dentro e fora dos *campi* nos anos 1970, ver Angelica Muller, *A resistência do movimento estudantil brasileiro contra o regime ditatorial e o retorno da UNE à cena pública*, tese de Doutorado em História Social, Universidade de São Paulo, 2010.

[392] Sobre o impacto da morte de Alexandre Vanuchhi Leme no movimento estudantil e a construção de uma nova agenda política, ver Caio Túlio Costa, *Cale-se*, São Paulo, A Girafa, 2003.

[393] Na segunda metade dos anos 1970, a esquerda católica, cujas origens residem na Ação Popular (AP) fundada nos anos 1960, e os grupos trotskistas (Organização Socialista Internacionalista/Liberdade e Luta e Convergência Socialista) eram as correntes mais fortes e atuantes no movimento estudantil. Os militantes do PCdoB e do PCB também eram atuantes, defendendo o caráter "atrasado" do capitalismo brasileiro e a ação nefasta do imperialismo que impedia o desenvolvimento das forças produtivas locais. Além deles, destaque-se a tradição que vinha da antiga Política Operária (Polop), que nos anos 1970 recebia o nome de Movimento de Emancipação do Proletariado (MEP), com posições teóricas próximas aos trotskistas, ou seja: o capitalismo brasileiro era dependente, e não "atrasado", e a revolução deveria ser socialista, e não nacional-democrática (ou, como se dizia, "burguesa").

[394] Em 30 de março de 1977, os estudantes da USP tentaram fazer uma passeata fora da Cidade Universitária, mas a manifestação terminou no bairro de Pinheiros, próximo dali.

[395] Manifesto Pelas Liberdades Democráticas, em Marcos Napolitano, *Nós, que amávamos tanto a democracia: protestos de rua na Grande São Paulo (1977-1984)*, dissertação de Mestrado em História Social, 1994 (anexos).

[396] *Folha de S.Paulo*, 10 maio 1977, capa.

[397] *O Estado de S. Paulo*, 12 maio 1977, p. 3.

[398] Com a exceção da *Folha de S.Paulo*, que, mesmo não endossando a radicalização, demonstrava simpatia e destacava a importância dos protestos estudantis como exigência de democracia. O Projeto Folha, virada editorial e política do jornal na busca de uma classe média intelectualizada de oposição, começava a se mostrar. Ao lado da revista *IstoÉ* sob a direção de Mino Carta (1977-1981), a *Folha* era o órgão mais progressista da imprensa liberal brasileira.

[399] *O Estado de S. Paulo*, 19 maio 1977, p. 3.

[400] *Veja*, 31 ago. 1977, p. 28.

[401] A Emenda Constitucional nº 11 mantinha certas "salvaguardas" do regime, como a figura do Estado de emergência que poderia ser decretado pelo presidente.

[402] "Exigências cristãs para uma ordem política", CNBB, 1977 (acervo Centro de Pesquisa Vergueiro).

[403] *Folha de S.Paulo*, 28 maio 1977, p. 6.

[404] *Revista da Faculdade de Direito*, USP, v. LXXII, 2º fasc., 1977, pp. 411-25.

[405] Disponível em: http://www.nucleomemoria.org.br/textos/integra/id/25, acesso em: 27 set. 2013.

[406] Maria D'Alva Kinzo, *Oposição e autoritarismo: a gênese da trajetória do MDB, 1966-1979*, São Paulo, Vértice/Editora Revista dos Tribunais, 1988.

[407] *Folha de S.Paulo*, 20 set. 1978, p. 4.

[408] Adriano Codato, *Sistema estatal e política econômica no Brasil pós-64*, São Paulo, Hucitec/Anpocs/Ed. da UFPR, 1997, p. 368.

[409] Discurso de Eugênio Gudin, "Homem de visão", em Adriano Codato, "A burguesia contra o estado: crise política, ação de classe e rumos da transição", p. 26 (disponível em: http://works.bepress.com/adrianocodato/15, acesso em: 24 jun. 2013).

[410] Em 28 de janeiro de 1977 aconteceu o XVIII Encontro da Confraternização das Classes Produtoras, que pedia mais diálogo entre governo e iniciativa privada. Em 1º de fevereiro de 1977, José Papa Junior, presidente da Fecomércio/SP, reitera a opção de 1964, mas reclama dos desdobramentos do regime, chamando-o de "espúrio".

[411] "O elo da Fiesp com o porão da ditadura", em *O Globo*, 9 mar. 2013 (disponível em: http://oglobo.globo.com/pais/o-elo-da-fiesp-com-porao-da-ditadura-7794152, acesso em: 27 set. 2013).

[412] *O Estado de S. Paulo*, 6 jul. 1977, p. 3.
[413] Depoimento de Adyr Fiuza de Castro, em Maria Celina D'Araujo et al., 1994, op. cit.
[414] Verbete, DHBB/CPDOC (disponível em: www.cpdoc.fgv.br, acesso em: 24 jun. 2013).
[415] Verbete DHBB/CPDOC (disponível em: www.cpdoc.fgv.br, acesso em: 24 jun. 2013).
[416] Ver as memórias do general em Hugo Abreu, *O outro lado do poder*, Rio de Janeiro, Nova Fronteira, 1979.
[417] *O São Paulo*, n° 1.209, 10 a 17 de maio de 1979, p. 10.
[418] Frei Betto, *O que é comunidade eclesial de base*, São Paulo, Brasiliense, 1981.
[419] As comunidades eclesiais de base surgiram em 1970, e tornaram-se núcleos irradiadores da Teologia da Libertação, releitura dos Evangelhos à esquerda, e celeiros de lideranças comunitárias. Em meados dos anos 1970, havia milhares de comunidades eclesiais de base espalhadas por todo o Brasil.
[420] Para um balanço teórico sobre os "novos" movimentos sociais, ver Maria da Glória Gohn, *Teoria sobre os movimentos sociais*, São Paulo, Loyola, 1997. Normalmente, a análise sociológica e política sobre os movimentos sociais dos anos 1970 e 1980 oscilou entre a supervalorização de sua atuação e o ceticismo em relação à sua eficácia na democratização da sociedade e das instituições. Para uma análise que valoriza os movimentos, ver Eder Sader, *Quando novos personagens entraram em cena: experiências, falas e lutas dos trabalhadores nos anos 1970 e 1980*, 4. ed., São Paulo, Paz e Terra, 2001.
[421] *O São Paulo*, n° 1.209, 10 a 17 de maio de 1979, p. 10.
[422] *IstoÉ*, 24 maio 1978, p. 67.
[423] Amnéris A. Maroni, *A estratégia da recusa: análise das greves de 1978*, São Paulo, Brasiliense, 1982.
[424] *IstoÉ*, 24 maio 1978, p. 69.
[425] Lais W. Abramo, "Greve metalúrgica em São Bernardo", em L. Kowarick (org.), *As lutas sociais e a cidade*, São Paulo, Paz e Terra, sd.
[426] *Tribuna Metalúrgica*, 43, setembro de 1977, p. 9.
[427] A base social deste sindicato era diferente da realidade do ABC. Reunia cerca de 13 mil empresas, 80% com menos de 500 empregados. Em outras palavras, a categoria era menos concentrada e mais dispersa. Ver Lais W. Abramo, sd, op. cit.
[428] Sobre a atuação política e a produção teórica do PCB nos anos 1970 e começo de 1980, ver Hamilton Lima, op. cit., 1995.

TEMPOS DE CAOS E ESPERANÇA

[429] Discurso de posse do presidente João Baptista Figueiredo, 16 mar. 1979.
[430] Em Ronaldo C. Couto, *Memória viva do regime militar*, Rio de Janeiro, Record, 1999, p. 57.
[431] Guillermo O'Donnel e P. Schmitter, *Transição do regime autoritário: primeiras conclusões*, São Paulo, Vértice/Revista dos Tribunais, 1988.
[432] Conforme modelo de Guillermo O'Donnel e P. Schmitter, 1988, op. cit., pp. 91-3: "Quanto mais rápida e inesperada, a transição contém mais possibilidades de revolta popular que, em todos os casos, tende a ser efêmera, porém não menos significante para o grau e ritmo da democratização".
[433] Francisco Fonseca, *Consenso forjado: a grande imprensa e a formação da agenda ultraliberal no Brasil*, São Paulo, Hucitec, 2005. A partir do conceito de "aparelhos privados de hegemonia", o cientista político e historiador Francisco Fonseca analisa centenas de editoriais que construíram a agenda liberal, criticando o estatismo do regime militar.
[434] Preço do barril de petróleo: 1972: US$ 2; 1978: US$ 12; 1979: US$ 16; 1981: US$ 34; 1983: US$: 43 (disponível em: http://veja.abril.com.br/230200/p_130.html, acesso em: 1° jul. 2013).
[435] Entre 1978 e 1980, os juros nos EUA aumentaram de 11% para 21%. Ver Sérgio Goldenstein, *A dívida externa brasileira (1964/1983): evolução e crise*, Rio de Janeiro, Guanabara, 1986, p. 124.

[436] Em Ronaldo C. Couto, 1999, op. cit. p. 341.
[437] Idem, p. 178.
[438] Maria Helena Alves, *Estado e oposição no Brasil (1964-1984)*, Petrópolis, Vozes, 1984, op. cit., p. 256.
[439] Acervo Centro de Pesquisas Vergueiro, São Paulo.
[440] *Folha de S.Paulo*, 15 mar. 1979, p. 35.
[441] Idem, 20 mar. 1979, p. 32.
[442] *Tribuna Metalúrgica*, n° 51, junho/1979, p. 10.
[443] *Folha de S.Paulo*, 5 maio 1979.
[444] A Diretoria Executiva do Sindicato era composta por 13 nomes (incluindo 6 suplentes).
[445] Luis Bueno Vidigal, presidente da Fiesp. Em *Nosso Século*, São Paulo, Abril Cultural, v. 5, 1981, p. 285.
[446] *Folha de S.Paulo*, 1° nov. 1979, p. 18.
[447] Idem, ibidem.
[448] *IstoÉ*, 7 maio 1980, p. 7.
[449] Octávio Ianni, *O ABC da classe operária*, São Paulo, Hucitec, 1980.
[450] Guillermo O'Donnel e P. Schmitter, 1988, op. cit., p. 89.
[451] Conforme o senador Teotônio Vilela, "Só há uma coisa concreta, honesta, correta e visível, com propostas certas, que é a sociedade civil lá representada pelos metalúrgicos". A frase sintetiza o sentimento de solidariedade em torno dos operários em greve. Em O. Ianni, 1988, op. cit., p. 25.
[452] Adriano Codato, "O golpe de 64 e o regime de 68" em *História, Questões e Debates*, 40/2004, pp. 11-36.
[453] *Folha de S.Paulo*, 12 out. 1980, p. 7.
[454] Hamilton Lima, 1995, op. cit.
[455] As origens do "eurocomunismo" se encontram nas posições políticas do Partido Comunista Italiano que, desde 1970, conflitava com a orientação da União Soviética. Em 1973, o dirigente italiano Enrico Berlinger sistematizou a "ruptura", assumindo a legitimidade da democracia representativa liberal e abrindo mão, virtualmente, da "ditadura do proletariado" como etapa necessária para a construção do socialismo.
[456] Sobre o PCdoB nos anos 1970, ver Jean R. Sales, "Entre o fechamento e a abertura: a trajetória do PCdoB da guerrilha do Araguaia à Nova República (1974-1985)", em *História*, São Paulo, v. 26, 2007, pp. 340-35.
[457] Sobre o trotskismo no Brasil dos anos 1970, ver Rosa M. Marques, "Os grupos trotskistas no Brasil (1960-1990)", em Daniel Reis e Jorge Ferreira (orgs.), *As esquerdas no Brasil*, v. 3, Rio de Janeiro, Civilização Brasileira, 2007, pp. 149-63.
[458] "Mais de 25 atentados do terror", em *Em Tempo*, São Paulo, n° 104, 17 a 30 de abril de 1980, p. 24.
[459] Citado em *Nosso Século*, v. 5 (1960-1980), São Paulo, Abril Cultural, 1980, p. 288.
[460] O Cebrade foi fundado em 29 de julho de 1978, sob os auspícios do PCB, e tendo como diretores Oscar Niemeyer (presidente), Ênio Silveira (vice-presidente), Sérgio Buarque de Hollanda (vice-presidente) e Antonio Houaiss (secretário-geral). No seu programa de trabalho a entidade propunha várias atividades: 1) organizar um congresso de intelectuais que chegasse a um "programa unitário de reivindicações democráticas específicas da intelectualidade", entendendo-a como um vasto campo que incluía ciência, universidade, arte e meios de comunicação"; 2) promover, em São Paulo, um "seminário" sobre os "direitos do trabalhador", a fim de levantar um "programa unitário de reivindicações específicas dos trabalhadores; 3) promover, em Brasília, um seminário sobre "direitos civis" na Constituição, visando a elaboração de um "programa unitário de reivindicações democráticas da sociedade civil"; 4) organizar um serviço de assistência jurídica e material às vítimas de restrições dos direitos humanos fundamentais; 5) organizar uma "comissão de contato parlamentar"; 6) lutar pela anistia, junto com as organizações já existentes; 7) criar um "órgão de comunicação" impresso.
[461] O sargento Guilherme Ferreira do Rosário morreu na explosão, e o capitão Wilson Luis Chaves Machado foi ferido gravemente.

⁴⁶² Aqui, entendo como "setores liberais democráticos" os sindicatos de classe média, parcelas da imprensa, as entidades de profissionais liberais como a OAB e os "autênticos" do MDB.

⁴⁶³ Para uma teoria dos "ciclos de mobilização" e seu impacto nos processos políticos de luta pela democracia, ver Alberto Tosi Rodrigues, *Diretas Já: o grito preso na garganta*, São Paulo, Fundação Perseu Abramo, 2003.

⁴⁶⁴ Para um perfil de Terezinha Zerbini, ver Paulo M. Leite, *A mulher que era o general da casa*, São Paulo, Arquipélago, 2012.

⁴⁶⁵ Lucas Monteiro, relatório de qualificação de Mestrado em História Social, USP, 2013, p. 21 (mimeo.).

⁴⁶⁶ Em *Nosso Século*, V. 5, São Paulo, Abril Cultural, p. 280.

⁴⁶⁷ Dos 53 presos políticos, 35 aderiram, pois o MR8 não aceitou, acusando a greve de esquerdista e pouco importante para sensibilizar os deputados. Ver Lucas Monteiro, 2013, op. cit., p. 45.

⁴⁶⁸ Para uma análise detalhada dos trâmites no Congresso, ver Glenda Mezzaroba, *Um acerto de contas com o futuro: a anistia e suas consequências (um estudo de caso brasileiro)*, São Paulo, Humanitas/Fapesp, 2006, pp. 39-50.

⁴⁶⁹ Eram cerca de 15 deputados, conforme o jornal *Movimento*, nº 217, 27 ago./2 set., 1979, p. 3.

⁴⁷⁰ Heloisa Greco, *Dimensões fundacionais da luta pela anistia*, Belo Horizonte, Editora UFMG, 2003, pp. 109-11.

⁴⁷¹ Janaina Teles, *Os herdeiros da memória: a luta dos familiares de mortos e desaparecidos políticos por verdade e justiça no Brasil*, tese de Doutorado em História Social, Universidade de São Paulo, 2005.

⁴⁷² Para uma história do Partido dos Trabalhadores e suas origens, ver Lincoln Secco, *História do PT*, Cotia, Ateliê Editorial, 2011, pp. 35-76.

⁴⁷³ Sobre as negociações entre o PMDB e os dissidentes do PDS e a eleição presidencial no Colégio Eleitoral, ver Antonio Carlos Rego, *O congresso brasileiro e o regime militar*, Rio de Janeiro, Editora FGV, 2008, pp. 255-70.

⁴⁷⁴ Maria Victória Benevides. Ai que saudade do MDB!, *Lua Nova*, v. 3, n. 1, 1986, pp. 27-34.

⁴⁷⁵ Gilberto Dimenstein e Josias Souza, *O complô que elegeu Tancredo*, Rio de Janeiro, Editora JB, 1985, p. 74.

⁴⁷⁶ *Folha de S.Paulo*, 5 abr. 1983, p. 13.

⁴⁷⁷ Idem, ibidem.

⁴⁷⁸ Além da CUT, central ligada ao petismo, surgiu também a CGT (Central Geral dos Trabalhadores), liderada por Joaquim dos Santos Andrade, o Joaquinzão, antigo interventor nomeado pelo regime e, posteriormente, eleito pela categoria. O sindicato dos metalúrgicos de São Paulo, presidido por Joaquinzão, apoiou a greve geral sem maiores entusiasmos, pedindo para os trabalhadores ficarem em casa, ao contrário do que pedia a CUT, cujas lideranças queriam transformar a data em um protesto público contra o regime.

⁴⁷⁹ Gilberto Dimenstein e Josias Souza, 1985, op. cit.

⁴⁸⁰ Idem, p. 15.

⁴⁸¹ Em Ronaldo C. Couto, 1999, op. cit., p. 186.

⁴⁸² Em Gilberto Dimenstein e Josias Souza, 1985, op. cit. p. 39.

⁴⁸³ Idem, p. 74.

⁴⁸⁴ A expressão é de Fernando Gabeira, utilizada em uma de suas colunas na *Folha de S.Paulo* durante a época das Diretas Já.

⁴⁸⁵ Além das acusações de corrupção, corroboradas até pela imprensa conservadora e por setores do regime, Maluf tornou-se o inimigo público nº 1 da esquerda e dos movimentos sociais no estado de São Paulo, sobretudo após utilizar uma tropa paramilitar para agredir militantes que o vaiavam no bairro da Freguesia do Ó, em 1980.

⁴⁸⁶ Para Geisel, "Maluf implodiu o PDS", em Ronaldo C. Couto, 1999, op. cit., p. 214. O articulador da campanha Maluf, Heitor Ferreira de Aquino, saiu do governo em 1983.

⁴⁸⁷ Gilberto Dimenstein e Josias Souza, 1985, op. cit., p. 86.

⁴⁸⁸ Tancredo Neves, discurso em 21 de setembro de 1984. Fonte: Memorial Tancredo Neves.

⁴⁸⁹ Recentemente (2005), surgiram documentos produzidos pelos espiões de Tancredo Neves dentro das Forças Armadas, organizados pela assessoria militar do então candidato, o "Gabinete Rio". O discurso de Delio Jardim de Mattos, ministro da Aeronáutica, proferido na inauguração do aeroporto de Salvador, criticava os "traidores" que pularam no barco da oposição, em setembro de 1984. Seria um indício de golpe a caminho? Efetivamente, havia um núcleo que resistia à candidatura de Tancredo, composto pelo ministro do Exército (Walter Pires), Newton Cruz (comandante militar de Brasília) e SNI (Octavio Medeiros). Os dois últimos negaram qualquer intento golpista em entrevista à revista Veja (disponível em: http://veja.abril.com.br/200405/p_062.html, acesso em: 24 jun. 2013).

⁴⁹⁰ Citado na revista Veja (disponível em: http://veja.abril.com.br/200405/p_062.html, acesso em: 2 set. 2013).

⁴⁹¹ O PT tinha 8 votos no Colégio e sua direção, apoiada pela militância de base, decidiu não votar em Tancredo Neves por causa da forma indireta da eleição. Entretanto, 3 deputados se rebelaram e acabaram expulsos do partido (Airton Soares, Bete Mendes e José Eudes).

⁴⁹² Ronaldo C. Couto, 1999, op. cit., pp. 332-4.

A DITADURA ENTRE A MEMÓRIA E A HISTÓRIA

⁴⁹³ O positivismo, profundamente arraigado nas elites militares brasileiras e em parte da elite civil, é uma das expressões desta combinação entre conservadorismo político e modernização socioeconômica. Além de se manifestar na passagem da Monarquia para a República, esteve presente no movimento tenentista, no primeiro governo Vargas e no regime militar de 1964. Obviamente, sua expressão foi diferente ao longo destes momentos, mas o ideal da "ditadura republicana" é uma constante deste pensamento, tanto como promotora da ordem social sob tutela como da modernização econômica. Esse tipo de conservadorismo é diferente da tradição liberal-oligárquica, que privilegia as instituições tradicionais da política, o jogo partidário e parlamentar. Ambos excluem as massas trabalhadoras do jogo político, mas por motivos diferenciados.

⁴⁹⁴ José Luis Beired, *Sob o signo da nova ordem: intelectuais autoritários no Brasil e na Argentina (1914-1945)*, 1. ed., São Paulo: Loyola/Programa de Pós-Graduação em História Social-USP, 1999. Nesse livro, Beired aponta a existência de três polos autoritários na história republicana brasileira, surgidos nos anos 1920/1930: os católicos, os fascistas e os "cientificistas". Estes últimos estão mais abertos ao processo de modernização e veem no autoritarismo um instrumento para se chegar a uma sociedade moderna, apostando na ação "racional" e tutelar do Estado. Ao que parece, esta tradição foi mobilizada em 1964, com as devidas nuances.

⁴⁹⁵ Tanto o documento conhecido como "Resolução de Maio" (1965), quanto as conclusões do VI Congresso do Partido, em 1967, apontam para a crítica ao "esquerdismo" voluntarista que teria acirrado os conflitos pré-golpe e se antecipado às efetivas ações de massa. Esta foi a base para a recusa da luta armada que se desenhava no período de realização do referido Congresso.

⁴⁹⁶ Na linha de Raymond Williams (e Antonio Gramsci), entendo por "hegemonia": "Um sistema vivido de significados e valores – constitutivo e constituidor [...], um senso da realidade para a maioria das pessoas na sociedade, um senso de realidade absoluta, porque experimentada, e além da qual é muito difícil para a maioria dos membros da sociedade movimentar-se, na maioria das áreas de sua vida [...]. [O poder hegemônico] não existe passivamente como forma de dominação. Tem de ser renovado continuamente, recriado, defendido e modificado. Também sofre uma resistência continuada, limitada, alterada, desafiada por pressões que não são as suas próprias pressões". R. Williams, *Marxismo e literatura*, Rio de Janeiro, Zahar, 1979, p. 115.

⁴⁹⁷ Sobre o ressentimento militar, ver Maria Celina D'Araujo et al., 1994 op. cit. Ver também João R. Martins Filho, "A guerra da memória: a ditadura militar nos depoimentos de militantes e militares", *paper* apresentado no Congresso de l'Associaçao de Estudos Latino-Americanas (Lasa), Dallas, mar. 2003, pp. 27-9.

⁴⁹⁸ O coronel e ex-ministro Jarbas Passarinho é um dos debatedores mais ativos sobre a memória do regime, em uma chave que procura ser positiva, mas que revela uma tensão com a memória liberal sobre o

regime, ao valorizar o período Costa e Silva-Médici. Ao mesmo tempo, é bastante crítico da valorização da esquerda e da oposição como um todo no plano da memória. Sua argumentação não se confunde com os impropérios comuns à extrema-direita, sendo frequentemente bem construída. Ver Amarilio Ferreira Jr. e Marisa Bittar, "O coronel Passarinho e o regime militar: o último intelectual orgânico?" (disponível em: http://www.gedm.ifcs.ufrj.br/upload/textos/17.pdf, acesso em: 2 set. 2013).

499 Essa linha de crítica vem sendo desenvolvida por Denise Rollembert, Samanta Vaz Quadradt e Daniel Aarão Reis Filho, professores da UFF. Ver Daniel Reis Filho, *Ditadura, esquerdas e sociedade*, Jorge Zahar, 2000; D. Rollemberg e S. Quadrat (orgs.), *A construção social dos regimes autoritários*, Rio de Janeiro, Civilização Brasileira, 2011.

500 Tenho como hipótese que a subida do PT ao poder, em 2002, provocou uma nova onda de antiesquerdismo na imprensa, nas elites e nas classes médias escolarizadas, na medida em que se identificava o governo Lula com a volta de práticas consideradas "populistas" e "estatizantes", sem falar no receio liberal-conservador do protagonismo e da influência dos movimentos sociais de esquerda no governo. Mesmo revelando-se um partido moderado e até convencional, o PT galvanizou um antiesquerdismo que nos últimos anos tem engrossado o coro da direita e mesmo da extrema-direita, como ficou patente na última campanha eleitoral para presidente e nas manifestações que tomaram conta do Brasil em junho de 2013. Nestas, a bandeira da luta contra a "corrupção" frequentemente camuflava o antipetismo das classes médias. Todo este novo clima político do país, na minha opinião, reverberou nas revisões, sobretudo liberais, sobre o golpe e o regime militar.

501 Beatriz Sarlo, *Tempo passado: cultura da memória e guinada subjetiva*. São Paulo, Companhia das Letras, 2007. Na Argentina o debate sobre o papel da memória e do testemunho na análise do período ditatorial é bastante denso e aprofundado. O livro de Sarlo é uma das vozes críticas deste debate. Ver também Pilar Calveiro, *Poder e desaparecimento. Os campos de concentração na Argentina*. São Paulo, Boitempo Editorial, 2013.

502 Walter Benjamin, "Experiência e pobreza", em *Obras escolhidas*, v. 1, "Magia, técnica, arte e política", São Paulo, Brasiliense, 1985.

503 Elisabeth Jelin, *Los trabajos de la memoria*, Buenos Aires, Siglo XXI, 2002.

504 Esta é a base da crítica de Beatriz Sarlo à hegemonia do testemunho e da memória no processo de revisão histórica da ditadura argentina.

505 Janaina Teles, em Cecilia Macdowell Santos, Edson Teles e Janaina de Almeida Teles (orgs.), op. cit., 2009, p. 154.

506 Lucas Monteiro, "A lei de anistia e a transição", relatório de qualificação de Mestrado em História Social, Universidade de São Paulo, 2013.

507 Os dois livros de maior sucesso editorial sobre este tema, publicados no final dos anos 1970 e início dos anos 1980, apontam para esta autocrítica, ainda que em chaves diferenciadas. Trata-se da obra de Fernando Gabeira, *O que é isso, companheiro?*, São Paulo, Companhia das Letras, 2009; e de Alfredo Sirkis, *Os carbonários*, Rio de Janeiro, Ed. Record, 1998. O ponto em comum é a afirmação de uma luta digna contra o regime, mas totalmente equivocada do ponto de vista organizativo, ideológico e estratégico. Não por acaso, foram os livros que mais inspiraram uma memória audiovisual daquele tempo, de grande sucesso, como a série global *Anos Rebeldes* (1992) e o polêmico filme *O Que É Isso, Companheiro?* (1997), de Bruno Barreto. Sobre estas obras, ver Fernando Seliprandy, 2012, op. cit.; Mônica Kornis, *Uma história do Brasil recente nas minisséries da Rede Globo*, tese de Doutorado em Comunicação, ECA/USP, 2001.

508 Lucas Figueiredo, *Olho por olho: os livros secretos da ditadura*, Rio de Janeiro, Record, 2009. Nesse livro, o autor descreve o processo de investigação e coleta de documentos para constituição do relatório e do livro *Brasil: nunca mais*, e as reações nos meios militares sobre esta publicação.

509 Em linhas gerais, "justiça de transição" define-se como: o conjunto de *approaches* que as sociedades contemporâneas adotam, na passagem ou retorno à democracia, para lidar com legados de violência deixados por regimes autoritários ou totalitários, depois de períodos de conflito ou repressão. Ver Glenda Mezzaroba, *O preço do esquecimento: as reparações pagas às vítimas do regime militar (uma comparação entre Brasil, Argentina e Chile)*, tese de Doutorado em Sociologia, USP, São Paulo, 2007, p. 17,

510 Cecilia Macdowell Santos, Edson Teles e Janaina de Almeida Teles (orgs.), op. cit., 2009, p. 152.
511 "Réquiem em vez de ação de graças", O Estado de S. Paulo, 21 mar. 2002, p. 2. Em grande parte o artigo é uma resposta ao primeiro livro do jornalista Elio Gaspari, 2002a, op. cit., citado nominalmente no texto.
512 Em entrevista ao Observatório da Imprensa, o jornalista Rudolfo Lago, autor da matéria, reafirma a autenticidades das fotos e ser Herzog um dos retratados, alegando que a própria viúva o teria reconhecido (disponível em: http://www.observatoriodaimprensa.com.br/news/view/compraram_facil_a_versao_da_abin, acesso em: 2 set. 2013).
513 O Decreto n° 2.134, de 1997, de autoria do próprio FHC, regulamentou a Lei de 1991 com quatro classificações. Determinou o prazo de segredo de cada uma, que poderia ser renovado pelo mesmo período só uma vez: documentos ultrassecretos (até 30 anos de sigilo, com renovação chegaria a 60 anos); secretos (20 anos, máximo de 40); confidenciais (10 anos, máximo de 20); reservados (5 anos, máximo de 10). Em 2002, os limites aumentaram, por ordem, para 50 anos (prorrogáveis indefinidamente), 30 anos (até 60), 20 anos (até 40) e 10 anos (até 20). As mudanças nos prazos não foram as únicas. O Decreto de 1997 estipulava que a classificação de ultrassecreto era restrita aos presidentes da República, do Congresso e do Supremo Tribunal Federal. O novo decreto vetou esse poder aos chefes do Legislativo e do Judiciário e estendeu-o aos ministros de Estado e aos comandantes do Exército, da Marinha e da Aeronáutica.
514 Poderíamos resumir os principais conjuntos de acervos documentais (oficiais) sobre o regime nas seguintes bases: DSI/MJ – Arquivo Nacional RJ (343 processos, datados de 1955 a 1985 – foco do Decreto-Lei n° 4.553/30-12-2002); STM (base do Relatório "Brasil: nunca mais"); Acervo Deops – Arquivo Público do Estado de São Paulo (informes, prontuários, informações, dossiês – pessoas, instituições e movimentos sociais e políticos); SNI (Arquivo Nacional, Brasília); Exército (informes CIE, relatório de operações e comandos militares – acesso restrito ou proibido, com frequentes alegações que tais documentos foram destruídos); DPF/MJ – a abertura dos arquivos pela Polícia Federal inclui o período de 2 de setembro de 1961 a 5 de outubro de 1988. Uma lei de janeiro de 1997, assinada pelo então ministro da justiça Nelson Jobim, impede que documentos secretos e ultrassecretos sejam abertos em um prazo entre 40 e 100 anos, permitindo apenas a consulta dos "confidenciais" e "sigilosos".
515 Conforme citado no livro da Comissão Especial sobre Mortos e Desaparecidos Políticos, *Direito à memória e à verdade*, 2007, Brasília, p. 38. O próprio coronel João Batista Fagundes explica o seu papel: "Tenho procurado interpretar o pensamento da Forças Armadas. Temos algumas falhas no nosso passado, alguns períodos de turbulência, em que determinados movimentos de força eram justificados. E que hoje não são mais justificados. As Forças Armadas têm o maior interesse em restabelecer a verdade dos fatos e, se possível, quando for o caso, até promover o ressarcimento do dano. Agora, nós não podemos é atribuir ao Exército e às Forças Armadas determinados erros e exageros dos quais participaram no passado" (p. 39).
516 Conforme apresentação do projeto O Centro de Referência das Lutas Políticas no Brasil, denominado "Memórias Reveladas", "foi institucionalizado pela Casa Civil da Presidência da República e implantado no Arquivo Nacional com a finalidade de reunir informações sobre os fatos da história política recente do país [...]. A criação do Centro suscitou, pela primeira vez, acordos de cooperação firmados entre a União, Estados e o Distrito Federal para a integração, em rede, de arquivos e instituições públicas e privadas em comunicação permanente. Até o momento, em 13 estados e no Distrito Federal foram identificados acervos organizados em seus respectivos arquivos públicos. Digitalizados, passam a integrar a rede nacional de informações do Portal "Memórias Reveladas", sob administração do Arquivo Nacional. Essa iniciativa inédita está possibilitando a articulação entre os entes federados com vistas a uma política de reconstituição da memória nacional do período da ditadura militar. Os acordos firmados entre a União e os estados detentores de arquivos viabilizam o cumprimento do requisito constitucional de acesso à informação a serviço da cidadania" (disponível em: http://www.memoriasreveladas.gov.br/, acesso em: 28 jun. 2013).
517 Conforme apresentação oficial no site da instituição: "O Memorial da Resistência de São Paulo, uma iniciativa do Governo do Estado de São Paulo por meio de sua Secretaria da Cultura, é uma instituição dedicada à preservação de referências das memórias da resistência e da repressão políticas

do Brasil republicano (1889 à atualidade) por meio da musealização de parte do edifício que foi sede, durante o período de 1940 a 1983, do Departamento Estadual de Ordem Política e Social de São Paulo – Deops/SP, uma das polícias políticas mais truculentas do país, principalmente durante o regime militar". A instituição desenvolve uma intensa atividade exposicional e formativa, com ênfase na difusão da cultura de direitos humanos (disponível em: http://www.memorialdaresistenciasp.org.br/index.php, acesso em: 28 jun. 2013).

[518] "A Comissão Nacional da Verdade foi criada pela Lei nº 12.528/2011 e instituída em 16 de maio de 2012. A Comissão tem por finalidade apurar graves violações de direitos humanos ocorridas entre 18 de setembro de 1946 e 5 de outubro de 1988. Conheça abaixo a lei que criou a Comissão da Verdade e outros documentos-base sobre o colegiado" (disponível em: www.cnv.gov.br, acesso em: 2 out. 2013). A Comissão tem poder de requerer documentos (mesmo os "classificados") e convocar testemunhas, visando sobretudo o esclarecimento das condições de morte e do eventual desaparecimento de militantes da esquerda. Seu relatório final está previsto para 2015.

[519] Disponível em: http://g1.globo.com/jornal-nacional/noticia/2012/05/comissao-de-investigacao-de-crimes-do-periodo-da-ditatura-e-instalada.html, acesso em: 17 jul. 2012. Mais informações sobre a Comissão Nacional da Verdade pode ser obtida na sua página oficial: http://www.cnv.gov.br.

[520] Conforme reportagem do jornal *O Estado de S. Paulo* (18 ago. 2013, p. A-10), estão em processo de construção ou criação 6 memoriais espalhados por várias capitais brasileiras. Em São Paulo, o Memorial da Resistência desenvolve um trabalho intenso junto a professores e ao público em geral, recebendo cerca de 70 mil visitantes por ano. Além desse memorial, estão previstos mais dois memoriais na cidade de São Paulo.

[521] "A lei do silêncio", em *O Estado de S. Paulo*, 12 maio 2012.

O AUTOR

Marcos Napolitano é doutor em História Social pela USP e professor do Departamento de História da mesma universidade, onde leciona História do Brasil Independente. É autor e coautor de vários livros, entre os quais *Como usar o cinema em sala de aula*, *Como usar a televisão na sala de aula*, *Cultura brasileira: utopia e massificação*, *História na sala de aula* e *Fontes históricas*, todos publicados pela Editora Contexto.

GRÁFICA PAYM
Tel. (11) 4392-3344
paym@terra.com.br